상식은
어쩌다
포퓰리즘이
되었는가

이 책은 〈상식의 역사〉라는 제목으로 출간된 바가 있음을 밝힙니다.

상식은 어쩌다
포퓰리즘이 되었는가

초판 1쇄 발행　|　2021년 5월 10일

지은이　|　소피아 로젠펠드
옮긴이　|　정명진
펴낸이　|　정명진
디자인　|　정다희
펴낸곳　|　도서출판 부글북스
등록번호　|　제300-2005-150호
등록일자　|　2005년 9월 2일

주소　|　서울시 노원구 공릉로 63길 14(하계동 청구빌라 101동 203호 (01830)
전화　|　02-948-7289
팩스　|　02-948-7269
전자우편　|　00123korea@daum.net

ISBN　|　979-11-5920-138-7 03900

*잘못된 책은 구입하신 서점에서 바꾸어 드립니다.

Common Sense: A Political History

상식은
어쩌다
포퓰리즘이
되었는가

소피아 로젠펠드 지음 정명진 옮김

{ 익숙한 것은 익숙하다는 이유 때문에 제대로 알려져 있지 않다. }
-헤겔의 『정신 현상학』 중에서

뜨거운 것을 만지면 손을 덴다. 2 더하기 2는 4다. 보는 것은 곧 믿는 것이다. 청색은 검정과 다르다. 표범은 반점을 바꾸지 못한다. 만약 내가 이 글을 쓰고 있다면, 나는 존재한다.

상식에 관한 책을 쓰지 말아야 할 이유는 아주 많다. 역사학자라면 더더욱 그런 책을 쓰지 말아야 한다. 첫 번째 이유는 상식이란 것이 정의상 역사와 무관한 영역에 속한다는 사실이다. 현대의 어법을 보면, 우리가 일상적인 일에 대해 현실 세계의 경험을 바탕으로 판단하는 기본적인 능력을 일컫는 표현으로 가끔 상식을 쓴다(예를 들면, 당신도 상식이 있다면 앞에 언급한 원리들을 다 알거야!). 또 가끔은 이 기본적인 능력으로부터 끌어낸, 자명하고 폭넓게 공유되는 결론들을 상식이라고 부르기도 한다. 그런 결론들은 공리(公理)인데, 분별력 있는 사람이라면 누구나 그것들에 대해선 논쟁 없이, 심지어 토론도 없이 동의한다. 양(量)과 차이, 신중, 원인과 결과 등의 원리가 그런 예에 속한다. 둘 중 어떤 의미로 쓰이든, 상식은 시간과 공간을 불문하고 모든 인간들이 공동으로 가진 특성을 규정하게 되어 있다.

특별히 문제가 되지 않는 한, 상식의 원칙들은 너무나 평범하고 너무나 당연한 것으로 여겨지기 때문에 별다른 설명 없이 그대로 받아들여진다. 드물게 그 원칙들을 두고 굳이 상식이라는 점을 명백히 강조해야 하는 상황이라면, 그때는 대체로 원칙을 위반한 것에 대해 맞설 때이다. 그런 경우에 화자(話者)는 나머지 시간 동안에, "너무나 당연한 말이지만,"이라는 말을 앞세워야 한다는 의무감을 느낄 것이다. 그것은 상대방을 어린애나 정신이 온전치 못한 사람으로 여기고 있는 것이 아니라 너무나 진부한 문구를 쓰고 있다는 뜻을 전하기 위해서이다. 그렇지 않은 경우에, 이 전제들은 우리가 일상적으로 쓰는 말 안에 담겨 있으며, 그것들은 우리의 의식적인 행위나 사고의 바탕을 이루면서 일상의 삶을 떠받치고 있다. 역사학자들에게, 이것은 정말로 형태가 뚜렷하게 잡히지 않는 주제이다.

더욱이, 역사학자들은 상식을 다룰 때 대체로 부정적인 시각을 보인다. 마찬가지로, 사회학자들도 상식을 부정적으로 보는 것을 직업적 의무로 여긴다. 철학자들은 상식이 인식론적으로 타당한지를 놓고 깊이 생각하면서 시간을 보낼 것이다. 그러나 과거를 연구하는 사람들이 상식에 관심을 기울이고 있다면, 그 목적은 대체로 자신이 글을 쓰며 살고 있는 사회 안에서 오늘날 상식으로 통하고 있는 것들의 권위를 떨어뜨리는 쪽일 것이다. 가족은 남자와 여자 두 사람으로 이뤄진 부모와 그들의 직계 후손으로 구성된다는 것이 과연 상식인가? 역사학자들은 과거를 돌아보면서, 다른 문화권들의 속을 깊이 들여다보고 있는 인류학자들처럼, 자연적이거나 불가피한 것은 전혀 없고 세뇌와 익숙함을 통해 그런 가족이 상식처럼 보이게 만드는 문화만 있을 뿐이라는 점을 보여 줄 수 있다. 독자들이 클리퍼드 기어츠(Clifford Geertz)의 훌륭한 에세이 '문화 체계로서의 상식'(Common Sense as a Cultural System)[1]을 수십 년 동안 읽으면서 얻은 메시지가 바로 그것이었다.

그러나 역사학자로서 상식을 늘 진화하는 그 내용물과 의미, 쓰임새와 효과까지 두루 폭넓게 연구하고 싶어 할 훌륭한 이유가 한 가지 있다. 바로 현대의 정치에서, 특히 민주주의에서 상식이라는 개념이 그 중심을 차지하고 있다는 사실이다.

여기서 잠시 상식은 엄연히 국민의 편이기 때문에 왕의 통치에 반대한다고 주장한, 18세기 토머스 페인(Thomas Paine)의 목소리를 떠올려 보자. 지금도, 이런 식으로 상식과 공화주의적 통치를 한 짝으로 묶는 것을 페인의 희망적 관측이나 수사적(修辭的) 솜씨 그 이상으로 받아들여야 할 이유는 전혀 없다. 인류 역사 대부분의 기간에, 그리고 1776년 초 북미에서도 그 반대가 진실에 훨씬 더 가까웠다. 인민의 직접 통치는 무질서와 불안, 아니 그보다 더 심각한 결과를 낳을 것이 너무나 확실한 길로 여겨졌다.

그럼에도, 토머스 페인이 그 운명적인 해에 영국을 상대로 일전을 호소한 『상식』(Common Sense)이 출간된 뒤로, 미국인들, 더 나아가 세계 곳곳의 민주주의 옹호자들이 평범한 보통 사람들의 일상적이고 집단적이며 직관적인 판단의 가치를 침이 마르도록 칭송하게 되었다는 사실에 주목할 필요가 있다. 공적 생활의 문제들이 걸린 경우에, 이 말은 특히 더 진실이었다. 다수가 소수보다 우월하다는 가정은 도전을 허용치 않는 근본적인 가정이 되었다. 거기서 그치지 않았다. 20세기 들어서 미국 정치 철학자 존 롤스(John Rawls)의 주도 아래에 그 가정은 이제 "민주주의의 상식"(2)이라 불리기에 이르렀다. 상식을 믿어야 한다는 인식이 현대의 민주주의 정치 안에서 하나의 상식으로 자리 잡게 된 것이다. 상식에 대한 믿음은 곧 모든 사람이 식별력을 갖고 있다는 것을, 또 모든 사람이 몇 가지 근본적인 원칙들을 잘 알고 있고 거기에 동의하고 있다는 것을 전제한다. 지금 우리가 살고 있는 세상의 복잡성이 갈수록 더 심화되고 있음에도 불구하고, 정치는 오히려 단순하고 일상적인 결단과 기본적인 도덕 원칙들, 모든 사람들에게 자명한 진리들의 영역으로 다시 다듬어지고 있다.

한나 아렌트(Hannah Arendt)를 포함한 몇몇 현대 정치 철학자들은 상식과 공화제를 서로 연결시키는 문제에 대해 더욱 깊이 파고들면서, 상식은 민주주의의 생명력이라고 주장했다. 토머스 페인의 팸플릿이 필라델피아의 인쇄소에서 출간되고 200년이 넘는 세월이 흐르는 동안에, 상식이라는 개념은 보통 시민들, 말하자면 전문적인 지식을 갖지 않은 사람들이 정치적 판단을 내리는 일에 참여하도록 거듭 자극하는 역할을 했다. 아렌트는 또 거꾸로 보통 사람들이 무제한적인 토론과 논쟁에 참여한 결과 형성된 상식을 풍성하고 공동체적인 정치 생활, 즉 진정한 민주주의를 가능하게 하는 토대로 여겨야 한다고 주장했다. 제2차 세계대전 후에 글을 쓰면서도 여전히 머리로는 혁명의 시대에 살고 있던 아렌트에게, 민주주의는 대부분 정신의 습관들의 결과물이었다. 그리고 상식은 모든 성공적인 민주주의 체제의 바탕이자 목표가 되었다.

그리하여 아렌트는 우리가 근본적인 어떤 역사적인 질문으로 돌아가도록 만든다. 비록 현재의 관점에서 제기되는 질문이긴 하지만 말이다. 상식은 어떻게 민주적인 통치 체제의 바탕이 되고 목표가 되었는가? 상식은 현대에 들어와서 우리가 민주주의라고 부르는 대중 통치와 어떻게 특별한 관계를 맺게 되었으며, 또 어떤 지속적인 영향을 낳았는가?

이 질문들에 대답하려면, 우리는 페인의 시대보다 훨씬 더 전으로 거슬러 올라가야 한다. 적어도 출발은 그래야 한다. 집합적으로 상식이라는 이름으로 통하는 기본적인 가정들과 상식이라는 개념 자체는 그 단어의 정의가 암시하는 것과 정반대로 대단히 복잡하고 긴 과거를 갖고 있다. 상식의 역사는 현대에 들어서 북대서양 양쪽에 걸쳐 일어난 역사이다. 또 17세기 말 영국의 명예 혁명과 18세기 말 프랑스 혁명 사이, 즉 페인의 용어를 빌리면 "혁명의 시대"에 있었던 인민 주권이라는 새로운 개념의 출현과 밀접히 연결되는 역사이다.

100년 가량의 세월이 흐르는 동안에, 이마누엘 칸트(Immanuel Kant)가 페인의 그 유명한 팸플릿이 인쇄되고 채 10년이 지나지 않은 시점에 불평한 바와 같이, 상식이라는 "신탁"(神託)에 호소하는 행위가 "현대의 교묘한 발견이 되었으며", "천박하기 짝이 없는 허풍선이들도 상식을 내세우면서 고매한 사상가들의 이름 옆에 자신의 이름을 올릴 수 있게 되었다".(3) 그 대목에서 칸트가 언급하지 않은 것이 있다. 그것은 한때 아리스토텔레스(Aristoteles) 과학의 전문 용어였던 "상식"이 민주화의 수사적인 용어가 되거나 공적 분야에서 비전문적인 의견을 정당화하는 방법으로 바뀔 수 있었던 것은 그 전에 일련의 변화들이 있었기에 가능했다는 사실이다. 그럼에도, 칸트는 이 부분에 대해 입을 닫았다. 그 일련의 변화들이 놀라운 결과를 낳았는데도 말이다.

17세기 동안에, 곧 확인하게 될 여러 가지 이유들로 인해서 어떤 사상이 북유럽에서 점진적으로 형성되고 있었다. 너무나 기본적이어서 거의 의문의 대상이 되지 않는 일부 개념들은 단지 그 공통적인(common)(공유한다는 의미에서) 본질과 특히 공통적인 경험 때문에, 공통적인(평범하다는 측면에서) 사람들에게 공통적(공유한다는 의미에서)이라는 사상이 바로 그 사상이었다. 그 사상은 그들 주변 세상의 관찰과 그들 상호간의 의사 소통을 포함했다. 게다가, 기본적이고 보편적인 이런 판단들은 형식적인 훈련을 거치지 않은 가운데 내려지고 또 과학의 기준으로 증명이 불가능할지라도 예외적일 정도로 높은 확실성 또는 진리값을 가졌다. 그런 판단들은 추가적인 증거도 없이 최고로 떠받들어졌으며 토론조차 필요 없는 것으로 여겨졌다.

이리하여 18세기 초에 상식이 새로운 "인식적 권위"로 평가받을 수 있는 분위기가 무르익었다. 말하자면, 상식도 역사와 법, 관습, 신앙, 논리, 이성 등 기존의 확고한 형태의 권위와 어깨를 나란히 할 잠재력을 확보하게 되었다는 뜻이다. 사회적, 도덕적 삶이 걸린 문제에서 그런 현상이 특히 더 두드러졌다. 이런 현상이 맨 먼저 일어난 곳은 (칸트에겐 실망스러운 일이지만) 철학 분야였다. 당시에 철학을 읽던 독자들은 표면상 권위적이었던 과거의 사상가들이 그릇된 세계관을 전파하려고 꾸미는 음모에 맞서는 새로운 동맹에 합류하라는 권유를 받고 있었다. (18세기 초에 군중의 편에 섰던 영국의 위대한 철학자 조지 버클리(George Berkeley)를 떠올려 보라.)

얼마 지나지 않아서 그 호소는 정치 영역으로까지 확장되었다. 이제 상식은 정치 영역에서 인물과 사상이라는 두 가지 측면에서 기존의 정치 질서에 도전장을 던질 기반이 되어 주었다. 상식은 또 "정치"라고 이름 붙여진 영역의 재편을 불렀다. 대의(代議)와 규제라는 전통적인 관념에 대한 심각한 도전이라는 맥락에서 보면, 사고(思考)에 관한 이런 새로운 사고방식은 많은 사람들 사이에 단순히 하나의 사상으로 통하던 상태에서 벗어나 오늘까지도 우리가 상식이라고 부르고 있는 그 영역 속으로 완전히 녹아들게 될 것이다.

이것은 아주 낯선 이야기이다. 자유주의의 전형적인 설명에 따르면, 종교 개혁에서 탄생한 다음에 과학 혁명을 거쳐 18세기에 크게 성장한 "이성"의 승리가 권리들을 타고나는 현대적인 개인의 발명과, 최종적으로 민주적인 정치가 구축되는 바탕이 될 자유주의적인 입헌주의의 발명에 결정적인 역할을 한다. 이 설명은 그 자체로 훗날 계몽주의 시대로 불리게 되는 시대의 창조물이며 그 후 새로운 요소들(자연권 이론, 주권에 저항하는 주장들, 자본주의와 제국의 발흥, 그리고 자신들의 요구가 "여론"에 반영되길 바라는, 교육 받은 새로운 중산층의 탄생 등)을 계속 활용하면서 지금까지 내려오고 있다. 심지어 포스트모더니즘 예술가들까지도 똑같은 이야기를 들려주면서, "도구적 이성"(instrumental reason: 주어진 어떤 목적을 성취하는 데 가장 효과적이거나 가장 훌륭한 수단을 결정하는 데 이용되는 이성을 말한다/옮긴이)을 타고난 개인을 20세기의 승리의 원천이 아니라 최악의 비극의 원천으로 여기며 도덕만 거꾸로 뒤집어 놓고 있다.

그럼에도, 18세기 말에 생겨나서 이날까지 이어지고 있는 민주주의는 실은 인민 주권, 즉 인민의 통치라는 오래된 사상이 입헌주의와 대의 정부와 결합한 이상한 잡종이다. 집단적인 상식이라는 개념은 합리적인 개인이라는 사상과 때로는 연합하고 때로는 갈등을 빚으면서 민주주의의 입헌적인 면과 반대되는 대중적인 측면의 형성에 결정적인 역할을 했다. 이 점에서 보면, 상식은 지금 폭넓게 논의된 18세기의 감정적 발명품인 공감(共感)과 타고난 정서(natural sentiment)를 많이 닮았다. 공감과 타고난 정서는 또 혁명의 시대에 사회적 연대의 중요한 원천이자 공동체가 만들어내는 진리의 중요한 원천으로 여겨졌다. 이 대목에서, 상식이 공산 사회의 형성에도 역할을 했다고 생각하고 싶어 하는 사람이 있을 수 있다. 특히 공산주의가 사회적 연대와 집단적인 진리를 연결하는 사회적 응집력을 강조한다는 점을 고려한다면, 더욱 그렇게 여겨질 수 있다. 그러나 현대적인 형태의 상식 개념으로 인해 가능해진 것은 정치 질서를 어떤 방향으로 구현하겠다는 식의 구체적인 비전이 아니라, 새로운 정치 스타일과 정치에 대한 새로운 접근 방식이었다. (만약 우리가 한나 아렌트의 의견에 동의한다면) 상식 개념은 여전히 민주주의를 떠받치고 있는 기둥들 중 하나이면서 동시에 민주주의의 중요한 위협들 중 하나로 남아 있는 포퓰리즘에 인식론적 토대를 제공하고 또 포퓰리즘을 정당화했다.

무엇이 포퓰리즘인가? 모든 정치 이론가들이 다 동의하는 단 하나의 정의는 없다. 포퓰리즘에 대해, 현대의 정치적 스펙트럼 중에서 어느 지점에서나 동원할 수 있는 설득의 한 형태라는 식으로 설명하는 정치 이론가들이 많다. 그 설득은 정치 과정에 배제되고 있다고 느끼는 사람들에게 보다 적극적인 공적 역할을 주자고 호소하는 식으로 이뤄진다. 그 사람들은 전형적으로 통치자들이 자신들의 이익을 적절히 대변하지 않거나 대변할 수 없다고 믿고 있는 보통 사람들의 집단(실체가 모호한 "인민" 또는 "침묵하는 다수")을 의미한다.

이 같은 견해를 옹호하는 한 가지 주장은 형식적인 면에서 역사적이거나 회고적이라 할 수 있다. 말하자면, "인민"이 한때 자유롭고 정당하게 누렸던 권력을 최근에 부정당했다는 입장인 것이다. 또 다른 주장은 인간의 인식적, 도덕적 능력에 대한 특별한 이해에 의존한다는 점에서 보면 인식론적이다. 표준적인 주장은 이렇다. "인민"은 그릇된 권위자들에게 오도되지 않고 있는 경우에 옳고 그른 것에 대해 일종의 무오류의 본능적인 감각을 갖고 있으며, 이 감각은 세상 속의 일상적 경험에 의해 태어나고 배양된다. 또 이 감각은 반드시 기존의 소수의 인사이더들의 "전문가적" 판단과 지식을 이기게 되어 있다는 것이다.

후자의 범주, 즉 위험한 허튼소리를 퍼뜨리는 사람들의 범주는 지금까지 점진적으로 확대되어 이제는 외국인들과 다양한 종류의 문외한뿐만 아니라 지식인과 과학자, 금융업자, 변호사, 저널리스트, 파워 브로커, 정치인과 엘리트인 척 구는 사람들까지 포함하기에 이르렀다. 그럼에도, 핵심적인 사항은 옛날이나 지금이나 똑같다. (전체로서) 보통 사람들이 더 잘 알 뿐만 아니라, 만약 배타적인 정치 계급의 전유물인 복잡한 억측과 모호한 용어들이 최종적으로 배제된 상태에서 진솔한 인민이 마침내 정치를 실제 모습 그대로 보고 말할 수 있게 되기만 하면, 정치 자체가 더 단순해지고 더 명확해지고, 결과적으로 정쟁도 덜 할 것이라는 주장이다.

가장 장 알려진 형태의 포퓰리즘은 19세기 말에 특히 미국의 중서부와 남부 지방에 뿌리를 내린 정치의 한 형태이다. 예를 들어, 조지 타운 대학의 마이클 카진(Michael Kazin) 교수는 포퓰리스트의 용어가 미국 역사에 줄기차게 이어지고 있다고 주장하면서, 재치 넘치는 저서 『포퓰리스트의 설득』(The Populist Persuasion)을 1890년대에 대초원 지대와 남부에서 번창했던 인민당(People's Party)의 등장으로 시작한다.[4] 그러나 독자 여러분이 읽고 있는 이 책에 담긴 주장들 중 하나는 적어도 누군가가 자신을 포퓰리스트라고 부르기 1세기 전에 이미 노골적이고, 분노하고, 겉보기에 대중적인 이 설득의 형태가 상식이라는 추상적인 개념을 중심으로 형성되고 있었다는 것이다. 이런 현상은 급진주의자들과 보수주의자들 사이에 똑같이 계몽 운동의 다양한 전초 기지에서 나타났으며, 민주주의 정치의 관행에 부정적인 영향을 끼침과 동시에 긍정적인 영향을 오랫동안 끼쳤다.

18세기가 흐르는 동안에, "인민"의 집단적이고 평범한 통찰(단순히 개인의 이성적인 능력만을 뜻하지 않는다)에 대한 믿음이 자치(自治) 사상과 더불어 나타났다. 그러다가 상식은 1776년에 필라델피아에서 대중의 폭넓은 정치 참여를 일으킬 최초의 현대적인 실험들을 뒷받침했다. 상식은 민주주의 강령의 한 가지 핵심 요소로 남는다. 그러나 인민의 통치란 것이 아주 모호한 원칙이고, 또 인민의 통치가 다른 나라들뿐만 아니라 미국에서도 간혹 민주주의의 입헌적인 측면과 조화를 이루지 못하는 경우가 있었기 때문에, 상식은 오랜 세월 동안에 민주주의의 현대적인 변화를 지지하는 힘이 되기도 하고 방해하는 힘이 되기도 했다.

상식의 다른 뿌리들은 1789년 이후에 프랑스에서 전개된 일련의 사건들에 자극 받아 세계적으로 일어난 반(反)혁명에 닿고 있다. 그 이후로 줄곧 상식은 또 인민의 특별한 직관이라는 이름으로, 민주주의를 포함한 기존의 합법적인 통치에 대한 도전을 승인하는 역할도 맡았다. 그렇다면, 이 책은 대단히 포착하기 어려운 주제를 다루게 될 것이다. 인민의 상식에 대한 포퓰리스트적 호소(지금 거의 당연한 것으로 여겨지고 있다)와 우리가 민주주의라고 부르는 정치 형태 사이에 오랫동안 이어지고 있는 까다로운 결혼 생활에 관한 책이 될 것이라는 뜻이다.

방법론적인 측면에서 본다면, 이 작업은 흥미를 불러일으킬 만한 도전이다. 이성이 적용되지 않는 암묵적 가정들을 분류하는 것을 의미하는, 기본적으로 반(反)지적인 구성 개념의 지적 역사를 쓰는 것이 과연 가능할까? 인류의 사상들을 카테고리별로 분류하는 데 이용된, 정신 기관(器官)과 언어 기관의 원천과 진화의 흔적을 추적하는 지성사의 한 부문인 개념사로부터 분명히 어느 정도 도움을 받을 수 있다. 보통 사람들이나 철학자들이 쓴 추상적인 용어들의 잃어버린 구별이나 망각된 연결, 익숙지 않거나 혼란스런 사용 등을 밝혀내면, 과거의 정치적 혁신들의 뿌리를 파악할 수 있다. 이 작업은 또한 우리 시대의 정치적 어휘들의 한계에 대해 생각하거나 그 개념들이 미래에 어떤 식으로 쓰일 것인지를 짐작하는 일에도 도움을 줄 수 있다.

이런 이유로, 이 책은 우리가 오늘날 상식이라고 부르는 것을 고대 그리스인들과 로마인들은 어떤 식으로 인식했는지에 대해 설명하는 것으로 시작할 것이다. 그러면서 그 의미에 나타나는 불연속성과, 특히 메타포의 영역에 지금도 남아 있는 케케묵은 의미의 잔재에 주목할 것이다. 그러나 그것만으로는 안 된다. 그보다 더 광범위한 노력이 필요하다. 사상의 사회사(사상들이 탄생한 사회적 맥락에 초점을 맞춘 역사의 한 분야)와 지식의 사회사(지식들이 생산되고 퍼뜨려지고 새로운 용도에 응용되는 과정에 관심을 쏟는 역사의 한 분야), 특히 프랑스 역사학자들이 '공통 사용'이라고 부르는 것의 역사, 말하자면 과거 전체 사회 조직들의 일상적인 지각과 믿음과 관행의 역사로부터도 도움을 받을 필요가 있다. 여하튼, 개념들은 텍스트 안에서뿐만 아니라 사회생활 속에서도 스스로 형태를 갖추고, 권위를 얻어 간다.

우리의 야심은 이렇게 요약할 수 있다. 한편에, 다른 많은 것들과 연결되는 개념인 상식의 발달이 있다. 이 상식은 통상적으로 지성사가 다루는 소재이다. 다른 한편에, 종교와 윤리, 정치와 일상생활에 중요함에도 불구하고, 바로 역사가 변방으로 팽개쳤다는 이유로 다른 것들과 거의 연결되지 못한 일단의 믿음들이 있다. 바로 이 믿음들의 역사와 상식의 발달 사이의 관계를 탐구하는 것이 이 책의 목적이다.

바꿔 말하면, 이 책은 그 사회적인 것의 종작없는 구축에 관한 어떤 이야기(상식이 세상과 그곳의 거주자들, 특히 사회적 삶 쪽으로 경도

된 사람들과의 일상적인 상호 작용에서 직접적으로 생겨난 상상의 공통 영역을 뜻하기 때문이다)가 될 것이다. 이 책은 또 종잡없고 개념적인 것을 사회적으로 구축하는 것에 관한 이야기가 될 것이다.

따라서 여기서 채택한 해결책은 과학의 역사가들이 "역사 인식론"이라고 부르는 것과 아주 가깝다. 전형적으로, 이 방법은 시대를 초월하는 것 같은, 현대 과학과 지식 생산을 체계화하는 개념들, 말하자면 진리나 객관성 같은 카테고리들을 역사적 구성 개념으로서뿐만 아니라 오늘날 과학으로 분류되는 영역으로부터 멀리 배제된 것 같은 관행들과 가치들의 산물로서도 드러내는 작업을 수반한다. 그런 관행들과 가치들은 장르와 담론과 규율뿐만 아니라 미(美)의 기준과 예절, 도덕, 경제적 경쟁, 사회적 지위 추구, 제도적 압박, 종교적 관행과 이상(理想), 남녀 성별에 따른 규범 등도 포함한다.

그러나 이 연구의 초점은 최종적으로 역사 기록에서 오랫동안 변하지 않고 눈에 드러나지 않는 것으로 여겨졌던 것, 즉 인식의 한 방법으로서의 상식과, 가장 많이 변하는 것처럼 보이는 것, 즉 정치적 삶 사이의 연결에 맞춰질 것이다. 그리고 곧 확인하겠지만, 정치의 인식적 토대와 감정적 토대, 증거의 토대는 자연 과학이나 물리학, 심지어 사회 과학의 토대와 항상 일치하지는 않는다. 새로운 과학과 상식이 18세기 대부분의 기간에 프로테스탄트처럼, 경험에 근거한 직접적인 지식과 소박함, 평범한 삶의 가치를 똑같이 강조하면서 동맹 관계를 밀접히 유지했을지라도, 과학과 상식의 지지자들은 끝내 갈라서고 말았으며, 그때 생긴 균열의 영향은 지금까지 느껴지고 있다. 과학은 점점 더 전문가들의 영역으로 바뀌어갔으며, 이 전문가들에겐 기술적인 훈련에 근거한 통제된 실험을 거치지 않은 경험은 진리에 도달할 하나의 토대로 불충분했다. 정치적 추론은 이와 다른 방향을 향했다. 정치 영역에 특별히 반(反)전문가적인 풍조가 생기게 된 길들을 추적하면 포퓰리즘의 문화적, 지적 역사가 최종적으로 윤곽을 드러내게 된다.

북반구와 서반구에 걸쳐 서로 다른 곳에서 다양한 형태로 나타난 3가지 역사적 대변화가 이 이야기의 뼈대를 제공한다. 그리고 고대 그리스인들이 평범한 지식이라고 불렀던 것에 관한 연구에 어울리게, 이 폭넓은 주제들은 상식의 역사와, 상식이라는 상상의 권위에 근거한, 하나의 정치 스타일로서 포퓰리즘의 역사 전반에 작용하고 있는 놀라운 역설들을 고스란히 보여줄 것이다.

이 중요한 발달들 중 첫 번째는 도시들의 괄목할 만한 성장이다. 그 도시들 대부분은 북대서양 해안 가까운 곳에 모여 있거나, 어떤 식으로든 대서양을 넘나드는 통상과 연결되어 있었다. 런던과 파리, 애버딘, 필라델피아, 에든버러, 암스테르담, 제네바, 헤이그 등이 대표적인 도시로 꼽힌다. 이 중심 도시들은 그 지역의 지식 중심지로 이해되어야 하며, 뚜렷이 구별되는 관습과 종교 문화, 법 제도, 정치 제도, 산업, 사회 제도, 계급 형성, 언어, 그리고 대학에서부터 인쇄소, 레스토랑까지 사상들이 형성될 수 있는 공적 공간들을 갖고 있었던 것이 특징이다. 이 도시들은 또한 위치와 크기에 따라 정도의 차이가 있긴 하지만 모두가 정보의 이동과 교환, 확산, 그리고 돈의 차입과 지출이 이뤄지던 곳이었다.

대서양과 영국 해협 양쪽에 자리 잡았던 초기의 현대 도시들은 식량과 노동을 주변의 작은 읍과 시골에 의존하면서 서로 공생 관계를 유지하며 존속했다. 이 도시들은 또 점점 세계화되고 있던 영역에서도 활동했다. 18세기에 대서양과의 연결 속에서 번영을 누렸던 이 도시들은 자본뿐만 아니라 커뮤니케이션의 중심지이기도 했으며, 다른 지역에서 유행어와 사상, 가십, 정보, 재화(원고와 책, 팸플릿, 잡지 포함), 그리고 사람들이 자주 들어오던 곳이었다. 런던과 필라델피아, 파리를 오가며 방랑하던 토머스 페인이 대표적인 예이다.

신세계에서 태어난 노예 노동자들에서부터 프러시아 대학촌의 철학자들에 이르기까지, 자신의 출생지에서 멀리 벗어나지 않은 사람들조차도 글로벌 교역 체계와 점점 국경이 허물어지고 있던 '편지 공화국'(Republic of Letters)(17세기와 18세기 유럽과 미국에서 서신 교환을 통해서 국경을 초월해 형성되었던 지식인 공동체를 일컫는 표현이다/옮긴이), 제국들 간의 갈등 등에 개입하게 되었다. 정체(停滯)와 흐름, 로컬과 글로벌 사이의 이 긴장은 우리의 이야기에 결정적으로 중요하다. 상식은 문화에 따라서 특이한 변화를 보이는 한편으로 보편적인 것처럼 외양을 꾸미면서 18세기에 대서양 세계 전역에 걸쳐 도시 생활의 중요한 부분으로 생겨나게 되었다.

여기서 두 번째 중요한 하위 이야기는 크거나 작은, 그리고 가톨릭이거나 프로테스탄트거나 다양한 종교가 혼재하는 이 도시들 안에서 일어나고 있던 새로운 어떤 사회적 유형의 성장이다. 연극이나 소설, 에세이, 기사, 인쇄물, 팸플릿, 철학 논문, 강의 혹은 길모퉁이의 열변 등을 통해 스스로 진리의 대변자를 자처하던 사람들이 바로 그런 부류이다. 문필가들은 18세기에 특별한 사회적 계층이나 획일적인 유형을 대표하지 않았다. 우리는 아르장 후작(Marquis D'Argens)처럼 귀족 가문을 박차고 나온 타락한 난봉꾼에서부터, 제임스 비티(James Beattie)처럼 가난한 시골의 교구 사제로 활동하다가 도덕을 가르치는 교수가 된 사람들, 성미 고약한 예술가들과 급진적인 팸플릿 제작자 토머스 페인까지 두루 만나게 될 것이다. 이 사회적 유형의 규모는 18세기 동안에 점점 더 커지면서 여자까지 포함하기에 이르렀다.

여자들과 상식의 관계에 관한 가정들이 언제나 복잡했음에도, 우리는 프랑스의 혁명적인 극작가 올랭프 드 구주(Olympe de Gouges)와 영국의 반(反)혁명적인 인물 한나 모어(Hannah More), 작품 속의 여자 주인공 메르 제라르와 뒤셰느도 만나게 될 것이다. 이런 인물들 중에서 상당수는 프로테스탄트 문화에 깊이 뿌리를 내리고 있다. 프로테스탄트 문화라면, 직업에서든 구원과 진리를 추구하는 일에서든 예외적인 것보다 평범한 것을, 고차원적인 숙고보다는 직접적인 경험을 더 높이 평가하는 전통을 자랑한다. 그러나 18세기에 이르러 상식의 옹호자들이 정통적인 가톨릭에서도 나오고, 이신론(理神論: deism: 신을 우주의 창조자로 인정하지만 계시 등을 부정하는 이성적인 종교관을 말한다/옮긴이)에서부터 무신론에 이르기까지 다양한 배경에서도 나오게 되었다. 이런 인물들의 경제적 성공도 개인에 따라 달랐다. 삶이 처한 상황 자체가 변함에 따라, 소수의 사람들은 교회나 대학이나 정부 안에서 공식적인 직책을 번갈아 갖거나, 개인 후원자의 도움을 받거나, 가족의 수입에 기대어 살거나, 펜만으로 살아가려고 노력했다.

남녀를 불문하고 18세기의 문필가들은 이제 막 시작한 일을 통해 사회적이면서 동시에 인식론적인 용어로 자신의 역할을 규정할 필요성을 공통적으로 느꼈다. 당시 대부분의 문필가들은 평범한 사람들, 특히 글을 읽을 줄 모르는 사람들에게는 거의 관심을 갖지 않았다. 심지어 미국 혁명과 프랑스 혁명이 절정에 달한 때조차도, 그리고 상식을 신성시하는 작업에 매우 중요한 역할을 한 사람들 사이에서도 "민주주의"라고 하면 먼저 공포부터 느꼈다. 민주주의라는 것이 그들과 무질서한 군중 사이의 구분을 깨뜨려 놓았으니 말이다.

그러나 종교 개혁으로 시작된 권위의 위기가 그 후에 새로운 과학적 발견을 거치면서 계속 이어지던 상황에서, 문필가들은 18세기에 철학과 종교, 행정 분야에서 자신들보다 높은 사회적 지위 또는 지적 영향력을 누리던 사람들에게 도전하는 존재로서 이름을 얻으려는 경향을 더 강하게 보였다. 그런 명성을 추구하는 과정에, 그들은 자신들이 그 정통성을 "인민"이라는 또 다른 추상적인 권위에 점점 더 기대고 있다는 사실을 발견했다. 그들은 비(非)지성적이고 반(反)지성적이기까지 한, 인민과 세상의 관계를 옹호하고, 나중에는 인민의 이름으로 요구 사항들을 제시했다.

물론, 계몽된 이 문필가들이 보통 사람들의 실용적이고 도덕적인 판단력을 높이 평가하고 나서기 전에, 보통 사람들은 이미 남녀 불문하고 유럽 도시의 정치판에 적극적으로 참여하고 있었다. 청원과 식량 폭동, 조세 저항, 반란을 포함한 대중의 집단 행동은 현대 초기의 정치 문화의 한 근본적인 요소로, 말하자면 통치자들의 정치 권력 독점에 대한 거듭된 도전으로 여겨져야 한다. 그러나 18세기의 사회적 갈등들은 상식이라는 개념에 의존하는 정치의 출현을 이해하는 데 근본적으로 중요하다. 그 갈등은 오늘날로 치면 지식인이라고 부를 수 있는 사람들과 그 지식인들이 모방하고 싶어 하는 한편으로 대체하고 싶어 했던 권력자들, 그리고 지식인들이 종종 대변한다고 말하면서도 실제로는 멸시하며 좀처럼 실체를 알려고 들지 않았던 보통 사람들 사이의 긴장이었다.

보통 사람들의 대변자를 자처했던 남녀 지식인은 그런 식으로 자신들의 불확실한 사회적 지위를 해결하려고 노력하는 가운데, 보통 사람들이 능동적인 정치 참여자로 바뀔 수 있는 길을 직접적으로(종종 의도하지 않게) 닦게 되었다. 가장 두드러졌던 방법은 보통 사람들을 유권자로 만드는 것이었다. 그 지식인들은 또한 정치 자체의 변화도 이끌었다. 오랫동안 공부를 해야만 통달할 수 있는 어려운 과학으로 여겨지던 정치를 보통 사람들의 기본적인 지각 및 지적 능력이나 실용성과 완벽하게 맞아떨어지는 것으로 팔릴 수 있는 무엇인가로 바꿔놓은 것이다.

아마도 가장 중요한 세 번째 이야기는 검열과 오늘날 우리가 "표현의 자유"라고 부르는 것의 관계에 관한 이야기이다. 지식의 개념화와 생산, 유통의 역사에 관한 하나의 주제로 아주 잘 어울리는 이야기이다. 상식의 역사는 18세기에 대서양 양안에서 제기된 자유주의적인 주장에 대단히 중요한, 사상과 언론과 표현에 대한 공식적인 규제의 개혁과 철폐를 둘러싼 실험들의 역사와 깊이 맞물려 있다.

이런 식의 자유주의적인 설명에서 결정적으로 중요한 순간들은 1690년대에 영국에서 있었던 면허법(Licensing Act)의 폐지도 포함하고 있다. 그것은 세계에서 처음으로 언론에 대한 규제를 철폐한 위대한 예였다. 또 암스테르담 같은 유럽 대륙의 일부 프로테스탄트 도시들에서 이단적인 사상에 대해 사실상 관용적인 조치를 취하고, 미국의 주 헌법과 뒤이은 미국 헌법 수정 조항 제1조가 표현의 자유를 명백히 밝히고, 마침내 1789년 프랑스 인권 선언에 표현의 자유(비록 나폴레옹 보나파르트(Napoleon Bonaparte) 통치 하에서 무시무시한 검열법이 복구됨에 따라 종식되긴 했지만, 그 다음 세기에 유럽에서 벌어진 민주주의 운동의 기준을 제시했다)를 인권으로 담은 것도 그런 예에 속한다. 그러나 상식의 역사는 정치적 안정과 사회적 조화, 또 진실의 효과적 차단을 위한 수단으로 끊임없이 제기된 다양한 형태의 검열에 관한 이야기에도 담겨 있다.

형식적인 법이 인쇄와 서적의 거래를 규제하고 단속하는 등 공적인 표현의 영역을 크게 제한하고 나설 때마다, 상식의 입장에서 말한다고 주장하는 것이 기존의 권위에 도전하는 한 방법으로 아주 잘 먹혔다. 18세기 대부분의 기간에 실제로 유럽 대륙에서 이런 현상이 나타났다. 상식이 정치적 또는 종교적 이견의 표현을 정당화하는 수단이 되었던 것이다. 그러나 양심의 자유가 사상에 대한 규제의 철폐와 결합하며 어지러울 만큼 다양한 의견들을 낳는 곳에서, 말하자면 인터넷이 주도하는 현대의 정보 과부하와 비교할 만한 "지식 폭발"이 이뤄지던 환경에서, 상식에 호소하는 것은 그와 정반대의 결과를 낳을 수 있었다. 상식은 종종 안전한 공동체와 안전한 진리 영역의 존재에 필요한 최소 수준의 일치(자기 검열로도 알려져 있다)를, 보다 강력한 종류의 규제로 돌아가는 것을 옹호하지 않는 상태에서 비공식적으로 강요하는 메커니즘이 되었다. 무엇인가가 모순되거나 조화롭지 못하거나 터무니없는 것으로 낙인이 찍힌다는 것은 곧 그것이 진지한 고려의 대상이 될 자격을 박탈당한다는 뜻이다. 그러나 거꾸로 무엇인가가 상식으로 받아들여진다는 것은 그것이 다른 새로운 지식의 바탕이 되고, 공익(公益) 감각의 바탕이 되고, 위험스런 상대주의나 회의론에 맞설 평형추가 되어준다는 뜻이다.

상식의 배양이 정치적 만병통치약처럼 보인다 해도 이상할 것이 하나도 없다. 상식의 배양은 인민의 이름으로 효과적인 형태의 통치를 구축하는 한 방법이 되었을 뿐만 아니라, 후에는 대중 통치의 평화로운 존속을 보장하는 길이 되었다.

최근에 일단의 법학자들은 현재의 세계에서 그런 비공식적인 규칙들, 그러니까 그들이 "사회적 규범"이라고 부르는 것들의 기능에 주목하고 있다. 그 학자들에 따르면, 우리 사회의 많은 영역에서 내면화된 규범이 형식적인 법 대신에 효과적으로 억제의 기능을 수행하고 있다. 특히, 순응이 경제적 행복이나 지위의 측면에서 이롭게 작용하거나 위반이나 일탈이 사회적 처벌을 낳는 경우에, 그런 현상이 더 강하게 나타난다. 이 법학자들은 그런 규범을 잘 보존하고 촉진해야 한다고 주장한다. 왜냐하면 그런 비공식적인 법들이 정부의 일을 줄여주고, 사회적 유대를 강화하거나 행동을 통제하는 데 있어서 정부의 강제보다 더 효과적일 때가 종종 있기 때문이다. 조기 교육을 통해 국민적 상식 같은 것을 배양하는 것도 그런 예일 것이다.

그러나 사회학자 피에르 부르디외(Pierre Bourdieu)가 상기시키듯이, 규제적 검열이 없는 상황에서 상식이 일종의 구조적 검열이 될 수 있고 실제로 그렇게 되었다. 상식은 진부한 지배 도구로 변했으며, 이 도구는 개인들이 동조하도록 만들 뿐만 아니라 일정한 선을 벗어난 목소리들을 범죄나 건전하지 못한 것으로 배제하고, 공적 토론의 범위를 설정한다. 최종적인 결과는 일종의 일치로 나타난다. 이 일치는 공적 영역의 비(非)정치화 현상으로, 또 합법적인 지적 투쟁을 자동적인 의견 일치로 대체하는 현상으로 묘사될 수 있다. 상식의 중요한 옹호자들, 이를테면 18세기 초 런던의 위대한 언론인이었던 조지프 애디슨(Joseph Addison)과 리처드 스틸(Richard Steele)에서부터 프랑스 혁명 초반 몇 년 동안 파리에서 싸구려 왕당파 선전물을 만들었던, 일터 잃은 완고한 성직자들에 이르기까지, 많은 사람들이 바랐던 것도 바로 그런 것이었다. 마지막으로, 반대 의견을 규제하기 위한 법들의 개정에 관한 이야기도, 그 법들의 기원에서부터 그 결과까지, 상식의 역사를 집필하는 데 반드시 필요하다.

이처럼 보다 넓은 역사적 현상 속에서 볼 때, 금방 명백해지는 사실이 한 가지 있다. 상식에 관한 것들 중에서 처음 얼핏 보았을 때와 똑같은 모습으로 남는 것은 아무것도 없다는 점이다. 상식은, 보편적이고 영원하고 공격 대상이 될 수 없고 이데올로기에 초연하고 모든 사람들의 평범한 경험에 뿌리를 내리고 있는 그 무엇인가를, 말하자면 사람들의 가슴 깊은 곳에 묻혀 있는 일종의 무오류의 지혜 같은 것을 떠올리게 한다. 당연히, 오늘날 정치인들과 유식한 척하는 사람들, 광고업자들에게 상식은 그런 식으로 이용되고 있다. 이런 사람들은 전형적으로 상식을 복잡성과 전문성, 내부 지식, 도시풍, 전문적 용어, 갈등, 파벌, 토론 등과 반대되는 것으로 받아들인다. 그러나 역사적으로 검토하면, 상식의 원칙들은 문화나 시대에 따라 변한다는 사실이 명백히 드러난다. 그것만이 아니다. 상식으로 받아들여진 것이 모든 사람의 동의를 얻었던 예는 바로 그것이 상식으로 통하던 시대에도 절대로 없었다.

여하튼, 상식은 도시에 집중해 있으면서 인쇄 매체에 접근할 수 있는 엘리트들에 의해 규정되고 강화되는 경향을 보인다. 상식이라는 표현이 수사적으로는 "미개인"과 "자연인", 노동자, 농민, 그리고 정치나 교육에 때묻지 않은 사람들과 연결되지만, 실상은 그렇지 않다. 상식은 또 실제로 보면 계급 간의 유대 또는 정체성을 형성하는 것 못지않게 새로운 형태의 배제를 만들어낸다. 그 이유는 상식이 거의 언제나 한 편으로 미신적이거나 주변적이거나 기만적인 것으로 여겨지는 관점들 과, 다른 한편으로 지나치게 추상적이거나 전문적이거나 독단적인 관점들과 대조되는 것으로 존재하기 때문이다. 정말로, 상식의 견해들 자체가 상반되는 방향들을 가리키기도 하고 상반되는 관점들을 강화하기도 한다(이 책을 시작하면서 제시한, "표범은 반점을 바꾸지 못한다" 는 진부한 표현에서 끌어낼 수 있는 상반되는 결론들을 고려해 보라). 다른 형태들의 정통성이 위기를 맞을 때에도 전형적으로 상식에 호소하며 거기에 권위를 부여한다고 해도 우리가 놀라서는 안 되는 이유는 바로 거기에 있다. 당연히 파벌로 나눠지게 되고, 일순간에 다양한 영역에서 통치의 전복이 일어나게 되어 있는 혁명이 그런 현상을 보여주는 좋은 예이다. 그런 일이 벌어지지 않는다면, 상식에 굳이 신경 쓸 필요가 없을 것이다.

이것은 곧 상식에 관한 주장은 공적 생활에서 거의 언제나 논쟁을 부르게 마련이라는 뜻이다. 다시 말하면, 의견 일치와 확신에 관한 진술들이 특별하고, 당파적이고, 불안정을 낳곤 했다는 말이다. 상식에 호소하는 경우에 갈등을 종식시키기는커녕 새로운 갈등을 불러일으키는 경우가 종종 있다. 상식을 옹호하는 사람이 보편성과 중용(中庸)을 열렬히 강조함에도 불구하고, 그 상식은 새로운 불씨가 되어 격렬한 의견 충돌을 낳는다. 당연시되는 지식의 한 형태로서, 상식은 권력이나 항의로부터 절대로 자유로울 수 없다. 이 같은 사실이 왜 중요한가? 오늘날에도 포퓰리스트가 성취되지 않은 민주주의의 약속에 대응하는 것을 보면, 그 핵심에 그와 똑같은 갈등 또는 역설들이 자리 잡고 있기 때문이다.

결국, 이 연구는 '철학적 역사'(philosophical history: MIT 역사 교수를 지낸 브루스 마즐리시(Bruce Mazlish)로부터 차용한 단어이며, 역사적 주제들을 철학적 질문들로 나타내고, 철학적인 이슈들을 역사학자의 경험적 방법들을 통해 파고드는 과정을 수반한다/옮긴이)[5]의 한 과제로 받아들여져야 한다. 이것은 곧 이 연구의 목표가 과거에 일어난 것들만 그냥 발견하는 것이 아니라, 과연 한나 아렌트가 옳았는지 여부까지 확인해야 한다는 것을 의미한다. 민주주의를 가능하게 하고 또 민주주의를 떠받치는 것이 정말로 보통 사람들의 일상적 경험과 사회적 상호 작용에서 비롯된 상식일까? 만약에 그렇다면, 그에 따른 대가는 무엇인가? 앞으로 독자 여러분들이 읽게 될 글은 이 질문들에 대한 한 역사학자의 대답이 될 것이다.

___
차례
___

제1장

상식이라는 이름의 귀신

런던, 1688-1739년

코먼 센스를 죽이는 자는 모두

여기 이 장면들을 통해 배우게 되리라.

그 성공을 제아무리 자랑스레 떠벌리더라도

결국엔 모두 코먼 센스라는 귀신의 괴롭힘을 당하게 되리라는 것을.

– 헨리 필딩의 '파스퀸' 중에서

이 이야기는 무엇인가의 사라짐으로 시작한다. 1736년 '파스퀸'(Pasquin)이라는 제목의 대중적인 연극에서, 위대한 영국 극작가 헨리 필딩(Henry Fielding)은 세상의 통치자 '퀸 코먼 센스'(Queen Common Sense)의 때 이른 죽음을 선언한다. 필딩이 설명하듯이, 그녀의 살해는 현대적 삶의 핵심까지 깊이 파고든 어떤 음모의 산물이었다. 그녀는 종교와 의학과 법이 서로 얽혀 작용한 힘에 의해 죽임을 당했다. 그러나 필딩의 연극에서 이 사라짐은 불길한 조짐을 남겼다. 퀸 코먼 센스가 죽은 뒤에도 자주 출몰할 것이라고 다짐했기 때문이다.

이제 유령이 된 상식(코먼 센스)은, 역사의 다른 많은 위대한 힘들처럼, 사람들의 육안에 보이지 않을 것이다. 그럼에도, 상식은 무시할 수 없는 힘이 될 것이다. 상식의 현대사는 바로 이 죽음과, 1688년 명예 혁명으로 탄생한 아주 특별한 자유주의를 추구하던 18세기 초의 런던에 상식이 귀신으로 다시 나타나는 것으로 시작된다.

얄궂게도, 상식은 죽었다고 여겨지던 바로 그 순간에 여러 모양의 정치적 얼굴을 얻게 되며, 그 얼굴들이 오늘날까지 그대로 이어지고 있다. 새로운 세기(18세기)가 열릴 때, 상식은 런던의 학식 있는 사람들 사이에 용인 가능한 토론과 행동의 한계를 정해주는, 법을 초월하는 수단으로 여겨짐과 동시에 새로운 종류의 자율적인 공동체를 위한 잠재적 토대로 받아들여지게 되었다. 그리고 얼마 지나지 않아서, 상식은 사상적인 무기로 바뀌어, 의회 밖의 반대와 항의를 중심으로 정치 문화가 꽃피도록 도왔다. 최종적으로, 많은 사람들이 각자의 입장에 따라 퀸 코먼 센스의 사라짐을 애석해 하며 그녀를 떠나보냈음에도 불구하고, 상식은 뿌리 깊고 겉보기에 상식적인 권위까지 갖춘 형상으로 환생했다. 현대를 살고 있는 우리도 사실상 상식이라고 하면 선(善)을 추구하는 힘으로 받아들이지 않을 수 없다. 필딩의 시대에 상식의 귀신을 신격화한 것이, 18세기 대서양의 세계 전역에 걸쳐서 일련의 혁명들을 가능하게 만들고 또 온갖 모순을 안고 있는 현대 민주주의 통치의 발흥을 낳은 이야기에서 가장 중요한 첫 장(章)을 차지한다.

물론, 이 이야기의 시작을 위해선 영국의 문예 전성 시대(대체로 18세기 초반과 중반을 가리킨다. 당시에 활동했던 시인 알렉산더 포프(Alexander Pope)와 조지프 애디슨, 조너선 스위프트(Jonathan Swift) 등은 고

대 로마의 작가들을 숭배하며 그들의 작품을 모방했다/옮긴이)보다 훨씬 더 멀리까지 거슬러 올라가고 또 런던보다 더 먼 곳까지 여행할 필요가 있다.

상식은 매우 오래된 용어이다. 대단히 강한 생명력을 입증한 어느 글에서, 아리스토텔레스는 이미 B.C. 4세기에 모든 인간은 5가지 기본적인 감각, 즉 우리가 익히 잘 알고 있는 시각과 청각, 미각, 후각, 촉각뿐만 아니라 이 모든 감각들이 서로 교차하는 지점에 일종의 '공통적인 감각'(koinè aisthèsis)을 소유하고 있다고 주장했다. 이 공통 감각의 기능은 5가지 감각들이 받아들인 인상들을 서로 비교하고 통합하면서 이성과 별도로 감각의 대상물에 대한 판단을 내리는 것이었다.

아리스토텔레스가 『영혼론』(De Anima) 제3권에서 설명하는 바와 같이, 이 기능은 몇 가지 별도의 정신적 임무를 맡았다. 그것은 인간에게 한꺼번에 몇 가지를 지각할 수 있는 능력을 주었다. 한 가지 이상의 감각이 동시에 지각하는 것들, 말하자면 운동과 정지(停止), 숫자, 모양, 크기 등의 특징을 파악할 수 있게 했다는 뜻이다. 이 기능은 또 인간이 지각 행위를 하고 있다는 것을 자각하도록 만든다. 그리고 이 책의 목적에 가장 중요한 대목인데, 이 슈퍼 감각은 감각 대상들의 통일성을 파악하고 또 그 대상들을 구별하는 이중적인 일을 수행했다. 바꿔 말하면, 인간이 달고 흰 것은 설탕이지만 단 것과 흰 것은 서로 다른 종류의 감각적 특징이라는 사실을, 결과적으로 설탕은 소금과 다르다는 사실을 깨닫도록 하는 것이 바로 상식이었다.

인간의 정신적 능력에 대한 이런 식의 이해는 중세를 거쳐 현대 초기에 이르기까지, 심리학과 의학, 미학 분야에서 아랍어와 히브리어, 라틴어, 그 다음에는 중요한 수정이 가해지긴 했지만 프랑스어와 영어 텍스트로 줄기차게 이어져 왔다. 11세기의 페르시아 철학자 이븐 시나(Ibn Sina)가 아리스토텔레스의 『영혼론』에 대해 한 논평에 따라서, 상식은 "내부 감각들" 중 최고의 감각으로, 이쪽에 있는 감각들과 저쪽에 있는 이성과 인식을 서로 잇는 근본적인 연결로 다시 정의되었다.

이 전통은 스콜라 철학의 사상에서도 계속되었다. 적어도 토마스 아퀴나스(Thomas Aquinas)의 저작물에는 그 전통이 그대로 보인다. 토마스 아퀴나스의 저작물에서 아리스토텔레스와 이븐 시나가 교회의 아버지들과 조화를 이루었으며, 공통적인 감각으로 시작하는 복합적인 내부 감각들이라는 개념이 계속 영향력을 발휘했다. 17세기까지도 '센수스 콤무니스'(sensus communis: 공통 감각)은 여전히 많은 해설자들에게 인간의 가장 근본적이고 단순한 임무들에 반드시 필요한 인식 능력으로 이해되고 있었다. 여기서 말하는 가장 근본적인 임무란 대상들과 개인들과 환경들의 성격을 분간하고 그것들 사이의 차이를 구분하는 것을 말한다.

몇 세기를 내려오는 동안에, 이 능력은 원래 거주지로 삼았던 고향을 떠나서 다른 곳으로 옮겨가게 되었다. 아리스토텔레스가 원래 그 능력이 들어 있다고 상상했던 가슴에서 빠져나와서 뇌로 옮겨간 것이다. 이것은 그 능력이 위치한 곳이 정확히 몸 안의 어딘지에 대해 관심을 많이 쏟게 된 결과였다.

이미 이븐 시나에게 상식은 내부 감각들 중 으뜸 감각으로, 작업 파트너인 상상과 매우 가까운 제1뇌실(腦室)의 앞부분에 자리 잡고 있는 것으로 이해되었다. 그 후 레오나르도 다빈치(Leonardo da Vinci)에서부터, 공통 감각을 선조체(線條體:corpus striatum)에 놓은 17세기 영국 의사 토머스 윌리스(Thomas Willis)까지, 다양한 인물들이 나서서 인간의 지각 및 인식 능력이 서로 결합하는 과정을 이해하려고 지속적으로 노력했다.

그리하여 16세기 말과 17세기 초에는 공통 감각이 비유적 읽기에 적용될 수 있는, 생리학적이고 심리학적인 어떤 구성 개념으로 인식됨과

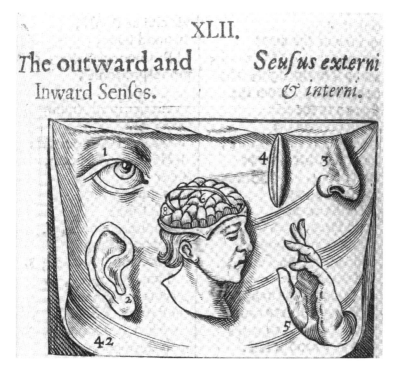

17세기 체코슬로바키아의 교육자이자 종교 개혁가였던 요한 아모스 코메니우스(Johann Amos Comenius)가 쓴 『그림으로 보는 세계』(Orbis Pictus)의 영어 번역본(런던, 1685년)에 실린 그림 '외부 감각들과 내부 감각들'. 1번부터 5번까지는 아리스토텔레스 이후의 심리학에서 정석으로 통하던 외부 감각들을 묘사하고 있다. 6번부터 8번(뇌 부위)까지는 상식(7번)을 포함한 내부 감각 3가지가 위치한 곳을 표시하고 있다.

동시에 정치적 구성 개념으로도 인식되기에 이르렀다.

프랑스 몽펠리에의 의학 교수이자 앙리(Henri) 4세의 주치의였던 앙드레 뒤 로랑(André du Laurens)과 의학 대중화를 위해 노력한 영국의 헬키아 크루크(Helkiah Crooke) 같은, 종교 개혁 이후에 활동한 해부학자들에게는 상식이 그렇게 받아들여진 것이 확실하다. 헬키아 크루크는 앞 세기의 안드레아스 베살리우스(Andreas Vesalius) 이후에 나온 해부 연구들을 종합하고 제임스(James) 1세 영국 왕실의 의사를 지낸 인물이다. 두 사람은 인간의 신체를 "작은 세계"로 이해했다. 소우주와 대우주의 비유를 빌려 신체를 보다 큰 세상의 작은 이미지로 파악한 것이다. 17세기 초에 사람들의 눈길을 잡아끌 메타포를 찾던 문인들은 말할 것도 없고, 이들 해부학자들에게도 공통 감각은 인간의 마음 안에 있는 "재판관과 검열관"으로 받아들여졌다.

이처럼 공통 감각이 하는 일을 기본적으로 법적인 것과 연관 지어 상상했다는 사실이 놀랍지 않을 수 없다. 여하튼, 16세기 말과 17세기의 조직적이고 대단히 계급적인 정치 이론은 인간의 신체를 빌린 메타포에 크게 의존했다. 국왕 또는 주권자는 상호 의존적인 관계 속에서 신체와 비슷한 정치적 통일체를 통치하는 것으로 이해되었다. 인간의 신체 중에서 영혼이 자리 잡고 있는 가장 고귀한 부분인 머리가 신체와 조화를 이루며 신체를 지배하는 것과 많이 비슷했다. 효과적인 어떤 상태는 당연히 인간의 이미지를 반영했다.

마찬가지로, 해부학자들과 의학 이론가들은 플라톤의 『공화국』(Republic)에서 아리스토텔레스의 자연 철학에서만큼 많은 것을 차용함으로써, 이를 테면 뇌를 공화국이나 왕국, 궁전 또는 도시로 상상함으로써, 16세기부터 과학적 연구의 대상이 되고 있던 뇌의 작용을 설명하려고 노력했다. 이 정치적인 공간 안에서, 각 기능은 정보의 감시와 검열, 배포를 포함한 다양한 행정 기능을 맡는 것으로 비유될 수 있었다.

예컨대 17세기 초에 발표된 바르톨로메오 델 베네(Bartolommeo Del Bene)의 『진리의 도시』(City of Truth)를 보면, 5가지 외부 감각들이 그 도시로 들어가는 문이 되고 있다.[1] 그러나 그 도시의 한가운데에 있는, 지적인 미덕들을 모시는 사원들에 접근하는 것은 3가지 내부 감각이다. 또 크루크의 비유적 설명에 따르면, 뇌는 '외부 감각들의 수비대', '고문들과 그들의 비서관', 심지어 '스파이'까지 갖춘 '궁정'이다. 여기서 공통 감각은 궁정의 '검열관'으로서 '영혼의 밀실'이 되어, 외부 사정을 살피는 정보원들(감각들)로부터 자료를 수집하고 그것을 분류하여 군주의 요청에 따라 정책 결정을 내린다. 정신도 현대 초기에는 그 모든 요소들을 갖춘 가운데 이상적인 정치 형태, 즉 군주 국가와 똑같은 방식으로 움직이는 것으로 이해되었다. 이렇듯, 정치학과 심리학은 적어도 상상의 차원에서는 서로를 완벽하게 떠받쳐 주었다.

그러나 인간 심리에 대한 이런 고대의 인식들은 그 다음 세기를 거치면서 종식을 맞게 된다. 그리고 이제야 우리의 이야기가 진정으로 시작된다.

일반적으로 르네 데카르트(René Descartes)는 인간의 뇌 안에 실제로 공통 감각으로 작용하는 기능이 자리 잡고 있다는 인식을 타파한 인물로 통한다. 이 프랑스 철학자도 스콜라 철학자들로부터 내부 감각이라는 아이디어를 차용했으며 또 그것을 전적으로 부인하지는 않았다. 그러나 그는 공통 감각의 기능이라는 아리스토텔레스의 개념으로부터

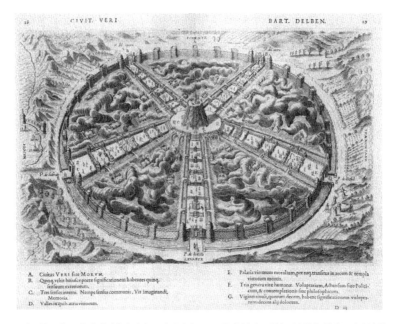

바르톨로메오 델 베네의 『진리의 도시』(파리:1609년)에 실린 그림 '도시 같은 영혼'. 여기서 영혼은 다섯 개의 감각의 문을 가진 도시로 그려지고 있다. 각각의 문은 대로를 통해 도시의 중심으로 연결된다. 거기엔 사원이 5개 있다. 각각 과학과 예술, 신중, 이성, 지혜에 봉헌되었다. 그 사원에 접근하기 위해선 3가지 내부 감각을 각각 대표하는 사다리를 이용해야 한다. 대로 사이의 계곡에는 악덕의 집들이 오류의 안개에 덮여 있다.

거리를 두다가 『정념론』(Passions of the Soul)(1649)을 발표할 때는 공통 감각을 완전히 포기했다. 육체와 뇌에 대한 기계론적인 그의 설명, 그리고 지식을 감각보다는 인식에 뿌리를 내리게 하겠다는 그의 욕망이 구체적으로 위치 파악이 가능한 정신적 기능으로서의 공통 감각을 불필요하게 만들었다.

17세기와 18세기의 다른 철학자들도 점점 해부학 연구의 발전에 고무되어 직접적으로나 간접적으로 데카르트의 뒤를 따랐다. 존 로크(John Locke)는 여러 개의 감각들에서 오는 인상들을 비교 종합하는 일을 맡는 것이 공통 감각이라는 사상을 포기했다. 그럼에도, 그는 '두 가지 이상의 감각에 의해 지각될 수 있는 특징들이 있다'는 아리스토텔레스의 사상은 계속 지지했다. 조지 버클리는 이 사상과 공통 감각을 모두 포기했다. 인간 육체를 다루는 의사들과 전문가들도 결국에는 그들의 뒤를 따랐다.

그럼에도, 그런 인식을 포기하는 과정이 아주 빨랐다거나 모두가 다 포기했다는 식으로 과장해서는 안 된다. 예를 들어, 골상학의 창시자인 프란츠 요제프 갈(Franz Josef Gall)은 18세기 말에도 여전히 공통 감각을 포함한 내부 감각들의 구체적 장소를 찾는 작업에 몰두하고 있었다. 그렇기 때문에 당시의 실상을 더 정확히 전하려면, 공통 감각이라는 고대적인 용어의 의미와 쓰임새에 점진적 변화가 지속적으로 일어나고 있었다고 하는 것이 더 타당할 것 같다. 그 배경에 그 용어가 과학적으로도 서서히 종말을 고하고 있었다는 사실이 작용하고 있었다.

특별히 두 가지 현상이 나타나면서 공통 감각이 아리스토텔레스의 관점에서 벗어나 새로운 궤도에 오르도록 만들었다. 또한 그 현상들은 앤(Anne) 여왕 시대에 런던에서 현대적 역사를 처음 시작할 때만 해도 설득력이 약했던 공통 감각에 대해 말할 근거를 우리에게 제시한다. 이 두 가지 현상을 정확히 짚으려면, 식별력의 한 형태로서의, 그리고 최종적으로 검열의 한 형태로서의 공통 감각에 관한 고대의 대화로까지 거슬러 올라가야 한다. 두 가지 현상은 우리가 앞에서 이미 만난 어느 여왕이 발흥하다가 수많은 사람들의 애도 속에 죽음을 맞게 된 배경에 관한 이야기를 들려준다. 물론, 그 여왕은 퀸 코먼 센스이다.

그 현상들 중 하나는 공통 감각의 정의(定議)에 관한 것이다. 현대 초기에 'sensus communis' 'sens commun' 혹은 'common sense'를 이루는 2개의 단어는 별로 전문적이지 않은 의미로 쓰이게 되었다. 로크는 'common sense'를, 데카르트는 'le bon sens'(프랑스어의 글자 그대로의 의미는 good sense(양식)이며 같은 프랑스어 'sens commun'의 뜻과 가깝다)를 썼다. 그들이 그런 단어를 쓴 목적도 구체적인 어떤 기능을 의미하기 위한 것이 아니라, 명확히 인식하고, 기초적인 판단을 내리며, 일상의 현실적인 문제를 놓고 모순을 보이지 않으면서 간단히 추론할 수 있는 초보적인 능력을 의미하기 위한 것이었다. 그런 기술은 모든 인간들의 능력 안에 있었고 또 있어야 하는 것으로 받아들여졌다. 제정신이 아닌 사람들과 머리가 정말로 둔한 사람들만 예외였다.

현대 초기의 유럽에서, 공통 감각을 거론하는 것은 보통 사람들의 평범한 지혜에 호소하는 지름길이었다. 당시에 보통 사람들의 지혜는 매우 높지 않았지만, 그럼에도 점점 중요성을 얻어가고 있던 진정한 지혜였다. 당시에 프로테스탄티즘은 일상의 세속적 관심사의 도덕적 가치를 강조하는 한편으로 성직자들에 대한 특권을 인정하길 거부함으로써 이런 새로운 가치 평가에 크게 기여했다. 18세기 초에 영국의 한 해설가는 아주 상식적인 어투로 이렇게 요약했다. "상식을 갖춘 사람은 곧 흰색과 검정을, 치즈와 분필을 구분하고, 2 더하기 2는 4라는 것을 알고, 산이 언덕보다 더 높다는 것을 아는 사람이다."[2] 평범한 단어들과 사물들의 구분, 산수에 관한 기초적인 사실들, 익숙한 대상들이 작동하는 방식에 대한 기본적인 지식, 신중의 주요한 원칙들 …. 이런 것들이 우리가 지금도 상식이라고 부르고 있는 정신 과정들의 특별한 영역이 되었다.

그리고 공통 감각이 하나의 전문적인 용어로서 심리학이나 해부학의 최첨단에 서 있던 자리에서 물러나 훨씬 더 유연하게 정의되는 어떤 인식 능력을 의미하는 단어가 되자마자, 그 의미도 확장되기 시작했다. 더 정확히 말하면, 공통 감각의 의미가 인식론적인 것 못지않게 사회적인 것이 되었다는 뜻이다. 공통 감각의 어떤 기능이라는 아리스토텔레스의 개념이 희석되면서 고대 로마의 센수스 콤무니스라는 개념과 결합되었다. 고대 로마의 센수스 콤무니스는 한 공동체가 암묵적으로 공유하는 가치와 믿음들을 일컫는다.

스토아학파 철학자들 사이에 공통 감각이라는 표현은 다음과 같은 의미로 통했다. 그 표현은 호라티우스(Horatius)와 퀸틸리아누스(Quintillianus)뿐만 아니라 키케로(Cicero)의 저작물에도 등장하는데, 키케로의 경우에 모든 인간들이 공통으로 갖고 있는 관념들을 의미하는 것으로 썼다. 정말로 이 같은 인식도 그리스에 뿌리를 내리고 있었다. '로키 콤무네스'(loci communes), 즉 공통적으로 갖고 있는 믿음들은 오랫동안 고대 웅변가들 사이에 꼭 필요한 용어로 큰 명성을 누렸다.

18세기 초에 이런 고문서들에 대한 관심이 되살아남에 따라, 공통 감각은 또한 영어로 너무나 자명한 진리 또는 특별한 지식 없이도 누구나 파악할 수 있는 진리 또는 통념을 의미하게 되었다. 이런 진리 또는 통념은 사회 전반의 기본적인 지적 능력이나 경험과 완벽히 맞아떨어지기 때문에, 사람이 포착하거나 받아들이는 데 별도의 지적 교양이나 증명이 전혀 필요하지 않았다. 훌륭하거나 공통적인 감각을 갖고 있다는 것은 거꾸로 양(量)이나 공간이나 시간이나 다른 관찰된 현상에 관한 일반적인 개념들을 그대로 받아들일 준비가 되어 있다는 것을 의미했다. 이런 과정을 거치면서 공통 감각은 또한 '상호 주관성'(intersubjectivity: 사회 과학자들이 다양한 형태의 상호 작용을 간단히 묘사하기 위해 만든 용어로, 쉽게 표현하면 동의이다/옮긴이)의 중요한 요소가 되었다.

휘그당(1680년대부터 1850년대까지 영국에서 토리당과 권력을 다투었던 정당으로 입헌 군주제를 지지했다. 휘그당과 토리당은 처음엔 느슨한 집단으로 시작했다가 1784년부터 정당의 모습을 갖추었다. 휘그당은 1868년 해체되었으며 그 전통은 자유당을 거쳐 노동당으로 이어졌다. 토리당은 보수당으로 바뀌었다/옮긴이) 당원으로 허약했지만 미적 감각이 탁월했던

제3대 섀프츠베리 백작인 앤터니 애슐리 쿠퍼가 1711년경에 디자인한 판화 '센수스 콤무니스'. 섀프츠베리 백작의 『인간과 예절, 의견, 시대의 특징들』(Characteristicks of Men, Manners, Opinions, Times)에 실린 작품이다. 3점으로 구성된 이 판화는 홉스의 회의주의를 공격하기 위한 것이었다. 섀프츠베리 자신의 철학, 그리고 진리에 이르는 방법으로 조롱과 관용이 강조되고 있다. 양 옆의 그림을 보면 인간이 각각 대조적인 모습으로 그려지고 있다. 왼쪽이 섀프츠베리의 인간관이고, 오른쪽이 홉스의 인간관이다.

에세이스트 앤터니 애슐리 쿠퍼(Anthony Ashley Cooper: 제3대 섀프츠베리 백작)는 1709년에 출간되어 막강한 영향력을 행사한 철학 논문 『공통 감각』(Sensus Communis: An Essay on the Freedom of Wit and Humour)에서 이 정의를 한 단계 더 확장시켰다. 영국 문예 전성 시대의 해설가들은 상식을 명확히 구분되는 지식의 한 형태로 여기는 경향을 보였다. 상식이 자유롭고 열린 대화에, 말하자면 원래 감각적 경험에서 나온 지식을 비공식적으로 공유하는 것에 의존한다는 이유에서였다. 이런 믿음에 충실하면서, 문예 전성 시대의 해설가들은 자신들이 살고 있던 새로운 세상을, 말하자면 교양 있고 사교성 넘치는 새로운 도시의 세상을 반영하고 있었다. 그러나 섀프츠베리 백작은 윤리와 취향의 문제에 관한 기본적인 합의와 최종적인 판단은 공공복리와 공통의 관심사를 생각할 줄 아는 타고난 식별력만으로도 가능하다고 주장했다. 아울러 이 식별력은 간혹 정직한 보통 사람에게도 나타나긴 하지만, (그 자신처럼) "훌륭한 집안에서 훌륭한 교육을 받으며 성장한 사람들" 사이에 가장 잘 나타나는 특징이라고 강조했다. 그는 이 본능을 라틴어로 센수스 콤무니스라고 불렀다.

예전에 확실한 것으로 통했던 온갖 것들이 특히 도덕 영역에서 토머스 홉스(Thomas Hobbes)의 유명론(唯名論)(홉스는 유일하게 보편적인 것은 이름뿐이라고 믿었다. 예를 들어 '나무'라는 이름은 각각의 나무들을 이르는 보편적인 이름이다. 하나의 이름에 수많은 나무가 있는 것이다. 그러나 보편적인 나무라는 것은 없다고 홉스는 주장한다/옮긴이)의 영향으로 인해 의심의 대상이 되고 있던 시대에, 상식이 미(美)와 조화, 선, 진리 등 공통의 가치 판단의 문제와 관련해서 공평하고 독립적이고 확실한 권위로 제시되었다. 실제로 섀프츠베리 백작은 18세기 초에 상식을 사회적 결집의 잠재적 원천이자 참여적인 도덕 및 정치 질서의 바탕으로 내세울 계획이었다.

이리하여 상식의 정의(定義)에 일어난 변화도 상식에 관한 이야기의 한 부분을 이루게 되었다. 그와 동시에 현대적인 상식의 초기 역사에 영향을 미칠 두 번째 발달이 일어났다. 그것은 상식이 하나의 사상으로 공명을 일으킬 배경에 일어난 심오한 변화였다. 보다 사회적이고 변화무쌍한 상식의 개념이 하나의 표어나 필명, 문학의 인기 있는 등장인물이 되거나, 역사나 관습이나 이성이나 종교나 훌륭한 옛 책들에 맞설 수 있는 다른 종류의 권위로 바뀔 수 있기 전에, 먼저 상식은 어떤 문제에 대한 해결책이 되어야 했다. 상식이 곧 해결책처럼 보이는 그 문제가 부상한 것은 런던이라는 대도시의 새로운 공적 영역이었다. 명예 혁명을 거치면서 프로테스탄티즘과 영국의 자유에 대한 재확인이 이뤄지던 시기였다. 그 문제란 바로 이질적인 사회를 최소한의 노력으로 어떻게 결속시키느냐 하는 것이었다. 1730년대에 런던의 연극 작품 속에서 '퀸 코먼 센스'가 사망할 때 쯤, 상식의 초기 역사는 완전히 교체되어 버렸다. 그럼에도 상식과 통치권과 검열이 서로 밀접히 얽혀 작용했던 예전의 흔적은 곳곳에 증거물로 남아 있었으며, 상식은 이미 새로운 환경에 걸맞게 다듬은 새로운 정치적 기능을 획득했다.

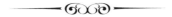

모든 것이 질서정연하게 돌아갈 때엔 상식이라는 말을 *끄집어내거*

나 상식에 대해 생각하는 사람이 드물다. 너무도 명백한 것에 대해 굳이 생각할 필요가 있을까? 대체로 상식은 위기가 감지되거나 의견 일치가 붕괴될 때 어둠 속에서 슬그머니 빠져 나와 관심을 끌게 된다. 18세기 초의 런던도 예외가 아니었다.

영국의 수도에서 새로운 세기의 시작은 여러 면에서 경사스러운 때였다. 런던의 정치 계급은 윌리엄(William)과 메리(Mary)를 왕위에 올린 그 혁명이 혁명이라 불리기 어려울 정도로 아주 짧은 기간에 평온하게 이뤄졌다는 사실을 축하했다. 새로운 정권의 성공은 당시에 영국을 이끌면서 행정과 제조업과 상업과 공공 문화가 잘 발달한 "경이의 도시"로서 세계 최초로 현대적 메트로폴리스로 커가고 있던 런던의 이미지에도 영광을 더했다. 런던의 규모와 번잡함과 활력은 영국인뿐만 아니라 외국인들까지 매료시켰다.

하지만 그 번영을 어떻게 계속 이어갈 것인가? 투쟁의 재발을 어떤 식으로 피할 것인가? 1700년경에 런던은 또한 증오에 상처를 입은 도시이기도 했다. 한 세기에 걸친 종교 전쟁과 정치 혁명은 불신을 유산으로 남겼다. 사법적 또는 신학적 전문성을 자랑하던 유서 깊은 중심지들에 대한 불신과 진리 탐구와 의사 결정의 낡은 방법에 대한 불신의 골이 깊었다. 권위를 다시 일으켜 세우는 작업은 아주 힘들었다.

새로운 세기 들어 첫 몇 십 년 동안엔 다양한 의견들, 말하자면 새로운 내전의 발발로 이어질지도 모를 당파성을 우려하는 목소리가 아주 컸다. 모든 영국인들이 사상적 차이를 극복하고 어렵게 획득한 사회적, 정치적 안정을 오래 누릴 수 있기를 간절히 원했음에도 불구하고, 한편으로 그런 두려움이 팽배했던 것이 사실이다. 그 문제가 앤 여왕의 통치 기간에 새롭게 부상한 것은 아니었다. 17세기 중반에 내전이 종식될 시점에 이미 어떤 종류의 타협에 대한 욕구가 널리 퍼져 있었다. 결국 찰스(Charles) 2세가 1660년에 "극단주의자들을 자제시키고, 이견들을 조정하고, 모든 이해 당사자들을 충족시키기 위해" 국민들의 환영 속에 영국으로 돌아왔다. 휘그당의 이런 근본적인 야망은 1688년의 혁명과 1689년 '관용법'(Toleration Act) 채택, 특히 1695년 '면허법'(Licensing Act)의 폐지 이후에 더욱 분명해졌다(어쩌면 그 야망은 파악하기가 더욱 어려워졌을지도 모르겠다).

그 후로 표현의 자유를 영국식 "자유"의 기본적인 요소로 정착시킨 것은 면허법의 폐지였다. 영국의 프로테스탄티즘 안에서 신앙의 다양성을 공식적으로 인정한 데 이어서 나온 면허법의 폐지는 인쇄물에 대한 사전 승인에 종지부를 찍고 과거 어느 때보다도 더 많은 사람들에게 공개적 토론에 참여할 기회를 열어주었다. 그 뒤에 깔린 사상은 이런 식으로 법에 변화를 주는 경우에 영국 국내의 경제적 이익뿐만 아니라 평화까지 증진시키게 될 것이라는 판단이었다.

그럼에도 불구하고, 그 변화는 새로운 의견 일치나 사회적, 종교적 조화를 낳지 못하고, 단기적으로 볼 때, 오히려 반대의 결과를 낳는 것처럼 보였다. 서로 충돌을 빚는 의견들과 주장들이 폭발하는 형국으로 치달았던 것이다. 이 의견이나 주장 중에는 서로 적대적이거나 (적어도 반대자들의 눈에는) 노골적으로 부정직하고 그릇된 방향으로 향하는 것이 많았다. 이런 문제들을 확실히 해결할 수 있는 방법을 찾기가 갈수록 힘들어졌다. 어쩌면 해결책을 모색하는 노력 자체를 포기해야 할 수도 있다는 우려가 새로 제기되었다. 이런 자유주의적인 입법에 이은 무서운 당파성이, 사람들이 자주 찾는 커피하우스에서부터 사람들이 최후를 맞는 병원에 이르기까지, 런던의 공적 삶을 지배하기에 이르렀다.

앤 여왕의 통치 때부터 시작해서 그녀가 1714년에 죽고 조지(George) 1세가 왕위에 오를 때까지, 휘그당을 지지하던 런던의 시민들과 시사 평론가들은 어느 역사학자가 "종작없는 새로운 도시 세계의 왁자지껄한 소리와 다양성과 자유"(3)라고 부른 것으로부터 질서를 끌어내는 문제를 놓고 머리를 싸맸다. 사상가들은 새롭게 자유를 누리게 된 결과 전면으로 부상하게 된 중요한 문제들을 놓고 의견들이 심하게 서로 충돌을 빚는 이유를 정신적인 면과 동시에 정신 외적인 면으로도 설명하려고 노력했다. 그러면서 그들은 기본적인 사회적 및 지적 협력을 성취하고 공통 문화의 씨앗을 뿌릴 수단을 찾아 나섰다. 그런 가운데서도 그들은 인공적이고 압제적인 일치의 수단, 이를테면 전제주의와 검열 조치에 다시 기대지 않으려고 무진 노력했다.

영국의 상류층과 중산층의 입장에서 볼 때, 혁명 후 가장 큰 도전 중 하나는 극단적인 형태의 다원론을 누그러뜨릴 초법적인 방법들을 새롭게 발견하는 것이었다. 말하자면, 이해와 오해를 구분하고, 기본적인 사상들에 대한 낮은 수준의 의견 일치를 촉진하되, 그 모든 것들을 종교적 관용과 표현과 언론의 자유 안에서 이루는 것이 급선무였다.

한 가지 중요한 해결책은 정중함이었다. 감정적 억제와 극단적이거나 개인적인 질투의 자제를 높이 평가하는 상류층의 태도가 기본적으로 비슷한 소양을 갖춘 사람들끼리 공동체를 형성하는 데 결정적으로 중요할 수 있었다. 섀프츠베리가 거듭해서 지적했듯이, 진정한 대화는 관용과 외적 구속으로부터의 자유에, 그리고 질문하고 조소하고 토론하는 능력에 좌우되었다. 그러나 정중함은 서로 옳다는 주장들 사이의 차이를 조정하거나 적어도 희석시키는 데 도움이 될 수 있었다. 또 현대 정치와 도시의 삶, 그리고 궁정 문화와 반대되는 상업 문화가 번창하는 바탕이 된 경쟁을 어느 정도 누그러뜨리는 데에도 도움이 될 것이었다. 18세기 초 영국의 엘리트들이 높이 평가한 정중함은 교양과 함께 공적 미덕과 공익에 관심을 가질 길을 열어줌과 동시에 사상에 따른 갈등을 멀리할 길을 제시했다.

이와 관련한 어떤 제안은 정중한 사교성이라는 바람직한 결실을 끌어내기 위해 개인들의 내면과 공동체 안에 상식을 배양하는 것을 수반했다. 상식은 공통적인 정체성이 구축될 수 있는 최소 형태의 권위를 약속했다. 거꾸로, 쉬운 언어로 쓰인 상태로 널리 받아들여진 핵심적인 가정들을 중심으로 구축된 어떤 공동체를 유지하는 것은 과도한 개인주의와 정치적 적대감, 파벌주의를 타파할 수 있는 해결책을 암시했다. 에세이스트 조지프 애디슨이 인간의 결사들이 분파적인 일 대신에 공동체를 추구하는 것을 목표로 잡는 날을 고대한다고 말했을 때, 그의 말은 부분적으로만 농담이었다. 애디슨은 '스펙테이터'(Spectator)에 게재한 글에서 중립적인 집단을 상상했는데, 그것은 스스로를 휘그당원이나 토리당원으로 부르지도 않고 또 격한 당파성의 원인인 격정과 억측과 개인적 이익에 관심이 없는 모든 사람들에게 열려 있는 그런 단체를 의미했다. 이 단체의 가입에 필요한 기준은 단지 몇 가지 기본적인 수학 원리와 언어적 자질을 지키는 것 뿐이며, 그 원리와 자질도 정직한 사람이라면 누구나 쉽게 동의할 수 있는 내용이었다. 예를 들어 그 단체에 가담하는 사람은 "2 더하기 2는 4"이고 "6은 언제 어딜 가나

7보다 작고""10은 지금으로부터 3년의 세월이 흘러도 여전히 10보다 더 크지 않다"는 것을 인정해야 할 것이다. 또한 "1년 중 어느 날을 잡아 검정을 하양이라고 하거나 하양을 검정이라고 하는 사람이 있으면 생명과 재산을 빼앗길 위험을 무릅쓰고라도 그 사람에게 저항하는 것"이 반드시 요구될 것이다. 만약 사람들이 이런 상식적인 관찰들을 고수하기만 한다면, 내전의 씨앗은 제거될 것이고, 따라서 통합된 정치 통일체가 다시 세워질 수 있을 것이다.

불행하게도, 당시에 분열과 적대의 분위기는 그와 정반대 방향으로 나아가고 있었다. 애디슨의 설명에 따르면, 그런 분위기는 "인간의 도덕에도 치명적이고 인간의 이해력에도 치명적"이다. 더욱이, 그 분위기는 상식까지 파괴하고 있었다. 애디슨의 상식은 사물들의 이름에 이르기까지 기본적인 진리들을 놓고 건전하게 판단하고 동의할 줄 아는 능력을 의미했다. 거의 동시에, 섀프츠베리도 그와 똑같은 주장을 펼쳤다. 당쟁은 단순히 "인간들에게 매우 자연스런 사회적 사랑 또는 공통 감각의 남용이나 변칙"[4]일 뿐이라는 것이었다. 그리고 애디슨은 저급한 정신에서 비롯된 당파성은 위험한 주장에 바탕을 둔 경우가 자주 있다고 판단하고, 그 당파성이 온갖 터무니없는 말과 모순을 낳는다는 사실을 증명해야 할 때면 언제든지 제시하기 위해 수많은 일화들을 챙겨두고 있었다. 그러나 상식의 부활은 많은 동시대인들과 마찬가지로 애디슨에게도 정치적 치유의 가능성을 열어줄 잠재력을 지닌 것으로 다가왔다. 18세기 초에 영국의 자유주의였던 다원론을 실험하는 위험한 맥락에서, 상식이 사회적, 사상적 단결과 자제를 위한 최소한의 기준으로 여겨졌던 것이다.

사실, 상상의 산물인 상식의 약속은 오직 형식적인 정치 영역 안에만 국한되었다. 18세기 초 정치 문화의 특징인 당파성은 여전히 종교적 불일치와 밀접히 연결되어 있었으며, 많은 정치 평론가들의 눈에는 종교적 파벌도 애디슨이 정계를 향해 대놓고 비난했던 것과 똑같이 격정과 인식론적 독단주의에서 비롯되는 것처럼 보였다.

문제의 근원은 사람들이 자신의 입장만 진리라고 고집하는 데 있었다. 한쪽에 회의주의자들의 급진적인 회의와 도덕적 상대주의라는 관점이 있었고, 다른 한쪽에는 개인적인 계시를 주장하는 광신자들이나 종교적 개인주의자들의 국교 불신앙이라는 관점이 있었다. 여기서도 섀프츠베리는 그런 대립적인 관점들을 법적으로 보호받는 사상과 표현의 자유라는 맥락 안에 묶어두기 위해 상식 본능 같은 것을 일깨웠다. 정치 영역에서 상식이 당파성과 이기심에서 그 적을 발견한다면, 종교에서는 경멸스런 광신이 그 전 세기에 시작해서 새로운 세기까지 지속적으로 상식의 적의 역할을 맡았다.

일찍이 17세기 중반에, 케임브리지 플라톤학파(청교도의 독단주의에 반대하여 종교와 이성은 조화를 이룰 수 있다는 주장을 펼쳤다/옮긴이)의 벤저민 위치코트(Benjamin Whichcote)(그의 설교들을 섀프츠베리는 자신의 경력 초반에 묶어 출간했다)는 광신을 "분별 없이 말하는 것"이라고 정의했다. 그 뒤에 에드워드 스틸링플리트(Edward Stillingfleet)와 존 틸롯슨(John Tillotson)을 포함한 17세기 후반의 위대한 광교회주의(교의에 사로잡히지 않는 교파/옮긴이)의 영국 국교 성직자들이 힘을 모아 일종의 상식 프로테스탄티즘을 발전시켰다. 그것은 홉스 추종자들과 바뤼흐 스피노자(Baruch Spinoza) 추종자 혹은 데카르트 이후 철학의 다른 신봉자들이 보인 과도한 합리성부터 가톨릭교도를 포함한 급진적 국교 반대자들과 신앙주의자들의 과도한 비합리성까지, 모든 종류의 극단적인 입장에 대한 대응책과 보루(堡壘)를 동시에 마련하려는 노력의 일환이었다.

이들 중도적인 성직자들은 감정 표현이 거의 없는, 명료하고 산문적인 언어로 합리적이고 예의 바른 영국인 남녀들에게 호소했다. 물론, 그런 문체는 영국 학술원의 철학자들에 의해 유명해진, 반(反)키케로적이고 반(反)스콜라 학파적인 '평범한 스타일'의 한 변형이었다. 그것은 또한 갈고 다듬는 노력이나 고매한 묵상보다 소박성과 직접적인 경험을 더 소중하게 여기는 프로테스탄트의 오랜 전통에 충실한 것이기도 했다.

다양한 광신의 득세와 관련있었던 유혈 투쟁의 시대를 똑바로 직시하면서, 이 성직자들은 합리적인 기독교 정신을 지지하면서 불필요한 것을 모두 벗어던진 일상의 언어를 선택했다. 이 언어는 비록 어느 한 권위(순수 이성, 개인적인 계시 또는 교황)의 절대적이고 오류가 있을 수 없는 진리와는 일치하지 않더라도, 이성적인 사람이라면 자명한 공리로 받아들이지 않을 수 없을 정도의 도덕적 확신과는 어울리는 어법이었다. 그 확신은 대부분의 사람들이 일상의 삶에 필요한 정도의 확신이라고 스틸링플리트는 주장했다. 이 성직자들에 따르면, 대중에게 자비로운 신의 존재와 기독교 정신의 기본적인 진리를 설득시키는 것만으로도 충분해야 한다.

광교회파 성직자들은 할 수 있을 때마다 억측과 해석의 필요성을 거부하면서 평범하고 직접적인 교리를 제안했다. 그것은 실용적인 양식(

良識)과 그것을 추구하는 사람들의 확립된 가치들과 완전히 조화를 이루는 교리였다. 품위 있게 이 교리를 따르는 사람들이 누릴 수 있는 혜택은 건강과 물질적 행복, 평판, 사회적 관계 등 일상의 일로 분명히 나타날 것이다. 윌리엄 3세 통치 동안에 캔터베리 대주교를 지낸 틸롯슨은 이렇게 표현했다. "신의 법들은 합리적이다. 말하자면, 우리 인간의 본성에 적합하고 우리의 이익과도 부합한다는 뜻이다."(5) 게다가 기독교의 가르침에 대해 말하자면, "신은 인간들의 일반적인 투표와 동의를 바탕으로 어떤 것이 선한 것인지를 우리에게 보여주었다"고 한다.(6) 틸롯슨과 스틸링플리트의 설교는 사회적 단결과 영적 통합을 촉구하는 내용으로 넘쳐났다.

신학의 문제에 상식으로 접근하는 방식은 특히 하급직 성직자들 사이에 새로운 세기(18세기) 들어서도 상당한 시기까지 이어졌다. 그 시절에 교회에서 행해진 설교들은 틸롯슨으로부터 스타일과 주제들을 일상적으로 빌렸으며, 틸롯슨이 '그의 계명들은 무거운 것이 아니로다'(His commandments Are Not Grievous)라는 제목으로 한 설교는 18세기에 가장 인기 있는 설교라는 타이틀을 쉽게 획득했다. 그러나 (회의주의나 스콜라 철학에 곧잘 빠지는 경향을 보인 순수 이성과 반대되는) 공통 이성 또는 종종 합리성으로 불린 것에 애착을 갖던 현상은 17세기와 18세기를 거치면서 점진적으로 다른 프로테스탄트 종파들에게도 채택되었다. 동시에 그 현상은 세속화의 길도 걸었다. 18세기 전반기에, 상식은 법과 철학, 역사, 자연 과학, 문학 등 아주 많은 학문 분야에 인식론적, 문체론적 바탕이 되어주었다. 상류 사회, 특히 런던의 상류 사회의 구성원들에게 그런 현상은 비이성적인 신앙과 광신

때문에 대중적인 미신과 공통적인 편견이라는 식으로 경멸스럽게 불리던 것들에 대한 해독제로만 보이지 않았다. 상식의 옹호자들은 상식을 앞에서 말한 모든 음모들에 맞설 수 있는 성채(城砦)로, 또 불필요하게 학식을 자랑하거나 사변적이거나 난해하거나 광적인 활동에 맞설 성채로도 대단히 높이 평가했다. 왜냐하면 그런 온갖 음모와 활동이 사람들을 부추겨 잘못을 저지르게 하고 파벌을 형성하도록 하여 결국 분쟁을 일으킬 가능성이 컸기 때문이다. 대단히 비판적인 이런 태도는 특히 프랜시스 베이컨(Francis Bacon) 이후에 자연 철학자들의 영원한 표적이 되었던, 논쟁적이고 글귀에 얽매이던 스콜라 철학의 문화에도 적용되었다.

18세기 초엔 휘그당과 토리당은 똑같이 니콜라스 앰허스트(Nicholas Amhurst)가 당시에도 유명 대학들에서 가르치고 있던, "삼단논법적 주문(呪文)"이나 "유식한 횡설수설", "윤리적이고 논리적이며 물리적이고 형이상학적이며 신학적인 드라마"라고 묘사한 것에 반대한다는 뜻을 밝히면서, 학식이 조금 덜 깊고 언어가 평범한 상식이 그 자리를 차지해야 한다고 주장했다. 혁명적인 타결이 있은 뒤 몇 십 년 동안에, 보통 사람들이 보통 상황에서 느끼는 보통 감각은 종교와 윤리, 미학적 취향, 정의, 정치 같은, 서로 공통점이 없어 보이는 영역에 두루 걸쳐 판단의 기준으로서 더욱 신뢰할 만하고 더욱 믿을 만한 것으로 받아들여졌다. 보통 사람들의 보통 감각은 또한 투쟁이 배제된 공통 문화의 창조를 위한 도구로 여겨졌다. 철학자 조지 버클리에 따르면, 건전한 사고의 증진에 필요한 조치는 "형이상학을 영원히 추방하고, 사람들이 상식을 생각하게 하는 것"이었다.[7] 아니면 18세기 초에 인기를 끌었던 어느 팸플릿이 논쟁을 피하는 방법을 전하면서 독자들에게 제시한 모토도 눈길을 끈다. "불굴의 의지와 근면으로 상식을 최대한 활용하라."⁽⁸⁾

막 싹을 틔우고 있던 런던의 정기 간행물들이 그 책임의 큰 부분을 떠안았다. 더 정확히 말하면, 영국의 지적 및 정치적 수도에 있던 휘그당 정치 평론가들이 18세기 초에 이중의 과업을 떠안았다고 할 수 있다. 당시에 (좋은 취향과 함께) 상식으로 여겨지던 것을 형식과 방법, 내용의 측면에서 정의하고, 그런 다음에 상식을 글을 읽을 줄 아는 도시의 대중에게 전달하는 것이 그 임무였다. 목적은 상식에 귀를 기울일 사람들을 끌어들이고, 또 상식이라는 표현이 암시하듯이 이미 자연적으로 존재하고 이미 보편적으로 인정을 받고 있는 신사다움과 적절한 합리성의 기준을 세우는 것이었다.

그 프로젝트는 17세기 하반기에 정기 간행물의 발흥으로 시작되었다. 그러나 문예 전성 시대에 정기 간행물로 놀랄 만한 성공을 거둔 '스펙테이터'(1711-1712)가 곧 그 기준을 세웠다. 그 잡지의 에디터였던 애디슨과 리처드 스틸은 양식을 훌륭한 양육과 같은 것으로 거듭 찬미하고, 사리 분별이 밝은 사람들에 대해서도 우정과 대화를 이끌 줄 아는 능력이 탁월하다며 칭찬을 아끼지 않았다. 독자들은 '옳은 이성(理性), 그리고 모든 인간들이 동의해야 할 것들' 또는 '옳게 판단할 줄 아는 능력' 등으로 다양하게 정의되었던 양식 또는 상식을 발견하길 원하면 그 잡지를 펼치면 되었다. 독자들은 또 양식이 부족한 곳이 어딘지도 알 수 있었다.

상식의 명령을 자주 어기는 사람들의 목록은 여자들과 당대의 극작가들, 유머 작가들, 가난한 자들, 지나치게 많은 것을 소유한 자들, 학자연하며 자신의 감각적 경험에 반하는 주장을 펴는 먹물들, 가톨릭이든 회의적인 무신론자든 불문하고 모든 부류의 광신자들을 포함했다. 이 가르침들은 학문적 냄새가 풍기지 않는 쉬운 문체로 전달되었으며, 그 글 속에서 가상의 에디터인 미스터 스펙테이터가 독자들의 상식에 호소하며 독자들에게 '에디터에게 보내는 편지'를 통해 대화에 가담할 것을 권했다. 그러면서 이 가상의 에디터는 독자들의 이름으로 자신의 판단을 전달할 뿐만 아니라 독자들의 집단적인 판단을 존중하는 모습을 보이기도 했다.

이 점에서, '스펙테이터'의 에디터들은 섀프츠베리로부터 여러 가지를 차용했다고 볼 수 있다. 그들보다 앞서, 섀프츠베리는 그 비슷한 형식을 활용했다. 그는 편지와 대화, 대담 같은 일상적인 스타일을 이용하면서 당시 문장가들과 현학자 또는 프랑스인의 특징이었던, 비유적이고 꾸밈이 심한 언어를 의도적으로 피했다. '스펙테이터'의 에디터들과 섀프츠베리의 공통적인 목적은 독자들이 공동체의 노력에 가담하도록 유도하는 것이었다.

그러나 '스펙테이터'의 에디터들의 입장에서 보면, 목적은 또한 잡지의 폭넓은 독자들에게 어떤 특별한 가치를 심어주는 것이었다. 독자들은 훌륭한 책들을 읽고 판단력 있는 사람들과 대화를 함으로써 감각의 비축량을 높일 수 있다고 애디슨은 선언했다.[9] 그것은 단지 의지력의 문제이고, 올바른 영향력을 받아들이느냐 하는 문제였다. 지혜와 도덕이 서로를 고무하도록 꾸민 '스펙테이터'는 분명히 "수많은 사람들에게 훌륭한 판단력을 퍼뜨리도록" 다듬어졌다.[10]

그럼에도 애디슨과 스틸이 '인민'이라는 표현을 썼을 때 그것은 모든 사람들을 의미하는 것이 아니었으며, 또 '상식'이라는 표현을 썼을 때에도 진정으로 상식적인 것을 염두에 두지 않았다는 사실을 짚고 넘어가는 것이 중요하다. 분명히 말하지만, '스펙테이터'는 배우지 못한 사람들의 기본적인 가치들과 그런 가치들을 전하는 노래들과 우화들을 높이 평가하는 모습을 보였다. 그런 예들은 잡지의 에디터들이 인간의 본성은 어딜 가나 근본적으로 똑같다는 주장을 펴는 데 도움을 주었다. "비록 다수가 어느 국민의 군중일지라도, 모든 것이 다수에 의해 보편적으로 경험되고 인정을 받는 것은 불가능하다. 군중은 인간의 마음을 충족시키고 기쁘게 하는 특별한 성향을 갖고 있지 않다."

그러나 '스펙테이터'가 말하는 상식의 원천뿐만 아니라 독자도 전 계층으로 확대되지 않은 것도 또한 확실하다. 여자들은 그 잡지의 가르침을 배울 수 있었을지라도, 귀족처럼 상식이 모자라는 것으로 여겨졌다. 시골과 도시의 가난한 사람들도 상식이 적은 것으로 여겨졌으며 그 잡지가 표적으로 잡은 독자층에 속하지 않았다.

이 잡지 안에서 상식이 칭송의 대상이 될 때, 그 칭송은 편견과 미신, 무지, 고지식함이 묻어나는, 보다 평범한 문화나 보다 평범한 이해력을 찬미하는 것이 아니었다. 그 시대의 대의 제도에 관한 정치적 이론에 대해서도 똑같이 말할 수 있다. 그 시절에 정치 분야에서 말하는 '인민'과 '대중'은 거의 수사적인 추상 개념에 지나지 않았으며, 실질적으로 보통 사람들에 속하는 부류는 아직 정치적 의사 결정에 직접 참여할 준비가 갖춰지지 않은 사람들로 여겨졌다.

새뮤얼 존슨(Samuel Johnson)이 그 뒤에 지적한 것처럼, 이런 논의에서는 널리 인정되고 있기 때문에 진리로 통하는 의견들(새뮤얼 존슨은 이런 의견을 'cant'(위선적인 말)라 불렀다)과 진리이기 때문에 널리 받아들여지는 의견들(새뮤얼 존슨은 이런 의견을 'true sense'(진정한 감각)라 불렀다)을 구분하는 것이 필수적이다. 상식은 형식적인 추론만큼 학식과 시간적 여유에 좌우되지 않지만, 그래도 상식은 취향처럼 18세기 초에 노력 여하에 따라 향상될 수 있는 미덕으로 여겨졌다.

섀프츠베리처럼, 애디슨과 스틸은 스스로를 응집력이 점점 더 강해지고 있던 엘리트의 취향과 예절, 믿음을 형성시키는 존재로 보았다. 여기서 말하는 엘리트는 그 잡지의 신사 숙녀 독자들과 동의어였으며, 또 어느 비평가가 포괄적으로 표현한 그대로 "합리적이고, 착실하고, 멋을 알고, 덕을 갖춘, 중류층과 상류층 사람들로 이뤄진 예의 바른 대중"과 같은 뜻이었다.[11] '스펙테이터'는 법이나 배제와 강요라는 보다 형식적인 규정보다는 언어를 통해서 상식이 그런 부류의 사람들의 인식에 어떤 권위를 확보할 수 있도록 하고, 에디터들이 정의한 그대로 그 부류의 가치들과 문화, 소비 습관을 가능한 한 규범으로 다듬어내는 임무를 맡았다. 동시에 그 잡지는 민속 문화와 당대 철학의 중요한 요소들을 포함한 다른 견해들과 믿음들을, 몽매하고 미신적이고 케케묵었을 뿐만 아니라 터무니없고 현실의 상식을 벗어난 것으로 폄하하면서 그런 것들의 권위를 떨어뜨리려고 노력했다.

당연히, 수많은 견해들 중에서 상식의 테두리 안에 속하는 것을 결정하는 것은 언제나 쉬운 작업은 아니었다. 그러나 상식은 '스펙테이터'에 묘사된 바와 같이 언어와 이해에서 받아들여질 수 있는 것과 받아들여질 수 없는 것을 구분하고, "정중한" 계층들 안에서 일종의 자기 검열을 촉진시키는 데 큰 도움을 주었다. 상식의 옛날 개념이 각 개인의 마음속에 검열관과 재판관으로 자리 잡았다면, 이제 그 개념은 문화를 규제하는 한 수단으로 일반화되고 집단화되기에 이르렀다. 최종적으로 상식은 사회학자들이 표현에 관한 규제를 철폐했다고 자랑하는 사회들의 특징인 구조적 검열로 묘사할 그런 형태가 되었다.

다른 잡지들도, 휘그당을 지지하던 격주간지 '더 프리 씽커'(The Free Thinker: 1718-1721)처럼 '스펙테이터'의 예를 따라, 엘리트들이 반사적으로 동의할 수 있는 합리적인 문화를 소개하려는 노력의 일환으로 모든 문제들을 '평범한 상식의 개념'과 조화를 이루도록 다루겠다고 약속하면서 성공의 어떤 공식을 따르고 있었다. 사실상, 문예 융성 시대에 런던에선 대체로 인쇄 문화에 이처럼 표준을 세우는 역할이 주어졌다. 문학과 예술 이론가들은 시와 연극을 비롯한 문화적 산물의 경우에 새로운 것을 창조하는 의무보다 "인류의 상식을 보다 강하고 보다 아름답고 보다 진귀한 빛으로, 그리고 보다 교훈적으로 표현할" 의무를 져야 한다고 주장했다.[12]

이때 상식은 취향의 토대와 일단의 비판적 규칙들을 제공했는데, 예술 작품이 이 규칙들을 위반하는 경우에 상상력이 과도하다거나 외설적이라는 비난을 들었으며 이 규칙들과 일치하는 작품은 칭송의 소리를 들었다. 심지어 처신을 잘 하는 요령을 다룬 책들까지 등장해 비슷한 목표를 추구했다. 그 목표는 이미 스스로를 '얼간이나 고집불통이 아니고 양식 있는 사람'이라고 생각하고 있는 독자들에게 양식('가장 중요한 형태의 지혜'로 종종 묘사되었다)을 쉽게 설명하고 거듭 가르치는 것이었다.

이리하여 상식은 곧 미덕과 사교성, 애국심, 중용 등을 포함하고 있던 가치의 전당에 합류하게 되었으며, 그 전당은 명예 혁명 이후 영국의 국가적 자존심과 국민적 특성을 뜻하기에 이르렀다. 이미 1720년대 초에 영국의 상식은 뚜렷이 인식되는 하나의 관념으로 자리 잡음과 동시에 작가들과 정치 평론가들이 열렬히 호소할 수 있는 하나의 실체가 되었다. 곧 영국의 상식은 영국인들을 프랑스인들과 다른 존재로 만들었다. 당시 프랑스인들은 비실용적이고, 말 많고, 끊고 맺음이 분명하지 않고, 기만적이고, 잘난 체하는 민족으로 통하고 있었다. 그 자체로, 상식은 영국인들에게 영국이라는 나라는 특별하다는 인식을 강하게 심어 주었다.

물론, 상식은 자유의 한 특별한 동맹으로 이해되었다. 그것도 상식이 영국다운 면을 갖고 있다는 점을 드러내는 한 방법이기도 했다. 상식은 또한 영국의 또 다른 특별한 국민적 성취인 보통법과도 상상 속에서 연결될 수 있었다. 17세기와 18세기의 일단의 정치 평론가들에 따르면, 보통법이 특별한 이유는 그 법의 바탕, 즉 글로 쓰이지 않은 영국인들의 고대 관습 또는 집단 경험과 지혜에 있었다. 이런 사회적 기원들은 영국의 보통법이 형식적인 법들과 정반대로 인간사를 놓고 효과적이고 공정하고 합리적인 결정을 내리는 데 대단히 적절했다는 것을 의미하는 데서 그치지 않았다. 물론, 보통법에 대한 해석도 훈련을 받은 전문가들이 가장 잘 한다는 데 의견의 일치가 이뤄지고 있다. 그럼에도, 그런 사회적 기원들은 또한 영국의 보통법이 시민 참여적인 공동체라는 인식을 낳고 강화하는 데 간접적으로 기여했다는 것을 의미했다.

상식에 대해서도 그와 비슷한 주장이 가능하다. 상식이 광범위하게 양성된 상황이라면, 영국 국민이 전통적으로 합의를 바탕으로 사회적 규범을 평화롭게 확립하기 위해 노력해 왔다는 점을 높이 치하하고 영국 국민의 역사적 위대성을 강조함과 동시에, 영국이 현대 들어서 이성과 문명의 향상에 주도적인 역할을 맡았다는 점을 강조할 수 있을 것이다. 상식을 옹호하는 사람들의 눈으로 보면, 상식과 보통법은 눈이 부실 정도로 아름다운 결합이었다.

상식의 문화를 뿌리까지 캐고 들어가면, 그것은 광교회파와 휘그당의 창조물이라는 사실이 드러난다. 말하자면, 17세기 말의 종교적, 지적, 정치적 문화에 뿌리를 내리고 있던 모든 종류의 과도함에 대해 역사적으로 특별히 반발한 것이었다는 뜻이다. 극작가이며 휘그당 옹호자인 토머스 섀드웰(Thomas Shadwell)은 "오랫동안 금지된 것은 아니었지만 지금 상식을 말할 자유가 활짝 꽃피게 된 것"은 윌리엄과 메리가 권좌에 오르고 나서였다는 식으로 이기적으로 주장했다. 섀드웰은 런던 무대에서 몇 년 동안 추방된 뒤인 1689년에 가톨릭 교도였던 존 드라이든(John Dryden)을 대신해 계관 시인에 오른 인물이다.

그럼에도, 상식에 대한 취향이 영국의 도시에서 보편화된 것은 조지 1세 통치가 시작될 때에 이르러서였다. 그 뒤로 18세기 내내 상식은 찬양의 소리를 크게 듣게 된다. 1730년대에 런던의 어느 잡지는 이렇게 표현했다. "인생의 행복은 그 어떤 감각보다 상식에 더 크게 좌우된다."[13] 따라서 1769년에 '상식의 삶과 모험'(The Life and Adventures of Common Sense)이라는 소설을 발표한 익명의 작가가 코먼 센스라는 주인공이 수 세기 동안 교황들과 황제들과 왕들의 망상을 치유하느라 노력하며 우여곡절을 겪은 끝에 마침내 조지 1세와 조지 2세의 프로테스탄트 영국에서, 특히 중류층 사람들 사이에서 만족할 만한 가정(家庭)을 발견했다고 주장해도 놀라울 게 전혀 없다.

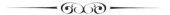

하지만 상식을 실용적이면서도 시민의 자유를 옹호하려는 성향을 보이는 사회를 통치하는 데 적절한 인식론적 이상(理想)으로 만드는 과정은 현대의 상식이 정치적 도구로 탄생하는 과정에 얽힌 이야기의 일부분에 지나지 않는다. 나머지 부분은 상식의 적절한 내용물과 상식의 대변자가 누구인가 하는 문제를 둘러싸고 벌어진, 당파적이고 종종 격한 투쟁에 관한 것이다.

상식은 정치판에서 너무나 매력적인 동맹이었다. 그랬기 때문에 상식은 의회를 벗어나 런던의 선술집과 극장, 인쇄소, 시장은 물론이고 다른 공적 공간으로 널리 확산되면서 재빨리 쟁탈전을 벌일 가치가 충분한 무엇인가가 되었다.

새로운 개념이 처음 등장하면 그것이 사회에 성공적으로 정착할 것인지 여부가 관심의 대상이 된다. 새로운 개념이 정반대의 정의(定議)를 자극하면서 당초 의도하지 않았던 쓰임새를 얻기 시작하면, 대체로 그 개념은 성공적으로 정착한 것으로 평가받는다는 말이 있다. 게다가, 어떤 용어들은 그것으로 야기된 논쟁을 극복했기 때문이 아니라 바로 그런 논쟁의 대상이 되었다는 사실 때문에 중요한 기능을 한다. 논쟁의 중심축을 이루게 되는 것이다. 예술과 파시즘이 고전적인 예들이다.

그러나 이런 측면에서 보면, 상식은 조금 이상한 예이다. 정의상 상식은 다양한 해석이 용납되지 않고 논쟁의 대상이 될 수 없는 영역이기 때문이다. 상식이 이해관계가 서로 충돌하는 다양한 유권자들이 모두 휘두를 수 있는 수사적 무기가 되자마자, 모두가 인간이면 누구에게나 있는 게 너무나 분명한 상식의 대변자라고 주장하고 나섰다. 상식은 이제 새로운 형태의 정치적 기만을 촉진하는 것만 아니었다. 상식은 현실 속에서 합의적인, 또는 "공통적인" 감각에 이르는 데 따르기 마련인 어려움을 더욱 악화시켰다.

역설적이게도, 하나의 사상과 하나의 슬로건으로서 상식의 인기가 높아질수록, 상식을 정의하고 구현하는 일에 경쟁이 벌어지게 되었으며, 이 경쟁은 거꾸로 최종적으로 의견 불일치와 항의, 심지어 의회 밖의 반대 운동까지도 현대적인 정치 문화의 한 요소로 정당화하는 데 도움을 주었다. 상식에 관한 이야기에서 이 같은 의외의 왜곡은 특히 그 전 세기에 종교 전쟁들을 놓고 폭발했던 사상적 논쟁이 최종적으로 사그라지고 사회적, 정치적 안정과 심지어 국론의 일치가 이뤄지던 때에 나타난 것이어서 더욱더 두드러져 보였다. 1710년대 후반부터 1730년대 말까지 몇 십 년 동안에, 상식은 투쟁의 물결을 저지하던 수단에서 새로운 형태의 투쟁의 물결을 일으키는 수단으로 바뀌었다.

1716년부터 1718년 사이에 있었던 소위 '뱅거 논쟁'(Bangorian controversy)은 휘그당이 추론한 유일한 상식이라는 사상에 심각한 위기를 처음으로 안겼다. 뱅거의 주교이던 벤저민 호들리(Benjamin Hoadly)는 이미 논쟁의 중심에 서 있던 인물이었다. 1716년 봄에 보수적인 영국 국교회의 사상을 강력히 반박한 소책자를 발표하여 정치와 신학 양쪽에서 토리당 지지자들과 고교회파(High Churchmen: 신학의 전통을 강조하던 영국 성공회의 한 파/옮긴이) 사람들로부터 경멸을 받던 인물이었다. '교회와 국가 양쪽에서 충성 서약 거부자들의 원칙들과 관행들에 맞서는 예방책'(A Preservative against the Principles and Practices of the Nonjurors Both in Church and State)이라는 긴 제목에 '혹은 기독교 평신도의 양심과 상식에 대한 호소'(Or, an Appeal to the Conscienes and Common Sense of the Christian Laity)라는 부제가 붙은 소책자로 인해 시작된 그 논쟁은 다음해 호들리의 논쟁적인 설교 '그리스도의 왕국 또는 교회의 본질'(The Nature of the Kingdom or Church of Christ) 때문에 더욱 가열되었다. 호들리가 불을 붙인 논쟁의 핵심은 제도의 차원에서, 그리고 인간 심리의 차원에서 진리가 나오는 곳이 도대체 어딘가 하는 물음이었다.

그 주교가 야기한 수많은 논쟁 중에서 가장 도발적인 것은 기독교 신앙의 정수(精髓)는 개인의 양심의 무제한적 권리들에 있다는 주장이었다. 달리 말하면, 개인의 정신의 판단이 교회 성직자들의 권위보다 앞선다는 뜻이었다. 광교회파와 로크 철학을 잘 알았고 또 정치적으로도 보호를 받는 주교였던 호들리는 영국 국교회의 권위에 정면으로 도전하는 주장을 펴는 것처럼 보였다. 그러나 호들리는 '교회와 … 예방책'에서 대단히 확실하고 근본적이고 명확한 토대 위에서 그런 주장을 편다고 주장했다. "시민 정부의 공통적이고 논쟁의 여지 없는 몇 가지 원칙들"과 "복음서 자체의 평범하고 명백한 선언들"을 바탕으로 한 주장이라는 것이었다. 그는 또 자신의 주장을 옹호하면서 다른 성직자들보다 평신도들의 상식에 직접 호소했다. 그러면서 자신의 주장에 귀를 기울이는 사람들에게 "그 자체가 진리로 확인될 원칙들과 준칙들을 제시하겠다"고 약속하며 "당신의 길에 현재 또는 앞으로 간혹 나타날 어려움에 그 원칙과 준칙을 쉽게 적용할 수 있을 것"이라고 강조했다.[14]

호들리가 이런 식으로 호소하며 자신의 주장에 대해 적극적으로 설명하고 나섰음에도 불구하고, 그에 대한 공격이 봇물 터지듯 홍수를 이뤘다. 팸플릿과 설교, 심지어 시의 형태를 빌린 공격까지 나왔다. 영국 전역에서 고교회파뿐만 아니라 '양심과 상식이 있는 평신도'를 자처한 사람들까지도 상식이 교회가 구성원들애개 행사하는 권위까지 건드리는 상황에서는 호들리의 주장에 결코 동의할 수 없다는 태도를 보였다.

상식이라는 개념은 논쟁의 양측 모두에게 인식론적 버팀목이 되어 주었다. 윌리엄 로(William Law)와 토머스 파일(Thomas Pyle) 같은 야성 강한 성직자들이 상식이라는 표현을 사용한 것을 보면, 종교 문제에서 상식의 권위는 이제 도전의 대상이 아니라는 해석이 가능해진다. 왜냐하면 프로테스탄트들에게 상식은 "평신도들이 정당하게 주장할 수 있는 것"이었으며, 신과 종교, "사물들의 본성"에 맞서는 '이단'이 있듯이 인간의 속성에 맞서는 '이단'도 가능했기 때문이다.[15]

그러나 상식이 명령하는 것들의 본질이 무엇인지를 결정하는 것은 정교와 이단의 경계를 긋는 것만큼이나 어려운 일로 확인되었다. 이유는 상식의 견해들이 (고대에 토론의 대상이 되었던 로키 콤무네스(공통적인 믿음들)와 비슷하게) 동시에 여러 방향을 가리킬 수 있었기 때문이다. 실제로, 훗날 뱅거 논쟁으로 알려지게 되는 논쟁은 조지 1세의 통치 초기에 종교적, 정치적 문제로 시작되었다. 그러던 것이 점점 확대되면서 상식이라는 개념을 객관적인 인식론적 권위로 받아들이기로 한 모든 집단들로 퍼지게 되었다. 그렇다면 어떻게 해야 상식의 범위를 효과적으로 결정할 수 있을까? 어떤 정치적 단일체 안에서 상식을 대표하며 정당하게 목소리를 높일 수 있는 사람들은 누구인가? 마지막으로, 상식의 다양한 버전들이 서로 정당하다고 주장할 때에는 어떻게 해야 하는가?

이런 물음들은 1720년대에도 해답을 얻지 못한 상태로 남아 있었다. 현대의 사회적, 정치적 삶의 바탕으로 단 하나의 상식이 필요하다는 사상이 제시된 것은 1730년대 중반의 일이었다. 런던에서 벌어지던 공개적인 논쟁의 초점이 종교 분야에서 성직자의 부패로 크게 이동하던 때였다. 불만을 품은 휘그당원들과 보수주의자들, 토리당에 동조적인 시골 상류층들 사이에 느슨한 연합 전선이 이뤄지던 시기였다. 이 시골 상류층 중에 당대의 위대한 작가들과 지식인들이 많이 포함되어 있었다.

다양한 부류의 사람들이 서로 뭉쳐 현 체제에 반대하면서 채택한 전략의 핵심은 '애국심'과 '공공심' '자유', 그리고 1688년 명예 혁명 이후의 정치 문화를 지배했던 다른 슬로건들과 함께 '상식'을 새로운 기치로 내거는 것이었다. 기존 체제에 반대하던 이 진영의 선전자들은 이미 널리 받아들여지던 고매한 그 용어들을 이용하여 대안적인 '국가' 또는 '애국' 이데올로기를 다듬어낼 수 있기를 바랐다. 그런 이데올로기가 마련되기만 하면, 불평분자들로 불안정하게 형성된 연합 전선이 혁명적인 해결의 진정한 옹호자이자 공익의 방어자가 될 것이라는 희망을 가졌던 것이다. 체제에 반대하는 진영의 지도자들은 또한 상식이라는 개념을 빌려서 조지 2세의 실질적 총리였던 로버트 월폴(Robert Walpole) 경과 '로비노크라시'(Robinocracy)라 불리던 당시 정부의 부패상에 대한 무자비한 비판을 의견 충돌이나 정치적 반대가 아닌 다른 것으로 정당화하려고 노력했다.

상식에 대한 언급, 특히 상식의 결여에 대한 언급이 18세기 초에 반대자들의 에세이와 시에 나타나기 시작했다. 예를 들면, 존 게이(John Gay)의 경우에 1728년에 발표한 '현대 정치인'에게 바치는 어느 시에서 그 시대를 '부패가 인간을 지배하고 … 이기심이 사람의 마음을 그르치고 … 뇌물이 상식의 눈을 멀게 만들고 이성과 진리와 능변을 망쳐놓은' 시대로 묘사했다.(16)

그러나 야당의 정치와 이 특별한 용어를 서로 단단히 연결시킨 것은 1736년 런던에서 히트한 어느 연극이었다. 이 연극에 대해 프랑스 철학자 클로드 아드리앙 엘베시우스(Claude Adrien Helvétius)는 몇 년 뒤에 양식의 본질에 관한 명상으로 기억했다. 그해에, 재치 넘치고 인맥이 좋았던 소설가이자 극작가인 헨리 필딩은 시의적절한 풍자가 가득한 새로운 소극(笑劇)으로 청중을 사로잡았다. '파스퀸'이라 불린 풍자적인 이 오락물은 급히 창작된 작품이었으며, 헤이마켓 극장 무대에 오를 때의 출연진도 그다지 유능한 사람들이 아니었다. 그럼에도 불구하고, 이 작품은 1730년대에 극장 무대에 오른 작품들 중에서 가장 큰 성공을 거두면서, 상식의 역사에서 아주 중요한 순간을 장식하게 되었다.

'파스퀸'은 하나의 연극 안에 두 개의 작은 연극을 담은 포맷이었다. 희극인 첫 번째 작은 연극은 뇌물이 난무하던 당시 선거의 부패상을 신랄하게 조롱하고 있다. '상식의 삶과 죽음'이라는 제목이 붙은 비극인 두 번째 작은 연극은 '퀸 이그노런스'(Queen Ignorance: 무지 여왕)라는 이름의 외국 군대의 침공과 승리를 묘사한다. 극 중에 퀸 이그노런스는 현지의 추종자, 즉 법과 자연 과학, 선동가, 성직자 등과 함께 퀸 코먼 센스를 살해할 음모를 꾸며 결국 성공을 거둔다.

연극 속의 작은 연극들 중 어떤 것도 필딩이 그 후에 무대에 올릴 목적으로 쓴 작품이나 체제에 반대하던 잡지 '크래프츠먼'(Craftsman)에 익명으로 기고한 에세이에 비하면 특별히 더 당파적이거나 더 예리하지 않았다. 겉으로만 보면 그 연극은 모든 정당들을 똑같은 강도로 공격했다. '파스퀸'의 서막에 등장하는 배우는 두려움이나 호의를 품지 않고 휘그당과 토리당, 궁정과 국가를 똑같이 비판하겠다는 작가의 의지를 선언했다. 그러나 그 극에 담긴 큰 표적들과 무수히 많은 사소한 풍자들은 필딩의 당파성을 명백히 드러내 보였다.

'파스퀸'이 무대에 오를 즈음, 온갖 형태의 부패, 특히 선거 부패는 이미 야당의 주요 표적이 되어 있었다. 더욱이, 퀸 코먼 센스와 퀸 이그노런스 사이의 투쟁은 알렉산더 포프가 『우인 열전(愚人列傳』(Dunciad: 1728) 첫 권에서 월폴 지도 하의 영국에 나타난 도덕적 타락과, '멍청이 여신'으로 의인화된 다른 형식의 도덕적 힘의 전진을 묘사했던 방식을 따른 것으로 여겨졌다. 필딩의 연극은 당시의 모든 표적들을 두루 공격하고 있다. 그런 다음에 여왕이 '위아래가 뒤집어진 세상'의 도래를 간청하는 것으로 끝난다. 그 세상에서는 "상식의 힘들이 완전히 파괴되고, 의술은 세상을 죽일 것이고, 법은 세상을 노예로 만들 것"이다.(17)

그 대목이 암시하는 바가 명확하게 전달되지 않을 경우에 대비하여, 필딩은 여기서도 다른 많은 작품에서와 마찬가지로 비평가들에게 그 일을 대신 하도록 맡겼다. 가공의 극작가들과 비평가와 양식 있는 보통 사람들이 연극 속의 작은 연극들을 보고 A.D. 2세기의 냉소적인 작가 루키아노스(Lucianus)의 전통을 따르며 무대에서 다뤄진 관습에 의문을 제기했다. 그 관습 중에서 진정한 상식에 반하는 요소들을 노출시키기 위해서였다.

정말로, '파스퀸'의 정치적 잠재력과 나아가 반대의 한 수단으로서 상식의 개념은 필딩 본인에 의해 여러 가지 교활한 방법으로 명백하게 드러났다. 1736년 4월 자선 공연을 알리는 프로그램을 보자. "알림. 미스터 퍼스천[연극의 등장인물]은 무지를 무대로 끌어낸 최초의 시인이다. 그래서 그는 무대에 불려나온 무지의 친구들이 모두 특별히 그들을 불러낸 자신을 용서하고 정당들의 연합의 토대가 될 상식의 친구들과 잘 어울려 지낼 것이라고 기대하고 있다."[18] 퀸 코먼 센스의 귀신이 연극의 마지막 장면에서 자신을 살해한 사람들, 말하자면 종교와 의학, 법 등의 전문가들과 그들에게 현혹된 추종자들로 이뤄진 의기양양한 무지의 집단을 먼 미래까지 괴롭히겠다고 다짐하는 것도 그와 똑같은 정신에서다.

필딩의 두 가까운 친구, 즉 '소년 애국자'(Boy Patriot: 로버트 월폴 총리에 반대한 서클을 말한다/옮긴이)의 단원으로 27세였던 조지 리틀턴(George Littleton)과 유명한 정치인이자 얼마 전에 야당의 리더가 된 체스터필드(Chesterfield) 경 필립 스탠호프(Philip Stanhope)는 이런 암시들을 글자 그대로 받아들이면서 1737년 초에 상식 문제를 주로 다룰 새로운 정치 잡지를 창간하고 필요한 자금을 대기로 결정했다. 그들은 다양한 당파들을 하나로 묶기 위해 옛날 방식의 구분법을 철폐했다. 그리고 그들은 무지의 지배의 중요한 상징들을 타파할 계획이었다. 우선, 아일랜드의 유명한 가톨릭 저널리스트인 찰스 몰로이(Charles

Molloy)에게 편집상의 지원을 요청했다. 곧 이어 그들은 표면적으로 반(反)정치적인 어떤 단어의 가치를 과장하면서, 잡지의 이름을 '코먼 센스'로 정했다.

사상적으로, '코먼 센스'는 필딩의 '파스퀸'의 특징인 교활함과 우회적인 방법 같은 것을 전혀 보이지 않았다. 그 주간지는 '크래프츠먼'과 '위클리 저널'(Weekly Journal)이 건드리지 않는 주제들을 다룬다는 목표를 잡았다. '코먼 센스'는 애디슨과 스틸의 문체로 예절과 취향을 논하는 외에 야당의 새로운 원칙, 즉 상식을 전파하는 매체가 되었다. 1730년대 말에 상식의 가장 든든한 버팀목은 볼링브로크(Boling-broke) 경이었다. 1734년부터 1735년까지 '크래프츠먼'에 시리즈로 실린 그의 '정당론'(Dissertation upon Parties)은 '코먼 센스'를 비롯한 야권 잡지들이 1730년대 후반부에 발전시켜 나가게 될 중요한 주제들의 대부분을 소개했다. 예를 들면, 국왕의 특권 제한, 당파성의 위험, 부패가 만연한 시대에 도덕 재무장의 필요성, 특히 개인의 이익을 공익과 국가에 종속시킬 필요성 등이 있다.

그러나 우리는 리틀턴 본인이 끼친 중요한 영향력을 간과해서는 안 된다. 그가 1735년에 출간하여 대단한 반향을 불러일으킨 '영국의 어느 페르시아인이 이스파한의 친구들에게 보낸 편지'(Letters from a Persian in England, to His Friend at Ispahan)는 볼링브로크의 도덕적 주제들을 발전시키기 위한 수단으로서, 합리적인 외국인 관찰자를 동원하여 동시대 유럽 사람들의 모순을 꼬집은 몽테스키외(Montesquieu)의 방법을 차용했다. 리틀턴은 애국적인 언어와 휘그당의 반교권주의(反敎權主義)를 결합시켰다. 11통의 재기 넘치는 편지에서 리틀턴은 혈거인들의 유명한 이야기를 확장하면서 종교에서부터 철학, 정치, 법, 언어까지 영국인들의 삶의 모든 영역에서 실용성과 공공심, 소박성, 포용성 등이 종언을 고하는 현상을 비유적으로 잘 꼬집었다. 리틀턴에 따르면, 시간이 지나면서 상황이 더욱 악화된 탓에 사법 제도가 양립 불가능한 법원들을 양산하게 되었으며, 이제 영국인들 중에서 그 사법 제도의 최종 단계, 즉 '상식 법원'까지 끌고 갈 열정이나 돈을 가진 사람들은 극소수에 지나지 않았다.

잡지 '코먼 센스'에서 상식 법원이라는 이미지는 단순히 상식이라는 단어를 잡지 타이틀로 제시하는 것보다 훨씬 더 큰 역할을 맡았다. 이 잡지의 일부 호에서 상식은 필딩의 작품 속의 퀸 코먼 센스나 그보다 앞서 시대의 이슈에 대해 논평했던 미스터 스펙테이터처럼 한 사람의 문학적인 인물로 구현되었다. 다른 때에는 상식은 하나의 상품으로, 그러니까 팽창하는 상업 문화에서 '매우 싸고 쉬운 조건'에 매물로 나온 또 하나의 단역 배우로 상상되었다. 그럼에도, 대부분의 호에서 상식은 가상의 배심원이 이끄는 특별 법원의 역할을 맡았다. 독립적이고 공명정대한 이 법원에서는 왕이든, 구두 수선공이든, 작가든, 부인이든 (여성에 대한 기대는 여전히 낮았다) 불문하고 모든 사람의 행동과 의견이 심판의 대상이 될 수 있었다. 에디터들이 정한 규범에서 벗어나는 행동이나 의견은 무엇이든 불공평이나 어리석음, 사악, 심지어 죄로 비판받을 수 있었다.

'영국의 어느 페르시아인이 … 보낸 편지' 속의 리틀턴에 따르면, 영국 사회에서 거의 존재를 끝내다시피 한 종심 항소 법원이 이 잡지 안에는 있었다. 그를 도왔던 체스터필드 경은 창간호에서 이렇게 설명했다. "이 잡지는 편집 방향에 따라 모든 주제를 다 받아들일 것이며, 그 것들을 놓고 상식을 기준으로 재판을 벌일 것이다. 나는 상식이 입장을 밝힐 그런 법정을 세울 것이다. … '코먼 센스'에서 상식이라는 대의가 지켜질 것이다."(19)

체스터필드 경은 영국에는 이런 준(準)법적인 전통의 뿌리가 깊다고 주장했다. "우리 헌법은 상식을 바탕으로 하고 있으며, 헌법으로부터의 일탈은 곧 상식의 위반이고 상식으로부터의 일탈은 곧 헌법의 위반이다."(20) 보통법은 상식의 가까운 친척으로 자주 언급되었다. 어쨌든, 보통법과 상식은 대중에게 논쟁의 여지가 없는 암묵적 규칙들을 항상 지킴으로써 자신의 행동을 스스로 통제할 것을 요구했다. 그러나 체스터필드 경도 필딩처럼 공통 감각이라고 불린 고대 규범이 '공통 정직'(common honesty)과 함께 현재 많이 버려진 상태라고 개탄했다.

이 에디터들은 1740년대까지 야권의 지속적인 주제가 될 것들을 명쾌하게 표현하면서, 독자들에게 대외 정책은 말할 것도 없고 상식도 몇 년 동안 법원과 성직으로부터 일종의 추방 명령 같은 것을 받은 상태였다는 점을 상기시키는 것을 잊지 않았다. 바꿔 말하면, 체스터필드 경이 잡지를 소개하는 에세이에서 썼듯이, 그의 잡지 제호가 불러일으키는 권위가 "정치학이라는 고귀한 학문에서 큰 실망을 겪고 있다는 뜻이었다". "이유는 우리의 중요한 교수들이 자신들에 대해 우리 조상들이 지금까지 지켜왔고 또 보통 사람들도 이해하는 명백한 규칙들보다 훨씬 더 높은 곳에 존재한다고 생각했기 때문이다." 이 잡지에서, 그는 조롱하면서도 진지한 척 꾸미는 어조를 이어갔으며, 적어도 정치적인 계급 사이에 상식을 추구하는 일이 유행할 것이라고 기대했다.

'코먼 센스'가 그 시대 영국에 인식적 또는 사회적 변화를 불러왔는지 여부를 떠나서, 런던에서 발행된 이 잡지는 적어도 몇 년 동안은 상업적으로나 정치적으로 성공을 거두었다. 상식을 내세운 것은 수사적인 관점에서 기발한 선택이었다. 당시 '코먼 센스'는 창간호에서 상식을 다소 익살스럽게 "인간들이 자신의 행동을 이끄는 데 적용하지 않고 다른 사람들의 행동을 심판하는 데 적용하는 규칙, 그리고 모든 사람들이 인정하면서도 실천은 거의 하지 않는, 올바른 이성의 자연스런 결과"라고 정의했다. 그 성공의 비결은 상식이 지닌 두 개의 얼굴에 있었다.

한편으로 보면, 잡지 '코먼 센스' 속의 상식 법정은 1730년대 말에 궁정과 국가 사이에 일어난 지저분한 충돌에서 월폴과, 왕을 포함한 그의 동맹들을 효과적으로 공격하는 수단으로서 그 역할을 충실히 해낼 수 있었다. 1730년대 중반에 포도주와 담배에 대한 소비세가 영국의 자유에 위협이 되는지를 둘러싼 논쟁이 가라앉은 뒤엔, 스페인의 약탈 행위, 즉 공해상에서의 해적 행위가 '코먼 센스' 잡지에서 상징적인 위치를 차지했다. 곧 영국이 스페인과 벌이는 협상의 적절성 여부와 그 협상이 영국의 자유와 영국의 통상에 어떤 결과를 초래할 것인가 하는 문제가 휘그당과 그 반대자들을 갈라놓는 중요한 이슈가 되었다. 잡지들 중에서 '코먼 센스'가 스페인과의 전쟁을 지지하는 여론을 불러일으키고 그 문제를 이용해 월폴을 공격하는 전선의 선봉에 섰다. '코먼 센스'의 그런 노력은 4년 뒤에 월폴이 사임할 때까지 계속 이어졌다.

여기서 이 책의 목적에 비춰서 주목할 가치가 있는 것은 '코먼 센스'가 사회를 이끄는 잡지의 원칙으로 기존 질서의 전복을 내세우면서 중요한 고비마다 교회의 권위와 성직자의 권위를 동시에 깎아내렸다는 사실이다. 가장 악명 높은 예는 '황금 엉덩이의 꿈'(The Dream of the Golden Rump)으로 알려진 풍자 작품이었다. 이 작품에서 마술사로 변장한 월폴이 조지 2세가 대단히 품위 없는 짓을 당하도록 만든다. 그러나 거의 모든 호에서, 상식은 궁정과 그 지지자들을 당시에 합법적인 것으로 받아들여지던 사회적, 정치적, 도덕적 삶의 경계선 밖에 놓는 수단이 되었다. 한마디로 말하면, 잡지를 읽는 대중들의 눈에 궁정과 그 지지자들이 터무니없는 존재로 비쳤다고 말할 수 있다.

이 기법이 효과적이었다는 사실은 그 잡지가 불러일으킨 정부의 적대감이 어느 정도였는지를 보면 확인된다. 또 그 형식을 모방하는 사람들이 많이 나타났다는 사실로도 확인된다. 모방자들은 그 형식이 논쟁을 야기할 잠재력뿐만 아니라 상업적 잠재력까지 포착했다. 필딩(친구들의 간행물에 간혹 익명으로 기고했다)이 1739년에 자신의 잡지 '챔피언'(Champion)을 편집하기 시작할 때, 그를 대표하는 허구적인 인물 캡틴 헤르쿨레스 비니거도 상식의 수호자를 자처하며 허영과 어리석음, 영어의 남용 등 기존의 '법'의 테두리를 벗어난 것들을 재판하기 위해 법정을 이용했다.

황금 엉덩이의 이야기를 포함하여, '코먼 센스'에서 주제를 따온 노래나 연감, 풍자적인 인쇄물이 줄을 이었다. 1730년대가 끝나갈 무렵에, 야권은 일련의 반대 운동을 통해 상식의 가치를 매우 당파적인 쪽으로 몰고 가는 데 상당한 성공을 거두었다. 점점 더 상식은 ('코먼 센스'의 에디터들의 주거지와 관계없이) 도덕적으로 타락한 도시보다 시골에, 꼭두각시 쇼와 무언극이 열리는 상업적 극장보다 '현실 속'의 드

75

라마에, 그리고 무엇보다 월폴과 조지 2세와 그 추종자들을 둘러싸고 있던 부패한 궁정 문화보다 애국심으로 무장한 그 반대자들에게 더 어울리는 것 같았다.

그러나 한편으로 보면, 상식 법정이 예리한 정치적 비판의 한 장치로 성공할 수 있었던 비결은 그 법정을 만든 사람들이 상식 법정은 완전히 다른 그 무엇이라는 점을 끊임없이 주장한 데 있었다. 섀프츠베리는 자신의 유명한 '광신에 관한 편지'(Letter on Enthusiasm)와 거기에 딸린 에세이 '공통 감각'(Sensus Communis)에서 풍자와 조롱이 표현의 자유라는 측면에서 권장되어야 한다는 주장을 내놓았다. 풍자와 조롱이 악을 치유하고 미신과 우울한 망상을 물리치는 데, 말하자면 공통 감각과 일치하는 것과 현실 속에 존재하는 것 사이의 간극을 노출시키는 데 중요한 역할을 할 수 있다는 이유에서였다. 문예 융성 시대의 많은 정치 평론가들은 이 말을, 조롱은 단순히 타인을 깎아내리면서 웃음을 유발하는 수단이 아니라 어떤 진리에 도달하는 기술이라는 뜻으로 받아들였다. 조롱이 효과적일 수 있었던 것은 수사적인 연막(煙幕)과 엉터리 추론을 걷어내기만 하면 분명한 진리를 볼 줄 아는 공통적인 능력이 인간에게 있기 때문이다.

따라서 '코먼 센스'의 에디터들은 당파성 강한 자신들의 명분을 강화하기 위해 풍자와 패러디, 비방, 온갖 형식의 유머와 희롱을 이용함과 동시에, 자신에 대해 파벌과 개인적 광신을 혁파하는, 공명정대한 상식의 옹호자라고 스스럼없이 선언할 수 있었다. 더욱이, 그 에디터들은 독설을 자주 쏟아내면서도 그것을 고결하고 초당파적이고 반정치적인 목적을 달성하기 위한 수단으로 포장했다. 또 그들은 그 잡지의 진정한 목적에 대해 창간호에서 "공통의 품위를 암시하는 상식 외엔 그 어떤 것도 고려하지 않는 가운데, 악덕을 비난하고, 오류를 바로잡고, 남용을 뿌리 뽑고, 어리석음과 편견을 부끄럽게 만드는 것"이라고 설명했다.[21]

영국 인민 앞에 놓인 선택은 두 개의 정당(휘그당과 토리당)이 아니라 자유와 예속이라는 볼링브로크의 주장에 비춰 보면, 두 에디터가 이와 달리 말했더라면 아마 처음부터 불신의 대상이 되었을 것이다. 야권의 손에서, 상식은 단순히 도덕적, 문화적 규제의 도구로 휘둘러질 수 있었다. 상식은 효과적인 지배나 형식적인 검열 장치가 없는 세계에서

1737년 '면허법'에 따라 '코먼 센스의 저자'라는 익명으로 그린 '황금 엉덩이의 축제'. 이 판화는 1737년 3월 런던의 정치 잡지 '코먼 센스'에 실린 같은 제목의 글 중 한 장면을 형상화한 것이다. 이 유명한 풍자화에서 캐롤라인 왕비가 남편 조지 2세의 '엉덩이'에 마법의 진정제를 주입하고 있다. 그 옆에서 월폴이 마술사의 지팡이를 들고 감독하고 있다.

소수의 약점과 허식과 신비화를 드러내고, 이미 받아들여진 분별 있는 공동체의 규범들을 복구하는 수단이 되었다.

더욱이, 상식의 권위는 적어도 수사(修辭)의 차원에서 정부 밖의 보통 사람들, 말하자면 그 잡지의 독자들과 연결되는 효력을 발휘했다. 상식을 근거로 주장하고 상식에 호소하는 행위는 훌륭한 독자들에게 문제의 글을 쓴 자만하지 않는 필자는 자신의 영광에 전혀 아무런 관심이 없는 사람이라는 암시를 보냈다. 그 필자는 막연한 인민의 이름으로 말하고, 똑같은 사람의 본능적인 양식에 그들이나 국민을 위해서 호소하면서 오직 자신의 임무만을 수행하고 있을 뿐이었다.

역사학자 찰스 존 소머빌(Charles John Sommerville)은 영국 신문 산업 초기에 있었던 한 중요한 갈등에 대해 묘사한다. 자기 신문의 독자들이 국민 안에서 다른 집단들과 뚜렷이 구분되는 정체성을 확보할 수 있을 만큼 사회적으로 적절히 구별하는 것과, 판매고를 충분히 올릴 수 있을 만큼 사회적으로 포용력을 발휘하는 것 사이의 갈등이 바로 그것이었다.[22] 비록 '코먼 센스'가 특별히 신사의 사회와 '중간 계층의 정직한 사람들'을 독자로 삼았고 또 이 계층에 의견을 제시하는 것을 목표로 잡았을지라도, 잡지의 제호에 담긴 핵심적인 가치가 잡지의 필자들이 반대되는 것을 암시하려는 노력을 도와주었다. 말하자면, 그 잡지의 필자들은 그 잡지가 없었더라면 절대로 듣지 못했을 '인민의 감각'을, 심지어 신비한 인민의 목소리까지 전한다는 주장을 펼 수 있었다.

정말로, 그 잡지의 냉소적이고 반항적인 초기의 포퓰리즘은 야당이 여당을 향해서 공공 복지를 상대적으로 무시하고 있다고 공격할 수 있도록 도왔다. 그것만이 아니었다. 그 잡지의 포퓰리즘은 잡지의 에디터들이 의회 밖의 인민을 정통성의 대안적인 원천으로 묘사하도록 이끌었다.

'코먼 센스'를 훑어보면, 정치 영역에서 대중의 권위와 대중의 감각에 관한 급진적인 주장이 간혹 확인된다. 이 대목에서 매우 중요한 사실은 그럼에도 불구하고 선거권 또는 민주화의 확대에 관한 문제는 제기되지 않았다는 사실이다. 어느 기고자는 과장스럽게 이렇게 묻는다. "만약 영국의 유권자들이 당신[의회]에게 '더 이상 우리를 대신해 법을 만들지 말라'고 선언해야 한다면, 우리 스스로가 법을 만들 것이다. 그럴 경우에 법을 만들지 않겠다고 나설 사람이 있겠는가?"[23] 다른 글에서는 평등주의자 리처드 오버튼(Richard Overton)이 한 세기 전에 발표한 '수많은 시민들의 간언'(A Remonstrance of Many Thousand Citizens)에서 인용한 글도 보인다. "우리[인민]는 당사자이고, 당신[의회의 의원들]은 대리인이다."[24] 이 글의 메시지는 이렇다. 인민은 그들의 권력을 전부 대표자들에게 넘긴 것이 아니며, 인민은 여전히 스스로 판단할 능력을 갖고 있기 때문에 자신들을 대표하라고 선출한 사람들이 오히려 인민의 집단 상식을 모욕하고 나올 때에는 그들에게 행동을 취하는 수밖에 없다는 것이다.

사실, 보통 남자들의 판단력, 아니 보통 여자들의 판단력까지도 현실의 상식적인 세계에 뿌리를 확고히 내리고 있기 때문에 사회적으로나 지적으로 그들보다 우수한 사람들보다 뛰어난 경우가 종종 있었다. 여기서, 상식을 찬양하는 문헌 속의 오래된 주제, 이를테면 세상 물정을 잘 알고 또 그것을 정확히 말하는 본능을 타고났다는 이유로 보통 사람들을 옹호하는 것이 이제 정치적이고 포퓰리즘적인 목적으로 바뀌게 되었다. '코먼 센스'의 에디터가 영국의 대(對)스페인 정책과 관련해 적은 글 중에서 상식을 동원한 대목을 보자. "의회는 검은 것을 희다고 표결할 수 있다. 그럴 수도 있지만, 세상의 표결이야 어떻든 검은 것은 여전히 검다. … [위대한 국민의 의회는] 광기와 어리석음을 절대로 인정하지 않을 것이다."(25)

이 잡지도 (경쟁적인 다른 잡지들과 마찬가지로) 재정적, 정치적 이득을 위해 런던 독자들의 의식을 정치화하려고 노력하고 있었으며, 아울러 모든 종류의 정치 권력을 견제하는 명분으로 상식 개념을 이용했다. 에디터들은 자신이 집단 이익에 부합하지 않는 정부의 행위 또는 태만으로부터 대중을 보호하고 있다고 주장할 수 있었다. '코먼 센스'는 제도적인 것이든 도덕적인 것이든 불문하고 모든 형태의 압제에 맞서는 수단으로 상식을 내걸고 보통 사람들을 전향시킬 자유를 외치면서 영국 자유의 수호자를 자임하고 나섰다.

이런 과도한 논쟁에 따르는 문제는 행정력을 곤경에 빠뜨린다는 점이었다. 영국 정부가 표면적으로 표현의 자유를 약속하고 있었음에도, 월폴은 선동적이고 심지어 반역적이기도 하다고 본 선전에 대항하기 위해 저널리스트들에게 돈을 주고 주요 신문에 자금을 지원했다. 그는 또한 '파스퀸'의 성공에 대한 부분적인 대응으로 1737년에 '극장 면허법'(Theatrical Licensing Act)이 의회를 통과하도록 밀어붙였다(당연히, 필딩의 비판의 영향력만 높이는 꼴이 되고 말았다).

그러나 18세기 상반기 동안에 영국 대중에게 출판의 자유는 신성불가침한 것으로 자리 잡게 되었다. 더 나아가, '코먼 센스'를 포함한 야권의 잡지들은 자유에 대한 확고한 신념이 부족한 법원이 면허제를 확대하려 들거나 단지 의사 표현을 지나치게 자유롭게 한다는 이유만으로 적들을 억압하려는 기미를 보이기만 하면 그 같은 사실을 철저히 이용할 준비가 되어 있었다. 아내들의 행실에서부터 감리교의 어리석은 행위까지, 모든 것들을 공격 대상으로 삼다 보면, '코먼 센스'에는 표현과 종교의 자유에 대한 옹호를 유려하게 펼칠 공간이 언제나 있기 마련이었다. 따라서 월폴과 그의 추종자들은 야권 잡지들의 보급망을 방해하고 재정적 압박을 가하는 외에 공격적인 내용의 영향력을 차단할 길을 모색해야 했다. 월폴과 그의 추종자들에게 상식은 아주 특별한 도전이었다.

앞서 수십 년 동안에 벌어진 수많은 투쟁에서처럼, 당시의 정권은 자체적으로 팸플릿과 에세이, 시, 신문들을 동원하는 것으로 대응하기 시작했다. 그 신문들 중에는 순전히 '코먼 센스'에 맞설 목적으로 창간된 것도 있었으며, 그런 신문들 대부분은 정부의 지원을 많이 받았다. 여당을 지지하는 논객들은 중요한 정부 간행물뿐만 아니라 '난센스 오브 코먼 센스'(Nonsense of Common Sense) 같은 단명했던 간행물들을 통해 분노를 쏟아냈다.

런던의 다른 신문들은 상식의 소유권과 이용을 둘러싸고 벌어진 이 전쟁을 적절히 보도해 논쟁을 더욱 가열시킴으로써 판매고를 올리며 즐거운 비명을 질렀다. 특히 인기가 높았던 '젠틀맨스 매거진'(Gentleman's Magazine)은 나름대로 상식이라는 개념에 대한 정당한 소유권을 확보하기 위해 그 전쟁의 전개 상황을 낱낱이 기록함과 동시에 '런던 매거진'(London Magazine)과 '코먼 센스'를 풍자적으로 공격했다. 뒤돌아보면, 1730년대에 런던에서는 간행물과 저작권, 용어들에 대한 통제 등을 둘러싼 투쟁이 끊이질 않았다.

그러나 이 경우엔 여당 쪽에 선 필자들의 좌절이 특히 두드러졌다. 적어도 언어의 차원에서만 보면 야당과 또 특별한 슬로건을 트레이드마크로 가진 '코먼 센스'는 1730년대 말에 그 전투에서 승리를 거두는 것처럼 보였다. 월폴의 지지자들은 분명히 강탈당한 느낌을 받았다.

'젠틀맨스 매거진'의 한 논평가가 1739년에 썼듯이, 신생 잡지 '코먼 센스'는 바로 그 제호 때문에 공포의 대상이 되었다. 그 글을 보도록 하자. "그[필자]는 '코먼 센스'라는 타이틀 뒤에 자신을 완벽하게 숨길 수 있었다. 그는 적들을 '코먼 센스의 적들'이라고 부르며 패퇴시키고, 더없이 강한 반대와 더없이 명쾌한 논리에 봉착하더라도 자신의 독자들에게 그런 것들이 상식에 반한다고 설득함으로써 반대하는 목소리들을 침묵시킬 수 있었다. 여기서 나는 고백하지 않을 수 없다. 겨우 몇 자의 글을 그처럼 훌륭하게, 또 그처럼 다양한 목적에 이용할 줄 아는 천재성을 가진 사람을 두 사람밖에 알지 못한다는 사실을."(26)

월폴과 여당의 명분을 위해 글을 쓰는 사람들 중에도 상식이 중요하지 않다고 선언할 사람은 아무도 없었다. 휘그당원들의 분노 중 일부는 틀림없이 자신들 역시 상식이라는 아이디어를 진리를 확인하는 한 방법으로, 또 자율적이고 합법적인 인식론적 권위로 받아들이지 않을 수 없었다는 사실에서 비롯되었다. 게다가, 그 누구도 제대로 확인하고 따라야 할 단 하나의 영국 상식이 있다는 사상을 부정하고 나서길 원하지 않았다. 진정한 다원론자를 자처하는 것은 불가능한 일이었다. 결국 모든 정치 평론가들은 당파를 불문하고 중립 또는 불편부당의 자세를 취하며 전적으로 진리와 도덕적 미덕과 (반대자들의 이기심과 반대되는)

공공심에 관심을 기울이게 되었다.

이런 현상은 특히 개인적 이익이나 영광을 추구한다는 비판에 시달릴 위험이 더 컸던 여자 논객들에게 두드러지게 나타났다. 그럼에도, 남녀 불문하고 여당을 지지하는 필자들은 여전히 기발한 제호를 단 '코먼 센스'가 퍼뜨리는 상식에 맞서 싸울 길을 발견해야 했다. 그 문제에는 실용적인 측면이 있었다. 거기에는 또 형이상학적인 측면도 있었다. 왜냐하면 그 문제가 그 전 세기의 종교적, 과학적 투쟁이 남긴 가장 어려운 질문들 일부를 다룰 것을 요구했기 때문이다. 해석들이 다양하고 서로 일치하지 않는 것을 어떻게 설명할 것이며, 또 주제들이 합리적인 논증을 뛰어넘는 것일 때는 어떤 식으로 논란의 여지가 없는 진리를 끌어낼 것인가 하는 문제도 그 질문들에 포함되었다.

월폴의 가장 가까운 동맹이자 가장 설득력 있는 옹호자 중 한 사람이었던 허비 경(Lord Hervey)은 1737년 봄에 익명으로 발표한 ''코먼 센스'의 필자에게 보내는 편지'(A Letter to the Author of Common Sense)에서 그 논쟁에 대한 반격의 기본적인 전략을 세웠다. 그 문제를 상식이라는 단어가 갖는 의미의 차원에서, 더 정확히 말하면 감각의 차원에서 접근하는 방법이었다. 허비 경의 출발점은 리틀턴과 체스터필드 경과 그들의 동료들이 쓰는 상식이라는 용어의 정체를 벗기는 것이었다. 허비는 그 상식을 로크가 『인간 오성론』(Essay on Human Understanding)에서 '단어의 남용'이라고 표현한 것의 한 예로 보았다. "그 잡지[코먼 센스]가 그런 제목을 달 자격이 없다는 사실을 대중에게 보여주려는 목적으로", 허비 경은 그 잡지의 방침과 내용에 관한 문제들은 무시하고, 대신에 그 잡지의 독단적인 태도와 단어들, 특히 상식이라는 단어의 기만적인 사용을 주로 다뤘다.

허비 경의 다음 단계는, 당파성 강한 이 투쟁에 관여한 그의 동맹들 대부분처럼, 오늘날 어느 정치 철학자가 '언어의 약(藥)'이라고 부른 것을 처방하는 것이었다. 허비는 문제가 된 단어들의 의미를 수정하거나, 오늘날의 표현을 빌리면, 기호와 지시 대상을 다시 정렬함으로써 세력의 균형점을 옮겨놓길 원했다. 코먼 센스라는 표현에 예전의 '진정한' 의미를 돌려줄 필요가 있다는 데 의견의 일치가 이뤄지고 있었다. '코먼 센스는 뭐라고 하는가?'라는 문구가 모욕을 암시하는 것이 아니라 진정한 코먼 센스를 찾으려는 노력으로 받아들여져야 한다고 한 비평가는 주장했다.

그리고 6개월 뒤에 또 한 사람의 탁월한 월폴 지지자인 메리 워틀리 몬태규(Mary Wortley Montagu) 부인이 리틀턴과 체스터필드 경과 그들의 동료들의 글에 맞서기 위해 홀로 에세이 잡지를 만들기 시작했다. 그녀는 이슈를 부각시키고 상식이라는 고귀한 이름으로 행해지고 있던 통속적인 잘못들을 폭로하는 한편으로, 이 측은한 단어에 원래의 의미를 되돌려주기 위해 자신의 잡지를 '난센스 오브 코먼 센스'라고 불렀다.

이런 식의 접근은 그 전에도 있었다. 1730년대 초반과 중반에 있었던 야당의 공격에 대한 여당의 대응은 '인간과 사물에 대한 오해'를 비난하고 그런 식의 남용이 공개 토론에 미치는 부정적인 영향을 고발하는 쪽이었다. 그런 글을 읽는 독자들은 불성실한 필자들이 애국심을 반대를 의미하는 단어로, 반대를 도당이나 당이나 이기심을 의미하는 단어로 쓰면서 단어들의 기존 의미를 뒤죽박죽 엉망으로 만들고 있으니 조심하라는 경고의 소리를 들었다. 정치 해설가들은 종종 우발적이거나 의도적인 의미 변화를 설명하고, 또 기존의 의미와 다른 대안적인 의미들을 폄하하기 위한 방법으로 단어의 남용에 초점을 맞추었다. 메시지는 문제가 된 투쟁은 선의의 두 집단 사이의 합리적인 의견 불일치에 따른 것이 절대로 아니라는 뜻이었다. 그 투쟁은 단순히 정치의 문제만이 아니었다. 오히려 그것은 단어들의 불명확하고 유연한 성격에서 비롯된 오해나 그릇된 해석 때문이었다. 혹은 단어들을 무책임하게 사용한 결과였다. 그렇다면, 그 투쟁은 상식의 의미를 정확히 복구시킬 수 있는 차원에서 싸워야 할 문제였다.

그러나 몬태규 부인을 포함한 많은 해설자들의 눈으로 보면, 그 문제는 전적으로 언어와 판단력의 문제인 것만은 아니었다. 잡지 '코먼 센스'의 핵심에 상식에 대한 오해가 자리 잡게 된 원인은 바로 상식의 대변자들에게 있었다. 혹은 그런 오해가 팽배한 사회적 환경에 있었다고 볼 수도 있었다.

토머스 뉴콤(Thomas Newcomb) 같은 친정부 쪽 사람들이 상식을 공격할 때 즐겨 내세운 근거는 바로 평범한 것들의 상스러움이었다. 뉴콤은 '코먼 센스'에 대한 공격에서 "평범한 것이면 무엇이든 우리는 경멸한다"고 선언했다.(27)

한편, 정반대로 사회학적으로 접근하는 시사 평론가들도 있었다. 그 위험은 에디터들의 포퓰리즘이나 '군중 감각'에 호소하는 데에 있는 것이 아니라, 오직 자신의 개인적 이익과 열정만을 대변하려는 에디터들의 욕망에 있었다. '마르포리오'(Marforio)(A.D. 1세기경에 제작된 로마의 조각상으로 주인공이 유피테르라거나 넵투누스라는 설이 있다. 전통적으로 파스퀴노(영어로는 파스퀸이다)와 선의의 경쟁 관계였던 것으로 전해진다/옮긴이)라는 필명으로 글을 쓰는 또 다른 팸플릿 저자는 '코먼 센스' 같은 야권의 잡지들을 흔히들 주장하는 것처럼 "정당의 우두머리들뿐만 아니라 보통 사람들의 감각까지" 대변하는 잡지로 보는 것은 실수라고 주장했다. 그러면서 그 저자는 그와 반대로 "어떤 사람도 영국인 같이 양식 있는 사람이 정부에 반대하는 야권에 편안한 마음으로 합류할 것이라고 생각할 만큼 약하지 않다"고 주장했다.(28)

친정부 매체 안에서, '코먼 센스'의 필자들은 대체로 불편부당한 지혜와 대중의 정서를 암시하는 상식 뒤에 숨어 있는 파벌이나 특수 이익 집단을 대변하는 자로 폄하되었다. 정부의 주요 대변지인 '데일리 가제티어'의 한 기고자는 '코먼 센스'의 에디터는 "스스로 인민의 옹호자를 자처하는 협잡꾼", 즉 선동 정치가에 지나지 않는다고 주장했다. 사실, '코먼 센스'의 에디터와 그의 동료들은 노출과 비난을 절실히 필요로 하던, "난봉꾼과 무신론자, 스튜어트 왕가를 지지하던 스코틀랜드 장로파 신도, 가톨릭 성직자들과 아일랜드의 가톨릭 신자들"이 위험하게 뒤섞인 집단이라고 '데일리 가제티어'의 그 칼럼니스트는 주장했다. 다른 해설가들은 '코먼 센스'의 에디터들이 훨씬 더 비열한 동기들을 갖고 있다고 주장했다. 그들은 단지 '적절한 사회적 지위'를 누리지 못한다는 사실에 분노했고, 그 분노 때문에 "현실에 불만을 품은 제임스 2세파 사람들과 포악한 공화주의자들"의 지원을 업고 체제를 흔들어 놓으려 노력하게 되었다는 분석이었다. 대부분의 해설가들은 또한 사악한 이기심도 지적했다. 시장(市場)이 불운한 저자들로 하여금 몸을 팔며 쓰레기 같은 글을 쓰지 않을 수 없도록 내몰았다는 사실을 짚었던 것이다.

'데일리 가제티어'는 교황의 '밀사' 역할로도 충분하지 않다는 듯이 반대편에 서는 자들의 진정한 정체성에 대해 짐작하는 작업을 계속했다. "젊은 시절에 방종한 삶을 산 탓에 가난했기 때문에 나이들어서 스스로를 부양하기 위해 싸구려 글을 쓰는 저자가 될 수 밖에 없었던 자들"이라는 것이었다. 심지어 몬태규 부인까지도 '도덕성을 지키는 잡지'로는 돈을 벌지 못하게 되었다는 사실을, 훗날 일종의 시장의 검열이라고 불릴 것이 존재한다는 사실을 강하게 비난했다. 그리고 만약에 악의와 탐욕, 열정과 이기심까지 동원했는데도 의도했던 그릇된 아이디어를 띄우는 데 실패한다면, '데일리 가제티어'의 그 저널리스트가 마지막으로 기댈 수 있는 것은 광기를 들먹이는 것이었다. 즉 야권의 필자들이 진정한 상식이 존재하는 곳이 어딘지를 제대로 파악할 수 있는 능력을 갖추고 있지 않다고 주장하는 것이었다.

분명히, 친(親)여당 매체의 필자들은 기만적인 언어와 숨은 동기를 폭로하면 야권 매체들의 대중적 인기를 저지할 수 있을 것이라고 기대했다. 이 전술이 충분하지 않은 것으로 확인되면, 그 논객들은 야권이 왜곡시킨 상식의 개념이 널리 받아들여질 경우에 예상되는 정치적, 도덕적 결과를 불길한 목소리로 떠들었다. 그러나 1730년대 말에 이런 반론들 중 실제로 영향력을 크게 발휘한 것은 하나도 없었다. 상식을 어떻게 정의할 것인가 하는 문제를 둘러싼 이견은 분열을 더욱 가속화시켰으며, 그런 현실은 겉보기에 오직 자유와 통합과 공익을 옹호할 뿐이었던 야권 연합에 유리하게 작용했다.

1738년에 '코먼 센스' 잡지들이 2권 분량의 책으로 묶어졌을 때, 인쇄업자는 친(親)정부 성향의 작가들이 "타락의 편에 서서 해롱거리며 즐기려고" 최대한 노력하고 있음에도 불구하고, "모든 지혜와 양식이 자유의 편에 서고 있는" 사실을 두고 영국 인민을 높이 치하했다. 그 몇 해 동안에 야권은 의회 안에서 구체적인 승리를 거의 목격하지 못했음에도 불구하고, 역사와 관련있는 추상 관념, 즉 여론은 점점 더 야권 쪽으로 이동하는 것처럼 보였다. 특히, 스페인과 관련한 정책에서 그런 현상이 더 두드러졌다. 이것은 호전적이고 애국심에 불타던 어느 매체가 독자들로 하여금 그 상황을 사활이 걸린 문제로 보도록 부추기는 데 성공했기 때문이다. 그 성공은 대단했다. 또한 영국 정부의 미지근한 태도에 대한 대중의 항의도 엄청났다. 영국이 1739년 10월에 스페인과 전쟁을 벌이기로 결정하는 데 결정적인 역할을 한 것이 바로 대중의 항의였다. 이 전쟁이 결과적으로 몇 년 뒤에 월폴의 붕괴를 불렀다. 1730년대 말에 상식은 의회 밖에서 시위하는 정치 문화를 조성하는 데 중요한 무기가 되었다.

그 문제가 너무나 중대했기 때문에 친정부 성향의 어느 필자는 스페인의 해적 행위를 둘러싸고 논쟁이 벌어지는 와중에 익명으로 '상식: 그 본질과 쓰임새'(Common Sense: Its Nature and Use…)라는 제목의 철학적 논문을 발표했다. '스페인 문제에 적용하면'이라는 발문까지 달린 논문이었다. 이 논문은 같은 이름의 잡지가 상식에 호소하는 행태의 본질이, 특히 스페인 정책에 관한 한, 독자들의 이해력에 대한 모욕이자 기만이라는 점을 밝히는 선에서 그치지 않았다. 논문은 드물게 거기서 몇 걸음 더 나아가면서 '상식이란 진정 무엇인가?'라는 질문을 던지며 상식의 본질을 탐구했다. 아무것도 모른 채 끌려 다니다가 길을 잃는 대중이 상식을 보편적으로 이용할 수 있도록 돕기 위해서였다.

이 팸플릿의 필자는 상식에 대한 정의를 폭넓게 제시하고 있다. 그의 설명은 이렇게 전개된다.

[상식은] 우리가 불과 물 속으로 뛰어들지 않게 할 뿐만 아니라 먹을 것으로 나무 토막이 아닌 빵을 집도록 만든다. 그러나 나는 모든 사람들이 공통적으로 지니고 있는, 사물에 대한 일반적인 지각이나 감각을 상식이라고 생각한다. 그것은 나무와 빵의 구분을 가능하게 하는 지각이다. 그런 지각이 있기에 이 사람에게 나무나 빵으로 보이는 것이 다른 사람에게도 나무나 빵으로 보인다. 우리가 어떤 사건의 진상에 도달하는 것도 바로 그런 지각을 통해서다. 사람들은 저마다 상충하거나 모순되는 이해 관계나 열정, 욕구나 기질 때문에 편향되거나 맹목적일 수 있다. 그렇기 때문에 어떤 문제를 둘러싸고 논쟁을 벌이는 경우에 거기에는 관여하는 사람들의 수만큼이나 편견이 있을 수 있다. 하지만 그 논쟁이 세상 전체의 '상식'에 관한 것일 때는 개인의 이해 관계와 기질 같은 편견은 절대로 개입되어서는 안 된다.(36)

이 글은 그보다 몇 십 년 앞섰던 '스펙테이터'의 도덕적 가르침을 충실히 따르면서, 인간의 이해에 나타나는 대부분의 실수들을 보면 그 핵심에는 상식의 판단에 귀를 기울이지 않은 잘못이 도사리고 있다는 메시지를 던지고 있다. 모든 사람은 기본적인 감각을 가졌다. 인간들을 서로 뭉치게 하는 잠재력도 바로 이 감각이며, 인간들이 "사물들을 똑같이 보도록" 하는 것도 이 감각이다. 인간들은 개인적인 감정과 이기심을 누르는 법을 배우고, 사기꾼이 속이려 들어도 꼿꼿하게 자신을 지켜내면서 틀린 것은 틀렸다고 말할 수만 있으면 되었다. 그러면 상식이 승리를 거두게 되고, 다양한 영역의 문제들이 쉽게 해결될 수 있을 것이다. 그러나 이 논문의 저자는 마지막에서 이론의 여지가 많은 스페인 문제와 관련하여 '보편적인 상식의 문장'이라는 이름 아래 자기 주장이 강한 편파적인 글을 실었다. 그러자 야권의 한 비평가가 즉시 자신의 상식 좌우명으로 응수했다. "인간이 사자의 탈을 쓰지 않으면, 모든 나귀가 인간에게 오줌을 갈길 것이다." 친정부 필자들이 그런 방법 외에 달리 어떻게 할 수 있었겠는가? 이제 상식은 근본적인 진리들은 본래부터 폭넓은 동의를 얻게 되어 있다는 사상을 근거로 18세기의 문화적 이상으로 자리 잡음과 동시에 정치의 미래를 둘러싼 치열한 투쟁에서 가장 빈번하게 동원되는 도구가 되었다.

요약하면, 1690년부터 1730년대 말 사이에 좀 이상한 변화가 한 가지 일어났다. 그 핵심에 심리적인 요소가 숨어 있는 변화였다.

그 변화의 과정은 인식론과 공적 생활에서 동시에 지각된 정통성의 위기에 대한 대응으로 시작되었다. 당시에 안전과 평온을 열망하는 한편으로 각 개인들을 사상적으로 일치하라는 압력으로부터 해방시키려던 지배 계급 안에서, 상식이라는 개념이 투쟁적이지도 않고 강압적이지도 않은 사회적, 도덕적 질서가 세워질 바탕이 되어줄 것으로 여겨지게 되었다. 상식은 단순히 토론의 한계를 설정함으로써 다양한 의견에서 비롯될 적개심을 누그러뜨릴 것으로 여겨졌다. 틀림없이, 상식의 가치에 대한 암묵적 동의와 상식을 도덕적, 정치적 문제들에 구체적으로 적용하는 것이 적절하다는 판단은 18세기 초 몇 십 년 동안에 휘그당의 과두 체제와 엘리트 사회의 결속을 강화하는 데 필요한 토대가 되어 주었다.

그러나 상식이라 불린 수사적 발명품이 1700년대 초 런던에서 너무나 큰 성공을 거둔 나머지 당초에 약속했던 것과 정반대의 결과도 낳았다. 점점 안정적으로 변해가던 이 정치 질서 안에서 엉뚱하게 사상적 갈등을 낳고 그 갈등을 가열시키는 메커니즘이 되었던 것이다. 상식이 객관적이고 논박 불가능한 것처럼 들리고, 상식이 대체로 공동체의 힘에 의지했으며, 무엇보다 상식이 프로테스탄트 문화와 깊이 연결되며 인식적, 도덕적 권위로 이미 널리 받아들여지고 있었기 때문에, 상식은 항의와 반대의 가공할 만한 무기임과 동시에 합법적인 야권의 형성에도 중요한 요소인 것으로 드러났다. 상식은 다양한 관점들 사이의 갈등을 효과적으로 덮어주었으며, 그 때문에 오히려 상식은 갈등을 부추기는 결과를 낳았다. 더욱이, 상식의 소유권과 본질을 둘러싼 공개적 논쟁은 논박 불가능한 확고한 가치로서의 상식의 명성을 더욱 강화함과 동시에, 런던을 비롯한 모든 곳에서 기존의 가치들을 훼손시킬 일련의 주장들이 제기될 무대를 세워주기도 했다. 그 주장들 중에는 (하층민의 직접적인 의견 개진이 없는 가운데 엘리트들에 의해 정의될 때조차도) 인민의 소리가 정통성의 대안적인 원천이 될 수 있다는 주장과 기존 질서에 대한 도전도 간혹 옳을 수 있다는 주장도 포함되었다.

상식이라는 개념은 종국적으로 민주 정치의, 소위 말하는 '구원적인 측면'(redemptive face)과 '실용적인 측면'(pragmatic face) 둘 다에 결정적으로 중요한 것으로 확인될 것이다. 민주 정치의 구원적인 측면에서, 인민 주권이 정의와 평화, 진리에 이르는 수단으로 상상되고, 실용적인 측면에서, 항의와 의견 불일치가 공동 생활의 한 부분으로 받아들여진다. 상식 개념은 또 정치적 논쟁에서 새롭게 얻게 된 지위에 걸맞게 정치의 주제와 방법까지 바꿔놓을 것이다.

그러나 이런 예상은 현재로선 우리의 이야기를 앞지르는 것이다. 첫번째 이유는 현대 민주주의의 형식적인 특징들이 생겨나기 훨씬 전에, 오늘날에도 여전히 상식이라고 부르는 그 유령 같은 존재의 가치가 공공 질서의 원천에 대한 사고에, 통치에 대한 사고에, 그리고 사고 자체에 대한 사고에 깊이 스며들어야 했기 때문이다. 더욱이, 상식이 하나의 개념으로서 겉보기에 보편성을 갖는 것과 상식이 현실 속에서 갖는 좁은 기반 사이의 간극도 밝혀내야 했다. 이것이 필딩의 짧은 생애(1707~1754)에 런던에서 일어난 일이었다.

상식의 적절성에 대한 믿음은 그 이후 지금까지 서구 상식의 한 부분을 이루고 있으며, 오늘날까지도 우리는 이 익숙한 추상 개념이 서로 모순되는 다수의 목표들에 권위를 실어주고 있다는 사실을 좀처럼 간파하지 못하고 있다.

제2장

보통 사람들의 세계 인식

애버딘, 1758-1770년

아무리 교양 없는 사람이라 하더라도
"3개월 전에 나는 어느 도시에 있었으며
그 후론 줄곧 집에서 지내고 있다"고 말할 때,
그 말의 뜻을 가장 완벽하게 아는 사람은 바로 교양 없는 그 사람이다.

– 제임스 비티의 『진리의 본질과 불변성에 대하여』 중에서

헨리 필딩이 '퀸 코먼 센스'가 죽었다고 주장하고 겨우 34년 뒤에, 제임스 비티라는 교사 출신의 스코틀랜드 대학교수가 아무도 원하지 않던 일을 맡고 나섰다. 스코틀랜드의 외진 시골에서 퀸 코먼 센스의 영향력을 되살리는 일뿐만 아니라 모든 사람들이 두 번 생각할 필요 없이 따라야 할 기본적인 원칙들을 목록으로 만드는 작업에도 착수했다. 그렇다면 그 원칙들은 어떤 것이었을까?

21세기 철학의 관점에서 보면, 그 목록은 잡동사니를 모아 놓은 것처럼 보인다. 나는 존재한다. 오늘 나라는 존재는 어제 나와 똑같다. 아니 20년도 더 전의 나와도 똑같다. 배은망덕한 짓은 비난받고 처벌받아야 한다. 삼각형의 세 각의 합은 180도이다. 전체는 부분보다 크다. 모든 결과에는 원인이 있다. 감각은 믿어야 한다. 내가 서 있는 땅은 단단하고 물질을 갖고 있으며 또 딱딱하고 독립적으로 존재한다. 태양은 내일 다시 떠오른다. 나는 육체와 뚜렷이 구별되는 영혼을 갖고 있다. 미덕과 악덕은 다르다. 열과 냉기도 다르고, 빨강과 하양도 다르고, 소와 나귀도 다르다. 진리는 존재한다. 신은 존재한다.

이 명제들이 단순히 우리의 상상력이 거듭 작용한 결과가 아니라는 것을 우리는 어떻게 알 수 있는가? 비티는 그런 확신들의 유효성을 입증하는 증거는 우리의 마음이 어떤 설명도 들을 필요 없이 즉각 동의한다는 사실에 있다고 주장했다. 우리는 그 확신들을 증명해 보일 수 없다. 그럼에도, 우리에겐 그것을 믿는 외에 다른 선택이 전혀 없다.

그러나 독자들이 쉽게 설득당하지 않을 경우에 대비해, 비티는 두 번째 논거를 갖고 있었다. 그 방법은 그 명제들과 반대되는 의견을 형성함으로써, 그러니까 그런 원칙들을 부정함으로써 독자들이 모순의 영역에 빠지도록 하는 것이었다. 그 목적을 위해 쓴『진리의 본질과 불변성에 관하여』(An Essay on the Nature and Immutability of Truth, in Opposition to Sophistry and Scepticism)(1770)라는 책에서, 그는 이번에는 앞의 것과 모순되는 두 번째 목록을 제시했다.

그는 이렇게 물었다. 1 더하기 2는 6이고, 부분은 전체보다 더 크고, 원이 삼각형이 될 수 있고, 같은 물건이 존재할 수도 있고 존재하지 않을 수도 있다고 믿는 것보다 상식에 더 확실히 반하는 것이 있을 수 있는가? 사람이 발바닥으로 볼 수 있다는 것을 합리적으로 믿을 수 있는가? 아니면 똑같은 육체가 동시에 1만 곳에 있을 수 있는가? 어떤 사람이 저녁에 아침과 다른 존재인 것처럼 말하고 행동할 수 있는가? 마지막으로 신의 존재를 부정할 수 있는가?

1760년대 말 애버딘이라는 스코틀랜드의 작은 도시에서는 그런 것들이 상식의 범위였다. 비티와 그의 동시대인들에게 이런 구별들은 자명했다(비록 그런 구별을 하나하나 열거하고 그 권위를 옹호해야 할 필요성을 느꼈다는 사실 자체가 적어도 비티의 판단에 그것들이 그다지 확실하게 다가오지 않았다는 점을 우리에게 말해주지만 말이다). 영국이 잘 나가던 시대에 세계를 통치한 우화적인 인물인 퀸 코먼 센스의 현대의 성지는 분명 런던이었을 것이다. 그러나 그 의미와 잠재적인 적용 범위가 세계적인 그녀의 귀신이 모든 인류를 위해 다시 권좌로 돌아와 달라는 설득에 넘어갈 것이라는 희망은 런던에만 국한되지 않았다. 그 시대의 다른 많은 성공한 단어들과 마찬가지로, 상식도 책과 문학, 개인적인 대화가 전파된 지리적인 방향을 그대로 따랐다. 18세기 유럽 전역에 걸쳐 수많은 도시로 전해진 뒤에 대서양 양안의 편지 공화국 전체로 퍼져나간 것이다.

상식이 그렇게 널리 전파될 수 있었던 공(功)의 일부는 분명히 3대 섀프츠베리 백작에게 돌아간다. 섀프츠베리 백작은 18세기 초반에 혼자 힘으로 공통 감각이라는 케케묵은 개념을 실용적 차원에서나 개념적 차원에서 영국 밖으로 전파시키기 위해 노력했다. 좋지 않은 건강과 주기적으로 일어난 정치적 격변 때문에 이 위대한 백작은 짧은 생애 동안에 거듭 영국 밖으로 나가지 않을 수 없었다. 상당했던 재산이 그런 여행을 가능하게 도왔다. 따라서 18세기 초의 이 유능한 세계주의자는 자신이 좋아하던 사상들을 소유물처럼 세계 각지로 옮길 수 있었다. 그러면서 그 사상에 새로운 것을 더하기도 했다. 그가 가는 곳이면 어디든, 여러 위기에 대한 해법으로 상식이 다양한 형태로 제시될 수 있었다.

　젊은 시절에 섀프츠베리는 몇 년 동안 여행을 했다. 처음에는 프랑스를 거쳐 이탈리아 반도로 갔으며, 그 다음에는 위급한 정치 상황 때문에 동쪽으로 오늘날 슬로베니아의 류블랴나와 빈, 프라하와 베를린까지 갔다. 1698년부터 1699년까지, 그리고 다시 도덕주의자로 명성을 얻기 전인 1703년부터 1704년까지, 귀족 출신인 이 휘그당원은 처음에는 익명으로 로테르담에 보금자리를 마련했다. 그곳은 프랑스 철학자 피에르 베일(Pierre Bayle)이 살던 도시로, 위그노 교도(프랑스 신교도)와 자유 사상의 전초 기지 역할을 하던 곳이었다.

　베일과 섀프츠베리는 견해나 스타일에서 뚜렷한 차이를 보인다. 그러나 1706년에 베일이 세상을 떠났을 때, 이신론자(理神論者: 신은 이 세계와 단절된 채 초월적으로만 존재한다고 생각한다. 물론 신이 우주를 창조했다고 생각하지만, 우주 창조가 있은 뒤로는 우주는 자연의 법칙에 의해 운행된다고 믿는다/옮긴이)였던 섀프츠베리는 베일에 대한 헌사를 남겼다. 그 헌사에서 섀프츠베리는 자기보다 나이가 많은 베일의 무신론을 비판하지 않고 베일이 자신의 사고에 미친 영향력과 보다 일반적으로 철학의 한 모델을 제시한 공을 높이 평가하며 '그의 예리한 이성의 테스트'를 찬양했다. 망명 프랑스인과 소요학파 철학자를 닮은 영국인의 우정에서, 섀프츠베리가 정통적인 신앙에 반감을 품고, 오류와 위선을 노출시키는 한 수단으로 풍자를 허용하는 등 표현의 자유라는 사상을 신봉하는 태도의 뿌리를 찾을 수 있다.

　자신의 주요 저작물들을 출간하고, 영국으로 돌아와 오랫동안 머문 뒤인 1711년에, 섀프츠베리 백작은 이번에는 심각한 천식으로 악화된 건강 때문에 다른 방향으로 여행을 했다. 태양이 뜨거운 나폴리와 지중해 해안이 목적지였다. 그곳에서 그는 대단히 훌륭한 도서관의 소유자였던 주세페 발레타(Giuseppe Valletta)를 중심으로 모이던 서클의 회원이 되었으며, 그때 인본주의자이며 수사학자였던 잠바티스타 비코(Giambattista Vico)를 알게 되었을 가능성이 크다.

비코를 연구하는 학자들은 두 인물의 저작물에 나타나는 비슷한 점때문에 둘 사이에 만남이 있었을 것이라고 오래 전부터 주장하고 있다. 비코는 1725년에 발표한 『새로운 과학』(New Science) 초판에서 공통감각을 "별다른 생각 없이도 전 계층, 전 인민, 전 국민, 아니 전 인류가 공유하는 판단"으로 정의하고, 그것은 "고대 국가들의 자연법 안에서 명백한 것으로 통했던 것들"과 다르지 않다고 주장했다.[1] 섀프츠베리와 마찬가지로, 비코에게도 상식은 어떤 정치 질서가 탄생하기 전의 초기 사회들을 하나로 묶어놓은, 일종의 사회적 접착제였다. 두 사람이 데카르트 철학에 반대하는 입장에서 사고했다는 사실뿐만 아니라, 두 사람이 진리의 사회적 중요성을 강조했다는 점도 궁금증을 자아낸다. 확실한 것은 섀프츠베리가 1713년에 세상을 떠나기 직전에 자신의 저서 『인간과 예절, 의견, 시대의 특징들』의 두번째 판을 위해서 상식의 엠블렘을 포함한 엠블렘을 만들기 위해 나폴리 현지의 화가를 고용했다는 사실이다.

그러나 상식이라는 깃발을 하나의 대의로 가장 충실하게 내건 곳은 섀프츠베리가 건강할 때든 아플 때든 한 번도 방문한 적이 없는 북부 스코틀랜드의 먼 지방에 자리 잡은, 코스모폴리스와 다소 거리가 있는 도시였다. 섀프츠베리가 죽고 몇 십 년 뒤에, 북해의 작고 몽환적인 도시 애버딘에서, 신앙심 깊은 전문직 종사자들로 구성된 한 작은 집단이 상식을 도덕 운동과 관련있는 반(反)회의주의적인 철학 방법의 핵심 도구로 다듬으려는 노력을 펼쳤다. 그 집단은 장로교 목사들과 대학교수들, 그리고 섀프츠베리보다 돈이 훨씬 적고 세속적이고 또 인간관계가 좋으며 현지 스코틀랜드의 제도에 깊이 뿌리를 내린 사람들로 구성되었다. 그러나 그들은 최신 정보에 정통하고 관심의 폭이 넓은 독서가들이었으며 또 훨씬 더 광범위하고 다양한 분야의 편지 공화국에 적극적으로 참여하는 사람들이었다.

18세기 중반쯤에 그들은 과거 100년 동안 위대한 영국 과학자들이 남긴 글들뿐만 아니라 『공통 감각』의 저자(섀프츠베리 백작)의 저작물들과 그의 동시대 필자들인 애디슨과 스틸, 포프의 저작까지 비상한 관심과 열정으로 독파했다. 그것만이 아니었다. 섀프츠베리의 고대 선배들, 말하자면 스토아 학파 철학자들로부터 키케로에 이르기까지 다양한 저자들의 저작물들을 두루 섭렵했다. 그들은 또한 프랜시스 허치슨 (Francis Hutcheson)과 그 지역의 영웅 조지 턴불(Goerge Turnbull)을 포함한 섀프츠베리의 후계자들에 대해서도 훤히 알고 있었다. 이 후계자들이 인간은 호의적으로 행동하고 공익을 고려하도록 만드는 도덕적 감각 또는 미덕 본능을 타고난다는 가설을 받아들이도록 한 것이 바로 섀프츠베리의 영향이었다.

스코틀랜드 북동쪽의 뛰어난 지식인들은 자신들의 뿌리 깊은 장로교 신앙뿐만 아니라 이런 다양한 원천들을 바탕으로 세계관을 다듬어 나갔다. 그들은 또한 나름대로 제1 방어선도 구축했다. 왜냐하면 학식이 높은 이 애버딘 사람들은 동시에 과거 한 세기 반 동안에 암스테르담과 파리(데카르트와 볼테르(Voltaire))에서부터 런던(로크와 버클리)을 거쳐, 그들의 고향에 훨씬 더 가깝고 상대적으로 코스모폴리스의 분위기가 강한 에든버러(데이비드 흄(David Hume))까지 전파된 새로운 급진적인 철학 사상도 잘 알고 있었기 때문이다. 그런 책들을 읽는 동안에 그들의 머리를 때린 것은 책의 내용과 현실이 서로 조화를 이루지 못한다는 느낌이었다. 한쪽에 모든 사상들을 의심하는 철학들이 있었는가 하면, 다른 한쪽에는 스코틀랜드의 외진 북부 해안에서 쉽게 접하는 기독교 세계가 있었다.

철학과 현실 사이의 모순은 어떤 대답을 요구하는 것처럼 보였다. 규범을 만들어가던 제임스 비티를 포함한 이들 도덕적인 교육자 집단은 18세기 중반에 수십 년 동안 서로 힘을 합해 상대론과 회의론 쪽으로 기울던 우려스런 추세를 반박할, 효과적이고 과학적인 방법을 발견하려고 애를 썼다. 이들 지방 학자들에게 그것은 철학이라는 전문적인 세계의 문제였다. 그럼에도 비티를 포함한 대부분의 학자들에게, 진리에 대한 회의적 접근이 안고 있는 진짜 위험은 그런 관점이 스코틀랜드의 대도시 에든버러를 포함한 영국 상업 도시들의 문화에 아주 쉽게 침투한다는 점과 그런 도시마다 반(反)종교와 공동체 해체의 위협이 따른다는 사실에 있었다.

명예 혁명 후에 영국 제도(諸島) 전역에 퍼진 관용이라는 새로운 개념은 상대적으로 자유로운 상업적 매체와 더불어 지식의 양산을 낳았다. 그러나 공산적 공동 사회라는 관점이라 불릴 수 있는 시각에서 본다면, 이 다원주의는 (앞서 런던에서 그랬던 것처럼) 안전한 진리라는 개념을, 더 나아가 인간이 일상에서 진리를 확인할 능력을 갖고 있다는 인식을 훼손시킬 태세였다. 그렇게 되면 개인의 회의(懷疑)에 뿌리를 내린 어떤 철학이 번창할 비옥한 땅을 제공할 위험이 따르기 마련이었다.

어쨌든 이런 위험은 제거되어야 한다고 이 스코틀랜드 성직자들과 학자들은 판단했다. 그렇다고 아이작 뉴턴(Isaac Newton)의 방법들을 버려서도 안 되고 자유로운 지적 교류를 향해 나아가던 물결을 거꾸로 돌려서도 안 되며, 영국에서 뿌리를 내린 신앙의 자유를 훼손시키는 일이 벌어져서도 안 되었다. 그런 상황에서 그들은 상식이라는 개념에서, 말하자면 섀프츠베리와 그의 『공통 감각』으로 시작한 도덕 감각 이론의 한 곁가지에서 자신들이 간절히 필요로 하던 매우 현대적인 동맹을 발견했다.

그보다 몇 십 년 앞서 런던에서 벌어졌던 일과 아주 비슷하게, 애버딘에서도 18세기 중반에 상식이라 불린 추상적인 개념에 호소하는 것이 논쟁의 무기가 되었다. 이번에는 도덕적, 인식론적 회의주의를 직접 겨냥했다. 편지 공화국 내의 여러 중심 도시들에 걸쳐 넓게 형성된 사상의 시장 안에서, 상식은 매우 유익한 수사적 무기를 대표하게 되었다. 동시에 상식은 애버딘의 탁월한 지식인들의 손에 의해서 인간 심리와 관련하여 새로운 의미를 얻게 되었다. 상식을 인간의 뇌 안에 위치한 권위 있는 '힘'으로, 많은 근본적인 믿음들을 도전 불가능한 것으로 만들 수 있는 확신의 원천으로 받아들인 것이다. 그리고 이 이중적인 형식 속에서, 상식이라는 역사 깊고 소박한 개념은 공동체의 강화에 반드시 필요한, 지적 포함과 배제를 결정하는 관념적인 규제의 비공식적인 원천이 됨과 동시에, 도덕 부흥의 바탕이 되어 주었다.

비티와 그의 동료들의 입장에서 볼 때, 상식을 소유하고 또 상식을 아는 인간의 능력을 쉬운 언어로 옹호하는 행위는 그들 자신이 세상 이치에 대한 설명으로서뿐만 아니라 그들의 도덕 세계를 순결하게 지켜 나가는 메커니즘으로 좋아했던 기독교 신앙을 자연적인 것으로 만들고, 따라서 그 신앙을 온전히 간직하는 효과적인 방법이었다. 비티는 아직 낯선 언론의 자유라는 맥락 안에서, 에든버러를 포함한 다양한 도시들로부터 퍼지고 있던 사회적 해체와 도덕적 타락을 물리치는 데 이 개념이 채택될 수 있기를 바랐다.

그럼에도 비티가 예상하지 못한 것은 상식의 지속적 성공에 따를 많은 부작용이었다. 비티의 동료인 토머스 리드(Thomas Reid)가 1764년에 말한 것처럼, 상식을 최고 권위로 옹호한 결과 하나는 뜻하지 않게 민주적인 정서가 공적인 판단의 영역으로 대거 유입된 것이었다. 그런 결과가 나타난 이유는 기본적으로 보수적인 이 도덕 운동에서, 비티와 그의 동시대인들은 신성이 특별한 곳에 존재한다는 점을 거부하는 프로테스탄티즘의 평등화 충동을 더욱 확대하면서, 전형적으로 지적 권위자로 여겨지던 학식 있는 사람들이나 다른 엘리트들의 주장들을 폄하해야 했기 때문이다. 그것만이 아니었다. 그들은 또 탁월한 판단력을 특정 계급이나 성별, 인종 또는 종교로 돌리기를 거부함으로써, 보통 사람들의 직관적이고 집단적이고 일상적인 믿음들을 새로운 높이로 끌어올렸다.

상식에 대한 상식적인 옹호는 18세기 중반에 애버딘에서 활동하던 소수의 전문직 종사자들의 손에 의해서 보통 사람들의 지혜에 뿌리를 박은 포퓰리스트적인 인식의 바탕이 되었다. 공동 생활의 영역에서 진리를 발견해야 한다면, 그 출발점으로 모든 사람들이 이미 진리라고 동의한 것보다 더 좋은 것은 없다고 그들은 주장했다. 배우지 않은 사람들이 지나치게 많이 배운 사람들보다 실제로 그릇 인도될 가능성이 작고, 집단 정서가 언제나 개인 또는 외톨이 천재를 이기기 때문이라는 설명이었다. 이런 맥락에서 보면, 애버딘 사람들이 엘리트주의자 섀프츠베리를 포함해 그들보다 더 세속적이고 정치적이었던 런던의 선배들보다 훨씬 앞서 나갔다.

더욱이, 뚜렷이 구분되는 이 인식론의 옹호는 18세기 애버딘에서 오래 지속될 새로운 사회적 유형을 하나 낳았다. 교육 수준이 높은 사람들 중에 나타난 상식의 화신이 그 유형이었다. 그들은 스스로를 보통 사람들에 의해 이미 확고해진 진리들을 대변하는 존재로 여겼다. 그들은 곧 자신들이 이론상으로 학식도 요구되지 않고 또 전파에 특별히 똑똑할 필요도 없는 사상들의 공적 선구자로서 사회적 지위를 높이는 불편한 입장에 처했다는 사실을 깨달았다. 존 코츠(John Coates)가 제1차 세계대전과 제2차 세계대전 사이에 활동한 케임브리지 철학자들을 대상으로 한 연구에서 말했듯이, "상식 전문가에겐 미심쩍은 구석이 있다".[2]

그러나 스스로 상식에 일가견을 이뤘다고 주장하는 대중적인 전문가의 탄생은 비록 계획했던 것은 아닐지라도 역사적으로 중요한 결과를 낳게 되어 있었다. 공적인 문제들이 제기될 때, 오류가 있을 수 없는 보통 사람들(백인이고, 재산을 소유하고 있고, 영어를 하는 남자들)의 타고난 판단력을 강조하고 또 거꾸로 정치적 문제를 인민의 단순하고 일상적인 결정에 맡기는 것이 적절하다는 점을 강조한 사람이 바로 정치의 새로운 모델을 위한 토대를 닦을 사람이었기 때문이다. 그리고 대중 선동과 민주주의 둘 다를 위한 지적 무대를 세울 사람도 바로 그 사람이었다.

    그러면 어떻게 하여 (그리고 왜) 북해의 끄트머리에 자리 잡은 곳에서 이런 일이 가장 먼저 일어났을까? 1707년의 연합 조약은 스코틀랜드를 영국의 한 주로 만들어 버렸다. 그 조약은 또 스코틀랜드의 중요한 대학 도시들이 유럽 전역에 걸쳐 일어나던 계몽 운동의 전초 기지역할을 하도록 만들었다. 당연히, 스코틀랜드 계몽 운동의 중심지는 데이비드 흄의 고향으로 널리 알려진 에든버러였다. 그러나 글래스고도나름대로 지적 수준이 높은 유명 인사들과 교양 있는 사람들의 모임들과 문학적인 문화를 자랑했다. 두 도시의 북쪽과 동쪽에 위치한 애버딘도 곧 그 사상들과 사회적 패턴들 중 많은 것을 받아들였다. 그것이 프랜시스 베이컨과 아이작 뉴턴과 관련있는 새로운 과학에 매료되게 만드는 등 애버딘을 몰라보게 계몽된 도시로 바꿔놓았다. 18세기 중엽에이르러선 변화의 소용돌이에 휘말린 어느 국민에 대한 소속감이 스코틀랜드의 모든 도시에 스며들었다.

    그럼에도 불구하고, 스코틀랜드 계몽 운동을 연구하는 역사학자들은 18세기 후반기에 스코틀랜드의 다른 대학 도시들과도 단절되어 있던 애버딘을 그토록 두드러지게 만든 것이 무엇이었는지를 분석하면서 대체로 어려움을 겪었다. 스코틀랜드의 중심 도시들의 일반 대중에대해 말하자면, 각 도시는 종교와 언어, 법, 사회적 구조의 측면에서 지리적 위치와 지식 계급의 배경에 따라 뚜렷한 정체성을 강하게 이어오고 있었다. 애버딘의 경우에 특히 그런 경향이 더 강했다.

잉글랜드의 대도시들이나 에든버러, 심지어 남쪽의 글래스고 같은 도시에 번창하던 상업 부문을 갖지도 못했고, 또한 제국의 관심사나 먼 곳의 정치 제도와도 직접적으로 연결되지 않은 터라, 애버딘은 18세기 중반에 경제적으로나 정치적으로나 편협한 곳이었다. 분명히, 애버딘은 런던과 대조를 보였다. 1745년경에 자코바이트(1688년 명예 혁명으로 쫓겨난 제임스 2세를 지지하며 그 후손의 왕위 복귀를 주장한 사람들을 일컫는다/옮긴이)의 위협이 종식된 뒤론 자본주의적 모험도, 새로운 정치적 계획도 별다른 주목을 끌지 못했다. 애버딘의 엘리트들 대부분에게 빈곤으로부터의 해방이 농업 개혁과 신앙심의 강화로 이뤄질 수 있는 것으로 여겨지던 때였다.

사회적으로 애버딘은 고립되어 지냈다. 18세기 중엽에도 인구가 2만 2,000명 정도에 지나지 않았다. 그 시절에 애버딘은 규모 면에서 에든버러보다는 그보다 훨씬 더 먼 곳에 건설된 영국의 식민 도시 필라델피아와 비교될 수 있는 수준이었다(그 후로 필라델피아의 인구가 훨씬 더 빠른 속도로 증가하게 된다). 이런 환경은 곧 어떤 의미에서 보면 애버딘이 더욱 보수적인 성향을 간직했고, 남쪽의 이웃 도시들에 비해 특히 도덕 영역에서 보다 보수적인 사고와 행동 방식을 지키고 있었다는 것을 의미했다.

그러나 1750년의 애버딘은 그 시절의 정치적, 경제적, 종교적 고민과 논쟁으로부터 자유로울 수 있었으며, 그런 자유 때문에 지적인 면에서 방해를 덜 받았다. 이처럼 시끄러운 세상과 단절된 데다가, 애버딘의 지식인들 사이에 사상에 대한 정부 규제의 최소화와 탐구의 자유를 '현대적인' 영국법의 특징으로 보호해야 한다는 믿음이 강하게 형성되어 있었다. 그리고 종교적인 측면에서, 영국 성공회에 대한 개방성과, 한때 발트해와 프랑스, 북해 연안의 저지대, 잉글랜드와 더욱 넓어진 영국 제국으로부터 흘러들어오는 지적 사조에 대한 개방성을 포함한 오랜 독립의 전통은 지방의 수도이자 항구 도시인 애버딘을 단순히 시대에 뒤진 곳으로 상상하지 못하도록 만들었다.

깊은 신앙심은 말할 것도 없고, 상대적 고립과 지적 관용은 서로 묘하게 어우러지면서 18세기 중반에 진리의 정의(定義)와 확산을 목표로 잡았던 애버딘의 제도들에 아주 특이한 흔적을 남겼다. 그 중에서 가장 두드러진 것은 장로교였다. 17세기 타협의 결과, 스코틀랜드 북동부에서 장로교는 영국 성공회의 특징 중 많은 것을 흡수했다. 프로테스탄트의 광신과 가톨릭의 미신적 행위를 똑같이 혐오했던 현지의 목사들은 영국 광교회파로부터 주제와 심지어 설교까지 자주 차용했으며, 그 결과 일종의 온건하고 실용적인 장로교를 다듬어낼 수 있었다. 이 교회에서는 덕이 높은 삶과 교리 차이에 대한 관용이 인간의 '원래의 타락'을 포함한 칼뱅파 교리보다 더 소중하게 여겨졌다.

스코틀랜드 북동부 지방에서 교회는 권위를 지닌 조직 중에서 최고의 지위를 누렸지만, 18세기에 엘리트 성직자들은 전향적인 시각을 갖고 새로운 과학과 과학의 발전에 대한 관심을 불러일으키는 일에 적극적으로 나섰다. 현지의 많은 성직자들이 보았듯이, 엘리트 성직자들의 주요 임무 중 하나는 첨단 과학의 방법들을 이용하여 불길한 회의주의를 타파하고, 신앙에 새로운 확신을 불어넣고, 특히 기독교의 도덕적 가치를 되살리는 것이었다.

소교구 제도와 자유로운 탐구에 대한 열망 덕분에 생긴 그와 비슷한 한 임무는 18세기에 애버딘의 2개 대학, 즉 매리셜 칼리지와 킹스 칼리지를 특징이 뚜렷한 대학으로 만들었다. 영국의 다른 많은 대학들과 마찬가지로, 매리셜 칼리지(킹스 칼리지는 아니었음에도)에서도 여러 분야를 두루 가르치던 관행이 서서히 사라지고 전문화의 시대가 열림에 따라 1750년대에 교수법이 진화하는 것을 확인할 수 있었다.

애버딘의 두 대학은 또한 18세기 중반에 교과 과정의 전면적 개편을 거쳤다. 지도급 교수들은 조지 턴불이 1720년대 매리셜에 재직하면서 시작한 그 노력을 계속 펴면서 인문학을 스콜라 철학의 잔재로부터 떼어놓으려고 애썼다. 턴불 같은 교수들은 새로운 과학의 경험적이고 귀납적인 방법들을 진리에 이르는 수단으로 찬양하면서, 물질의 세계뿐만 아니라 인간의 정신까지 지배하는 법칙에 주목하라고 촉구했다. 그러나 프로테스탄트 성직자들과 교사들을 위한 훈련장이라는 이 대학들의 기능에 어울리게, 18세기 중반에 거기서는 뉴턴의 법칙들이 종국적으로 교회의 가치를, 보다 일반적으로 말해 북동부 지방의 기성 사회의 가치를 뒷받침하는 데 이용되어야 한다는 의견이 폭넓게 형성되어 있었다. 섀프츠베리와 허치슨의 반(反)독단주의적인 도덕 감각 철학에 대해서도 똑같이 말할 수 있다. 과학(정령론, 즉 인간 정신에 대한 경험적 조사를 포함)과 종교, 실천 도덕은 서로를 비추고 받쳐주는 수단이 되도록 가르쳐졌다.

애버딘 계몽 운동을 두드러지게 만들고, 동시에 상식의 역사에 핵심적인 역할을 맡았던 것은 1758년에 지식의 기둥들을 정당화하고 보증하는 일에 전념하기 위해 새롭게 구성된 '애버딘 철학 협회'(Philosophical Society of Aberdeen)였다. 구성원들이 매우 명석한 사람들이었다는 이유로 흔히 '와이즈 클럽'(Wise Club)으로도 불린 이 철학 협회는 18세기 유럽과 유럽 제국들에 걸쳐 자발적으로 설립된 수많은 사회적 및 지적 단체 중 하나였다. 런던과 리용, 베를린, 필라델피아 등 주요 도시에 있던 비슷한 단체들과 마찬가지로, 이 협회도 다양한 종류의 진리 추구에는 자유로운 탐구 활동과 교류가 유익하다는 인식에 뿌리를 내리고 있었다.

전문 분야에 관심을 가진 다양한 부류의 남자들은 어떤 곳에서는 여자와 더불어(파리의 살롱), 다른 곳에서는 여자들과 따로(애버딘) 교육에서 농업에 이르기까지 폭넓은 주제를 놓고 예의바르고 유쾌한 대화를 나누고 토론을 벌이기 위해 정기적으로 만나기로 동의했다. 모임의 배경에는 모든 대화가 회원들 각자의 성숙에, 크게 보면 세상의 발전이나 개혁에 기여할 것이라는 사상이 깔려 있었다. 그런 사상의 핵심에 당시에 흔했던 공산 사회적인 인식이 자리 잡고 있었다. 지식과 추론의 공유가 개인 차원뿐만 아니라 집단 차원에서도 지적, 도덕적, 의학적, 심지어 경제적 향상을 낳으면서 종국적으로 공익에 이바지할 것이라는 인식이었다. 그것은 새로운 과학과 프로테스탄트의 어떤 특징들이 보급시킨, 인간 본성에 대한 낙관적인 관점에 바탕을 둔 일종의 사회적 실험이었다. 그것은 또한 앞서 공적 교육 기관의 설립을 통해 지식의 생산을 통제하려던 국가 통제주의자들이 폈던 노력의 한 예이기도 했다. 또 점점 확산되던 도시의 '중간' 계층의 문화의 한 양상으로, 커피하우스와 살롱 같은 비형식적인 공개적 모임의 장소가 늘어나던 것과 비슷한 현상이었다.

영국이라는 맥락에서, 이 이상은 문예 융성 시대의 '스펙테이터' 같은 잡지들과 섀프츠베리의 에세이 같은 인기 있던 글을 통해 새로운 생명력을 얻게 되었다. '스펙테이터'라면 애디슨이 "철학을 벽장과 도서관, 학교, 대학교에서 끌어내겠다"고 공언한 잡지이고, 섀프츠베리라면 아무런 구속을 받지 않는 대화에서 건전한 공통 감각이 피어나는 것을 꿈꾼 인물이 아닌가. 스코틀랜드의 도시들은 18세기 들어 공개 토론에 어울릴 쟁점을 공급할 정치 제도를 자체적으로 갖고 있지 않았기 때문에 이 비전에 특히 더 깊이 빠져들었다.

그러나 피터 버크(Peter Burke)가 '인식론적 공동체'라고 부른 이 애버딘 사람들의 클럽은 18세기 스코틀랜드의 지식인 협회들과 비교해서도 아주 특별한 임무를 채택했다. 그것은 아마 애버딘이 지리적으로나 정치적으로 비교적 고립된 상태에서 지낸 결과였을 것이다. 그 클럽은 정부의 간섭으로부터 거의 자유로운 상태에서 활동할 수 있었다. 1758년부터 1773년 사이에 그 클럽의 회원으로 활동한 남자 16명은 직업적 관점이나 사회적 관점에서 서로 공통점을 보였을 것이다. 그들 모두는 그 지방 출신이었고, 가족 관계나 우정, 후원자와의 관계 등으로 서로 연결되어 있었으며, 성직자나 교수 아니면 그 두 가지 직업을 동시에 추구하며 생계를 꾸렸다.

이런 동질성은 어떤 지적 일치를, 아니면 적어도 공통의 목표 의식을 낳았을 것임에 틀림없다. 그리고 그 지적 일치 또는 공통의 목표 의식은 최종적으로 상식 능력이나 일정한 상식 원칙들이 존재한다는 생각을 터무니없는 것으로 받아들이지 않도록 만들었다.

'와이즈 클럽'을 두드러지게 만들었던 것은 그 모임을 통해서 당대에 가장 유행하던 철학에 맞설 논거를 마련하겠다는 회원들의 열성이 었다. 그러기 위해서 그들은 철학적 물음들 중에서 가장 기본적인 물음으로 돌아갔다. 우리 인간은 무엇인가를 도대체 어떤 식으로 아는가? 따라서 와이즈 클럽의 창립 회원들은 비료로서 석회의 효과에서부터 흑인들의 기원에 이르기까지, 당대의 지적 수준을 높일 전형적인 주제들을 다루는 한편으로, 증거와 증명의 문제로 끊임없이 돌아갔다.

그들은 또한 설립 취지에 맞춰 '철학의 그릇된 음모와 그릇된 철학 방법'을 검증하는 것을 우선 목표로 삼았다. 달리 말하면, 흄의 회의주의를 공격하겠다는 뜻이었다. 당시에 흄의 회의주의는 특히 표현의 자유라는 맥락에서 어떤 것은 진리이고 다른 것은 진리가 아니라고 받아들여야 할 근거가 전혀 없다는 인상을 강하게 풍겼다. 물론, 그것은 진정한 인식론의 문제였다. 그러나 그것은 또한 기독교 교육자들의 협회의 일원으로서 사회적, 도덕적 의무감에 따른 것이기도 했다. 왜냐하면 와이즈 클럽의 남자들은 자신을, 인간 정신의 차원에서 시작해서 밖으로 퍼져나간 권위에 생긴 어떤 위기를 해결하는 존재로 보았기 때문이다.

하지만 그들은 이 전투를 어떤 식으로 치르겠다고 구상했는가? 한 가지 방법은 동일한 진리에 도달하기 위해 사전에 단 하나의 집단적인 작업 방법 또는 일단의 기본 원칙들에 동의하는 것이었다. 동료들과 친구들로 이뤄진 이 친밀한 집단은 출발할 때부터 자신들이 공유하기를 원하는 지식은 오직 관찰과 실험, 그리고 베이컨과 로크, 뉴턴과 연결되는 자연 철학의 방법을 통해서만 나올 것이라고 선언했다. 따라서 와이즈 클럽의 남자들은 아울러 질문을 제기하는 방법과 연구 대상이 되는 주제에도 한계를 설정하기로 약속했다. 인간이 단정적으로 결론내릴 수 없는 영역에 속하는 것이면 무엇이든 피하기로 되어 있었다.

더욱이, 클럽의 규칙에 따르면, 창설 회원들의 혐오의 대상이 되었던 스콜라 철학의 형태로든 아니면 그것의 현대적 구현이랄 수 있는 회의주의의 형태로든, 당시에 형이상학의 특징으로 꼽히던 농담이나 역설, 말장난, 쓸데없는 억측 또는 궤변이 끼어들 여지가 전혀 없었을 것이다. (비록 하나의 사회적 가공물로 이해되는 언어 철학이 중요 관심사가 되었을지라도) 단어 자체는 토론의 대상이 되지 않았을 것이다. 또한 도덕적으로 타협적인 방향으로 몰고 갈 수 있는 주제도 논의의 대상에서 제외되었을 것이다.

데이비드 스킨(David Skene)이 그 클럽의 첫 강연에서 설명했듯이, 아이디어는 아주 단순했다. "자신의 행복을 소중히 여기고 인생을 음미하며 즐기길 원하는 사람은, 진리에 닿기를 바라는 마음이 아무리 간절하더라도, 자신이 가장 소중히 여기는 관점에 흠집을 낼 발견이 이뤄질 가능성이 있는 주제를 건드리는 것을 두려워해야 한다." 클럽의 회원들은 각자의 지적 활동에 스스로 경계선을 정할 줄 알아야 한다는 점을 인정할 때에만 철학적으로나 도덕적으로 유익하고 또 모든 사람들이 동의할 수 있는 합당한 진리에 도달할 수 있다는 데 동의했다.

두 번째 목표는 그런 식으로 정한 범위 안에서의 자유로운 탐구와 경험주의를 강조하는 이 표준적인 방법을 이용해 "인간 정신의 깊은 속"을 탐험하는 것이었다. 와이즈 클럽의 회원들이 종국적으로 추구한 것은 흄 같은 현대의 위험한 회의주의자들의 인식론에 대응할 새로운 인식론을 개발하는 것이었다. 실제로 보면, 그 사람들은 에든버러의 위대한 철학자 데이비드 흄에 대한 반박보다는 그(그 다음에는 『인간 오성론』을 쓴 로크)와의 대화에 관심을 더 많이 두었다. 와이즈 클럽의 회원들은 모두 흄의 지성을 숭배한 사람들이었다. 거기서 예외일 가능성이 조금이라도 있는 인물은 비티뿐이었다.

그러나 그들은 또한 흄의 회의주의의 영향으로부터 종교적, 도덕적 원칙들을 지키는 것이 반드시 필요하다고 믿었다. 그런 믿음은 1750년 대와 1760년대 애버딘 칼리지들의 교과 과정과 장로교회의 가르침에 고스란히 반영되어 있었다. 인간 정신의 작동에 관한 질문을 다시 제기함으로써, 그들은 사람들이 진리라고 믿는 것을 확인시킬 바탕들을 발견하고 그 과정에 (기독교를 믿는 중산층) 공동체의 규범들을 재확인시킬 수 있기를 원했다.

그 해결책이 상식이라는 현실 철학의 발달에 있다고 그들은 의견의 일치를 보았다. 상식에 대한 정의는 회원마다 다 달랐다. 그러나 와이즈 클럽이 활동한 첫 15년 동안에 상식, 즉 자명한 진리의 권위가 애버딘의 중심 사상이 되었다. 와이즈 클럽의 회원들이 매달 둘째와 넷째 주 수요일 밤에 모일 때, 상식은 그들의 집단적인 지적 노동의 출발점이 되어주었다. 그들이 단어의 남용과 상식의 위반으로 점철된 '엉터리 철학'에 대한 비판을 모색할 때, 상식은 판단 기준이 되어주고 오류를 찾아내는 최고 법원이 되어주었다.

마지막으로, 상식은 그들 자신의 정신 철학의 핵심이 되었다. 믿을 수 있는 것들은 무엇이며, 또 그것들이 믿을 수 있는 이유에 대해 다른 철학자들에게 답변할 때 내세우기 편한 개념이 된 것이다. 아울러 상식은 신의 목적을 포함한 진정한 지식이 확고한 권위를 갖는 바탕이 되어

주었다. 와이즈 클럽의 교수들과 성직자들이 수십 년 동안 대학생들과 신자들과 독자들에게 주입하려고 노력했던 것도 바로 그런 메시지였다. 스코틀랜드의 문화가 칼뱅주의에 뿌리를 내리고 있었다는 사실을 고려한다면, 이런 사상은 인간 본성을 놀라울 정도로 낙관적으로 보는 것이었다. 그것은 많은 사람들에게 그런 메시지를 전할 경우에 도덕적 개혁이 이뤄질 길이 열릴 것이라고 판단했기 때문이다.

영국 전역에 수많은 편지 친구를 두고 있었던 이 남자들은 상식이란 표현이 그 문제를 위한 '클럽'처럼 널리 유행할 수 있는 단어이고 또 전투적인 단어가 될 가능성이 크다는 것을 잘 알고 있었다. 18세기 중반에 애버딘의 전문직 계층은 런던 문단의 점잖은 문화, 특히 정기 간행물의 문체를 열렬히 배우려던 사람들로 이뤄져 있었다. 양식과 상식을 도덕적으로 강조한 글이 많이 실렸던 '스펙테이터'는 그들 사이에 이미 잘 알려져 있었다(비티는 '스펙테이터'에 대해 결코 식지 않는 영감이라고 표현했다). 그 잡지의 뒤를 이은 조지 왕조 시대의 잡지들도 잘 알려져 있었다. 리틀턴과 체스터필드 경의 '코먼 센스'를 비롯해 '스펙테이터'의 후계자들 중 많은 것들은 런던에서 발행된 직후에 에든버러에서 인쇄되었다. 정말로, 와이즈 클럽이 형성될 시점엔 상식에 호소하는 것이 에든버러와 더블린의 팸플릿 제작에 보편적인 현상이 되었다. 오래 전에 잉글랜드에서 일어났던 것과 똑같은 현상이 거기서도 벌어진 것이다.

18세기 중엽까지도 'common'(공통)과 'sense'(감각)라는 단어의 결합은 다양한 종교적 입장을 방어하는 수단으로 이용되고 있었다. 상식이라는 표현 하나만으로, 아니면 이성과 경험, 계시, 성경, 법률과 같은 다른 전통적인 권위와 결합시키는 방법을 통해, 스코틀랜드와 아일랜드의 논객들은 지방과 국가 정책의 이슈들에 대한 다양한 의견들을 지지하기 위해 상식을 자주 들먹였다. 몇 가지 예를 들면, 양모 제조의 생산성 향상과 목사 추천권 백지화, 대의 제도의 정의(定義) 등에도 상식이 동원되었다. 자신의 입장을 논란의 여지 없고 도전 대상이 되지 않는 것으로 정의함으로써 적의 입장을 초토화해야 할 갈등이 벌어지면, 거기엔 '상식의 영혼'을 미학적 목적에 맞게 바꿀 가능성이 항상 열려 있었다. 18세기 중엽까지도 에든버러에서, 공격해야 할 어떤 사상이 있는 경우에 상식의 귀신을 불러내는 것이 효과적인 방법이었다.

그러나 와이즈 클럽의 회원들과 특히 창설 멤버인 토머스 리드는 그보다 더 크고 진지한 야망을 품었다. 사실, 상식을 통한 개혁에 대한 리드의 관심은 와이즈 클럽의 창설보다 앞섰다. 상식이라는 막연한 개념이 도덕적 회의론에 맞설 평형추로 인기를 끌던 1720년대에 매리셜 칼리지에서 턴불의 지도를 받은 리드는 일찍이 1750년대부터 이 개념을 수사적으로 사용하기 시작했다. 그가 킹스 칼리지의 평의원으로 임명되고 3년차 되던 해에 인간 정신의 철학을 강의하면서 흄을 다룰 방법을 찾아야 했을 때였다.

일찍이 1758년 6월에 철학 협회에서 한 첫 번째 강연에서, 리드는 흄이 단어의 남용을 통해 "인간의 상식에 충격을 가했다"고 비판했으며, 또한 상식이라는 개념을 여왕은 아니었지만 어쨌든 여자로 의인화했다. "전쟁에 임하면 반드시 적을 물리치고 마는" 그런 여자로 그린 것이다. 곧 그는 턴불에 이어 케임스 경(Lord Kames)이 해석한 섀프츠베리와 허치슨의 도덕 감각 이론을 토대로 연구 활동을 펴면서 그 이론의 영역을 선과 악만 아니라 진실과 거짓을 결정하는 문제로까지 확대시켰다. '공통' 감각을 구실로, 그 동안 감정의 문제로 이해되어왔던 것들이 객관적인 판단의 형태로 진화하기에 이르렀다.

그러나 와이즈 클럽의 맥락에서 보면, 상식이란 것이 정확히 어떤 것이며 또 그것이 어떤 식으로 작동하는지를 정확히 밝혀내는 작업은 1759년 증거에 관한 첫 번째 토론 때부터 시작되었으며, 그 작업은 어디까지나 집단의 노력이었다. 리드는 그 클럽을 자신의 사고를 위한 발판으로 삼을 계획이었음이 분명했다. 흄의 회의주의에 가장 잘 대처하는 방법을 모색하고 있던 리드로서는 그럴 수 있는 상황이었다. 다른 회원들은 걱정과 설명은 리드와 달랐지만 결국엔 그의 뒤를 따랐다. 곧 에든버러와 런던, 이어서 유럽 대륙의 출판 중심지들, 말하자면 위험한 사상의 온상들에 있던 최고의 출판사에서 리드와 그 동료들의 놀랄 만한 저서들이 출간됨에 따라, 그들의 의견이 애버딘에서 한 달에 두 번 모이던 작은 서클 밖으로 널리 퍼져나가게 되었다.

와이즈 클럽에서 초반에 나온 책들 중 몇 권은 형이상학적 숙고에 의심을 품고 그에 대한 해결책으로 상식을 제시한 것이 특징이었다. 1759년에 발표된 알렉산더 제라드(Alexander Gerard)의 『취향론』(Essay on Taste)과 1762년에 나온 조지 캠벨(George Campbell)의 『기적론』(Dissertation on Miracles)이 대표적인 예였다. 이 중 『기적론』은 애버딘 종교 회의의 후원으로 쓴, 흄에 반대하는 내용의 설교를 클럽의 취지에 맞춰 논문으로 발전시킨 것이었다. 그러나 훗날 상식 학파로 알려질 그 운동을 규정하는 철학적 텍스트가 된 것은 리드가 1764년에 발표한 『인간 정신 탐구』(An Inquiry into the Human Mind)였다. 와이즈 클럽 모임에서 있었던 토론이나 그 모임에 제출된 논문에 기원을 둔 저서였다.

캠벨과 마찬가지로, 리드의 출발점도 흄이었다. 리드는 흄의 추론 능력과 철학적 엄격함에서 존경할 만한 점을 많이 발견했다. 그러나 스코틀랜드의 상황에서, 흄이 중도적인 장로파를 사상의 기준으로 받아들이지 않은 것은 아무래도 이상했다. 더욱이, 리드의 관점에서 볼 때, 흄의 인식론적 회의주의는 기본적인 신앙뿐만 아니라 신앙이라는 카테고리 자체에 심각한 위협을 제기하는 것이었다. 흄은 외부 현실이 독립적으로 존재한다는 것을 부정하는 것처럼 보였으며, 더 나아가 흄은 사상은 꼭 진리가 아니어도 확실하다고 느껴지거나 폭넓게 받아들여질 수 있다고 주장했다. 리드에게는 이런 종류의 회의가 섀프츠베리를 괴롭힌 도덕적 회의주의 못지않게 큰 위협으로 다가왔다.

정말로, 리드에게 두 종류의 회의주의는 서로 밀접히 연결되어 있었다. 흄의 접근법은 누구나 자신의 입장을 옹호하고 나설 수 있는 가능성을 열어놓았다. 혁명 후의 영국의 자유주의라는 맥락에서 보면, 여러 사상들이 성직자나 국가 규제라는 제어 장치가 없는 가운데 대중의 관심을 끌기 위해 경쟁을 벌이는 상황이 되었는데도, 대중은 어떤 사상 또는 사고방식이 더 합당한지를 결정할 기준을 갖지 못하고 있었다.

리드의 판단에 그때 절실히 필요했던 것은 반(反)종교와 회의주의의 연결을 설교하는 식으로 한 번 더 반박하는 것이 아니었다. 데카르트 학파의 이성주의(이 학파에 따르면, 모든 진리는 이성적인 논증으로 도달 가능하다)와 로크와 버클리의 경험주의(이에 따르면, 우리가 아는 모든 것은 감각을 통해 얻는다)를 동시에 대체할 새로운 정신의 철학이 필요했다. 뉴턴의 '자연 철학의 추론을 위한 규칙들'(regulae philosophandi)'에서 '일상의 삶에서 실천할 상식의 준칙들'을 끌어내는 것으로 시작하면서, 리드는 자신의 저서『인간 정신 탐구』에서 일종의 직감(immediate perception) 이론을 제시하려고 노력했다. 그 이론을 통해, 그는 외부의 대상 자체가 아니라 정신의 내용물(즉, 생각들)만을 직접적으로 알 수 있다는 견해와, 진리와 진실성은 서로 무관하다는 견해를 단칼에 날려버릴 수 있기를 바랐다. 그 해결책에 결정적으로 중요한 것은 그가 상식이라고 부른 것에 대한 굳은 믿음이었다.

리드가 말하는 상식은 도대체 무엇인가? 아리스토텔레스의 철학적 전통에서 말하는 것과 달리, 그것은 특별한 감각은 절대로 아니다. 간혹 리드는 상식은 사회적 삶에 반드시 필요한 정신적 능력이라고 주장했다. 후기의 저작물에서 그는 상식을 "우리가 대화하고 상업적 거래를 할 수 있는 사람들에게 공통적인 정도의 판단력"이라고 불렀다.[3] 여기서 말하는 상식은 자신의 직분을 다하는 모든 사람들이 공통적으로 가진 지성을 뜻하는 양식과 매우 가깝다. 또 상식은 일단의 기본적인 판단들 또는 명제들로도 자주 통했다. 정신이 똑바로 박힌 성인이라면 누구나 장소와 시간을 불문하고 인정해야 하는 판단이나 명제들이 상식이라는 뜻이다.

리드는 상식의 범주 안에 추론의 제1 원칙들이나 공리뿐만 아니라 우리가 일상의 삶을 영위하면서 당연한 것으로 받아들이는 모든 것을 포함시켰다.『인간 정신 탐구』에서 제시한 리드의 정의에 따르면, 상식은 이런 것이다. "세상에는 우리가 타고난 본성 때문에 믿지 않을 수 없는 특별한 원칙들이 있다. 그 원칙들은 삶의 공통된 관심사 때문에 이유를 대지 않아도 당연한 것으로 받아들여질 필요가 있는 것들이다."
그런 것들에게 그는 '상식의 원칙들'이라는 이름을 붙여주었다. 그는
그것을 특별히 강조하기 위해 "상식의 원칙들에 명백히 반하는 것들
은 모순되는 것들이다."라고 덧붙였다. 그럼에도, 리드의 상식은 조금
은 이상한 야수(野獸)인 것으로 드러난다. 그 상식의 원칙들은 직접적
인 증명을 허용하지 않는다. 그것들은 사실 증명의 온갖 노력을 초월하
며 좌절시킨다. 그것은 곧 그 원칙들에 대해서는 어떤 반박도 불가능하
다는 뜻이다. 그럼에도 불구하고, 우리는 그 상식의 원칙들이 몇 가지
근거로 진리라는 것을 알고 있다. 그것들은 명백하거나 자명해 보인다.
그것들은 또 부정할 수 없다. 그것들을 부정하는 것은 허위를 전파하는
행위일 뿐만 아니라 다른 사람들로 하여금 우리를 '미친 사람'으로 보
도록 만든다. 심지어 개인적인 바탕에서 그것들을 의심해 보려 할 때조
차도, 우리는 각자 삶을 살기 위해서는 다른 사람들과 똑같이 그 원칙
들을 받아들이는 외에 달리 방법이 없다는 사실을 깨닫는다(리드는 훗
날 이에 대해 이런 식으로 냉소적으로 지적했다. "나는 지금까지 회의
주의자가 자신의 눈을 믿지 않다가 머리를 기둥에 박거나 하수구에 빠
졌다는 소리를 들은 적이 한 번도 없어."[4] 결국, 우리는 신이 우리를 그
렇게 만들었기 때문에 이 원칙들을 그런 것으로서 아무런 추가적인 증
거 없이 그냥 받아들여야 한다.

리드는『인간 정신 탐구』에서 어떤 견해가 중요한지를 판단하는 것
이 언제나 쉽지만은 않다는 점을 인정했다(그는 그 후 20년 동안 자신
이 파악한 상식의 원칙들을 별도로 제시하지 않았다). 공통성은 원래
부터 그 자체로 상식의 증거로 충분하지 않았다. 그럼에도, 리드가 이

런 믿음들에 부여한 권한은 엄청났다. 리드의 글에서, 상식의 원칙들은 두 가지 중요한 측면에서 보편적이다. 우리가 이 세상에 대해 알고 있는 것들은, 이를테면 첨단 과학에서부터 일상에서 생존하는 방법에 이르기까지 그 모든 것들은 "철학보다도 역사가 더 깊고 권위도 더 있는" 이 원칙들의 수용에 의존하고 있다. 그는 이렇게 주장한다. "철학의 바탕이 상식이지, 상식의 바탕이 철학이 아니다."(5) 상식의 원칙들은 또 어리거나 정신적으로 문제가 있는 사람들을 제외한 모든 사람들의 신앙 체계에 시공을 초월해 반드시 필요하다는 것이었다.

그런데 바로 거기에 문제가 있다. 유행에 민감한 런던과 에든버러의 지적 분위기에서, 이 원칙들은 사람들에게 언제나 똑같이 그런 것으로 받아들여지지 않았다. 오히려 그 원칙들은 수시로 조롱의 대상이 되었다. 자기도취에 빠져서 스스로 그런 논쟁을 초탈했다고 생각하면서 동료들을 깔보던 철학자들의 경멸이 특히 더 심했다. 그렇다 한들 물질 세계의 존재에 대해 도전해오거나(버클리) 자아의 존재에 대해 도전해오는 경우(흄)에 어떤 식으로 설명할 수 있었겠는가? 그 애버딘 협회를 거쳐 1760년에 매리셜 칼리지의 도덕 철학 교수가 되었다가 옛 스승 알렉산더 제라드의 후원 덕분에 이듬해에 와이즈 클럽의 회원이 된 제임스 비티에 따르면, 그것이 그 시대의 중대한 위험이었다.

상식이 공격을 받고 있거나 급속도로 사라지고 있다고 생각하지 않는 사람은 절대로 상식에 대해 글을 쓰지 않는다. 리드가 상식을 옹호하며 쓴 글이 다른 철학자들에게만 읽히게 되어 있다는 사실에 낙담한 데다가 자신도 사상가로 이름을 얻어보고 싶은 마음이 간절했던 터라, 비티는 독창성이 꽤 떨어지고 상당히 다혈질이었음에도 1760년대 후반기에 단 하나의 프로젝트에 매달렸다. 그것은 리드의 접근법을 대중화하여 그것을 상대주의에 반대하는 기독교 도덕 운동의 토대로 삼겠다는 프로젝트였다. 일찍이 리드는『인간 정신 탐구』의 머리말에서 그런 운동의 필요성을 암시한 바 있다.

학식이 높고 출신 배경이 좋았던 리드는 1765년에 아내와 아홉 자녀를 데리고 글래스고로 보금자리를 옮겼다. 그곳에서, 그는 철학자로서 점점 높아가던 명성과 후원 덕분에 애덤 스미스(Adam Smith)와 그 앞에 허치슨이 맡았던 대학 교수 자리에 올랐다. 이와 대조적으로, 비티는 평생 살던 애버딘에서 매리셜 칼리지와 와이즈 클럽을 본거지로 작은 집단의 동료 교사들과 목사들과 밀접히 협력하면서 자신의 임무를 묵묵히 추구했다. 마침내, 상식에 대한 상식적 접근이었던 그의『진리의 본질과 불변성에 관하여』는 이 장 도입부에 나열한 그 목록을 완성시켰으며, 1770년에 에든버러의 출판사에서 출간되었다. 상업적으로도 대단한 성공이었다. 18세기 들어 70년 동안에 발표된 상식에 관한 책 중에서 (가장 깊이 읽히지는 않았지만) 가장 널리 읽히고 가장 자주 거론된 책이 되었다. 그런 사실 앞에서 비티 본인보다 더 놀란 사람은 없었다. 비티는 곧 대서양을 건너게 될 어떤 운동의 사도가 되었으며, 이 운동 덕분에 보통 사람들이 주변 세상을 지각하는 방법이 규범적 가치를 획득함에 따라, 사회적 및 윤리적 개혁이 시작되었다.

몇 가지 특징이 비티의『진리의 본질과 불변성에 관하여』가 리드의『인간 정신 탐구』를 포함한 그 앞의 다른 저작물들과 다르게 보이도록 만들었다. 첫째, 비티는 새로운 독자들에게 닿으려는 노력으로 리드의 주장을 단순화했다. 그가 표적으로 잡은 새로운 독자들 중에는 "회의

주의의 모든 전제들을 논리적으로 반박하는 데 필요한 형이상학적 지식과 여가 시간과 감수성을 갖지 못한 사람들"이 포함되었다.[6] 이어 그는 이런 평범한 독자들에게 참된 것과 그릇된 것을 가려내는 데 필요한 기준을 제시했다. 비티에 따르면, 수학 문제처럼, 정답을 결정하는 데 이성이라는 명백한 기능이 필요한 특별한 종류의 문제도 존재한다. 그러나 일상의 삶을 살다 보면 그런 것들이 아닌 다른 문제들도 자주 맞닥뜨린다. 상식, 즉 "자명한 진리를 지각하는 힘"이라는 인간의 타고난 능력만 있어도 해결 가능한 문제도 많은 것이다. 비티는 그 전에 제시되었던 상식에 대한 정의에 만족하지 않고 상식을 더욱 충실하게 설명했다.

> 진리를 지각하거나 믿음을 지배하는 정신의 힘이 상식이다. 이때의 정신 과정은 점진적인 논증으로 이뤄지는 것이 아니라 즉시적이고 본능적인 충동에 의해 이뤄진다. 이 정신의 힘은 교육이나 습관에서 나오는 것이 아니고 자연에서 나온다. 또 그 정신의 힘은 지각해야 할 대상이 제시될 때마다 확고한 법칙에 따라 독립적으로 우리의 의지에 작용하며, 그리하여 '감각'이라는 적절한 용어로 불리게 되었다. 그런 식으로 그 정신의 힘은 모든 사람들에게 똑같이 작용하거나 적어도 대다수에게 작용하고 있으며, 따라서 공통 감각이라는 적절한 이름으로 불리게 되었다.[9]

상식의 영역 안에서, 어떤 것이 진리인 이유는 그것이 외부 현실과 일치하기 때문이 아니라 "우리가 진리라고 믿어야만 한다고 느끼기"

때문이다. 여기서 우리는 프로테스탄트가 신앙을 보는 인식에 매우 가까이 다가서고 있다. "신앙심 깊은 사람"은 "[회의주의자들의] 이해력이 보지 못할 정도로 대단히 숭고한 증거"를 근거로, 인생의 최대 기쁨은 신(神)에 대한 묵상에서 비롯된다는 것을 안다고 비티는 주장한다.(7) 게다가, 신은 우리를 속이지 않을 것이며, 신이 창조한 존재의 안에서, 억눌러지지 않는 믿음만이 진리일 수 있다고 그는 강조한다(신이 상식의 존재를 뒷받침하는 데 이용되고, 또 거꾸로 상식이 신의 존재에 대한 증거로 제시된다는 점에서 보면, 동어 반복이라는 비난을 들을 위험이 있는 원칙이다).

그의 독자들, 말하자면 철학 교육을 받지 않은 '중간층'의 보통 사람들이 받아들였으면 하고 바랐던 메시지는 그들도 자신들이 지각한 것을 믿을 수 있다는 것이었다. 눈은 거짓말을 하지 않으며, 눈으로 확인한 결과 생기게 된 대상들에 대한 믿음은 단순한 인습의 결과가 아니다. 독자들은 또한 자신이 지각한 것을 다른 사람들에게 그런 것으로 정확히 이해시키기 위해 하는 말들을 믿을 수 있다. "영어를 쓰는 모든 사람들은 눈(雪)을 보면 "white"라는 단어를 쓰고 풀을 보면 "green"이라는 단어를 쓴다. 흰색으로 느껴놓고는 우리가 흰색이라고 부르고 있는 것과 똑같지 않다고 말한다면 아마 그보다 더 모순되는 예는 없을 것이다." 비티의 표현을 빌리면, 보통 사람들이 자신의 삶에 일어나는 일들에 대해 말할 때, "그 사람이 아무리 배운 것이 없다 하더라도 그 말의 뜻을 가장 완벽하게 아는 사람은 바로 그 사람 본인"이다.(8)

비티가 전하고자 했던 것은 반(反)종교적인 풍조와 회의적인 대화에 대한 치료책은 보다 이성적인 토론이 아니라는 것이었다. 이성적인 토론은 증명해 보일 수 없는 것을 증명하려 노력하는 모순에 빠지게 만들며, 그런 노력이 실패하는 경우에 오히려 회의만 더 깊어질 것이다. 비티의 메시지는 모든 사람들이 언제나 객관적인 진리로 느꼈고 또 그렇게 느껴지는 것을 무조건적으로 받아들여야 한다는 것이었다.

비티도 상식 '확신들'과 편견을 구분하는 방법에 대해서는 결코 쉬운 대답을 제시하지 못했다. 그럼에도, 그는 신중에서부터 물리학과 종교에 이르기까지 모든 영역에 걸쳐서 우리가 의심할 이유가 전혀 없는 기본적인 믿음들을 길게 쭉 나열하려고 노력할 정도의 확신은 품고 있었다. 그리고 시인으로서 이름을 처음 얻은 사람에게 어울리게, 비티는 그 작업을 "따뜻하게", 그러면서도 "아주 평범한 어휘"로 진행하는 쪽을 택했다. 그래서 일상의 삶에서 쉽게 확인되는 경험에서 예들을 많이 끌어내고, 적들의 주장에 대해서는 조롱을 섞어 반박하고, 유효성이 입증된 섀프츠베리의 기법을 차용하면서 일부 견해의 경우에 단순한 난센스에 불과하기 때문에 논리적으로 반박할 가치조차 없다는 식의 주장을 폈다. 리드의 제자 중 한 사람인 두갈드 스튜어트(Dugald Stewart)가 훗날 강조하듯이, 비티의 책이 지닌 강한 호소력은 "저자가 대다수 독자들에게 지루하게 느껴질 주제를 생생하게 전달하기 위해 엮어 낸 예들의 다양성과 적절성"에 있었다.(9)

그럼에도, 비티의 중요한 노력은 자신이 공적인 봉사라고 상상한 프로젝트를 통해서 와이즈 클럽에서부터 시작해 거꾸로 섀프츠베리까지 뿌리가 닿는 그 인식론을 직접 정리한 것이었다. 리드가 자신이 동의하지 않는 동시대 철학자들의 의견에 조심스럽게 접근했다면, 비티는 현대의 회의주의자들을 상대로 전면전을 벌였다. 흄에 대한 공격이 특히 심했다. 그는 회의주의자들에 대해 새 옷으로 갈아입은 스콜라 학파 철학자들이라고, 또 진리를 발견하는 일보다 역설과 상대주의, 논쟁, 말장난에 더 깊이 빠져 지내는 사람들이라고 비난했다. 그런 다음에 비티는 그런 형이상학적 방법과 독단의 잠재적 위험에 대해 경고하는 내용의 이야기를 풀어놓으면서, 상식으로 제어하지 않을 경우에 그런 현상은 오직 무신론과 방종과 도덕적 타락만을 낳을 뿐이라고 주장했다.

실제로 보면, (그가 에든버러의 흄에 대해 언어의 왜곡을 통해 독자들을 오도하고 있다고 비난하면서 경쟁자의 신뢰성에 흠집을 내려고 맹렬히 노력했음에도 불구하고) 비티는 흄에 대해서만 걱정했던 것이 아니었다. 이 애버딘의 교수는 18세기 중반에 점점 더 세속적이고 개인적이고 이동성을 키워가던 상업 세계, 즉 어느 역사학자가 "메트로폴리스의 문화"라고 간결하게 부른 곳에 퍼진 질병으로 인식한 회의주의에 대해서도 똑같이 걱정했다. 거기서 흄과 그의 숭배자들은 사상의 원천이기도 하고 불길한 징후이기도 했다. 비티와 대화한 많은 사람들과 마찬가지로, 비티도 의심을 품는 취향이 시대 정신이 되고 있다고 거듭 경고했으니 말이다. 비티와 편지를 자주 주고받았던 의사 존 그레고리 (John Gregory)는 애버딘에서 와이즈 클럽의 동료들과 어울리며 몇 년을 보낸 뒤인 1760년대 후반에 에든버러에서 보고하면서 에든버러의 도덕 문화에 마음의 상처를 입은 듯 비티의 의견에 동의했다. 에든버러와 떨어져 있던 비티의 판단에도 그 영향은 개인의 행복과 공익 모두에 무시무시한 위협이 될 수 있었다.

개인적인 차원에서 보면, 회의(懷疑)는 불가피하게 또 다른 회의를 낳게 되어 있다고 비티는 경고했다. 그러면 회의는 개인의 신앙과 확신을 점진적으로 갉아먹게 되고, 그러다 보면 결과적으로 신과 종교와 불멸 같은 단어들은 '공허한 소리'에 지나지 않게 된다는 지적이었다. 그러면 회의주의의 영향은 심리적인 것이 된다. 왜냐하면 "인생의 가장 행복한 순간들"조차도, 말하자면 천지창조와 그 창조자를 생각하는 순간들조차도 몹시 마음을 상하게 하는 순간이 될 것이기 때문이다. 그러면 곧 그 사람의 품행이 손상을 입을 것이다.

허무주의에 빠진 개인들은 자신에겐 고민만 남았다고 생각하며 자신에 대해 비참할 뿐만 아니라 쓸모조차 없는 존재로 느끼기 때문에 올바른 행동을 해봐야 아무런 소용이 없다고 절망하게 된다. 상식이 개인을 공동체와 연결시킨다면, 비티가 볼 때, 회의주의는 고삐 풀린 현대의 도시 문화의 특징인 개인주의의 산물이며 공동체의 적이었다.

회의주의가 파괴적인 영향을 가장 강하게 미친 곳은 시민 사회의 차원이었다고 비티는 주장했다. 회의주의는 보통 사람들 전부를, 특히 가난한 자와 절망에 빠진 자를 위안의 원천인 종교로부터 차단시켰다. 회의주의는 또 보통 사람들이 서로 공유하는 신앙과 의무감에서 비롯되는 공동체 의식을 갖지 못하도록 막았다. 그러다가 결국엔 총체적 혼동과 무지, 사회 질서의 종언을 부를지도 모르는 일이었다. 리드가 『인간 정신 탐구』에서 경고했듯이, 만약에 모든 믿음이 외면당하게 된다면 "신앙심과 애국심, 우정, 가족의 애정, 개인적 미덕"까지도 우스꽝스러운 모습으로 변질될 것이다.[10] 비티가 (거의 같은 시기에 『종교를 위해 상식에 호소하다』(An Appeal to Common Sense in Behalf of Religion)를 쓴 중도적인 장로교 목사 제임스 오스왈드(James Oswald)와 함께) 리드의 인식론에서 본 것은 전통적인 기독교 도덕과 공동체 정신의 유지에 필요한, 치유적이고 현대적인 수단이었다.

모든 것은 균형의 문제로 귀착되었다. 18세기 중반에 애버딘의 지도급 시민들이 볼 때 세상에 대한 설명으로 높이 평가받을 수 있는 것은 당연히 과학적인 방법에 근거해야 했다. 시계를 거꾸로 되돌려놓을 수는 없는 노릇이었다. 그러나 장래에 예상되는 결과를 세심하게 분석하지 않은 가운데 과학적인 방법을 적용하는 것은 위험한 일일 수 있었다. 과학적인 방법을 도덕 문제에 적용하는 경우에 그런 위험이 특히 더 컸다.

비티는 합리적으로 의문을 제기할 수 있는 대상들과 합리적으로 증명해 보일 수 있는 대상들에 사회를 보호하고 이롭게 할 한계, 말하자면 신앙을 보호하고 지지할 한계를 설정하는 일에 과학에 근거한 상식을 이용할 수 있다고 결정했다. 그가 설명한 바에 따르면, 만약 "금지된 길로 비틀거리며 들어가지 않거나 접근 불가능한 지역을 뚫고 들어가려고 시도하지 않는 것"이 인간에게 바람직하다면, "그 경계를 설정하는 것이 상식의 권위"였다.[11]

게다가, 상식은 공통의 언어처럼 인식에 필요한, 즉 진리와 진리 아닌 것을 구분하고 선과 악을 구분하고 아름다움과 추함을 구분하는 데 필요한 공통의 기반을 제공했다. 상식은 또한 공동체를 하나의 도덕적 실체로 지키는 데도 도움을 주었다. 그리고 상식은 표현의 자유나 언론의 자유를 훼손하지 않고, 또 제임스 비티가 지속적으로 강조했듯이, 합리적인 조사의 과정에 시민 권력의 원하지 않은 간섭을 받지 않은 상태에서 그런 일을 해냈다. 비티의 『진리의 본질과 불변성에 관하여』에서, 상식에 바탕을 둔 인식론은 첨단 과학과도 어울리고 또 왕정 복고 시대 이후의 반(反)독단적인 문화적 분위기와도 어울렸던 한편으로, 현지의 제도들과 기독교 정신을 지지할 실용적 윤리도 제시할 수 있었다.

비티는 중용(中庸)에 초점을 맞추고 상식의 평범한 언어를 절대로 놓지 않겠다고 공언했음에도 불구하고, 그는 자신의 길에서 벗어나면서 자신이 상식을 위해 벌이고 있는 것은 '전투', 그러니까 그의 나라인 영국과 그보다 훨씬 더 좁은 자신의 세계의 도덕적 미래를 놓고 공개적인 사상 시장에서 벌이는 전투나 다름없다고 선언했다.

이 전쟁을 치르면서, 문제들이 시작되었다. 상식을 진정한 지혜를 찾는 데 결정적으로 필요한 기준으로 삼아야 한다는 비티의 주장이 강해질수록, 그의 주장에 담긴 갈등의 요소들도 전면으로 더욱 두드러지게 나타났다. 이 갈등들은 18세기 말에 예기치 않은 정치적 결과들을 낳는 것으로 확인될 것이다. 복종과 계급 조직, 의무를 강조하는 그의 도덕적 비전은 이쪽 방향을 가리켰다면, 부분적으로 리드에게서 물려받은 그의 반(反)권위적이고 반(反)계급적인 인식의 원칙들은 완전히 다른 방향을 가리켰다.

이런 중요한 정치적 갈등의 기미들은 처음부터 있었다. 와이즈 클럽이 도덕적으로 보수적인 입장을 취했음에도 불구하고, 출범 초기부터 그 클럽 안에는 미덕에서든 지식에서든 전문가들과 엘리트들이 더 우수하다는 관점에 회의적인 시각이 팽배했다. 1767년의 한 모임에서, 데이비드 스킨은 '만약 인간들이 서열이나 재산을 기준으로 분류된다면, 우리는 어느 계층에서 가장 효과적인 미덕의 원칙들을 발견할 것으로 기대해야 하는가?'라는 물음에 대해, 그를 둘러싸고 있던 전문직 종사자들처럼 중간 계층에 속하는 사람들에게 찬사를 보내는 것으로 대답을 대신했다. 그럼에도 그는 모든 사람의 가슴에 미덕이 존재한다는 점을 보여주려고 노력했다. 차이는 환경에서 비롯되는 것이었다. "타고난 것이 거의 없는" 사람들은 "제한적인 교육과 편협한 마음과 좋지 않은 역할 모델" 때문에 방해를 받았다고 그는 주장했다. 그러나 그는 가장 높은 계층의 사람들에 대해서도 결코 덜 가혹하지 않았으며, 그들에 대해서도 똑같이 환경의 산물이라는 식으로 혹평했다. 그에게 최고위 계층 사람들도 좀처럼 자제하지 못하게 만들고 동정심을 멀리하게 만드는 허영심과 유혹과 탐닉의 희생자였다. 이런 식으로 계층에 따라 도덕적 비난을 달리 하는 것이 18세기에 예의 바른 영국의 토론에서 표준으로 통했다. 더욱 특이했던 것은 저명한 사람들의 경우에 저명함의 기준이 부(富)였든 학식이었든 아니면 사회적 지위였든 진리의 문제에 관한 한 와이즈 클럽의 회원들로부터 모두 비슷한 대접을 받았다는 사실이다.

리드의 글과 비티의 글에서, 상식의 판단을 인식의 토대로 삼아야 한다고 주장한 것이 엘리트들로부터 두 저자가 보통 사람들의 일상과 거리가 멀다는 비판을 불렀다. 그것만이 아니었다. 그 같은 주장은 또한 인식론적 평등주의에 뿌리를 둔 사회적 평준화의 논리를 낳았다. 21세기의 어느 시사 평론가가 말하듯이, 리드에게 "철학자는 상식의 테두리 안에서 사고하면서 나머지 인간들과 합류하는 외에 달리 선택의 여지가 없으며, 철학자는 또 자신을 대중보다 위에 놓을 수 없는" 존재였다.(12) 이것이 뜻하는 바는 리드가 진리에 이르는 길을 찾길 원한다면 자신부터 보통 사람들을 포함하는 다른 모든 사람들처럼 살고 생각해야 한다는 것이었다.

만약 철학자가 이런 사실을 간파하지 못하거나 무시하기로 한다면, 리드의 표현을 빌리면, "평범한 사람들"은 그의 글을 읽으면서 저자가 "잘난 척 한다"고 생각할 것이다. 아니면 평범한 사람은 다분히 포퓰리스트의 어조로 이런 식으로 결론을 내릴 것이다. "사람이 공부를 너무 많이 해도 미칠 수 있어. 이 믿음을 진지하게 받아들이는 사람은 마치 자신이 유리로 만들어졌다고 믿는 사람처럼 다른 측면에서는 아주 훌륭할 수 있어도 틀림없이 이해력에 약한 부분이 있어. 그 부분은 생각을 너무 많이 한 탓에 훼손된 것이 확실해."(13) 거꾸로, 자신을 타인들과 분리시키고, 자만심과 "해와 달, 별들, … 나라, 친구들, 인간관계들이 있다"고 믿는 "민중의 고지식함"에 대한 엉뚱한 동정심 때문에 자신의 동료들의 정서를 경멸하는 철학자는 곧 자신이 당하고 있다는 사실을 깨달을 것이다. 리드가 『인간의 지적 파워에 관하여』(Essays on the Intellectual Powers of Man)의 후반부에서 결론 내리듯이, 과학이나 윤리나 일상의 삶에서 근본적인 원칙들에 대해 판단을 내려야 하는 상황에 처할 때, "철학자는 문맹자들, 아니 미개인들보다도 특권을 조금도 더 누리지 못한다. … 배운 사람이든 못 배운 사람이든, 철학자든 일용노동자든 모두가 똑같은 위치에 서고, 똑같은 판단을 할 것이다".(14) 이유는 자연의 창조주가 내린 선물인 상식은 훈련이나 기술이나 특별한 배양을 전혀 필요로 하지 않기 때문이다. 온건한 이 장로교 사상가들의 관점에서 보면, 상식은 계급과 성별, 종교, 인종을 불문하고 모든 사람들이 똑같이 물려받는 것이다. 따라서 위험한 존재로 여기고 피해야 할 사람들은 옹고집이나 광기, 이기심 때문에 그 프로그램에 동참하기를 거부하는 사람들이다.

비티도 다음과 같이 동의했다. 스킨이 칭송한, 비티의 글을 읽는 분별 있는 "중간 정도"의 독자들은 누구나 인간 본성의 "증거들"과 도덕적 주체들을 자칭 권위자들만큼 잘 알아볼 줄 알아야 한다. 그것만으로는 절대로 충분하지 않다. "중간 정도"의 독자들은 신이 인간에게 모습을 드러낼 때 "배움이 많고 생각이 깊은 사람들만 알아볼 수 있도록 나타난다"는 사상에도 화를 낼 줄 알아야 한다.[15] 비티는 (적어도 글에서는) 높거나 특권적인 지위 때문에 다른 사람들보다 지각력이 더 뛰어나다고 믿는 사람들을 경멸하지 않을 수 없었다. 이유는 회의론이 지배하게 될 경우에 "천박한" 사람들까지도 철학자를 바보로 여기고 나설 것이기 때문이다. 리드도 마찬가지로 훗날의 책에서 철학자가 터무니없는 우월감에 빠져 있다고 비난하면서 철학자의 잘난 체 하는 태도를 정면으로 공격했다.

이들 프로테스탄트 사상가들의 메시지는 명백했으며, 평범한 보통 독자들에게 알랑거리고 있었다. 그 사상가들은 스스로 진리를 규명할 능력을 갖추고 있었을 뿐만 아니라, 그들은 이미 진리를 규명하는 일을 벌이고 있었다. 오류나 회의(懷疑)에 빠지지 않도록 보호해 주는 장치로서, 평범한 대중이라는 형체가 없는 집단에 귀를 기울이고 그들로부터 배워야 하는 사람은 철학자들이었다.

바로 이 원칙으로부터, 어떤 정치적 주장의 씨앗들이 나왔다. 리드와 비티는 인간의 삶을 영위하는 일에 있어서, "인류의 보편성"을 확보하고 "시대들과 국가들, 또 배운 사람들과 못 배운 사람들의 동의"를 얻는 것이 개인적 결정보다 우위에 선다는 점에 동의했다. 아니면 데이비드 스킨이 '만민의 일치'(consensus gentium)라는 전통적 논거의 한 변형에서 표현했듯이, "어떤 것이 옳은 때는 어느 한 인간이 그것에 대해 시간을 초월하여 언제나 옳다고 느끼고 … 또 동시에 나머지 인간들의 감정도 그의 감정과 일치한다는 것을 확인할 수 있을 때뿐이다".(16) 리드는 개인적이지 않고 집단적인 이런 진리의 기준이 불편한 질문을 제기한다는 사실을 깨달았다. "그렇다면 진리란 것은 다수결로 결정되는 것인가?" 그리고 그는 훗날의 저서에서 보통 수준의 이해를 넘어서는 문제들의 경우에 다수가 소수(즉 전문가들)의 지도를 받아야 하고 소수의 권위에 복종해야 한다는 점을 분명히 밝혔다. 그러나 그가 상식의 영역이라고 생각한, 윤곽이 흐릿한 거대한 일상의 영역 안에서는 "지역적이고 일시적인 편견들(관습이라고 부를 수 있음)이 제거될 때에는 소수가 다수에 복종해야 한다."고 그는 주장했다.(17) 일상 생활에서, 많은 사람들이 공유하는 믿음, 즉 지역적인 문화와 역사를 초월하고 또 본래 신이 내린 성격 때문에 모든 사람들이 두루 소유하고 있는 믿음은 언제나 법의 지위를 얻게 된다. 그것은 상식이 철학을 누르는 것과 똑같다.

여기서 와이즈 클럽 회원들이 버클리의 실재론적 전통을 따랐던 것처럼 비칠 수 있다. 버클리라면 그보다 반세기 전에 보통 사람들의 평범한 지각 능력과 그런 능력에 대한 보통 사람들의 믿음을 옹호하고, 또 자신은 상식을 옹호하며 "모든 일에서 배운 사람들에게 맞서는 대중의 편에 선다"고 거듭 주장한 인물이 아닌가. 그러나 버클리 주교는 리드와 비티가 주요 공격 대상으로 삼은 사람 중 하나였다. 이유는 단순했다. 버클리가 우리가 주변에서 지각하는 모든 것들, 즉 집과 나비와 찻잔 등의 비실체성을, 말하자면, 우리가 지각하는 것들은 단지 신이 우리의 정신에 낳은 생각들의 집합에 지나지 않는다는 주장을 계속 고수했기 때문이다.

애버딘의 상식 철학은 물질 세계의 존재는 그 자체로 상식이라는 전제에서 출발했다. 그것이 상식인 이유는 이 확신이 감각의 경험에서 나온 일단의 다른 확신들과 마찬가지로 모든 곳의 사람들 대다수에게 너무나 명백해 보이기 때문이다. 공통의 언어는 그것 자체가 사람들의 집단적인 목소리이기 때문에 훨씬 더 경험적인 증거를 제시했다. 와이즈 클럽 회원들이 자신들보다 앞서 이미 가상의 "정직한 농부"를 내세우며 거듭 예를 제시했던 "도덕 관념" 철학자들에 이어 무심코 강화한 것은 어떤 유형의 정치적 선동에 필요한 견고한 어떤 인식론적 토대였다. 이 정치적 선동 덕분에, 구체적이지도 않고, 구분도 불가능하고, 아직 계층으로 형성되지도 않은 '인민'이 지닌 것으로 여겨지는, 진리와 도덕을 추구하는 본능이 전문가들과 기득권층 엘리트들을 포함한 모든 부류의 국외자들의 본능을 이기고 있다.

물론, 이런 입장에 함축된 의미는 심지어 비티에게도 당시에는 추상적이거나 별로 중요하지 않은 것으로 받아들여졌다. 그때나 지금이나 포퓰리즘을 보수적인 도덕적 견해와 모순되는 것으로 봐야 할 이유는 전혀 없다. 그러나 지방의 변변찮은 집안 출신인 이 야심만만한 지식인은 자신의 책이 특히 기독교 신앙과 기존의 질서를 현대적으로 옹호하는 책을 읽기를 간절히 원하던 영국 엘리트들 사이에 널리 읽히면서, 곧 자신이 곤경에 처하게 되었다는 사실을 깨닫게 되었다. 그런데 그 곤경은 그 지식인 자신이 일으킨 측면도 있었다. 그것은 그가 보통 사람들의 상식을 대변함과 동시에 보통 사람들의 상식을 향해 말하면서 지적인 지도자와 "권위자"로서 자신의 역할을 어떻게 정하는가 하는 문제였다. 그 문제는 그날 이후로 인민을 대변한다고 자처한 사람들 모두에게 공통된 것이었다.

1760년대와 1770년대에 애버딘은 어느 모로 보나 중요한 메트로폴리스는 아니었다. 또 『진리의 본질과 불변성에 관하여』는 거창한 제목에도 불구하고 그다지 훌륭한 책은 아니었다. 그러나 상식의 전도사가 되고자 노력하던 비티는 우리에게 어떤 중요한 예를 생생하게 보여주고 있다. 18세기 중반에 그리 크지 않은 도시에서 개인주의의 발아(개인적 표현과 주도권, 혜택, 기회, 사회적 이동성, 금융적 보상 등을 강조하는 형식으로 나타났다)와, 공동체와 공통성, 타인들에 대한 의무 또는 책무를 거듭 주장하려는 욕망 사이에 빚어지던 갈등의 예를 말이다. 비티는 양쪽 방향 모두에 끌렸던 것이 분명했다.

비티가 와이즈 클럽 시절에 남긴 방대한 분량의 노트들과 꼼꼼하게 적은 독서 목록과 일기, 지인들과 주고받은 엄청난 양의 서신(그가 친구나 지인들과 나눈 편지 2,000통 가량은 지금도 전해 오고 있다) 등을 종합적으로 분석하면, 1760년대에 비티의 사상이 전개된 과정이 한눈에 들어온다. 우리는 그 자료들을 통해서 그가 현대 도덕 철학자들의 책을 읽으면서 결코 즐기지도 못했고 제대로 이해하지도 못했다는 사실을 확인할 수 있다. 그러다가 리드의 『인간 정신 탐구』가 그의 사고에, 그리고 반(反)회의주의적인 직관을 갖고 있다는 그의 믿음에 충격을 주었다. 그 충격에 따른 변화는 심리학을 실천 윤리, 법리학, 그리고 다른 관련 주제들과 결합시켰던 그의 가르침에도 나타났고, 와이즈 클럽에서 인간의 본성에 관한 질문에 천착하려 하는 모습에서도 분명히 나타났다.

1765년 말에 비티는 동료들에게 '상식과 이성의 다른 점은 무엇인가?'라는 질문을 놓고 고민해 보자고 제안했다. 직후에 그는 다양한 편지들을 통해 자신이 처음에는 '증거의 기본 원칙들에 관하여'(Essay on the Fundamental Principles of Evidence)를, 다음에는 '이성과 공통감각에 관하여'(An Essay on Reason and Common Sense)를, 그리고 1년 반 뒤에는 보다 포괄적인 3부 '지적, 도덕적, 비판적 진리의 불변성에 관하여'(Essay on the Immutability of Truth, Intellectual, Moral, and Critical)를 쓰고 있다고 밝혔다. 동시에 비티는 회의주의의 위험에도 강박적으로 매달렸다. 그 결과, 그는 『회의주의의 성(城)』(The Castle of Skepticism)이라는 풍자적인 우화를 발표하기에 이르렀으며, 이 작품은 바르톨로메오 델 베네가 그린, 포위 공격을 받고 있는 '도시로서의 영혼' 그 이상은 아니었다. 흄이 다시 음침한 성의 군주로 등장하고, "순례자들"은 애정과 무지, 자기 기만, 유행, 방종, 야망, 탐욕, 가설 등에 봉헌된 성(城) 밖의 특별한 신전들에서 각자의 상식을 검사받아야만 성의 가운데로 들어갈 수 있다. 가깝거나 먼 곳에서 활동하던 동료들의 응원을 받은 비티는 주변 사람들의 그릇된 생각들을 깨우쳐 주고 더 늦기 전에 정말로 "인간의 마음에 진리의 기준이 있다"는 가르침을 전파하는 것을 필생의 사업으로 더욱 확신하게 된 것 같다.

또한 비극적인 가족사와 나쁜 건강(그는 자신의 말을 들어주려는 사람을 만날 때마다 건강 문제에 대해 끊임없이 불평했다)과 형편없는 수

입 등으로 힘들어 했던 비티가 18세기 최초의 상식 전도사이자 학자로서 걸어야 했던 역정도 그 편지들 안에 고스란히 담겨 있다. 1760년대 말에, 그는 "품행이 나쁘고 원칙이 결여된" 부도덕한 시대에 절대로 인기를 끌 수 없는 내용이라고 다소 음흉하게 주장했던 글들을 널리 알리려고 열심히 노력했다. 그는 자신의 글을 출판하겠다고 나서는 업자를 찾지 못해 거듭 낙담했다. 그런 가운데서도 그는 출판업자를 찾으려는 노력을 결코 멈추지 않았다. 그러다가 1770년 이후에 그의 『진리의 본질과 불변성에 관하여』가 성공을 거둠에 따라 애버딘 밖에도 친구들과 숭배자들이 생기게 되자, 그는 거기서 이익을 최대한 챙기려고 노력했다. 그럼에도, 개인적 곤경에다가, 지식 생산과 윤리 모두에서 공동사회적인 비전을 갖고 있던 그의 인식론적 포퓰리즘까지 영향을 미침에 따라, 그는 18세기 말의 영국에서 철학자나 저자로서 성공할 수 있는 잘 다져진 길을 포기하고 자신을 내세울 새로운 길을 찾아야 했다.

비티의 편지들은 지방 출신의 교수인 그가 처음부터 사회적, 직업적 향상을, 무엇보다도 경제적 향상을 간절히 바랐다는 사실을 명백히 보여주고 있다. 소작농이자 가게 주인의 아들인 그는 대학교수로 받는 월급으로 정신병을 앓던 아내와 여러 자녀들을 부양해야 했다. 그런 형편이었기 때문에, 그는 재산이나 명성을 쉽게 얻을 수 있는 입장이 아니었다. 그가 매리셜 칼리지의 학생일 때와 그 다음에 인근의 포둔이라는 곳에서 교사로 일할 때부터 일찍이 앞서 나가도록 만들었던 것은 후원자들을 잘 잡는 그의 능력과 야망이었다.

그의 편지를 보면 그가 『진리의 본질과 불변성에 관하여』를 출간할 때 세세한 부분에까지 관심을 기울였음을 알 수 있다. 그는 책의 크기에서부터 종이의 품질, 서적상이 맡은 홍보까지 두루 신경을 쏟았다. 그의 목표는 언제나 에든버러와 런던의 독자들에게, 더 나아가 번역을 통해 유럽 대륙 전역의 독자들에게 닿는 것이었다. 그의 편지들은 또한 그가 동원할 수 있었던 인맥을 모두 활용하고 서평(부정적인 것까지 포함)과 찬사를 자신에게 유리하도록 최대한 이용했음을 보여주고 있다. 그는 인맥이 좋고 부유한 친구라면 누구든, 남녀 성별이나 친소의 정도를 가리지 않고 물고 늘어지면서 초대나 소개, 홍보, 다양한 형태의 재정적 지원을 부탁했다. 그는 사람들을 만나면 그들 앞에서 자신의 이익을

제임스 비티의 초상화. 조슈아 레이널즈 경이 1773년에 그린 그림 '진리의 승리'를 바탕으로 한 판화. 비티는 1773년의 '런던 다이어리'에 이런 글을 남겼다. '조슈아 경이 나와 한두 사람의 불신자를 우화적으로 그리겠다고 제안했다.' 그러나 레이널즈 경의 최종 작품을 보면 비티만이 '진리'라는 제목의 책을 들고 있다. 그의 뒤로 진리의 여신이 궤변과 회의, 어리석음을 상징하는 세 남자의 얼굴을 땅바닥에 처박으려 하고 있다. 그들을 볼테르, 기번, 흄으로 보는 사람들이 많았으나 레이널즈는 볼테르만 확인해주었다.

위해서 다른 사람들을 칭송하고 나섰으며, 또 그들로부터 이제 막 꽃을 피우기 시작한 자신의 명성에 대한 소식을 듣기를 간절히 원했다. '사람들이 나에 대해 어떤 식으로 평가하고 있는지 궁금해 죽겠다'는 내용이 담긴 편지도 있다.

그는 에든버러로, 특히 런던으로 주기적으로 여행을 했다. 훌륭한 친구들이 그를 유명한 사람들에게 소개시킬 기회를 자주 만들었는데, 그 기회를 최대한 활용하기 위해서였다. 긴 안목으로 보면 그에게 도움이 될 위치에 있는 사람들이었기 때문에, 그로서는 런던을 찾지 않을 이유가 없었다. 비티의 이런 노력이 결실을 거두었다는 사실은 1770년대 초반과 중반에 런던과 에든버러의 인쇄소에서 출간된 그의 저작물로도 확인된다. 그 책들 중에는 런던의 '블루스타킹 소사이어티'(18세기 중반에 잉글랜드에서 활동했던, 여성들의 사회적, 교육적 운동을 주도한 단체를 말한다/옮긴이)를 이끌던 엘리자베스 몬태규(Elizabeth Mantagu)가 주선한 호화 장정도 포함되어 있다.

거기서 그치지 않았다. 비티는 옥스퍼드 대학에서 명예 학위를 받고, 조지 3세 왕으로부터 연금을 받고, 위대한 화가 조슈아 레이널즈(Joshua Reynolds)가 그린 초상화를 갖기에 이르렀다. 이 초상화의 경우에 애버딘 출신의 그 철학자가 볼테르와 흄과 에드워드 기번(Edward Gibbon) 등 당대의 위대한 불신자(不信者)들을 상식으로 누른다는 메시지를 담았다. 어떤 측면에서 보면, 비티가 즐겨 사용한 군사적 메타포가 아주 적절한 방법인 것으로 드러났다고 할 수 있다. 그 그림은 '진리의 승리'라고 불렸는데, 그것은 상식의 힘이 승리를 거둔다는 메시지를 담고 있었다.

비티는 그 그림을 자기 집의 초록색 벨벳 커튼 뒤에 보관하고 있었다. 자기만 은밀히 즐기겠다는 욕심도 작용했고, 그의 주거 공간 안에서 그곳이 중심을 이루는 곳이기도 했기 때문이다. 그럼에도, 비티는 자신의 천재성과 독창성을 지나치게 떠벌리는 상식 개혁가의 앞날에 도사리고 있는 함정들에 대해 처음부터 자각하고 있었다. 현대의 카리스마 넘치는 포퓰리스트 지도자들과 마찬가지로, 그의 철학적 주장을 감안하면, 그는 자신이 교육이나 지위에 근거한 특별한 권위나 통찰보다는 자신의 성격과 스스로 인정한 동기들을 근거로 판단을 받게 될 것이라는 점을 알고 있었던 것 같다. 왜냐하면 그의 도덕적인 보수주의가 교수이며 성직자이던 리드 그 이상으로 그의 인식론적 포퓰리즘에 의존하고 있었기 때문이다.

그것이 시사하는 바는 비티가 결국에는 단지 일상의 삶을 윤리적으로 살아가고 있는 보통 사람들의 관점을 명확히 설명하고 옹호하게 될 것이라는 점이다. 이것은 자만심 강하고 스스로 동기를 부여하는 흄과 대조적이었다. 그것은 곧 비티의 경우에는 뜻하지 않게 유명해져서 조지 3세 국왕과 샤를로테(Charlotte) 왕비의 초대를 받아 알현하는 인물이 된다 하더라도 전통적 의미에서 말하는 그런 위대한 철학자의 역할은 결코 맡을 수 없다는 것을 뜻했다.

비티의 편지에는 온갖 걱정이 다 담겨 있다. 그 도전이 낳은 불안도 있고, 그러다가 실망시킬지도 모른다는 조바심, 더 나아가 자신이 옹졸한 고집쟁이나 돈에 좌우되는 인간으로 낙인찍힐 지도 모른다는 걱정도 보인다. 그의 명성이 절정에 달했던 1770년에 그와 편지를 자주 주고받던 윌리엄 포브스(William Forbes)에게 『진리의 본질과 불변성에 관하여』의 두 번째 판과 관련하여 전한 사연을 보자. "나에게 상처를 입힐 것이 있다면, 아마 나의 친구 누군가가 나보고 힘들이지 않고 돈을 버는 일에 관심을 지나치게 많이 기울이지 않나 하고 의심하는 것보다 더 아픈 것은 없을 걸세. 하지만 그렇다 하더라도 나의 길을 걷는 사람에게 50기니(기니는 영국의 옛 금화이며, 1기니는 21실링에 해당한다/옮긴이)는 무시해서도 안 되고 무시할 수도 없는 돈이라네."(18) 비티의 해결책은 경쟁과 개인적 야망이 규범으로 점점 더 확고하게 자리를 잡아가던 19세기까지 지속될, 공공 봉사와 의무라는 기독교 언어에서 끌어낸 그런 보완적인 겸손이었다. 비티의 경우에, 이것은 그가 특히 지위가 높고 사회적 연결이 좋은 사람들 사이에서 성공을 이루기 위해 열심히 노력하는 동시에, 인류의 공익과 운명에 관심을 쏟고 있다는 식으로 주장하면서 자신의 겸손을 널리 선전할 의무를 느꼈다는 것을 의미했다. 그리고 그는 (상식이 언제나 적을 필요로 하기 때문에) 자신의 승리를 인정하기보다, 흄을 중심으로 조직되었다가 점진적으로 확장되면서 조지프 프리스틀리(Joseph Priestley) 같은 비평가와 프랑스 사상가들까지 포함하게 된 "집단"으로 이해되었던 "그의 적들"의 움직임에 더욱더 관심을 기울였다.

최종적으로, 비티는 영국 내의 사회적 커넥션을 통해 가능하게 되었던 자리를 모두 거절했다. 영국 교회 안에서 '생계'를 해결할 경우에 자신이 성실하지 못한 사람으로 비칠까 걱정되었고, 에든버러의 교수직은 스스로 '막강한 적들'에게 몸을 맡겨버리는 꼴이 되고 말 터였다. 그는 또 스코틀랜드 서평가가 표현한 바와 같이 훌륭한 저술가인 동시에 '훌륭한 시민'인 자신의 지위를 위태롭게 만들고 싶지 않은 마음도 간절했다. 그래서 그는 자신의 가까운 동료들 일부가 리드처럼 대도시로 떠난 한참 뒤까지도 애버딘에 그대로 남아 있었다. 거기서 그는 (아이러니하게도) 점점 더 심해지던 광기, 즉 상식의 결여로 고통 받던 아내와 젊은 남학생들, 보물과도 같은 그의 초상화, 수많은 불만과 함께 여생을 보냈다.

그는 건강이 좋지 않거나 곤경에 처해도 섀프츠베리처럼 태양이 따사로운 먼 곳으로 여행을 떠날 수 있는 여건이 되지 않았다. 대신에 그는 세상 돌아가는 소식을 얻으려고 런던의 친구들에게 줄기차게 편지를 썼다. 편지 공화국의 변방에 살면서, 비티는 그 공화국을 떠받치던 메커니즘들, 말하자면 교수직과 문단의 클럽, 우체국을 발견했다. 그 메커니즘이 있었기에 그는 후원자와 출판업자, 작가, 베스트셀러, 독자들로 이뤄진 세계 문단의 문화에 합류할 수 있었다. 그러나 그는 변두리에 머무는 한에서만 대도시 문화의 무절제와 엘리트주의에 대한 비판을 계속할 수 있었으며 또 보통 사람들이 평범한 곳에서 살며 직관적으로 알게 된 것들을 해석하고 전파하는 역할을 계속 맡을 수 있었다.

사실, 비티나 와이즈 클럽의 회원들 중에서 철학적 성향이 강한 사람들의 이런 태도에 명백히 민주적이거나 심지어 뚜렷이 정치적인 구석은 하나도 없었다(비록 비티와 리드가 프랑스 혁명 초기 단계에 똑같이 그 혁명을 지지하고, 리드의 경우에 미국 혁명까지 지지했지만 말이다). 별로 놀랄 일도 아니지만, 그들이 정부의 어떠한 조직과도 가까이 하지 않았다는 점을 고려한다면, 와이즈 클럽 회원들은 당시의 문제들을 정치적으로 해결하는 것에 대해 크게 신뢰하지 않은 것이 분명하다. 그들은 또 점점 증가하던 상업적 교류에서도, 윌리엄 오길비(William

Ogilvie)를 제외하고는 경제적 재분배 계획에서도 이로운 결과를 상상하지 않았다. 특히, 비티의 열정은 사회적 처지 때문에 불행해하는 사람들에게 정치적 또는 경제적 변화와 크게 다른 해결책, 즉 정신적 위안을 제시하는 일에 쏟아졌다.

비록 비티 같은 일부 회원들이 비천한 시골 출신이었고 또 귀족 출신의 잉글랜드 여자들이 사회적, 재정적 향상을 꾀하도록 기꺼이 도울 뜻을 품고 있었음에도 불구하고, 와이즈 클럽의 일상적인 지적 활동은 같은 종교와 같은 계층의 남자들에게 국한되었다. 비티는 자신의 가르침에서 현재 상태의 유지를 지지하고, 영국 헌법의 기본적인 정당성과 영국 사회의 계급적 구조, 교회와 왕에 대한 충성을 옹호했다. 심지어 아프리카인들의 노예화에 대해 공개적으로 반대하는 것과 같은, 비티의 가장 두드러진 윤리적인 태도도 그의 보수적인 기독교 관점과 신세계 외의 지역에서 벌어지는 제국적 활동에 대한 그의 입장과 일치하는 것으로 받아들여져야 하지, 민초들을 대상으로 한 급진적인 정치적 선동으로 받아들여져서는 곤란하다. 비티는 영국 제국 전역에 퍼진 상업과 탐욕, 약한 신앙심 때문에 사람들이 인간과 재화를 혼동하고 인간의 인간성과 기본적인 자유를 인정하지 않는 제도 앞에서도 본능적인 상식에서 나오는 격분을 느끼지 못하게 되었다고 확신했다.

지금 우리의 관심이 비티에게로, 보다 일반적으로 말해 1760년대 애버딘의 와이즈 클럽 회의실에 모였던 모든 장로교 목사들과 교수들에게로 쏠리고 있는 이유는 그들이 평범한 프로테스탄트의 도덕적 비전 안에서 상식에 명백한 역할을 부여했기 때문이다. 비티와 그의 동료들은 공통 감각이라는 진부한 용어를 갖고 문화적 이상 또는 당파성 강한 설득의 도구 그 이상으로 실질적인 무엇인가를 다듬어냈다. 반(反) 회의주의와 자유로운 탐구에 대한 공약에 똑같이 이바지하면서, 와이즈 클럽의 남자들은 상식이 이성과 뚜렷이 구분되는 새로운 종류의 인식론적 권위를 갖도록 만들었다. 그것이 전부가 아니었다. 그 회원들은 또한 상식을 하나의 잠재적인 사회적 행위자로, 또 사람들이 스스로를 다스릴 기준으로 삼을 원칙들의 원천으로 만들었다.

첫째, 소위 상식 철학자들은 지적 권위를 지닌 인물인 철학자들과 하나의 전체로서 '인민' 사이의 차이를 타파하는 데 보편적인 진리 본능이라는 개념을 이용했다. 말하자면, 상식 철학자들은 철학자들만이 진리를 획득하는 특별한 능력을 갖고 있다는 점을 부정했다. 비록 언어에 관한 한 철학자들이 대부분의 사람들보다 더 똑똑한 것은 사실이지만, 진리의 문제에서는 그런 차이가 있을 수 없다는 주장이었다. 또 상식 철학자들은 보통 사람들의 판단력에 정당성을 새로이 부여했다. 변덕스런 논리나 전문 용어에 때묻지 않은 보통 사람들의 지각력이 오히려 더 믿을 만하다는 인식이었다.

둘째, 비티와 그의 동료들은 이런 기본적인 진리 본능에서 나온 인민의 집단적 판단력이 두 가지 목적에 이바지할 수 있다고 주장했다. 지적 및 도덕적 원자화(原子化)의 위협에 맞서 공동체와 그 제도들을 떠받치는 수단이 됨과 동시에 모든 영역에서 지식의 바탕이 되어 줄 수 있다는 것이었다.

마지막으로, 1760년대와 1770년대 초 와이즈 클럽의 중요한 인물들은 신봉자들에게 이런 야망을 실현하는 데 방해가 되는 완고한 개인들이나 집단들에게 분노를 표현하는데 필요한 용어를 하나 제시했다.

우리는 이마누엘 칸트가 상식 철학자들을 통렬히 비판한 내용을 그대로 받아들일 필요는 없다. 칸트는 상식에 관한 이런 온갖 '가벼운' 논의는 단지 실리주의 형태의 반(反)지성주의에 지나지 않고 '다수의 의견'을 인정하는 행위에 불과하다고 주장했다. "그렇기 때문에 진정한 철학자는 대중의 칭송을 부끄러워하지만 대중적인 허풍선이들은 오히려 그것을 영광스러워하며 떠벌린다"고 칸트는 덧붙였다. 조금 뒤에 확인하게 되겠지만, 칸트로서는 상식의 역사에 드러난 이 모든 궤적을 무시할 이유가 있었다. 또 과학자이자 국교 반대자였던 조지프 프리스틀리가 북쪽에서 갑자기 쏟아져 들어오는 이 난센스와 악습의 급류를 막는 것이 급선무라고, 그렇게 하지 않으면 새로운 종류의 교조주의와 불관용과 오늘날 대중 선동이라고 부를 것이 횡행할 것이라고 경고의 목소리를 높였을 때도 다 나름의 이유가 있었다. 그런 사상들이 지배하게 되는 경우에, 프리스틀리는 "정치인들이 그에 따른 이점을 누리면서 수동적인 복종과 무저항이라는 실패한 원칙들을 우리에게 다시 강요하려 들 것"이라고 예언했다. 이유는 "이성의 힘에 대해 두려워할 것이 전혀 없게 된 상황에서", 정치인들이 "자신들의 명령을 이 새로운 법정의 결정으로 제시할" 권한을 누리게 될 것이기 때문이라고 그는 빈정거리는 투로 말했다.

분명히 말하지만, 이것은 리드나 비티, 아니 오스왈드조차도 마음에 품고 있지 않았던 것이다. 특히, 리드의 경우에 자신은 인간들이 서로 공통적인 본성을 갖고 있기 때문에 공통적으로 갖게 된 관념들에만 관심이 있다는 점을 거듭 강조했다. 또한 그는 자신은 대중의 의견을 진리로 인정하거나, 대중의 의지를 강조하는 개인에게 공개 토론을 회피

할 자격을 주거나, 그런 개인의 주관적인 판단을 대중에게 강요할 권한을 줄 생각이 조금도 없다는 점을 분명히 밝혔다.

그럼에도 불구하고, 우리는 프리스틀리나 칸트가 18세기 중엽에 애버딘에서 나오고 있던 상식에 관한 주장들에 대해 다르게 평가한 것이 전적으로 잘못되었다고 말할 수도 없다. 두 사람이 예견한 것은 상식 철학이 미래에 정치적 주장들에 끼칠 심각한 영향이었다. 상식의 범위를 이런 식으로 다시 씀에 따라, 정치가 대중적이고 민주적인 형태로 전개되는 데 필요한 정신적 하부 구조를 형성할 기본적인 조각이 몇 개 생겨나게 되었다. 이 기본적인 조각들은 또한 대중적이고 민주적인 바로 그 질서에 대한 대중적 도전도 가능하게 만들었다. 그런 가운데 애버딘은 새로운 사상의 수입항뿐만 아니라 수출항으로도 부상하게 되었다.

제3장

양식의 급진적 이용

암스테르담, 1760-1775년

양식은 네덜란드인들의 운명처럼 보인다.

-아르장 후작의 『유대인의 편지』 중에서

1773년에, 여러 필자들이 프랑스어로 쓴 8권짜리 책『포켓용 양식 총서』(La Bibliothèque du bon sens portatif)가 런던의 한 인쇄소에서 나왔다. 이 모음집은 큰 상업적 성공을 거두지 못했다. '분별 있는' 글들을 담은 이 책은 오늘날 아주 귀하며 학술 도서관 몇 곳에서만 소장하고 있다. (프랑스 국립 도서관에 있던 책은 1914년 이전에 어느 땐가 사라져 버렸다.)

제목은 그 책이 당시에 유행하던 시리즈의 형태로 발간되었음을 말해주고 있다. 사전과 백과사전, 편집물이 인기를 누리던 시대에, 'bibliothèque'라는 단어는 서재에 꽂아도 전혀 손색이 없을 정도로 한 가지 주제에 관한 글들을 두루 모았다는 것을 의미한다. 'portatif' 역시 17세기 말 이후에 출판 용어로 널리 쓰이던 단어였다. 볼테르가 1768년에

발표한 걸작 『포켓용 철학 사전』(Dictionnaire philosophique portatif)
도 아주 유명한 예의 하나에 지나지 않는다. 주제가 미술이든, 포술(砲
術)이든, 신학이든 기후이든, 제목에 'portatif'가 붙은 책은 포켓북이
고, 평소에 쉽게 참조할 수 있고, 이용하기 간편한 책이라는 뜻이었다.
책을 읽다가 언제든 책장을 덮고 밖으로 들고 나가도 아무런 불편이 없
는 책들이다.

그 제목엔 또 하나의 사실이 담겨 있다. 『포켓용 양식 총서』는 그 시
대의 다른 많은 철학 서적들처럼, 추상적이긴 했지만 당시에 가장 유행
하던 개념 중 하나였던 양식의 호소력에 의존했다는 사실이다. 18세기
중엽엔 프랑스어 단어 '양식'은 비슷한 영어 단어 상식의 의미를 전부
다 뜻하지 못했다. 양식이라는 프랑스어 단어는 영어의 상식(common
sense)이나 드물게 쓰인 프랑스어 상식(sens commun)이 가졌던, 집
합적이고 상호적인 차원의 의미를 전하지는 못했다. 데카르트의 『방
법론』(Discours de la méthode) 서문을 보면, 양식은 교양이 있든 없
든 모든 사람들에게 공통적으로 있는 "옳게 판단하는 능력"으로 이해
되었다. 그러나 데카르트가 비꼬는 투로 인정했듯이, 대부분의 사람들
은 이 능력을 꾸준히 이용하지는 않는데(그럼에도 사람들은 정작 그
와 정반대로 생각한다), "이유는 훌륭한 마음을 갖는 것만으로는 충분
하지 않고, 중요한 것은 그 마음을 잘 이용하는 것이기 때문이다".[1] 혹
은 프랑스 문법학자 피에르 리슐레(Pierre Richelet)가 반세기 뒤에 더
간단히 요약했듯이, "많은 사람들은 양식이 없으면서도 양식이 있다"
고 생각한다.

그럼에도 불구하고, 프랑스어의 맥락에서 보면, 양식과 그것과 관련

있는 단어인 상식은 17세기 말에 이르러 종종 서로 바꿔 쓸 수 있게 되었다. 이어 18세기에는 양식과 영어 상식의 의미가 서로 거의 일치하게 되었다. 즉, 양식은 기본적인 추론 능력과 일상적인 식별 능력으로 정의되었으며 또한 몽테스키외가 표현했듯이, 모든 사람들에게 두루 받아들여질 기본적인 진리들을 얻게 만드는, "사물들을 서로 정확히 비교할 줄 아는 능력"으로 여겨졌다.

아카데미 프랑세즈의 사전은 출간되고 200년 동안 '공통어'라고 부른 것을 추적하면서 '양식 있는 사람'의 존재에 대해 지속적으로 언급했다. '양식 있는 사람'은 사물들을 이해하고 판단하는 능력을 이성과 조화를 이루는 가운데 이용하는 사람이란 뜻이다. 거꾸로, 양식에 근거한 규칙들은 너무나 명백했기 때문에 분별력 있는 사람에게 그 진실을 증명해 보일 필요가 전혀 없는 것으로 여겨졌다.

이탈리아의 경제학자이자 철학자인 페르디난도 갈리아니(Ferdi-nando Galiani)가 1770년에 선언했듯이, "양식은 휴회하는 일이 절대로 없는 유일한 최고 법원이다".[2] 비록 양식이 공격을 당하거나 모욕을 당하거나 침범 당하거나 악용 당했다는 소리가 자주 들렸음에도 불구하고, 양식은 절대적으로 확실하고, 불변하고, 비난의 대상이 될 수 없는 기준을 제시했으며, 철학뿐만 아니라 일상의 삶도 그 기준에 따라 작동했다.

정말로, 『포켓용 양식 총서』가 나온 1773년경에 유럽에서 프랑스어를 하는 사람들 사이에 양식이라는 개념이 크게 인기를 끌었던 것은 그 용어가 지닌, 평범한, 아니 진부하기까지 한 성격에 크게 기인했다. 그 시대를 '이성의 시대'라고 이름을 붙이는 것은 이해에 도움이 되는 만큼 오도할 위험도 있다. 분명히, 이성은 프랑스와 유럽 대륙에서 수많은 문제들에 대한 포괄적인 해결책으로 널리 받아들여졌다. 그러나 한 가지 이상의 이성이 존재했으며, 소위 계몽주의가 절정에 이른 시대에 아주 기본적인 수준의 이성이 양식과 결합하면서 온갖 종류의 현학 취미뿐만 아니라 체계를 구축하는 신학이나 데카르트 철학의 형식적인 논리와도 맞붙었다.

18세기 중반과 후반에 프랑스어를 하던 작가들에게 양식이 보다 큰 카테고리인 이성의 하부 단위로 인기가 높았던 이유는 그것이 학자의 박식에서 나오는 것도 아니고 복잡한 생각을 놓고 오랫동안 숙고한 끝에 나오는 것도 아닌 것으로 여겨졌기 때문이다. 그 작가들에게 양식은 오직 일상에서 흔하게 접하는 경험과 관찰에서만 나오는 것이었다. 따라서 양식은 보통 남자나 (가끔) 보통 여자의 평범한 속성으로 여겨지게 되었다. 심지어 성별 차이를 옹호하는 장 자크 루소(Jean-Jacques Rousseau)까지도 "양식은 남녀 모두에게 똑같이 있다"고 말했다.[3] 프랑스 저자 베르나르 드 퐁트넬(Bernard de Fontenelle)이 17세기 말에 반어적으로 말해 유럽인들을 크게 놀라게 만들었듯이, "지구의 끄트머리에서 온, 우리들과 완전히 다른 삶을 사는 누르께한 얼굴의 사람들"과 심지어 "우리의 양치기들"에게도 인간으로 각자의 삶을 살면서 얻게 되는 공통의 감각이 있는 것으로 드러났다.[4] 이것이 드니 디드로(Denis Diderot)와 장 르 롱 달랑베르(Jean le Rond D'Alembert)의 위대한 『백과전서』(Enyclopédie)에 실린 단어들 중에서 '양식'이란 단어를 대단히 중요하게 만든 것이었다. 양식은 사람을 "사회의 일상적인 일을 처리할 수 있는 상태"에 있게 하거나 일상의 실용적인 일들을 처

리할 수 있도록 해 주었다.[5]

가장 위대한 프랑스 철학자들도 양식을 탁월한 개인의 특징인 천재성과 혼동해서는 안 된다는 점을 분명히 알고 있었다. 디드로가 다른 맥락에서 설명했듯이, 상식만 갖추면 "형편없는 웅변가나 시인, 음악가, 화가, 조각가, 멍청한 연인"은 말할 것도 없고 "훌륭한 아버지와 남편, 상인 그리고 선한 인간"이 되는 데 필요한 것을 대충 확보하게 된다.[6] 아베 드 콩디야크(Abbé de Condillac)도 똑같은 주장을 폈다. 양식은 정신 또는 진정한 지성과 대조적으로 사람이 복잡한 수학을 이해하게 하거나 새로운 것들을 상상하도록 하지는 못했다. 그러나 양식은 사람이 "매일 그의 눈앞을 스쳐 지나가는" 구체적인 사물들을 보고 그것이 무엇인지를 알 기회를 주었다. 그러니까 양식은 진정한 지식과 훌륭한 심미안의 전제 조건이었다.[7] 루소의 판단에 따르면, 양식을 에밀(루소의 저서 『에밀』(Emile)에 등장하는 가상의 소년/옮긴이)의 가장 훌륭한 자질로 만드는 것도 바로 양식의 그런 측면이었다. 양식은 모든 사람이 다 누릴 수 있는 것이었으며, 또한 다른 사람들과 함께 어울려 살아가는 데 결정적으로 중요한 요소였다.

여기서 1773년에 출간된 그 책으로 돌아가자. 당시에 『포켓용 양식 총서』는 '구원에 중요한 다양한 문제들에 관한 글의 모음'이라는 묵직한 부제를 달고 있었음에도 불구하고 평범한 사람들 사이에 널리 받아들여지고 있던 실용적인 지혜를 앞세우고 성가신 논리와 엉뚱한 추측, 무거운 문체를 배제하겠다고 약속했다. 그 출발점은 보통 사람들에게 익숙한, 평범하고 세속적인 직관들이었다. 거기에 쓰이는 언어는 평범하고 현실적인 언어가 될 것이었다. 따라서 그 책은 이슈들 중에서 가장 추상적이고, 가장 성가시고, 잠재적으로 논쟁을 부를 가능성이 있는 이슈에 초점을 맞출지라도 일반적인 독자들의 인식적 한계를 벗어나지 않을 터였다. 그러면 독자들은 쉽게 이해 가능하고 논박의 여지를 남기지 않는 세계관을 얻게 될 것이다. 이 점에서 보면, 그 책을 낸 출판사의 기획은 18세기의 중요한 트렌드에 부응하는 것이었다.

비티와 리드를 포함한 작은 집단의 스코틀랜드 지식인들은 앞서 수십 년 동안 신의 존재를 옹호했을 뿐만 아니라 당시에 유행하던 회의주의의 영향을 약화시키기 위해 누구나 타고나는 상식이라는 개념을 널리 퍼뜨리려고 노력했다. 이 『포켓용 양식 총서』가 세상에 태어나기 1년 전인 1773년에, 이 총서에 (이름을 밝히지 않았지만) 뚜렷한 목소리를 보탰던 저자 홀바흐 남작(Baron d'Holbach)은 아주 간단한 단어 양식을 제목으로 단 책을 익명으로 출간하면서 자신의 견해를 피력했다. 이 책은 『양식의 새로운 철학』(La Nouvelle philosophie du bon sens: 1771년 빈 출간)과 『양식에 대한 호소』(Appel au bon sens: 1769년 로마 출간) 같은 대작을 잇는 것이었다. 그렇기 때문에 1773년에 출간된 총서는 유럽 전역에 흐르고 있던 사조에 편승하고, 이해하기 쉽게 쓰기만 하면 감사할 사람들을 독자로 확보하려는 기획이었다고 볼 수 있다.

그러나 바로 이 대목에서 이야기가 재미있게 전개된다. 표지를 포함한 그 총서의 외양은 어떻든 속임수일 수 있었다. 유럽 대륙에서 화려한 만찬 파티로 유명한 돈 많은 아마추어 철학자 홀바흐 남작이 양식이라는 단어를 받아들였을 때, 그는 아마 당시의 트렌드를 따르고 있었을지 모른다. 그럼에도, 그가 스코틀랜드인이 말하는 상식의 예를 따랐거나, 아니면 유럽 대륙에서 새롭게 설명한 양식의 예를 따랐다는 이야기는 어디에도 보이지 않는다. 정반대로, 홀바흐 남작의『양식』과『포켓용 양식 총서』안에 담긴 글을 포함한 남작의 글들을 보면, 제목과 달리 상식을 이루고 있는 것들을 포함해 많은 것들을 뒤집어 놓으려는 목적으로 쓰였다는 것이 확인된다.

이 책들 중에서 내용이 제목과 부합하는 책은 거의 없었던 것으로 드러나고 있다. 달리 표현하면, 모든 것이 거짓의 요소를 포함하고 있었다.『포켓용 양식 총서』의 각 권에 실린 저자들의 이름 목록은 가장 단순한 형태의 기만이었다. 대부분의 이름들이 고의로 다르게 적은 것이었다. 그 총서는 몇 년 동안 원고 상태로 읽히고 있던, 프랑스 무신론자이며 문법학자인 세자르 셰스노 뒤 마르세(César Chesneau Du Marsais)의 글로 시작했다(이 총서에는 오래 전에 죽은 생 테브르몽(Saint-Evremont)의 에세이로 되어 있었다).

총서는 이어 과감하게 볼테르와 홀바흐 남작의 글을 익명으로 실었다. 또 교회는 사회적 통제의 한 형태에 지나지 않는다고 주장하면서 조직화된 종교를 비판했던 테오도르 루이 로(Théodore Louis Lau)라는, 널리 알려지지 않은 사람이 죽기 전에 남긴 글도 있었다. 그 책의 글들은 죽었거나 생존해 있던 세계주의자들의 글이었으며, 필자들 대부분은 교회나 국가, 가족과 사이가 틀어져 있었으며, 그들은 당대의 지배적인 진리들과 정반대되는 사상들을 전파시킬 때 법보다 단 한 걸음만 앞서 나가는 요령을 익히 잘 알고 있었다.

사회적으로 자리를 확고히 잡았던 스코틀랜드의 교수와 성직자들과 반대로, 이 사람들은 제도권에 거의 발을 들여놓지 않고 있었다. 그리고 그들이 사회적 사다리를 타고 올라가고 있었든 아니면 내려가고 있었든(후자에 속하는 경우가 더 많았다), 다양한 종류의 위장과 속임은 그들의 존재의 일부를 이루었다. 홀바흐 남작의 『상식』은 저자의 이름을 달지 않은 채 1772년에 유럽 전역으로 퍼져나갔다. 출판업자가 재고 처리를 위해 편집한 『포켓용 양식 총서』에는 각 권을 관통하는 편집상의 뿌리가 전혀 없었다.

게다가, 이 책들 중에서 어느 것도 출간한 도시가 속표지에서 언급한 런던이 아니었다. 프랑스어 제목이 암시하는 파리도 아니었다. 홀바흐 남작의 은밀한 글들을 10년 동안 출간해온 출판업자 마르크 미셸 레(Marc-Michel Rey)의 본거지인 암스테르담이었다. 당시 암스테르담은 다양한 언어로 된 선동적인 책들을 출간하고 배포하는 온상의 역할을 맡았으며, 여기서 나온 책들은 18세기 유럽과 해외 식민지의 지하 세계로 흘러 들어갔다. 곧 확인하게 되겠지만, 1770년대엔 네덜란드의 도시들이 유럽 대륙에서 가장 너그러운 출판 환경을 조성했다. 그러나 가장 크고 부유한 도시인 암스테르담에서조차도 출판업자들이 당시의 지배적인 도덕적, 종교적, 정치적 규범에 반하는 글을 출간하면서 자신의 이름을 밝히는 것은 그런 글을 쓰는 것만큼이나 위험한 짓이었다. 그래서 책이 출간된 도시까지 속이지 않을 수 없었다.

가장 중요한 사실은 따로 있다. 18세기 후반기에 여러 언어가 통하던 암스테르담을 실질적 본거지로 삼은 홀바흐 남작과 프랑스어를 하던 다른 급진적인 저술가들이 양식이라는 단어를 인식론적 소박함을 뜻하는 의미로도 사용하지 않았으며 또 상호 합의에 근거한 진리들을 바탕으로 한 현재 상황에 관심을 쏟는다는 뜻으로도 사용하지 않았다는 사실이다. 오히려 그들은 양식이라는 개념을 통념과 믿음, 행동, 그리고 최종적으로 언어와도 연결되어 있던 기존의 양식을 해체하고 새로운 양식을 퍼뜨리는 사상적 무기로 이용했다. 그런데 이 새로운 양식은 심지어 홀바흐 남작의 헌신적인 친구들과 제자들 사이에도 거의 받아들여지지 않을 무신론으로 직접적으로 이어졌다. 18세기 영국에서, 상식이 검열법이라는 정교한 도구가 없는 가운데 공동체의 규범을 유지하면서 단속 기능을 수행할 것을 약속했다면, 유럽 대륙에서는 상식과 비슷한 양식이 그와 정반대의 기능을 수행하겠다고 약속했다. 상식은 사상을 통제하는 형식적인 법들을 위반하면서 사회적, 종교적 정설들을 훼손시킬 것이다. 영국의 맥락에서 보면, 상식은 사람들이 사물들을 보이는 그대로 받아들이도록 격려하게 되어 있었다. 반면에 유럽 대륙에서 상식의 프랑스어 상대어인 양식은 사람들을 현혹시키는 외양 그 밑을 들여다보면서 그 외양을 뒤덮기 위한 노력으로 '난센스'(nonsense: '부조리'를 의미하는 단어로 18세기에 만들어졌다)를 폭로하는 인간의 잠재력을 의미했다.

　홀바흐 남작이 자신의 주장을 쉽게 전파하길 바라면서 그런 책으로 홍보하길 원했을지 몰라도, 그의 『양식』과 공동 저술인 『포켓용 양식 총서』는 기본적으로 대중적이거나 평범한 것으로 여겨질 수 있는 모든 가정들에 맞서라는 명령이나 다름없었다. 그렇다면 이 대목에서 양식 또는 상식은 스코틀랜드의 비티와 그 동료들이 가장 두려워했던 바로 그것을 네덜란드의 상업 도시들을 중심으로 촉진하던 국제적 프로젝트의 일부가 되었다. 비티와 동료들이 막으려 했던 것이 바로 기존의 제도권 밖에서 기독교 종교와 그 성직자들, 교회들과 그 도덕적 가치를 훼손시키며 벌이던 선동이었으니 말이다. 더욱이, 상식이라는 단어와 연결되는 방법은 기존의 권위자들과 그들의 진실성에 도전하려는 개인들 또는 사회적 집단들로 널리 확산되었다. 프랑스어를 말하며 네덜란드의 언더그라운드에서 활동하던 지식인들을 중심으로 퍼지던 양식은 혁명의 시대에 처음 시작된 민주적인 통치의 현대적 실험들뿐만 아니라 그 실험에 대한 반발에도 아주 중요한 요소가 될 그 포퓰리스트 용어가 형성되는 데 결정적인 역할을 했다.

그때까지 도대체 무슨 일이 일어났기에, 양식이 스코틀랜드의 상식과 완전히 다른 길을 걷게 되었을까? 먼저 과거를 돌아봐야 한다. 1760년대와 1770년대에 마르크 미셸 레의 네덜란드 출판 네트워크에 속했던 홀바흐 남작과 그의 동시대인들은 역사가 깊고 사회적으로 고상하게 여겨지고, 기본적으로 프랑스적인 어떤 지적 전통으로부터 양식 또는 상식이라는 멋진 개념을 발달시켰다. 급진적인 일탈도 전통이라고 묘사할 수 있는지 모르지만 말이다. 세상에 이런 식으로 접근하는 방법은 미묘하면서도 결정적으로 중요한 노선을 악용하지는 않아도 그것에 도전함으로써 그 힘을 끌어냈다. 이 접근 방법은 대체로 사회의 구성원들이 의문을 품지 않고 진리로 받아들이는 것들과, 바로 그 구성원들이 진지하게 받아들이는 것이 불가능하다고 여기는 탓에 위험하거나 단순히 미친 짓으로 받아들이는 것들을 암묵적으로 구분하는 것이다. 달리 표현하면, 그것은 (널리 퍼져있고 관습적이어서) 공통적인 감각과 (단순하고 합리적이고 보편적이어서) 훌륭한 감각을 서로 대비시키는 전통이었다.

한편으로는, 구(舊)체제(1789년 프랑스 혁명이 일어나기 전까지 프랑스를 지배한 절대 군주 정체로 '앙시앵 레짐'(Ancien Régime)이라 불린다/옮긴이) 마지막 몇 십년 동안에 여전히 프랑스는 글로 표현하지 않은 규약과 공통적 이용에서 비롯된 관습이 보통 사람들의 삶에 적용되는 규칙들의 원천으로 상당한 영향력을 발휘하던 국가였다. 여기서 우리는 '폭정'과 '처벌' 같은 단어들이 대부분 비유적으로 쓰이는 예절이나 패션이나 헤어 스타일에 대해서만 이야기하고 있는 것이 아니다. 제대로 정의되지 않은 '인민'의 암묵적 동의에 의존했던 '만민의 일치'는 비코가 이해한 그대로 현대 초기에 유럽의 삶의 거의 모든 영역에서 침범 불가능한 규칙의 중요한 원천이었다. 관습은 임금과 고용 조건에서부터 부채의 청산에 이르기까지, 현대 초기의 경제생활의 중요한 측면들을 모두 결정했다. 관습은 또한 사회적 계급 조직이 유지되도록 했다. 당연히, 관습은 종교적 관행도 지배했다. 심지어 군주와 교회가 함께 진리의 소재지를 알고 단 하나의 참된 인식을 지켜나갈 수 있었던(이 임무는 정교한 감시나 검열 제도를 통해서 거짓 또는 경쟁적인 사상들이 사람들 사이에 전파되지 않도록 막는 것을 포함했다) 절대주의 시대에도, 관습은 국가 권력에 대한 억지력으로 무시할 수 없는 요소였다.

유럽 대륙의 다른 곳에서와 마찬가지로, 현대 초기의 프랑스에서도 관습이 인민을 어느 정도 묶어주고 있었다는 사실을 보여주는 예가 두 가지 있다. 하나는 구체제의 민법이다. 이것은 글로 쓰이지 않은 법, 즉 관습법의 한 형식으로 이해하면 된다. 영국의 보통법과 많이 닮았다. 로마법은 대부분의 관습적인 관행의 뿌리를 파고들면 거기에 그 지방의 역사 깊은 지식(14세기 이탈리아 법학자 발두스 데 우발디스(Baldus de Ubaldis)는 이것을 '일들의 경험'이라고 불렀다)이 '타고난 이성', 즉 일종의 근본적인 공통 감각과 결합되어 있다는 사실이 확인된다는 입장을 보였다. 그러나 이 관습에 법적 힘과 성문법과 동일한 지위를 부여하는 것은 글로 표현되지 않았지만 보편적으로 이뤄진 합의에 따른 것이었다. 이 합의는 큰 사회 집단 안에서 오랫동안 내려오는 규범적인 관행을 통해 거듭 재확인되었다.

17세기에 프랑스에서, 이와 매우 유사한 모델이 무엇이 진실이고 무엇이 정당한지를 밝히는 데 이용되었던 단어와 표현들의 컬렉션인 언어로 확장되었다. 문법학자 클로드 파브르 드 보줄라(Claude Favre de Vaugelas)는 1647년에 글을 쓰면서 언어에서 가장 중요한 것은 쓰임새이기 때문에 "쓰임새가 언어들의 주인이며, 언어에서 권위를 갖는 것은 인위적인 이성이나 논리와 아무런 관계가 없는 훌륭한 쓰임새"라고 주장했다.[8] 국가의 지원을 받는 아카데미 프랑세즈는 17세기 중반에 출범한 이후로 줄곧 이 사상을 따랐다. 아카데미 프랑세즈의 권위 있는 회원 40명은 사람들의 암묵적 동의로 결정되고 유지되는 기존의 언어 관습에 침범 불가능한 자연법의 권위를 부여하는 것을 자신들의 목표로 삼았다.

물론, 공통의 언어를 기록으로 남기고 정리하는 행위 자체는 18세기가 시작되기 훨씬 전부터 언어의 쓰임새의 표준도 보통법과 마찬가지로 사실 궁정사회의 '전문가들'에 의해 정해져 왔다는 것을 의미했다. 현대 초기에, 특별한 훈련을 받아 지식을 갖춘 상태에서 국가의 지원을 받는 권위자들이 언어나 민법이나, 보다 일반적으로 국정 같은 주제를 설명하고 규정하고 문서로 만들고 통제하는 임무를 맡았다. 집단적으로 보면, 그 과정에 민중 계층과 상류층이 맡은 역할은 아주 미미했다. 게다가, 중요하게 받아들여진 쓰임새는 적어도 프랑스에서는 극도로 제한적인 영역, 보줄라에 따르면 "궁정에서도 가장 건전한 일부"와 "우리 시대 저자들 중에서도 가장 건전한 일부"의 쓰임새로 국한되었다.[9]

비록 공식적인 사전이 공통적인 쓰임새를 올바른 대화나 올바른 글쓰기의 바탕으로 받아들였을지라도, 그 사전도 국가의 지명을 받은 사람들이 쓴 사전(언어학의 법전이라고 할 수 있다)을 따라야 했을 것이다. 그럼에도 원래의 공통성이라는 허구, 말하자면, '인민의 목소리는 하느님의 말씀'(Vox populi vox Dei)이라는 고대 기독교의 가르침에서 간혹 표현되듯이, 집단적인 인민이 개인들보다 더 우수하고 관습이 이성보다 우위에 선다는 허구는 살아남았다. 현대 초기의 프랑스에서 관습의 힘은 사실 현대 프랑스 역사의 상투어들 중 하나가 되었으며, 이 상투어는 관습의 힘을 옹호하는 자들과 그것을 하나의 표적으로 바꿔 놓은, 똑같이 오랫동안 이어지고 계몽된, 그래서 혁명적인 신화에 의해 똑같이 지탱되고 자주 과장되었다.

한편으로(그리고 여기서 우리는 체제 전복적인 양식의 뿌리를 본다), 17세기와 18세기의 프랑스의 역사에서 눈길을 주는 곳마다 타인들의 태도를 의심하려는 경향이 보인다. 그리고, 최종적으로, 공통적인 정서의 존재와 그 정서의 가치에 대한 믿음이 아주 약하다는 것이 확인된다. 속담을 예로 들어 보자. 사람들에게 인생의 지침 역할을 하는 작자 미상의 속담은 공통 감각의 특성을 갖고 있을 수 있다. 인류학자나 역사학자에게 속담은 그 사회가 특정 시점에 시간과 공간, 가족, 섹스, 그리고 다른 보편적인 주제들에 대해 품었던 대체적인 인식을 파악하게 하는 최고의 보물이다. 구체제의 프랑스 문화에도 온갖 속담이 통용되었으며, 속담들은 다양한 사회 계층 전반에 걸쳐서 기본적인 품행과 의사 결정에 적용할 수 있는 실용적인 규범의 기준으로 받아들여졌다. 그 속담들 중엔 '훌륭한 열매는 훌륭한 추수에서 나온다'는 속담처럼 지금도 큰 울림을 주는 것이 많다. 한편, '훌륭한 혈통은 거짓말을 하지 않는다'는 속담처럼, 그것이 널리 통용되던 과거의 기이함을 강화하는 것도 있다.

속담들 중에 양식의 소유와 신의 존재에 대한 믿음 사이에 밀접한 관계가 있다는 점을 보여주는 것들이 많다. '양식 있는 인간이라면 신의 존재를 인정하지 않을 수 없다'는 속담이 그런 예이다. 틀림없이, 그런 속담들을 되풀이 말한다는 사실 자체는 그 내용뿐만 아니라 사회적 규범을 강화하고 일종의 공통의 지혜와 공통의 감수성을 배양했을 것이다. 그럼에도 (속담의 주제로 자주 거론된) 양식 또는 상식에 대해 말하자면, 전통적으로 내려오는 많은 프랑스어 속담들이 강조하는 것은 양식이 발견되지 않는 곳이다. 부유하고 힘 있는 사람들은 양식을 별로 많이 갖고 있지 않은 것으로 드러난다. 머릿속이 온통 구름으로 희뿌연 학자들도 양식을 별로 갖고 있지 않다. 젊은이와 무엇인가에 빠져 지내는 사람, 여자들에게도 똑같이 말할 수 있다.

사실, 현대 초기 프랑스의 사회적 맥락에서 보면, 양식이 없다는 비난은 오히려 반대의 의미로 받아들여졌다. 17세기 말에 문단의 엘리트들이 남긴 격언들을 보면, 양식과 부합하고 널리 인정까지 받는, 삶의 지침 같은 것에 대해 냉소적인 태도를 보이고 있는 것이 특징이다. 프랑수아 드 라 로슈푸코(François de La Rochefoucauld)의 유명한 격언, 즉 '사람은 자신의 의견에 동의하지 않는 사람에 대해서는 절대로 양식 있다고 말하지 않는 법이다'라는 격언은 인간의 자기애와 허영심을 고발하는 내용이다. 그 격언은 또한 인간의 내면에 있는 구체적인 확신들 중에서 주관의 덫에서 완전히 벗어난 것은 별로 없다는 주장이기도 하다. 왜냐하면 프랑스, 아니 더 일반적으로 유럽이 공통적인 관습에 대해 공식적으로 존중을 표하는 한편, 프랑스 엘리트들의 사고에서, 특히 진리를 추구하는 일에서 대중적이고 습관적인 모든 것들, 말하자면 '보통 수준'의 판단력의 산물들에 대한 불신의 흔적이 강하게 확인되기 때문이다. 이 회의주의는 (신학자와 의사와 학자를 포함한) 학식 높은 사람들의 의견과 망상에 사로잡힌 인민의 의견에까지 두루 퍼졌다.

17세기 전반기에, 이 도전들 중 가장 유명한 것이 데카르트의 펜에서 나왔다. 데카르트는 자신의 저서『방법론』의 서문에서, 양식(여기서는 기본 이성과 판단력과 동일한 뜻으로 쓰였다)을 참된 것과 거짓된 것을 구분하는 인간의 고유한 능력과 연결시킨 직후에, 자신을 모든 사회적 접촉으로부터 제거하고 자신의 교육의 모든 중요한 원천들의 인식론적 가치들을 체계적으로 부정하는 급진적인 태도를 보였다. 그는 진리를 추구하면서 책들에 담긴 세속적이지 않은 모든 의견들을 외면할 필요성을 느꼈다고 주장했다. "학자가 자신의 방에서 홀로 하는 추론은 아무런 결실도 맺지 못하는 명상으로 이어지고, 그런 추론은 그 학자 본인에게도 상식으로부터 멀어지는 만큼 허영심을 더욱 키우게 하는 외에 다른 어떤 결과도 안겨주지 않는다." 그럼에도 데카르트는 다른 사람들의 관습을 관찰하는 노력에서도 아무런 해답을 발견하지 못했다는 취지의 말을 했다. "사람들의 관습을 관찰하다 보면, 그 중 많은 것이 우리에게는 너무나 터무니없고 우스꽝스러워 보이는데도 다른 위대한 사람들에게는 여전히 일반적으로 받아들여지고 인정을 받고 있다."(10) 심지어 보편적인 동의를 얻은 믿음과 사회적 관행들까지도 진리의 탐구 과정에 제거되어야 할 '편견'과 오류인 것으로 드러나는 경우가 종종 있었다. 『방법론』의 저자 데카르트에겐 관습에서 비롯된 것들을 포함해, 내면의 기본적인 이성의 소리를 듣지 못하게 방해하는 것이면 무엇이든 지식의 탐구 과정에 반드시 버려야 할 것들이었다.

그러나 당시에 데카르트는 사실 사회적으로 큰 물결을 이루고 있던, 지식의 바탕과 인간 본성에 대한 회의주의에 나름대로 대응하고 있었다(그리고 실제로 이 회의주의를 저지하기를 바랐다). 앞서 17세기가 동틀 무렵에, 프랑스의 가톨릭 신학자이자 철학자인 피에르 샤롱(Pierre Charron)은 관습을, 전염병처럼 이 사람에서 저 사람으로 퍼진 습관과 무분별의 산물에 지나지 않는 것으로 폄하했다. 1601년에 발표된 『지혜론』(De la sagesse)의 저자인 샤롱은 기존 규범에 대한 폭넓은 암묵적 인정을 그 규범의 유효성을 입증하는 증거로 받아들이지 않았으며, 지혜를 추구하는 사람이라면 누구나 그와 반대의 길을 걸어야 한다고 조언했다. 진리를 찾기 위해서, 사람은 자신의 감상적인 열정과 추정들까지 모조리 까놓고 과연 그것들이 옳은지를 검증하고 "세상의 전염"으로부터 달아날 필요가 있었다. 그가 말하는 "세상의 전염"이란 곧 대중이 인정하는 모든 것, 말하자면 대중적인 것으로 통하는 모든 것, 그리고 모두가 말하고 행동하고 믿는 것들을 의미했다. 샤롱에 따르면, 그에 대한 유일한 대답은 의심, 즉 회의(懷疑)였다.

태생이 좋은, 차세대의 프랑스 자유주의자와 회의주의자들이 발판으로 삼았던 논거가 바로 이것이었다. 그들은 이런 주장을 전폭적으로 받아들인 뒤에 더욱 엘리트주의로 흘렀다. 이런 현상을 두고, 어떤 해설가들은 17세기에 온갖 부류의 인본주의자들 사이에 대중의 믿음이 거의 인정을 받지 못했다고 말할 수 있을 것이다. 1세기에 걸친 종교적 투쟁, 새로운 과학에 의한 발견들, 세계의 다른 부분들의 발견, 새로운 땅의 발견을 통해 알게 된 다양한 종교적 관행과 믿음들…. 이런 요소들은 당시에 점점 더 강해지고 있던, 다양성이야말로 사고의 모든 영역에 공통적이라는 인식을 더욱 강화시켰다.

분명히, 17세기의 사상가들 대부분은 적어도 샤를 소렐(Charles Sorel)이라는 프랑스 해설자가 '교육 받은 합리적인 사람'이라고 부른 사람들 사이에는 의문의 대상이 될 수 없는 것들도 있다는 주장을 계속 폈다. 소렐이 그런 예를 몇 가지 제시했다. 동물들은 말을 하지 못하고 추론을 하지 못한다는 것도 한 예였다. 자기 친족을 해치는 것은 부당하다. 선한 것은 칭송 받아 마땅하다. 신은 존재한다. 이와 다르게 주장하는 것은 '진정한 상식'을 위반하는 것이며 조롱을 자초하는 꼴이 된다고 소렐은 주장했다.

그것을 제외한다면, 인생 후반기에 젊은 루이(Louis) 14세의 가정교사를 지낸 프랑수아 드 라 모트 르 베이예(François de La Mothe le Vayer) 같은, 학식 있고 귀족적인 새로운 세대의 회의주의자들에게는 "가장 보편적으로 믿어지는 것만큼 확실히 거짓인 것은 없다".(11) 의문의 대상이 되지 않았던 평범한 것들 중에서 가장 평범한 것도 대체로 그릇된 것으로 드러났다. 그리고 데카르트의 『방법론』이 출간되고 꼭

1년 뒤인 1648년에, 라 모트 르 베이예는 ''어떤 상식도 갖지 않는다는 것은' 이라는 평범한 표현에 대한 회의적인 작은 논문'(Opuscule or Small Skeptical Treatise on the Common Expression 'To not have any Common Sense')이라는 제목의 소논문을 발표했다. 논문의 목적은 상식 같은 것은 절대로 없다는 것을 보여주는 것이었다. 라 모트 르 베이예에 따르면, 상식이라는 이름으로 통하는 것은 대체로 평범하지도 않고 또 현명하지도 않았다. 만약에 상식이 아닌 것을 상식이라고 믿는 실수를 피하기를 원한다면, 일반적으로 받아들여지는 통속적인 의견들을 몽땅 무시할 줄 알아야 한다고 라 모트 르 베이예는 주장했다. 유일한 희망은 주관적인 의견들의 대립물로 이해되는 단순한 논리적 진리, 즉 양식만을 지식으로 받아들이는 것이었다.

그러나 데카르트 철학자들이 이 기본적인 양식의 원칙들이 종국적으로 신의 본질에서부터 이승의 행복까지 다양한 주제들에 대해 확실한 대답들을 내놓을 것이라고 믿는 지점에서, 회의주의자들은 마음속에 그와 다른 것을 품었다. 라 모트 르 베이예와 그의 작은 집단은 확고부동한 도덕적, 정치적, 형이상학적 진리에 도달할 수 있다는 희망을 전혀 갖지 않았다. 라 모트 르 베이예가 무신론자라고 공개적으로 밝힌 적은 없었지만, 그의 내면은 그랬다. 진정한 회의주의자들에게, 철학자의 유일한 목적은 너무나 친숙한 까닭에 상식적인 진리로 통하게 된 습관들과 믿음들의 신비성을 벗겨내는 것이었다. 철학자의 임무는 역설, 즉 이미 널리 받아들여진 의견과 반대되는 명제들을 높이 들어올리며 지지를 끌어내는 것이었다. 목표는 조소(嘲笑)를 유발하고, 최종적으로 스스로 대중과 이 세상을 이끄는 사람들을 똑같이 멀리한 '탁월한 정신들' 사이에 도덕적 상대주의와 회의를 불러일으키는 것이었다. 그리고 이것이 양식이 아주 유익할 것이라고 약속한 곳이다.

최소 수준의 이성과 인식력으로 이해되었던 양식은 모순을 꿰뚫고, 위선과 겉치레를 폭로하고, 거짓을 뿌리 뽑는 데 유익하게 이용될 수 있었다. 또한 농부를 포함한 배우지 못한 사람이든, 아니면 철학자와 의사와 공무원과 신학자를 포함한 배움이 지나치게 많은 사람이든, 그들의 논리적 모순과 언어적 모호함을 타파하는 데도 양식이 이용될 수 있다. 양식의 이 기능에 의지하는 것은 전통의 권위와 대중의 의견 일치를 선호하는 편향에 정면으로 맞서는 수단으로 효과적이고 완벽했다. 온갖 종류의 관습적인 지식, 특히 종교나 도덕, 섹스와 연결된 대중의 의견 일치에 맞서는 데 양식이 좋은 수단이 될 수 있었다. 정말로, 양식은 유머는 말할 것도 없고 다원주의와 관용의 이름으로, 그런 식으로 의견 일치를 통해 지식이 형성될 수 있다는 인식을 깨뜨리는 수단이었다.

이들 초기의 회의론자들은 한 가지 판단에서 리드와 비티와 일치했다. 회의론자의 양식이 사람을 행복으로 이끌지 못한다는 것이었다. 라모트 르 베이예의 글에서, 이유는 회의론자의 양식에서 나오는 진리가 대중의 증오를 불러일으키면서 양식의 대변자가 버림받도록 만들 잠재력을 안고 있기 때문이다. (이미 사막에 살고 있거나 고독 속에서 살고 있는 사람들은 예외라고 그는 무뚝뚝하게 지적한다.) 그러나 그 진리가 선택된 그 개인에게는 일종의 개인적 해방을 안겨줄 것이라고 라모트 르 베이예는 초기의 에세이에서 강조했다. 그것은 사회적 구분에 크게 의존하는 동시에 인식론적으로 극히 급진적인 입장이었다. 특히 인간들이 진정으로 공통적으로 갖고 있는 것은 자신들의 집단적인 지혜에서 잘못된 점을 찾아내는 그런 레이더 감지기 같은 것이라는 주장에서 그런 점이 두드러진다. 그런데 이 레이더 감지기는 충분히 이용되지 않고 있는 것으로 평가받는다. 바로 여기서, 그러니까 17세기 프랑스 궁정에서 우리는 150년 뒤에 스코틀랜드인들의 상식 철학의 배경을 형성한 그런 종류의 추론과 반대되는 것을 발견한다.

그러나 이런 급진적인 양식 개념이 18세기 들어서 권위의 소재지에 도전하고 그 과정에 종국적으로 '전문가들'과 보통 사람들의 관계에 변화를 일으키면서, 전복의 한 도구로 인기를 누렸던 곳은 프랑스 귀족 사회가 아니었다. 그 개념은 수입품이었다. 양식은 17세기 말과 18세기에 프랑스 북동쪽 귀퉁이와 국경을 접하고 있던, 인구 밀도가 높은 작은 상업 국가 네덜란드 공화국의 여러 도시에 모였던 이질적인 학자들 사이에서 최적의 보금자리를 발견했다.

많은 여행객들과 난민들에게, 네덜란드의 도시 생활은 그다지 매력적이지 않았다. 전해지는 바에 따르면, 암스테르담은 악취가 났고, 세련되지 못했으며, 돈을 밝히고, 언제나 습했다. 그러나 '양식과 자유의 땅'이라는 이름으로 불릴 자격을 갖춘 유일한 곳은 성직자들과 왕의 권력이 강했던 프랑스가 아니라 네덜란드 공화국이라고 망명한 자유 사상가인 아르장 후작은 회고록에서 강조했다.[12]

네덜란드 공화국은 언론 검열이 다른 곳에 비해 상대적으로 약했으며, 정치 문화가 분권적이었다. 그렇기 때문에 일찍이 17세기 중반부터 유럽에서 가장 관대한 국가라는 명성을 얻게 되었다. 네덜란드 공화국에도 네덜란드 개혁 교회가 확고하게 자리 잡고 있었다. 그럼에도 불구하고 자유 사상가들과 다른 종교적 급진주의자들뿐만 아니라 유대인과 가톨릭 교도와 온갖 교파의 프로테스탄트들이 박해 받지 않고 살아갈 수 있었다. 한마디로 말해, 네덜란드에는 프랑스와 대조적으로 종교적 다양성이 일상이 되어 있었다.

게다가, 이 작은 국가는 그때 이미 유럽의 커뮤니케이션의 중심지로 각광을 받고 있었다. 서적과 정기 간행물, 팸플릿들이 다양한 언어로 출간되어 배포되고 있었다. 네덜란드가 커뮤니케이션 중심지로서 한 역할은 국가의 크기를 훨씬 초월하는 수준이었다. 선동적이거나 부도덕한 간행물을 단속하는 법이 시행되고 있었지만, 시장에 대한 규제는 대부분 소비자의 취향에 맡겨져 있었다. 출간된 책이 훌륭하거나 재미있으면, 아르장 후작이 훗날 강조했듯이, 네덜란드 사람들은 그것을 읽었다. 그만한 가치가 없는 책이라면, 네덜란드 독자들은 외면했다. 아르장 후작이 볼 때, 네덜란드 공화국이 세계 양식의 수도로 여겨질 수 있었던 첫 번째 이유는 사상의 일차적 규제자로 시장의 힘을 믿었다는 사실에 있다. 또 종교적 차이를 용인하고, 시민 사회의 행복과 안정을 추구했다는 사실도 한 이유로 꼽힌다.

아르장 후작이 밝히지 않은 것이 있다면, 이런 특징들이 네덜란드의 여러 도시들을 유럽의 다른 지역에서 탈출해 온 사람들에게 피난의 장소로 만들었다는 사실과, 또 다양한 이민의 물결이 당도함에 따라 이같은 특징들이 (많은 외국 시사 평론가까지 두려워할 정도로) 더욱 강화되고 확대되었다는 사실이다. 1685년 이후, 프랑스 프로테스탄트 피난민들이 그런 집단 중에서 가장 큰 집단을 형성했다. 이들 중 많은 수는 매우 학식이 높아 프랑스에 살 때 학자와 교사, 목사로 활동하던 사람들이었다. 이 프랑스인들은 망명 생활을 하면서 출판계나 언론계의 네덜란드인들과 힘을 합해 새로운 미디어와 새로운 시장을 동시에 창출했다. 새로운 미디어의 대부분은 프랑스어로 발행되었다(섀프츠베리가 공통 감각이라는 개념에 대해 쓴 평론집을 프랑스어로 처음 번역한 책과 '검열관'(Le Censeur) 같은 제목을 단 잡지를 포함한 '스펙테이터'를 모방한 프랑스어 간행물이 18세기 초 네덜란드 출판사에서 발행되었다고 해도 전혀 이상할 것이 없다).

동시에 위그노 피난민들은 관대한 법적 구조를 가졌음에도 불구하고 기본적으로 칼뱅주의 국가였던 네덜란드 공화국을 종교적 급진주의와 불신앙의 온상으로 만드는 데 크게 기여했다. 17세기 말에, 네덜란드 공화국의 상업적, 정치적 중심지였던 암스테르담과 로테르담, 레이덴, 헤이그 등은 이단적인 문화의 세계적 중심지가 되었다. 그것은 프랑스의 회의주의와 합리주의, 영국의 이신론(理神論), 뉴턴과 연결되는 새로운 과학뿐만 아니라 네덜란드 태생인 바뤼흐 스피노자의 철학을 강하게 반영하는 문화였다. 개인들의 차원에서, 이 문화는 단순한 반(反)교권주의에서부터 급진적인 이신론이나 진지한 무신론에 이르기까지 다양한 형태를 띠었다.

이런 다양한 물결들을 서로 연결시킨 것은 당시의 가톨릭교회에 대한 적대감만이 아니었으며, 권위주의에 반대하는 분위기가 전반적으로 형성되어 있었다. 바꿔 말하면, 종교와 정치, 도덕에 관한 한, 프랑스에 반대하는 분위기뿐만 아니라 관습에 반대하는 분위기도 있었다는 뜻이다. 이 물결들을 결합시킨 또 다른 요소는 기존에 용인된 모든 형태의 지혜나 권위에 반대하는 이 운동이 결정적인 하나의 도구로서, 개인들에게 양식을 배양할 것을 촉구한 것이었다.

샤롱과 라 모트 드 베이예의 숭배자이자 17세기 말의 상징적인 망명자였던 피에르 베일의 예를 보자. 프로테스탄트가 지배하던 로테르담의 걸출한 인물이었던 베일은 겉으로 칼뱅주의의 중요한 신념들을 그대로 지지하면서 신의 존재를 주장했다. 그는 또한 라 마트 르 베이예처럼 여전히 '국가 이성'(raison d'état)(국가를 통치하고 보존하기 위한 정치적 개념으로, 마키아벨리가 처음 소개했다. 국가가 국가로 존재하기 위해 군사 · 경제 · 문화 등 다양한 분야에서 목표를 갖는다는 점을 강조한다/옮긴이)과 강력한 군주 정체의 충실한 지지자로 남았다. 왜냐하면 그가 인민을 공공 질서를 위협하는 열광적인 어떤 힘으로 보았기 때문이다. 그러나『예수 그리스도의 이 말씀들에 대한 철학적 논평』(Philosophical Commentary on These Words of Jesus Christ)에서, 그는 자연적인 이성을 기독교 이상과 도덕 원칙에 부합하도록 만드는 것을 필생의 과업으로 삼았다. 목표는 "양식에, 자연의 빛에, 이성의 일반적인 원칙들에, 한마디로 말해, 진실과 거짓을 구별하고 선한 것과 나쁜 것을 구별하는 근본적이고 원초적인 규칙에 명백히 반하는 것을 백일하에 드러내는" 것이었다. 말하자면, 학술적인 것이든 공통의 동의의 산물이든 모든 형태의 신조들에 담긴 "부조리한 것들"을 고발하는 것이 그의 목표였다. 베일에게, 인간의 실존에 관한 주장이나 텍스트 중에서 너무나 신성하거나 너무나 확고하여 검사의 대상이 될 수 없는 것은 절대로 있을 수 없었다. 신학자들에게도 "자연의 빛의 자명한 이치들을 근거로 말하는 이성이 우리에게 제시되는 모든 것을 최종적으로 심판하는 최고 법정"이 되어야 한다고 베일은 주장했다. 이성이 진리에 도달하는 유일한 길이었다.

그럼에도, 네덜란드의 주요 도시들, 특히 암스테르담에 관한 이 이야기에 중요한 존재들은 베일 같은 몇 사람의 독창적인 위그노 사상가들만이 아니다. 18세기가 시작되던 시점에, 네덜란드 공화국은 출판물로나 원고 상태로 돌아다니던 온갖 종류의 반대 의견이나 종교적 논쟁을 생산하고 소비하는 사람들이 느슨하게 구축하고 있던 네트워크의 중심점이었다. 네덜란드에서 나온 책과 원고들은 북유럽의 가톨릭 국가와 프로테스탄트 국가들의 중요 도시로 널리 퍼져나갔다. 이 은밀한 지식 세계는 곧 새로운 집단의 망명객들을 흡수하게 된다.

이제 우리는 더 이상 위그노를 중심으로 논하지 않고 있으며, 그보다는 프랑스 가톨릭에서 개종한 잡다한 성분의 사람들에 대해 이야기하고 있다. 그들은 절대주의의 땅에서 자기 표현뿐만 아니라 행동까지 통제하는 규칙에 모욕을 당하고 분노한 사람들이었다. 그들은 또 그 문제와 관련해서 무엇인가를 할 수 있는 모험심과 교육 수준을 갖춘 사람들이었다.

18세기 초 몇 십 년 동안에, 네덜란드 문단에서 양식을 옹호한 사람들은 아마 성직을 박탈당한 수도사, 방탕한 귀족, 군사적 모험가 아니면 빚 때문에 체포 영장이 발부되어 방랑길에 오른 바람둥이들이었을 것이다. 이들은 원래 프랑스 국적이었으나 그런 식으로 전통에서 벗어난 삶을 살다가 결국 네덜란드 공화국의 도시에서 피난처를 찾게 된 사람들이었다. 이들 중엔 캐나다나 콘스탄티노플 같은 먼 곳까지 갔다가 네덜란드를 택한 사람들도 더러 있었다. 그 이유는 그들이 헤이그나 암스테르담의 지하 출판 시장에서 사상가나 작가로 밥벌이를 할 수 있는 가능성을 보았기 때문이었다. 그것은 이 남자들 중 많은 사람들이 고국의 지배적인 문화에 대해 분노와 적대감을 느끼게 만드는 입장이었다. 그러나 그들의 망명은 또한 그들에게 동떨어져 있다는 느낌, 또는 사회 비평의 관점에서 보면 나름대로 의미 있는 경계인의 느낌을 주었다.

일부 망명객들은 적어도 겉보기에는 공식적인 네덜란드 프로테스탄트 교회와 지속적인 관계를 발전시켰다. 그러나 글을 써야 하는 처지에 놓이자, 많은 사람들은 각자의 철학적 입장에서 현재 상태를 깨뜨리는 것을, 말하자면 혐오스런 프랑스뿐만 아니라 네덜란드 문화의 종교적, 도덕적, 성적 인식에까지 도전하는 것을 임무로 삼았다. 망명객들의 그런 작업 중에서 어디까지가 개인적인 성향이고(타국으로 떠나지 않을 수 없었던 다른 사람들처럼, 그들 대부분도 떠나온 고국에 대해 맹렬히 반대했다) 어디까지가 자신의 철학적 원칙에 따른 것인지, 아니면 밥벌이를 위한 것인지 분간하는 것은 쉬운 일이 아니었다. 이들 중에 혁명가라고 불릴 만한 사람은 아무도 없었다. 교황의 금서 목록은 말할 것도 없고 불온 서적 단속관들의 눈을 피하려 노력했던 그들의 목표는 북유럽 전역에 걸쳐 독자들에게 뜻밖의 놀라움을 안기는 것이었다. 그러나 종국적으로 이 망명객들은 독자들 일부에게 도덕적 및 지적 권위는 그들이 평소에 눈길을 주는 곳 어디에도 있지 않다는 점을 확신시키길 원했다.

비티에 대해 말하자면, 그 프로젝트는 저자의 역할을 다시 정립하는 것으로 시작되었다. 그는 전문적인 지식을 갖춘 사람보다는 단순히 실용적인 양식의 밀사에 더 가까웠다. 그러나 그는 (스코틀랜드 상식 철학자들의 예를 따라서) 당시의 모습 그대로의 인민의 편에 서지 않았다. 대신에 그는 조금 더 먼 과거에 보다 원시적으로 살던 옛날의 인민을 대변하는 역할을 자처했다. 새로운 저자는 상상 속의 고귀한 미개인의 역할에서 제2의 자기를 발견했다. 이 새로운 자기는 문명의 인공적인 방식에 전혀 찌들지 않은 일반적인 보통 사람이며, 기본적인 정신적 도구들만을 물려받았을 뿐이다. 그 정신적 도구들은 모든 인간이 주변 세상을 이해할 수 있도록 태어나면서부터 갖고 나오는 것들이다. 지배적인 문화의 대표자들이나 권위적인 인물들과 대화를 하거나 편지를 주고받을 때, 그 미개인은 밖에서 안을 들여다보면서 이중적인 어떤 임무를 수행했다. 그는 너무나 순박한 모습을 보이면서 그렇지 않았더라면 절대로 할 수 없었을 말까지 털어놓으며 다수의 문화의 위선을 폭로한다. 이제 그는 (초반의 대화의 형식들과 반대로) 좋은 것과 나쁜 것, 참된 것과 거짓된 것을 나누는 선이 실제로 그어진 곳에 대한 확신을 흔들어 놓았다.

18세기 유럽의 인쇄 문화 전반에 걸쳐서 이 같은 글쓰기 기법의 변형들이 발견되지만, 라혼탄(Lahontan) 남작이었던 루이 아르망 드 롱 다르스(Louis-Armand de Lom d'Arce)가 18세기 초에 헤이그에서 발표한 글들이 그 기법이 어떤 것인지를 들여다보게 하는 훌륭한 예가 될 수 있다. 그의 이야기는 애버딘의 리드나 비티의 인생 경험과 다르다는 점을 강조한다는 측면에서도 충분히 다시 들을 만하다.

라혼탄 남작은 최종적으로 네덜란드에서 피난처를 찾은 많은 가톨릭 급진주의자들처럼 뿌리는 깊지만 몰락한 어느 프랑스 귀족 집안 출신이었다. 남작이 젊을 때인 1680년대에 그의 어머니가 파리에서 도박 시설을 운영했다는 소문이 있었다. 확실한 것은 그가 청년기에 캐나다에서 이로쿼이 연맹으로 알려진 인디언들과의 전투에 참여해 군사적 명예를 얻기 위해 프랑스를 떠났다는 사실이다. 캐나다에서 길고 혹독한 겨울을 열 번 보내는 동안에 그는 알곤킨 인디언들과 친하게 되어 그들과 어울려 대화하고 사냥을 즐기곤 했다. 동시에 그는 그곳에서 군 복무를 하는 동안에 왕의 부관에까지 오르게 되었다. 그러나 그는 스물일곱 살에 플레상스의 총독과 언쟁을 벌인 뒤 군사적 경력을 모두 포기하고 어선을 타고 캐나다를 떠나 유럽으로 향했다.

1693년에 포르투갈에 내릴 때, 그는 자신에게 돈도 없고 직업도 없고 고국도 없다는 사실을 깨달았다. 이유는 그가 탈주자 신세라서 고국으로 향할 수 없었기 때문이다. 기약 없는 방랑길에 오른 라혼탄은 처음에 영국과 네덜란드에 스파이 노릇을 제안했다. 그러다가 18세기가 동튼 직후에, 그는 행정 수도 헤이그에서 아메리카 대륙에서 펼쳤던 특별한 모험을 책으로 출간하면서 저자의 역할을 시도했다. 이어서 북아메리카의 자연적, 생물적, 문화적, 정치적 삶에 관한 방대한 양의 다큐멘터리를 썼다. 아마 영국인이나 스페인 사람들이 돈을 내고 자신의 지식을 사도록 설득하기 위해서였을 것이다. 그러나 라혼탄 남작에게 영원히 가톨릭 세계의 가장자리에 머무는 삶을 살게 만들고 결국 이단자 명단에 이름을 올리도록 만든 것은 『견문이 넓은 양식 있는 미개인과 저술가 사이의 기이한 대화』(Dialogues curieux entre l'auteur et un savage de bon sens qui a voyagé)라는 제목을 단 3부작 중 세 번째 책이었다.

이 대화에서, 정통 가톨릭 가치들을 대표하는 주인공(라혼탄은 주인공의 이름을 자신의 이름을 따서 교묘하게 지었다)은 어떤 특별한 도전자를 맞았다. 가공의 휴런족 인디언 아다리오였다. 아다리오는 자연적이고 타락하지 않은 이성 또는 저자의 표현을 빌리면 양식의 화신으로 묘사되었다. 이어지는 대화에서, 능변을 자랑하고 세계적인 안목을 가진 아메리카 원주민이 자신의 자연스런 태도를 드러내 보였다. 그의 태도는 그가 여행자로서 관찰한 유럽의 물질적 혼란과 관습, 배움과는 거리가 먼 태도였다. 그런데 그 거리 때문에 그의 태도가 문명화된 유럽식 삶의 진정한 본질을, 말하자면 유럽식 삶의 모순과 부조리를 노출시키는 힘은 더욱 막강했다. 특히 예수회의 형이상학적, 도덕적 주장과 관련해서 그런 현상이 더 분명해졌다. 성직자들과 신자들이 소중히 여기는 가치들에 담긴 비논리와 난센스에 분노와 공포를 나타내면서, 아다리오는 유럽인들의 상식을 그것보다 앞서는 자신의 자연스런 양식의 순수한 빛에 비춰보고 있다.

그런 관점에서 보면, 기독교 유럽의 모든 것은 거꾸로 뒤집어진 것처럼 보인다. 대체로 비범하지 않은 것이 굉장한 것처럼 보이고, 희한한 것이 분별 있는 것으로 보인다. 휴런족 사람들은 완전 평등이 이뤄지는 세상(사회적 지위와 계급에 매달리는 프랑스와 대조적이다)에서, 정치적 자유(전제 군주제 문화와 대조적이다)에서, 성적 자유(프랑스의 혼인법이나 신념과 행동 사이의 간극과 대조적이다)에서, 그리고 사물들로부터의 자유(소유 대명사가 특징으로 꼽히는 문화와 대조적이다)에서 분명한 양식을 본다. 무엇보다도 휴런족 사람들은 양식을 자연적인 종교와 동일시한다. 그 종교의 몇 안 되는 신앙 원칙들 중 하나는 우주의 창조자가 휴런족들에게 "하늘과 땅을 구분하듯 좋은 것과 나쁜 것을 구분하는 이성"을 물려주었다는 점을 강조한다.[13]

이처럼 위아래가 뒤집힌 상황에선 양식이 무엇인지 모르고 있는 사람은 유럽인이라는 점은 휴런족 사람들이 갈등 없이 평화로운 삶을 영위하고 있다는 사실에 의해 확인된다. 휴런족 사람들은 유럽인들과 달리 자신들의 입장을 옹호하기 위해 미사여구를 동원할 필요성을 전혀 느끼지 않는다. 아다리오가 지적하듯이, 자연적이고 객관적인 양식의 관점에서 보면, 유럽의 언어들도 사람들을 오도하기 때문이다. 진짜로 우화처럼 들리는 것은 예수회의 가르침들이다. 라혼탄의 작품집의 속표지를 보면 활과 화살을 든 거구의 남자가 그려져 있다. 그의 한쪽 발은 권장(權杖)을 밟고 있고 다른 한 발은 유럽의 법전을 밟고 있다. 그는 강인하고 침착하고 표정이 풍부하고 물질적 추구에 무관심한 18세기 아메리카 인디언의 상징임과 동시에 문명의 작품을 파괴하고 있는 인간 본성의 순수한 화신이었다. 19세기 프랑스 역사학자 쥘 미슐레(Jules Michelet)는 그 거인의 그림을 보고는 18세기 중요한 지적 투쟁의 첫 일격(一擊)을 발견했다고 선언했다.

그러나 이 대화는 정통 스콜라 철학의 과장된 목소리와 자연인의 논리를 정면으로 맞붙여 놓는 추상적인 도덕 이야기로 끝나지 않는다. 그것은 또한 현실에 환멸을 느낀 식민지 관리 출신으로 네덜란드 공화국에서 아웃사이더로 지내던 라혼탄이 그 중심에 서는, 권위에 관한 이야기이기도 하다. 아다리오는 그의 대변인 역할을 맡을 것이다. 특히, 아메리카 미개인인 아다리오가 기독교 교리와 전통에 맞서 17세기 합리주의자와 자유주의자, 심지어 고대 그리스 철학자 피론(Pyrrhon)의 회의주의와 비슷한 관점을 보일 때, 그런 식의 해석은 더욱 설득력을 지닌다. 면밀히 검토해 보면 너무나 인간적인 이야기이면서도 오류가 많은 성경에 아다리오는 경의를 표하려 하지 않는다. 그는 또한 문명화된 규범을 벗어난 삶과 여행을 즐기는 취향을 자신의 창조자인 저자와 공

루이 아르망의 『견문이 넓은 양식 있는 미개인과 저술가 사이의 기이한 대화』의 속표지에 실린 그림. 양식의 화신인 휴런족 사람이 거의 벌거벗은 몸으로 한쪽 발로 권장을, 다른 쪽 발로 법전을 밟고 있다. 권장과 법전은 유럽 문명의 상징이다.

유하고 있다. 그러나 라혼탄은 그 대화에서 조연으로서 완벽한 기독교인의 역할을 맡는다. 이 부분은 아마 보호 장치로 여겨질 수 있다. 그가 글로 적은, 종교적 및 성적 가치들에 대한 공격에 따를지 모르는 비난의 화살을 피하는 수단이었을 것이다.

그럼에도, 저자와 그가 내세운 예수회 등장인물이 서로 아주 비슷하다는 점은 독자로 하여금 지속적으로 추측하며 주의력을 놓지 않도록 했다. 이 예수회 등장인물은 글 곳곳에서 신학을 풍자적으로 전한다. 대화의 양 당사자는 서로를 향해 외양에 유혹당하고 있다고 비난한다. 그럼에도, 아다리오는 전적으로 옳아야 할 필요가 없다. 그는 단지 사물들의 질서나 권위의 근원에 대한 독자들의 확신을 무너뜨리기 위해서 평소에 의문의 대상이 되지 않거나 그냥 무조건적으로 받아들여지고 있는 것들을 이상하게 보이도록 만들기만 하면 된다. 최종적으로, 18세기 초 네덜란드의 언더그라운드에서 활동하던 그 양식의 예언자는 대단히 합리적인 원칙을 고수하고 있던 사람이 아니었으며, 그는 단지 독자들이 보편적이고 절대적인 것으로 받아들이는 모든 것에 대해 품고 있는 확신을 뒤흔들어 놓음으로써 호전적인 정치가 들어설 공간을 넓히고 있었을 뿐이다.

이 역할에 필연적인 급진적인 가능성들은 성직을 박탈당한 자유 사상가 니콜라 구드빌(Nicolas Gueudeville)이 1705년에 헤이그에서 취합한 『견문이 넓은 양식 있는 미개인과 저술가 사이의 기이한 대화』의 두 번째 판에 더 분명하게 나타났다. 구드빌은 사신을 보통 사람으로 묘사했다. "나는 신학자도 아니고, 석학도 아니고, 재기 넘치는 사람도 아니다. 나는 오직 검은 것과 흰 것만을 알 뿐이다."[14] 그러나 우리는

1689년에 쓴 또 다른 형태의 자전적인 글 '개종의 동기들'(Motives for Conversion)을 통해 구드빌 자신의 남다른 이야기를 알 수 있다. 이 글을 지은이는 그보다 더 논쟁적인 자신의 다른 작품들과 함께 읽어달라고 간청한다.

당국의 눈을 피해야 하는 그의 떠돌이 삶의 이야기는 "재물보다 명예를 더 중요하게 여기는" 집안의 태생인 젊은이가 10대 때 들어온 수도원의 담을 넘으면서 베네딕토 수도회를 탈출하는 밤으로 시작한다.[15] 가톨릭교회의 허위에 눈을 뜨고 어느 프로테스탄트와 대화할 기회를 갖게 되자마자, 구드빌은 길을 재촉하며 국경을 넘어가 위그노 망명 공동체에 합류하기로 작정했다. 로테르담에서 그는 현지 문단의 변방에 겨우 자리를 잡은 뒤에 베일과 친교를 맺고 글을 쓰면서 라틴어를 가르쳤다. 훗날 구드빌은 칼뱅주의를 멀리할 때(그는 여자와 알코올, 그리고 베일의 급진적 사상에 다소 지나치게 끌렸던 것 같다) 헤이그로 옮겼으며, 거기서 그는 프랑스와 가톨릭에 반대하는 논조의 정치 잡지를 편집하며 생계를 꾸렸고 번역도 하고 지도를 만들기도 했다.

구드빌이 라혼탄 백작의 작품을 수정하는 일에 고용되었을 가능성이 컸던 곳은 라혼탄이 이미 와 있던 헤이그이다. 수도사 출신인 구드빌은 유럽의 제도, 특히 수도원이나 압제적인 왕과 저항의 권리에 관한 라혼탄의 비판을 더욱 급진적으로 다듬는 데 성공했다. (직후에, 그는 에라스무스(Desiderius Erasmus)의 『우신예찬』(In Praise of Folly)을 맡아 똑같은 작업을 벌이게 된다.) 새로운 판의 『…대화』에서는 양식의 역할이 더욱 폭력적이고 더욱 반항적으로 변했다. 일종의 감정적 격정을 푸는 수단이 되었는데, 이것이 훗날 포퓰리즘에 결정적으로 중요한 것으로 입증될 것이다. 그 같은 격정은 구드빌이 수정한 작품 속에서 아다리오가 대화 상대방에게 상식에 대해 설명하는 대목에서 나타난다. "양식은 당신의 대답을 산산이 깨뜨려 놓을 수단을 나에게 제공하고 있어."[16] '분별력 있는' 저자는 당연시되고 있는 유럽인들의 규범과 양식 사이의 간극을 고스란히 드러내는 일 그 이상을 할 수 있었다. 그는 똑같은 도구로 파괴의 힘도 될 수 있었던 것이다.

그러나 진행 중이던 이 프로젝트에는 두 번째 단계가 있었다. 그것은 적어도 이론상으로라도 독자의 역할을 바꿔놓는 것이었다. 네덜란드를 본거지로 언더그라운드에서 활동한 프랑스 작가들의 목표는 독자들에게 작품 속의 가공의 그 인디언의 역할을 맡도록 가르치는 것이었다. 스코틀랜드의 제임스 비티가 자신의 제자들에게 그들은 이미 세상의 '현실'과 부합하는 방식으로 보고 있다는 점을 확신시키면서 그들이 자신들이 인식한 주변 세상을 전하기 위해 쓰고 있던 단어와 판단력에 대한 믿음을 계속 가질 것을 촉구한 바로 그 지점에서, 18세기 초에 네덜란드로 피신해 활동하던 프랑스인들은 계몽된 사람이라면 그와 정반대로 할 줄 알아야 한다고 주장했다. 즉 계몽된 사람은 문명과 교육이 흐려 놓으려고 애쓰고 있는, 진실과 거짓을, 선과 악을, 심지어 아름다움과 추함을 구분하는 절대적인 본능을 회복해야 한다는 것이었다. 그런 본능을 회복하기만 하면, 새롭게 계몽되었지만 여전히 학자가 아니고 보통 사람인 독자는 문제들을 직접 처리할 수 있게 되며, 그 자신이 권위의 원천이 되고, 당국의 목소리는 저주받게 된다. 애버딘에서와 마찬가지로, 여기서도 진리에 도달하는 방법들을 민주화하거나 인식론을 통해 사회적 평준화를 이루려는 노력이 전개되고 있다고 봐도 무방하다. 아직 집단적인 차원에서 상상되고 있지는 않지만, 삐딱하게 생각하려는 성향을 가진 독자들에게 이런 식으로 호소하는 것은 훗날 포퓰리스트의 정치적 관용구를 이룰 한 가지 이상의 요소가 싹틀 씨앗이 되어주었다.

이 변화가 어떤 식으로 일어날 수 있을 것인지를 살피려면, 우리는 시간적으로 약간 앞으로 거슬러 올라가 네덜란드의 도시들을 18세기 상반기에 지적으로 그토로 활기찬 도시로 만든 프랑스인들 중 한 명을 만나야 한다. 바로 탁월한 인물이었던 아르장 후작이다. 오늘날 그는 1748년에 발표된 훌륭한 포르노그래피 소설 『철학자 테레즈』(Thérèse philosophe)의 저자로 더 잘 알려져 있다. 그러나 그는 상식의 초기 역사에서 중요한 인물이기도 하다. 또 다시 우리는 귀족이면서 영원한 아웃사이더였던 사람을, 중년의 나이가 될 때까지 도피 생활을 한 것 같은 남자를 만나고 있다.

엑상프로방스의 의원(議員) 가문에서 태어난 아르장 후작은 성인기 초기부터 18세기 식 엘리트의 방종한 삶의 태도를 보였다. 법 공부를 게을리하고, 도박을 즐기고, 유럽 전역을 돌며 출신 배경이 의문스런 여자들의 꽁무니를 쫓아다니곤 했다. 그의 관심을 오래 잡아끈 것은 간헐적으로 이어지던 군대 경력뿐이었다. 그러나 그 관심도 라인 강 동쪽의 리슐리외(Richelieu) 공작의 연대와 함께 훈련을 받던 중에 말에서 떨어지면서 끝나버렸다. 1730년대 중반에, 아르장 후작은 느닷없이 세속의 문제와 관련 있는 철학적인 글들을 많이 쓰기 시작했다. 그런 글쓰기의 성격상, 그는 가톨릭이 지배하는 유럽을 떠나지 않을 수 없었으며, 가족의 지원을 받지 못하는 가운데 은밀히 네덜란드의 도시들을 떠돌며 이런저런 글을 팔아 생계를 근근이 이어갔다.

자신의 회고록에서, 아르장 후작은 자신의 인생이 그렇게 꼬인 이유를 일찍부터 시작된 여행 탓으로 돌렸다. 콘스탄티노플에서 어느 친절한 유대인 의사를 만난 데 이어, 암스테르담에서 시간을 보내면서 스피노자를 발견한 어느 아르메니아인을 알게 된 것이 그 젊은 귀족 여행객이 철학 쪽으로 기울게 되는 계기가 되었다. 곧 그는 이탈리아 리보르노로 향하는 배에 몸을 실었다. 배가 항해 중에 폭풍을 만났을 때, 그는 다른 사람들이 다 기도를 올리는 와중에도 책을 읽었다. 이 에피소드의 경우에 팩트가 픽션을 엮어내도록 했는지, 아니면 픽션이 팩트를 엮어내도록 했는지 구분하기가 어렵다. 그러나 최고의 성공작으로 통하는 아르장 후작의 초기 작품들 중 많은 것은 인디언이 아니더라도 유대인과 이집트인, 중국인 같은 외국인 아웃사이더들을 내세워 비슷한 효과를 거두었다. 이 등장인물들은 같은 종교의 신자들이나 기독교를 믿는 유럽인들과의 서신 교환을 통해서 신앙의 다양성을 강조하고 아웃사이더인 자신들의 양식으로 유럽인들 사이에 만연한 망상들을 깨부수게 된다.

그러나 널리 읽힌 그의 『양식의 철학』(Philosophy of Good Sense)으로, 아르장 후작과 라혼탄 백작 또는 『페르시아인의 편지』(The Persian Letters)를 쓴 몽테스키외 사이의 유사점은 종지부를 찍는다. 대부분 마스트리히트에서 쓰인 『양식의 철학』은 가상의 편지들을 묶은 그의 책들과 같은 해에 헤이그에서 출간되었다. 볼테르도 높이 평가한 쉽고 경쾌한 산문으로 평판이 났던 이 자유주의자는 양식을 허구의 등장인물이 근거 없는 진리 주장을 깨뜨리기 위해 이용하던 수사(修辭)의 지위에서 끌어내서, 독자 또는 어떤 보통 사람이라도 최소한의 재교육만으로 권위에 맞서는 데 이용할 수 있는 그런 철학적 토대로 확립하려고 노력했다. 이젠 저자 본인의 정체를 드러내야 할 때가 되었다.

『양식의 철학』의 전제는 바로 철학적으로 사고하는 것이 모든 사람들에게 가능할 수 있고 또 가능해야 한다는 것이다. 거기엔 당연히 모든 계층에 걸쳐서, 지식이 없고 곧잘 속는 사람들을 대표하던 여자들도 포함되었다. 아르장 후작의 표현은 "더없이 평범한 정신들"로 되어 있다. 필요한 것이라곤 대중을 현혹시키길 갈망하는 현학자들과 "얼치기 학자들"에게 빼앗긴 언어에서 신비적인 요소를 벗겨내고, 이어서 주변 세상의 온갖 양상을 설명하는 데 있어서 이성의 한계를 드러내 보여주는 것뿐이었다. 지금까지 우리는 애버딘의 그 집단으로부터 그리 멀리 벗어나지 않았다. 그러나 아르장 후작은 비티의 임무와 정면으로 충돌하는, 허구이지만 오만한 임무를 스스로에게 부여함으로써 그 연결에 완전히 종지부를 찍었다. 네덜란드에서 활동하던 아르장이나 스코틀랜드의 비티나 똑같이 스콜라 철학과 그 철학을 추구하던 상아탑의 견습자들의 잔재를 갖고 있었음에도, 두 사람이 추구한 과제의 성격은 이제 정반대가 되었다. 아르장은 어떤 부인(그래서 몽테뉴와 라 모트 르 베이예와 베일의 글을 읽었을지라도 철학적으로 순진한 존재)에게 그녀의 목사는 무식한 사람이고 그 목사의 영웅인 아리스토텔레스도 그보다 별로 더 낫지 않다는 점을 설득시키려 들었다. 게다가, 그는 그 부인이 활용할 수 있는 그녀의 '자연의 빛'만으로도 인간으로서 진정으로 알아야 할 모든 것을 단 8일 만에 학자들과 파리 대학 학장 그 이상의 수준으로 알 수 있다는 점을 대단히 반(反)지성적인 어조로 주장했다. 이어서 흔히 철학으로 여겨지는, 딱딱하고 이해하기 힘든 책들에 식상한 세상의 남자들(기사들)과 예의바른 여자들(부인들)을 겨냥해 현학적이지 않은 스타일로 그런 것을 어떻게 쉽게 배울 수 있는지를 보여주었다.

그가 작품 속에서 독자를 대표하는 허구의 그 부인에게 진정으로 보여주길 원했던 것은 학식에 근거한 의견이든, 논리이든, 전통이든, 아니면 상식이든, 우리가 가장 확실하다고 믿는 것들이 실제로는 가장 확실하지 않은 경우가 자주 있다는 점이었다. 그는 역사에서부터 형이상학과 점성학, 행복의 기술에 이르기까지 모든 분야에 걸쳐서 진리 주장들을 하나씩 깨뜨려 나간다. 모순되는 인용과 엉터리 참조와 각주, 그리고 다른 형태의 재치를 현명하게 이용함으로써, 그는 심지어 자기 자신까지 손상시키고 있다. 사실, 아르장은 자신의 여주인공과 더 나아가 모든 독자가 진리로 널리 받아들여지는 온갖 지식을 받아들이지 않도록, 또 쉽게 믿으려 드는 성향 자체를 버리게 하려고 노력한다.『양식의 철학』을 충분히 이해한 독자는 외부의 힘에 흔들리지 않는 자존심 강한 회의주의자로 바뀐다. 철학은 모든 것을, 심지어 자기 자신까지 비웃도록 만들어야 한다고 아르장은 암시한다.

『양식의 철학』이 출간될 때엔 이미 웃음과 상식은 오랫동안 밀접한 관계를 유지해오고 있었다. 18세기 초에 인본주의 신학자 프랑수아 페넬롱(François Fénelon)은 스스로 '상식이란 무엇인가?'라는 질문을 던지고는 "충격을 받을 때 웃음이 터지게 만드는 직관"이라고 대답했다. 페넬롱은 이렇게 설명한다. 네 살짜리 아이에게 자기 방에 놓여 있는 테이블이 스스로 걸을 수 있는지, 그리고 그 테이블이 자기처럼 놀 수 있는지 물어보라. 그러면 그 아이는 웃음을 터뜨릴 것이다. 아니면 미개한 일꾼에게 그의 밭에 서 있는 나무들이 그의 친구들인지 아니면 그의 소들이 주인에게 집안일에 대해 이런저런 조언을 하는지 물어보라. 그러면 그 일꾼은 당신을 향해 자기를 놀리느냐면서 어처구니없다는 표정을 지을 것이다. 그런 식의 반응이 나오는 이유는 터무니없는 질문들이 무식하기 짝이 없는 일꾼과 소박하기 짝이 없는 아이에게도 모욕으로 느껴지기 때문이라고 페넬롱은 설명한다. 그 질문들은 일꾼이나 아이의 상식을 위반하고 있다. 말하자면, "생각하는 것 자체를 우스꽝스럽게 만들고, 자신도 모르게 생각 대신에 웃음으로 대꾸하게 만들고, 스스로 아무리 의심하려 들어도 의심하지 못하게 막는" 감각을, "언뜻 보기만 해도 드러나고, 그 즉시 어떤 문제의 증거 또는 모순을 발견하는" 감각을 위반하는 것이다. 왜냐하면 신의 존재를 포함한 어떤 제1의 공통 관념들이 모든 사람들에게 명백히 보이도록 만드는 것이 바로 이 감각이기 때문이라고 페넬롱은 주장했다. 리드와 비티는 이 같은 주장에 실질적으로 반대하지 않았을 것이다. 리슐레가 인용한 옛날 격언을 기억하도록 하자. "양식 있는 사람은 신이 존재한다고 고백하지 않을 수 없다." 그러나 아르장 후작은 양식과 유머는 서로 정반대 방향으로 작동한다고 말하는 것이나 다름없다. 오직 기본적인 감각들만 신뢰할 수 있다. 이단과 정통파 신념, 용인 가능한 것과 용인할 수 없는 것 사이의 경계선은 끊임없이 변하고 있다. 진리는 주관들 사이의 일치점과 아무런 관계가 없으며, 어쨌든 공동체는 언제나 일시적이다. 우리가 철학적으로 긴장을 늦추지 않도록 하고, 아마 신까지 포함에서, 자명한 진리처럼 보이지만 눈으로 볼 수 없는 모든 것을 믿지 않도록 만드는 것은 바로 웃음이다.

어디든 여기서 갈 곳이 더 있었는가? 최근에 역사학자 조너선 이스라엘(Johathan Israel)은 스피노자의 네덜란드 공화국에 단단히 뿌리를 내렸던 진정한 급진적 계몽 운동은 이 직후에 끝났다고 주장했다. 1750년 이후에 파리를 중심으로 전개된 지적 운동을 포함해서 우리가 계몽 운동이라고 부르는 것의 나머지는 새로운 환경에서 네덜란드의 계몽 운동을 모방한 것에 지나지 않았다. "하이 인라이튼먼트"(High Enlightenment: 1730년대부터 1780년대까지, 볼테르와 루소(Rousseau), 몽테스키외, 조르주 뷔퐁(Georges Buffon) 등 프랑스 철학자들의 간행물과 대화를 중심으로 전개되던 후기 계몽 운동을 일컫는다/옮긴이)은 단순히 "그보다 앞서 3세대에 걸쳐 있었던 철학적, 과학적, 정치적 급진주의를 요약한 시대로 다시 정의해야 한다"고 조너선 이스라엘은 제안한다. 하이 계몽 운동이 네덜란드 공화국의 문화가 원래의 중심지를 벗어나 많은 혁신 없이 확장된 것에 지나지 않는다는 뜻이다.(17)

틀림없이, 볼테르와 디드로와 그들의 동료들은 말할 것도 없고, 홀바흐 남작의 세계까지도 프랑스 밖의 프로테스탄트 국가에서 편지 공화국의 변두리를 떠돌며 피난처와 경제적 수입을 동시에 추구하던 라혼탄과 아르장 같은 괴짜 귀족의 영향을 지금까지 인정한 것보다 훨씬 더 많이 받았다. 그들의 대의(大義)와 그들의 기법, 그들의 인식론, 그들의 수사적 기교, 그리고 비판적인 양식의 전파에 대한 그들의 헌신은 홀바흐의 파리 맨션에서부터 아르장이 1742년부터 후원과 보호를 추구했던 프리드리히(Friedrich) 대왕의 포츠담까지, 프랑스어가 통하던 계몽된 문화권의 유명한 도시들에서 계속 반향을 불러일으켰다. 아르장과 프리드리히는 1767년에 베일의 『역사 비평 사전』(Historical and Critical Dictionary)의 새로운 판을 놓고 공동 작업을 벌였다. 그 사전의 서문에 그들은 그 책을 의심에서 시작하는 판단 과정을 돕는다는 뜻에서 '양식의 성무 일도서(聖務日禱書)'라고 불렀다.

그 사이에 홀바흐 남작은 네덜란드의 언더그라운드에서 유통되던 원고 중에서 가장 유명했던 '세 사기꾼들의 협약'(The Treaty of the Three Impostors)을 다시 번역하고 출판하는 작업을 시작했다. 여기서 신은 인간의 창조물이고, 모든 종교는 보통 사람들의 무지와 공포를 이용하려는 사악한 성직자들과 정치인들에 의해 영속되고 있는 기만의 한 형태일 뿐이다. 분명히, 그 원고에 담긴 상당한 정도의 회의주의와 스피노자의 세계관은 홀바흐에게 큰 영향을 미쳤다. 1678년에 처음 프랑스어로 소개된 스피노자의 『신학 정치론』(Tractatus Theologico-Politicus)도 거의 100년 뒤에 홀바흐와 그의 동료들이 내놓은 『양식 총서』의 작은 표제에 뚜렷한 흔적을 남겼다.

그러나 18세기 후반기에 대해 그런 식으로 폄하하는 것도 상식의 순수한 지적 역사가 아닌 상식의 정치적 역사라는 관점에서 보면 오도할 소지를 안고 있다. 『양식 총서』가 나온 시점은 사실 양식에 대한 급진적인 인식과 양식의 쓰임새에 따른 가치가 최고조에 올라가 있을 때였다. 우선, 1760년대와 1770년대는 점점 대중적인 색채를 띤 교훈적인 인쇄물의 출간이 붐을 이루는 것을 목격했다. 베일까지 거슬러 올라가는 일련의 사상들로 새로운 독자들을 끌어들이는 것이 목적이었다. 둘째, 양식에 대한 이런 식의 이해가 바로 그 시기에 시작되어 보다 건설적인 새로운 사회적 목표를 추구하게 되었다. 가톨릭교회와 연결된 도덕 질서를 대체할 새로운 도덕 질서를 구축하게 되었던 것이다. 마지막으로, 암스테르담이 정치적 성격이 보다 강한 이 활동에서 중심점으로 부상했다. 당시에 암스테르담이 금융적으로나 문화적으로 쇠퇴의 길로 접어들고 있었음에도 정치적으로는 그런 현상이 나타났다. (볼테르는 1770년에 어느 에세이에서 네덜란드 사람들이 "우리의 포도주와 소금을 중개하듯이 우리의 사상까지 중개하게 되었다"고 썼다.) 이유는 18세기 중반을 넘기면서 이단적인 어떤 양식이 마침내 제도적 바탕을 발견한 곳이 바로 암스테르담이었기 때문이다.

그 제도적 바탕이란 바로 급진적인 양식의 복음(福音)을 대중적으로 다듬어서 프랑스어를 이해하는 유럽과 그 너머의 세계로 퍼뜨리는 사업에 경제적으로 관심을 보였던 마르크 미셸 레의 출판업이었다. 위그노 배경을 가진 제네바 사람인 레는 1760년대에 암스테르담의 서적 판매 공동체의 확고한 구성원이 되었다. 그는 도시의 중심을 관통하는 운하 옆에 몇 층짜리 집을 소유한 중산층이었다. 이것은 부분적으로 합법적인 책을 다루던 그의 사업이 확장된 결과였다. 그 책들의 대부분은 프랑스어로 쓴 최근 작품이었으며, 성경은 물론이고 프로테스탄트와 가톨릭 신학 서적과 심지어 계몽 운동을 통렬히 비판한 책도 있었다. 그러나 레의 부(富)는 그가 합법적인 서적을 출판함과 동시에 불경스럽거나 교권에 반대하거나, 심지어 포르노나 다름없는 책들까지 은밀히 지원하고 출판한 결과이기도 했다. 그 책들 중 일부는 지금도 유명하고 일부는 오래 전에 망각되었으며, 일부는 독창적이고 또 일부는 복사본이나 요약본에 지나지 않았다.

그는 엄청난 종수의 책들을 출판하여 러시아에서부터 프랑스의 루 앙까지, 다른 서적상들과 개인 독자들에게 팔았다. 그의 지하 고객들은 더욱 늘어나 신세계의 네덜란드의 설탕 식민지 수리남까지도 그가 출 간한 책이 몰래 흘러갔다. 속도와 비밀이 생명인 이 사업을 수행하기 위해, 마르크 미셸 레는 유럽 대륙을 수시로 여행했을 뿐만 아니라 위 험한 취향을 가진 독자들과 이단적인 사상을 가진 작가들은 말할 것도 없고, 인쇄업자와 복제업자, 편집자, 밀수업자, 해운업자, 금융가, 우체 국 직원들과도 협력을 강화했다. 그들 중 많은 사람들은 다른 국가에 근거지를 두고 있었다. 이 모든 업자들이 결합하면서 1760년대와 1770 년대 급진적인 형태의 양식을 전파하는 데 반드시 필요한 국제적 네트 워크를 형성했다.

한편으로, 레는 일시적 망명이나 다른 불운한 이유로 암스테르담에 머물게 된 또 다른 세대의 프랑스어를 쓰는 사람들의 후원자와 보스 역 할을 맡았다. 그 세대에 속하는 사람의 전형적인 예는 앙리 조제프 로랑 (Henri-Joseph Laurent: 뒤로랑(DuLaurens)으로도 불렸음)이었다. 프 랑스 예수회 출신으로 정통에서 크게 벗어난 종교관을 갖고 있던 인물 이었다. 그런 까닭에, 그는 법을 피해 네덜란드로 도피했다. 1760년대 초에, 로랑은 암스테르담에 자리를 잡고 다방면으로 능력을 발휘하면 서 레를 도왔다. 그의 역할은 레의 잡지 하나의 색인을 만들고, 다른 잡 지에 연극 평론을 쓰고, 접수된 원고를 정리하고, 이단적인 내용의 에세 이들을 『양식 총서』 형식으로 편집하고, 외국으로 서적들을 선적하는 일을 돕는 것이었다. 동시에 로랑은 레의 지원을 등에 업고 풍자적이고 불경스런 내용을 담은 자신의 책들을 유럽 전역에 뿌렸다. 모두 중국인 모험가의 이름을 빌리는 등 가명으로 출간되었다. 그는 그런 활동을 벌이다 불경죄로 처음엔 마인츠의 시설에, 그 다음엔 마리엔보른의 시설에 정신 이상자로 26년간이나 수용되었다가 거기서 자신의 떠돌이 생활에 종지부를 찍었다.

1763년의 '라레탱'(L'Arrétin)(부제는 '양식에 관한 정신의 방탕'이다)에서부터 1766년의 '르 콩페르 마티외'(Le Compère Mathieu)까지, 로랑은 순진한 젊은이가 환멸을 느낄 만한 경험을 하나씩 하면서 부조리한 세상사를 배워나가는 이야기를 즐겨 썼다. 그 작품들의 도덕은 언제나 똑같았다. 성직자들과 수도사들이 사람들의 이해력에, 특히 젊은이의 이해력에 끔찍한 해악을 끼친다는 것이었다. '우리의 소르본 대학'의 역할을 해야 하는 것은 오직 양식뿐이었다. 레의 지원을 받으며, 로랑은 책들과 대학들을 비롯한 온갖 종류의 그릇된 권위들에서 비롯된 위험에 대한 경각심을 일깨우는, 유럽의 뛰어난 교육자로 잠시나마 자리매김할 수 있었다.

그러나 레의 지원은 모두 지역적인 차원에서 나오는 것이 아니었다. 레는 네덜란드 밖으로까지 진출함으로써 돈을 벌 수 있었다. 그 기간에 레는 볼테르와 루소를 포함한, 프랑스 검열 기관의 방해를 받던 저자들의 주요 작품을 해외에서 출판하는 업자가 되었다. 지금 우리의 목적에 가장 의미 있는 사실은 1766년부터 1776년까지 10년 동안에 무신론자 홀바흐 남작이 쏟아내던 원고들을 줄기차게 출판한 사람이 바로 레였다는 사실이다. 달리 표현하면, 비티와 오스왈드가 포퓰리스트 운동을 벌이던 바로 그 시기에, 레가 홀바흐의 돈으로, 신이라는 (그릇된) 관념과 그 관념에서 비롯된 모든 것들을 타파하기 위해 양식 또는 상식을 이용하자는 포퓰리스트의 구호에 지나지 않던 홀바흐 남작의 비전을 전파시키고 있었다고 할 수 있다.

홀바흐와 레의 모험의 두드러진 점은 대중의 정신 가장 깊은 곳에 자리 잡고 있던 믿음들을 공격하면서 글을 읽을 줄 아는 대중에게 다가가려 노력하는 그 역설적인 측면이다. 1750년 이전에 네덜란드의 언더그라운드에서 양식에 관한 글은 주로 원고 상태로 독자들 사이에 돌려가며 비밀리에 읽히거나 풍자로 가득한 책으로 소량 찍어 읽혔다. 그러던 것이 홀바흐의 손에서 양식은 교훈적인 내용의 출판물의 붐을 지피는 원동력이 되었다. 그 책들 중 많은 것은 보통 사람의 언어로 쉽게 쓰였으며, 손쉽게 들고 다닐 수 있는 형태로 출간되었다. 또 그 책들은 언더그라운드에 돌던 책들의 가격을 감안하면 틀림없이 부자였을, 다른 나라의 많은 독자들에게도 배포되었다. 1760년대와 1770년대 들어 그런 일이 가능해진 것은 몇 가지 요소가 서로 작용했기 때문이다. 국경의 경찰과 검열관들을 따돌릴 수 있을 만큼 상업 네트워크가 확장되었고, 이단으로 낙인찍힌 종교나 학설에 관심을 가진 독자들의 수가 프랑스와 유럽의 다른 지역에서 크게 증가한 데다가 홀바흐 남작의 자금이 넉넉했다는 사실이 그런 요소들이다. 대중화와 비밀 유지라는 두 가지 측면에서 꽤 성공을 거두었다는 사실은 홀바흐의 『자연의 체계』(System of Nature)의 정본과 해적판의 판매고가 크게 늘어난 것으로 증명된다.

게다가, 홀바흐 남작은 사상들의 세계를 포함한 삶의 모든 영역에서 여전히 계급 조직을 옹호했으면서도 자신이 전해야 하는 진리들은 적어도 이론상으로는 모든 남자들과 여자들이 누릴 수 있는 것이라는 메시지를 끊임없이 보냈다. 독자들이 해야 할 일이라곤 편견을 벗어던지고 모든 사람들이 타고난 최저 수준의 분별력에, 말하자면 홀바흐가 양식이라고 부른 것에 귀를 기울이는 것뿐이었다. 양식의 문턱은 추상적인 이성이나 논리보다 훨씬 더 낮았다. 그의 설명에 따르면, 양식은 새로운 진리에 도달하는 것이 아니라 명백한 진리를 그저 받아들이는 것과 관계있었다. 양식은 또 대답 불가능한 질문들을 제거하는 데 가장 유용했다.

홀바흐는 이런 것이 가능하다는 점에 대해 한 번도 공개적으로 의문을 품지 않았다. 미래의 어느 날, 진정한 교육을 지지하고 진리를 "평범하고 대중적인" 것으로 만들려는 열망을 품은 정부가 탄생하게 되면 관습과 습관이 아니라 철학자의 양식에 근거한 계몽된 '의견'의 세계가 규범이 될 것이라고 홀바흐는 (17세기의 학식 있는 자유 사상가들이나 심지어 베일과도 거리를 두면서) 주장했다. 그는 그런 세계를 이렇게 그렸다. "분별 있고 평화로운 사람들이 계몽된다. 그러면 계몽이 조금씩 전파되면서 최종적으로 민중의 눈에까지 강한 인상을 남길 것이다."(18) 양식을 가꾸는 타고난 능력으로 시작한 어떤 정신을 일반화하고 대중화하면, 남녀를 불문하고 보통 사람들에게도 전문 성직자들의 도움 없이도 세상사를 해결해 나갈 수 있다는 사상이 가능해진다. 그러면 현재 서로 충돌을 빚고 있는 양식과 상식은 다시 하나가 될 것이다.

그러나 다른 한편으로, 홀바흐는 성직자들의 권력과 대중의 무지의 깊이를 고려하면서 이런 변화가 가까운 시일 안에 일어날 것이라고는 거의 믿지 않았다. 홀바흐는 사실 동시대인들 과반수가 품고 있던 사상들을 혐오했다. 특히 평범한 사람들(그의 표현을 빌리면, 천박한 사람들)이 품은 사상에 대한 혐오가 더 심했다. 그런 사람들을 그는 미신에 사로잡혀 지내고, 충동적이고, 비이성적이고, 무식한 존재로 보았다. 더욱이, 홀바흐의 양식이 드러내 보이려던 진리들은 18세기 말에 심지어 계몽된 사람들 사이에서 평범한 것으로 여겨지던 것들과도 상당히 거리가 멀었다. 1760년대 말과 1770년대 초에, 양식은 홀바흐의 손에서 모든 종교적 신앙의 의심스런 본질과 관행을 폭로하는 수단이 되었다. 또한 양식은 "신"이라는 단어로부터 시작하며 회의(懷疑)뿐만 아니라 명백한 무신론과 물질주의, 그리고 그런 것들과 관련 있는, 폭넓은 호소력을 거의 지니지 못하는 도덕 규범까지 전파하는 수단이 되었다. 심지어 아르장과 그 뒤 볼테르의 이신론 또는 루소의 유신론(신의 존재를 믿고, 그 신이 지금도 세상을 간섭하고 있다고 생각한다/옮긴이)까지도 홀바흐의 신념에 비하면 부드러워 보였다. 홀바흐의 글들이 구(舊)체제 말기 서적상들의 '철학서' 카테고리 안에서 포르노물과 함께 취급되는 경우가 종종 있었다고 해도 놀랄 일이 전혀 못된다.

복잡하고 종국적으로 정치적인 이 프로젝트에 홀바흐는 은밀히 소수의 협력자들을 고용하여 막대한 금액의 돈을 (벌지는 못하고) 지출하면서 자신의 인생 10년을 바쳤다. 그 협력자들 중에 그에게 끝없이 아첨하던 비서 자크 앙드레 네종(Jacques-André Naigeon)도 포함되었다. 프랑스어를 하는 다른 양식의 예언자들처럼, 대중을 일깨우려던 홀바흐의 노력도 당시 세계적 경향뿐만 아니라 훌륭한 집안과 교육의 도움을 많이 받았다.

폴 앙리 티리(Paul Henri Thiry)라는 세례명을 받은 이 철학자는

1723년에 팔츠 지역에서 태어났다. 어린 나이에 고아가 되어 홀바흐라는 삼촌의 양자가 되었는데, 이 양부가 금융가로 활동하면서 귀족의 표시로 성 앞에 'de'를 붙일 수 있을 만큼 돈을 많이 벌어 이 젊은이를 레이덴 대학으로 보내 법을 공부하도록 했다. 그것이 티리에겐 세계주의적인 방랑의 삶의 시작인 셈이었다. 그러나 대부분의 경우에 홀바흐 남작의 이야기는 네덜란드로 망명한 프랑스인들의 이야기와 정반대로 읽힌다. 왜냐하면 네덜란드에서 5년 동안 위그노 교도들과 영국인 급진주의자 집단과 교류한 뒤, 돈도 많고 작위까지 있던 젊은 홀바흐가 방랑의 삶을 접고 파리 중심가에 영원히 정착했기 때문이다.

그 이후로 그의 일상적인 처신은 방랑의 모험을 거의 보이지 않았다(그가 살던 장소와 시대를 고려할 경우에 그런 태도가 요구되었다고 볼 수 있다). 그는 방탕한 자유주의자의 모습도 보이지 않았다. 대신에 홀바흐는 파리의 지식인 문화의 전면으로 성공적으로 나아갔다. 아주 짧은 시간 안에, 그는 프랑스인이나 다름없는 존재가 되었으며 사촌과 결혼했다(그 뒤 그녀가 죽자 교황의 특별 허가 덕분에 그녀의 동생을 아내로 맞을 수 있었다). 그는 돈을 바탕으로 근사한 지위도 얻고, 문학을 아는 국내외 귀족들을 친구로 많이 사귀었다.

홀바흐는 편지 공화국의 구성원으로서 독립적으로 활동하면서 시간을 보냈다. 그는 무엇보다도 당대의 음악적 논쟁에 적극적으로 가담했으며, 디드로와 달랑베르의 『백과 전서』를 위해 주로 지질학과 화학 분야의 항목을 400개 이상 썼다. 그는 시골의 사유지뿐만 아니라 파리의 자기 집에서도 '철학 호텔' '시나고그' '라 불랑제리'(홀바흐의 빵 굽는 기술을 뜻하는 것이 아니라 교회 권력의 개입에 반대하던 니콜라

스 앙투안 불랑제(Nicolas-Antoine Boulanger)의 참석을 뜻한다) 같은
다양한 이름으로 행사를 열면서 스스로 독특한 엔터테이너로, 계몽된
사교성의 촉진자로 자리매김했다. 풍성한 음식과 훌륭한 포도주, 개인
서재와 소장 예술품, 후원의 가능성, 손님들의 세계주의적 취향, 그의
시골 사유지에 있던 가족 목사… 이 모든 것들이 계몽 운동의 전설 같
은 그 인물을 뒷받침하던 요소들이었다. 그가 장려하고 나섰던 열띤 토
론도 빼놓을 수 없다. 홀바흐는 부(富)와 특권과 안락을 누렸다. 무엇보
다 사회적 배경과 인맥이 좋은 사람들이 그의 화려한 만찬 테이블 주변
을 오가면서 자유롭게 나눈 생생한 대화가 돋보이는 그런 삶을 살았다.

　홀바흐가 레의 '밀사들'을 만나 새로운 도덕 규범의 바탕으로 무신
론을 널리 선전하는 대규모 지하 운동을 시작하기 위해 극비리에 짧
게 런던을 여행했던 것은 40대 중반의 일이었다. 그때 나온 간행물들
은 내용에서뿐만 아니라 방대한 양으로도 동시대인들에게 큰 충격을
안겨주었다. 그 중 일부는 토머스 홉스와 존 톨런드(John Toland) 같
은 영국의 논쟁적인 자유 사상가들의 주요 저작물을 번역한 것이었다.
다른 것들은 앞서 나온 프랑스어 텍스트를 다시 쓴 것이었다. 그전 100
년 동안 나온 이단적인 원고 중에서 가장 유명한 것들도 포함되어 있
었다. 나머지는 홀바흐 혼자 쓰거나 네종이나 디드로의 도움을 받아서
쓴 것들이었다. 미발표 원고들은 우편 검열관을 포함한 일단의 동맹들
의 도움으로 파리에서 세당과 리에주를 거쳐 암스테르담으로 빼돌려
졌다. 홀바흐가 그런 식으로 어려운 과정을 거쳐 시장에 내놓은 익명
의 텍스트는 모두 30여 권이었다. 거의 모든 책들은 1766년에서 1776
년 사이에 레에 의해 출간되어 네덜란드뿐만 아니라 다른 나라로까지

은밀히 흘러갔다.

어떤 면에서 보면, 양식이라는 낡은 개념도 이 임무에 도움을 주었다. '불온' 서적들을 대중에게 소개하려는 홀바흐의 노력이 성공할 수 있었던 것은, 그보다 앞선, 무신론을 옹호한 그 유명한 원고들처럼, 사상이나 목소리 면에서 독창성을 내세우지 않는다는 전략 덕분이었다. 양식은 개인에게 국한된 지혜가 아니라 일반적인 지혜이기 때문에 저자와 관계없이 모든 사람들에게 유통되어야 한다는 인식이 작용했던 것이다. 홀바흐가 자주 연결시켰던 인식적 권위인 양식은 홀바흐에겐 아주 유용한 위장 같은 것이었다. 양식은 일반적이면서 보편적인 인식론적 견해, 말하자면 명쾌하게 정의되지 않았지만 잠재적으로 무한한 대중에게 말할 때 의지할 수 있는 견해였다.

그러나 양식은 대개 그보다 훨씬 더 야심적으로 작동했다. 종교의 언어를, 그리고 그 종교의 언어와 함께 생긴, 세상에 관한 모든 확실성을 훼손시키는 한 방법이 되었던 것이다. 만약에 아카데미 프랑세즈의 회원들과 철학자들이 동의하는 것처럼, 언어가 그 쓰임새나 암묵적 동의에 의해서 법전처럼 되고 기존의 지배적인 상식을 강화하는 기능을 하게 된다면, '신'이라는 단어부터 시작해서, 종교 언어들에 담긴 상징을 해체하는 작업이야말로 프랑스 가톨릭의 중요한 바탕을 파괴하는 것이었다. 홀바흐는 양식을 진리와 겉치레를 구분하는 수단으로 상상했다. 그의 손에서, 양식은 사람들이 모든 종교의 핵심에 자리 잡고 있는 터무니없는 언어를 꿰뚫어보는 최소한의 이성이 되었다. 이 최소한의 이성은 또 사람들이 파괴된 가톨릭의 파편들 속에서 무신론의 입장에서 도덕 질서를 새롭게 세울 수 있게 할 것이다.

여기서, 모호하거나 난해한 종교 언어가 진리를 흐린다는 것을 처음 발견한 사람이 홀바흐가 아니었다는 사실을 지적하는 것이 중요하다. 그런 관점은 오랫동안 스콜라 철학에 반대하는 설득술의 중요한 주제가 되어 왔으며, 어떤 사람은 성경의 언어조차도 대단히 모호하다는 사상의 오랜 역사를 내세우면서 홀바흐가 특별했다는 주장에도 이의를 제기할 것이다. 그렇다면 홀바흐, 아니 루소보다도 상당히 앞서서 라혼탄이 '당신의 것'이나 '나의 것'이라는 표현이 없는 휴런족의 원시적인 세계를 묘사하면서 기본적인 프랑스어 대명사들조차도 자연을 왜곡하고 있다는 점을 지적했다는 사실을 기억하는 것도 가치 있는 일이다.

비슷한 예는 또 있다. 아르장도 『상식의 철학』에서 "이성과 자연의 빛의 공격에 맞서는 알아들을 수 없는 몇 개의 단어들"을 쓰는 얼치기 학자들을 공격함으로써 스콜라 철학의 논법을 조롱했으며, 그는 단어들이 사물들로 받아들여지는 데 따르는 위험을 강력히 지적했다.

아르장은 또 다른 저서 『신비주의 사상의 편지들』(Cabalistic Letters)에서 언어적 유물론 쪽으로 더 가까이 다가서며 기도에 대해 단지 허공의 소리들의 집합에 불과한 것에 대한 그릇된 신앙이라고 비판했다. 이 같은 모호함으로 인해 생겨난 사회적, 도덕적 문제들은 말할 것도 없고, 기독교 종교의 가장 근본적인 용어의 정의에 따르는 문제들도 18세기 상반기의 은밀한 원고와 인쇄 문화의 핵심 주제였으며, 그것은 홀바흐가 잘 알고 있던 분야였다.

그러나 홀바흐가 자신의 무신론을 대중 운동으로 전환할 때쯤, 언어에 대한 이해에 근본적인 변화가 일어났다. 그 변화의 중요한 원천은 존 로크 철학을 신봉하던 사람들의 감각론(경험론의 일종으로, 일체의 인식은 감각적 지각에서 비롯된다는 입장을 보인다/옮긴이), 특히 18세기 중반에 아베 드 콩디야크에 의해 더욱 발전된 감각론이었다. 로크가 소개한 것은 모든 생각들은 감각을 통해 우리의 마음에 도달한다는 개념이었다. 원래부터 우리의 마음 안에 들어 있는 관념은 하나도 없다는 주장이었다. 이런 원칙에 반대했던 리드와 그의 동료들은 이 같은 중요한 인식론적 변화 앞에서 언어의 사회적 기능을 다시 고려해야 했다.

콩디야크에게, 언어는 지식을 전달하는 한 방법에서, 즉 무엇인가를 그대로 반영하는 선에서 그치지 않는 것이 분명했다. 오히려 언어는 지식의 형성과 전파에 결정적으로 중요했다. 달리 표현하면, 지식은 언어로 스스로를 형성하고 스스로를 지속적으로 드러냈으며, 지식과 언어는 완벽한 공생 관계를 맺고 있었다. 그것은 단어들, 즉 인간들이 자신들의 생각에 자의적으로 붙인 기호들은 진리를 자극할 수 있는 한편으로 거짓과 편견까지 지어내 영구화할 수 있다는 것을 의미했다. 거기에는 우리가 정신적 장치들의 한계 때문에 부분적으로만 알거나 전혀 알지 못하는 것들을 실수로 존재하도록 하는 것도 포함된다. 그리고 언어는 지식을 전파하고 사회적 단결을 촉진하는 도구로 쓰일 수 있는 반면에 기만의 수단이 될 수도 있다. 특히, 단어들과 그것들이 가리키는 대상 사이의 간극을 자신에게 유리하게 사용할 수 있는 권력자들의 손에서, 언어는 기만의 수단이 될 위험이 더욱 크다.

그렇다면 콩디야크의 관점에서 볼 때, 효과적인 한 가지 철학 방법은 언어적 훈련으로 시작하는 것이었으며, 모든 단어는 단 하나의 물질적 대상을 의미하도록 만들어져야 했다. 그리고 언어가 모호하게 오도할 수 있는 방향으로 사용될 때마다, 그것이 관습의 결과든 아니면 악의의 결과든, 그 행위에 대해서는 로크에 이어 콩디야크가 지적한 바와 같이 "단어들의 남용"이라는 비난이 쏟아져야 했다. 그것이 오류를 극복하고 진리를 만천하에 드러내는 유일한 길이었다.

홀바흐는 이와 거의 똑같은 어떤 인식론을 내세우면서 그 근거를 두려움과 무지가 특징인 인간 심리의 어떤 그림과 생생한 상상에서 찾았다. 이것보다 더 중요한 것은, 그의 세대의 다른 많은 사람들처럼 그도 구체적인 "편견"에 맞서는 싸움에서 기호들과 대상들을 이런 식으로 논쟁적으로 이용했다는 점이다. 그 같은 방법이 실제로 사회적 변화를 불러올 것이라는 희망에서 말이다.

그 프로젝트는 전적으로 언어에 초점을 맞춘 인쇄물의 한 형태로 시작했다. 종교의 주요 단어들을 담은 사전이 그것이었다. 홀바흐가 그런 선택을 한 부분적인 이유는 글을 읽을 줄 아는 폭넓은 대중에게 닿고 싶은 욕망이 컸던 때문이었다. 단편적이고 압축적인 형태의 사전이 통속화의 과정에 도움을 줄 것이라고 판단했던 것이다. 그러나 1768년에 나온 홀바흐의 『포켓용 신학』(Portable Theology)은 주로 단어들의 근본적인 의미를 밝히고, 단어들을 분류하고, 단어들을 조직함으로써, 단어들에서 신성한 요소들을 벗겨내고 힘을 제거하는 도구의 역할을 맡았다. 홀바흐가 기독교 언어들의 경우에 대부분이 양식의 기초 테스트조차 통과하지 못한다는 점을 보여주기 시작했기 때문이다.

이 사전에서, 중요한 종교 용어들 중 많은 것은 전혀 아무런 의미를 지니지 않거나 단지 더 많은 단어들을 나타낼 뿐이며, 모든 단어들은 감각 경험에 바탕을 둔 진정한 지식으로부터 똑같이 단절되어 있다(이 것이 홀바흐가 언어의 감각론과 유명론은 필연적으로 무신론과 연결되게 되어 있다고 주장한 이유이다). 영혼을 예로 들어보자. 홀바흐가 그 단어에 대해 '성직자들과 수도사들이 지나치게 겸손한 나머지 자신들의 영혼을 우리들 앞에 내보여주지 못하고 있다'는 식으로 농담 섞어 설명하기 전까지, 영혼은 '우리의 육체에 알 수 없는 방법으로 작용하고 있는, 알려지지 않은 실체'로 설명되었다.

그 사전의 신학 용어들 중에는 현실 속에서 사람들 사이에 널리 받아들여지고 있는 것과 정반대의 의미를 가진 것으로 드러난 것도 더러 있다. 저자가 맹목적 신앙이 아닌 인간의 기본 이성, 즉 양식의 관점에서 이야기할 때 그런 현상이 특히 더 두드러졌다. 그 자체로 상식이랄 수 있는 단어는 하나도 없었다. 그렇다면 홀바흐는 『포켓용 신학』에서 상식을 어떻게 정의했을까? "기독교 종교에서 그것은 대단히 드물고 거의 쓸모없다. 신이 직접 명령하는 종교는 양식이라는 인간적이고 통속적인 규칙들의 구속을 받지 않는다. 그렇기 때문에 선한 기독교인은 자신의 이해력을 신앙에 종속시키기 위해서 이해력을 예속시켜야 한다. 만약 신부가 3개가 하나가 된다거나[삼위일체] 신이 곧 빵이라고[성변화(聖變化)] 말하면, 선한 기독교인은 자신의 상식에도 불구하고 그것을 믿을 의무를 진다."[19]

정말로, 홀바흐의 사전에선 종교의 언어, 즉 성직자들이 오래 전부터 무지하고 남의 말을 곧잘 믿는 사람들을 혼란스럽게 만들고 오도하는 데 이용해 왔던 날조된 단어들이나 모호한 구절들과 양식의 언어가 거듭 불협화음을 일으킨다. 그렇다면 종교에 깊이 빠진 사람들이 이해하는 유물론은 과연 어떤 것인가? "부조리한 의견, 말하자면 신학에 반하는 의견이다. 이 의견은 지성이 무엇인지를 알 수 있을 만큼 충분한 지성을 갖추지 못한 비종교적인 사람들에서 나온다." 이런 내용을 듣는 사람은 당연히 홀바흐가 '부조리'를 종교적으로 어떤 식으로 받아들이는지 궁금해 하게 되어 있다. 그에 대한 대답은 이렇다. "말씀의 작품이고 신의 이성의 작품인 종교에 부조리는 있을 수 없다. 모두가 알고 있듯이, 신의 이성은 인간의 이성과 공통점이 하나도 없다. 인간의 이성의 눈에 부조리하게 보일수록, 신의 이성, 즉 종교에는 그만큼 더 적절해 보인다." 홀바흐가 그런 식으로 단어들을 다시 정의한 목표는 종국적으로 단어와 그것이 가리키는 대상 사이의 간극을 극복하는 것이 아니라, 일반적으로 부정되고 있는 것들의 합리성과 일반적으로 받아들여지고 믿어지고 있는 것들의 부조리를 강조하기 위해 그 간극을 노출시키고 더욱 두드러지게 만드는 것이었다.

볼테르와 엘베시우스는 거의 동시에 부패한 사회 질서와 성직자들의 언어 남용 사이에 그와 비슷한 연결이 있다고 주장했다. 두 철학자는 또한 상식과 양식 사이의 간극을, 그리고 상식과 양식의 의미가 사람의 관점에 따라 달라지는 이유를 파고들었다. 볼테르는 1765년에 발간한『철학 사전』두 번째 판에 이미 상식의 정의를 포함시켰으며, 현대 세계에서 나온 상식의 다양한 의미들을 소상하게 소개한 다음에 그것이 진정한 이성과 거리가 멀다는 점을 보여주려는 노력을 시작했다.

마찬가지로, 엘베시우스는 사후인 1773년에 출간된『인간론』(Of Man)에서 "종교는 인간이 이성을 사용하지 못하도록 막고, 따라서 인간을 잔인하고 불행하고 잔혹한 존재로 만든다"는 견해를 쉽게 밝히기 위해서 필딩의 '파스퀸'의 어느 막의 이야기를 되풀이했다. 그것은 성직자들이 양식에 거짓 호소함으로써 자신의 생존을 도모하고 있음에도 불구하고 진정한 양식은 언제나 종교에 반대하는 사람들의 편에 설 것이라는 점을 강조하기 위해서였다. 이렇듯, 양식과 상식은 적어도 책 속이나 학식 있는 엘리트들 사이에서는 체제에 반대하는 중요한 도구로 자리 잡고 있었다. 심지어 홀바흐와 볼테르, 엘베시우스가 1770년경에 집단적으로 새로운 부류의 지식인 선동가의 모델(20세기 또는 21세기의 사회 과학자는 단지 가장 최근에 이 모델을 구현하는 사람에 지나지 않는다)을 만들어냈다는 주장도 가능하다. 이런 부류의 지식인 선동가는 기존의 상식을, 그 주제가 돈이든 신앙이든 아니면 다른 것이든 상관없이, 진정한 지식의 길을 가로막고 있는, '문화에 따라 다른 착각들의 집합'에 지나지 않는다는 식으로 고발하는 것을 공적인 임무로 삼은 사람이다.

그러나 겨우 몇 년 뒤에 발표한 『양식』을 계기로, 홀바흐의 목표는 더욱 확장되었다. 여기서 제목 자체는 부정적인 쪽으로는 "명백한 부조리를 부정할 줄 알고, 확실한 모순에 충격을 받을 줄 알 만큼의 판단력"으로 정의될 뿐만 아니라, 긍정적인 방향으로 "가장 단순한 진리들을 알 수 있을 정도의 판단력"으로 정의된다.[20] 그리고 단어들과 의미들에 대한 의심이 양식의 이런 긍정적인 개념과 일치하는 어떤 순수한 언어의 발명을 낳는다. 무신론자 사회의 (미래의) 언어는 단순하고, 구체적이고, 객관적이고, 누구나 이해 가능할 것이라는 점을 우리는 발견한다. 이 언어는 윤색과 우화가 많은 기독교의 언어와도, 또 난해함과 숨은 메시지, 위선으로 가득한 엘리트들의 이단의 언어와도 완전히 다르다. 이 새로운 언어가 제시할 것은 더욱 정확한 현실관이다. 왜냐하면 일을 복잡하게 만드는 신이 없는 상태에서 마침내 진정한 명쾌함이

가능해질 것이기 때문이다.

이런 식으로 단순화된 언어는 무신론의 새로운 도덕적, 정치적 시스템의 토대를 형성할 양식의 원칙들을 정확히 전달할 것이다. 그 시스템을 홀바흐는 1773년에 익명으로『국민 정치』(National Politics)와『사회 체제』(The Social System)를 발표한 데 이어 1776년에『보편적 도덕』(Universal Morality)과『도덕에 기초한 정부』(Government Founded on Morality)(이 책은 루이 14세에게 바쳐졌다)를 연이어 출간하면서 구체적으로 제시했다. 홀바흐가 거듭 주장하듯이, 사람들의 시선이 천국이 아니라 땅에 고정되고 편견에 의해 흐려지거나 엉터리 예언가들의 가르침으로 인해 방해를 받는 일이 없다면, "정치의 진정한 원칙들도 인간 지식의 다른 영역에서와 마찬가지로 스스로 모습을 뚜렷하게 드러낼 것이다". 이제 정치의 원칙들은 "가장 평범한 사람들에게도 느껴질 수 있을 만큼 단순화하기만 하면" 되었다.(21)

아르장 후작과 달리, 홀바흐는 종국적으로 종교 영역을 빼고는 인식의 가능성에 대해 회의적이지 않았다. 그의 인식론은 인간이 알 수 있는 것에 관한 겸손과 인간이 알 수 있는 것에 대한 확신에 대해 품는 오만을 독특하게 배합한 덕분에 1770년대 주류로 통하게 되었다. 비티처럼, 홀바흐도 자신이 자연 과학을 모델로 삼아 이론을 구축하고 있다고 생각했다. 홀바흐의 진정한 급진성과 그가 상식의 정치적 역사에서 차지하는 중요성은 그가 신을 제거하려는 노력으로 정치의 본질을 다시 상상했다는 사실에 기인한다. 그는 정치를 난해한 과학으로 보지 않고, 전적으로 일상의 삶과 구체적 경험에서 나오는 세속적인 지식의 영역으로 생각하려고 노력했던 것이다.

이어서 그는 출판을 통해서 유럽 전역에 걸쳐 글을 읽을 줄 아는 대중에게 다가가고, 그 대중에게 단순하고 세속적인 사회 질서가 곧 대중이 타고난 공통 감각과 완벽하게 맞아떨어진다는 점을 설득시키려고 노력했다. 그런 식의 일치가 가능하다는 인식은 그 이후의 모든 혁명 운동에 필수적인 신조가 되었다.

하지만 1770년대 초반과 중반에 그의 주장에 진정으로 귀를 기울인 사람이 있었을까? 여기서 진짜 아이러니가 이야기에 끼어든다. 많은 돈과 노력을 들였음에도 불구하고, 무신론의 양식과 그것을 바탕으로 한 도덕 규범을 전파하겠다는 홀바흐의 프로젝트는 대단히 주변적인 일로, 말하자면 그 시절에 언더그라운드의 서적들을 접할 수 있었던(그리고 그런 서적에 관심이 있었던) 소수의 독자들과의 가상의 대화로 남았다.

홀바흐 본인은 광범위한 대중과의 공개적인 대결이나 실질적인 연결에 대해 전혀 믿음을 갖지 않았다. 민주주의는 그가 물리쳐야 할 또 하나의 괴물이었기 때문이다. "어리석은 민중"에겐 아직 "상식이 많이 모자란다"는 판단이었다.[22] 루소에게도, 진정한 반란, 즉 "인간이 상식을 되찾게 하는 혁명"이라는 생각은 실제 정치를 논할 때가 아니라 언어적인 허튼소리에 대해 논할 때에만 떠오를 뿐이었다.[23] 홀바흐의 견해에 반대하는 지식인들이 수적으로 상당했는데, 그들이 논문과 사전, 대화와 소설 등으로 공개적으로 대응했다는 것만을 빼고는, 홀바흐의 프로젝트가 확산될 소지는 별로 크지 않았다. 그때 양편 모두가 진정한 양식을 자신의 동맹으로 내세웠다. 따라서 홀바흐의 적들은 자신들의 뜻과 달리 홀바흐와 그의 몇 안 되는 비밀 동업자들이 그들의 힘으로는 도저히 해낼 수 없었던 성취를 대신 이뤄준 결과가 되었다.

홀바흐의 적들은 상상 속의 전투를 현실의 전투로 바꿔놓았으며, 또 혁명의 시대가 열리기 직전에 양식의 의미나 그것을 소유한 사람들의 신분에 대한 인식을 영원히 유동적인 것으로 만들어 놓았다. 홀바흐의 주장들이 대중의 의식의 가장자리 바깥쪽에서 싹을 틔우기 시작했을 수 있다. 그러나 1770년대 말에 이미 양식과 상식의 관계가 너무나 혼란스러워졌기 때문에, 홀바흐에 반대하는 글을 장황하게 쓴 어느 필자가 던진 질문, 즉 '양식은 도대체 누구 편인가?'라는 물음에 대한 대답은 더 이상 가능하지 않게 되었다.

하이 인라이튼먼트(계몽 운동)가 표면상 유럽 기성 조직의 생기 없는 문화로 바뀌던 수십 년 동안에도, 홀바흐의 『양식』은 상당한 경계를 불러일으켰다. 프랑스의 연대기 작자 루이 프티 드 바쇼몽(Louis Petit de Bachaumont)은 그 작품에 대해 이런 해석을 내놓았다. "그 책은 무신론의 진정한 교리문답서이다. 특히, 모든 사람, 말하자면 여자들이나 어린이들, 심지어 무식하기 그지없는 사람들조차도 이해할 수 있는 책이다. 바로 그런 이유 때문에 그것이 많은 사람들을 개종시킬 것이며 학식 있는 사람들이 같은 주제로 쓴 그 어떤 논문보다 더 위험할 것이라는 우려의 소리가 높다."[24] 그림 남작(Baron Grimm)은 이보다 더 간명하게, "그것은 가정부들이나 가발 상인들도 이해할 수 있게 된 무신론"이라고 전했다.[25] 게다가, 그 책은 단돈 10수(프랑스의 옛 동전)에 살 수 있다고 달랑베르는 볼테르에게 보낸 편지에서 전하면서, 미국의 토머스 제퍼슨(Thomas Jefferson)도 홀바흐의 책을 베끼고 나름대로 주석을 달게 될 것이라고 덧붙였다.[26] 정통 가톨릭과 프로테스탄트, 심지어 이신론자들까지도 이미 더욱 모호하고 더욱 어려운 홀바흐의『자연의 체계』에 두려움을 느끼고 있던 터였다.『양식』은 홀바흐 남작의 원칙과 방법들을 남의 말에 쉽게 넘어가는 청중에게 퍼뜨리려는 책이라고 홀바흐의 동료들은 걱정했다. 여기서 말하는 청중에는 가족들에게 영향력을 행사할 수 있는 여자도 포함되었다.

그런 우려가 가톨릭교회 안에서보다 더 분명하게 감지되는 곳은 없었다. 가톨릭교회의 대표들은 두 가지 길로 방어하는 태도를 취했다. 어쨌든 그들로서는 그런 불신앙에 대해 공개적으로 선언하지 않을 수 없었을 테니까. 한 가지 방법은 형식적인 탄핵이었다. 당연히, 종교를 모독하는 내용의 텍스트를 실제로 파괴하는 행위를 수반했다. 다른 한 가지 방법은 문학적 노력을 통해서 바로잡는 것이었다. 물론, 그런 식으로 대화에 참여하는 것은 선동적인 홀바흐의 주장이 새롭게 관심을 끌게 할 위험이 따랐다.

교회와 정부의 검열관들은 똑같이 가장 먼저 양식을 전통적인 상식과 맞붙게 만든 새로운 철학의 '전염'을 차단시키려고 노력했다. 새로운 철학의 중요한 작품들을 탄압하는 공식적인 조치들은 특히 프랑스에서 18세기 중반에 두드러졌다. 당시에 불법 간행물들은 외국에서 출간되었음에도 불구하고 과반수가 프랑스에서 유통되고 있었다. 1759년 초에, 파리 고등법원은 디드로와 달랑베르의 위대한『백과 전서』와 당시 진지하게 받아들여지고 있던 아르장의『양식의 철학』같은 유명한 불온 서적들과 함께, 엘베시우스의『인간론』을 모두 공개적으로 불태울 것을 명령했다. 파리 고등법원은 또 그런 책들을 배포하거나 추가로 찍는 것도 불법이라고 선언했다.

검열관들에 따르면, 대중이 접하지 못하도록 막을 필요가 있었던 것은 장황한 글들 속에 담긴 위험하고 그릇된 사상들, 그러니까 무신론적이거나 이신론적이거나 유물론적이거나 아니면 단순히 반(反)기독교적인 사상들이었다. 그러나 거기서 한 걸음 더 나아가 이 사상들을 정당화하기 위해 제기된 잘못된 인식론도 공개적인 비난의 대상이 되었다. 출간된 책들도 비난의 대상이 되었다. 검열관들의 보고서가 설명했듯이, 이 책들은 모두 오류를 쉽게 범하는 경향을 보였다. 왜냐하면 이 책들이 "신성한 빛"에서 나온 "확실한 원칙들"이나 "창조주의 손에 의해 우리의 가슴에 새겨진 최초의 진리들"보다는 "인간의 지성과 감각 인상만을 원칙으로 삼는 체계"에 의존했기 때문이다.[27]

1768년 볼테르의『철학 사전』에 이어 1770년 홀바흐의『자연의 체계』, 1774년 홀바흐의『양식』과 엘베시우스의 사후에 발표된『인간론』에 대해 비슷한 비난이 나온 이후로, 그런 수사(修辭)는 거의 변하지 않았다. 프랑스에서, 파리 고등법원에서부터 성직자 회의, 소르본 대학의 박사들에 이르기까지, 다수의 검열관들은 불온 서적들을 뿌리 뽑는 노력을 계속했으며 그 서적들을 찢고 불태우기 전에 불경스런 주장과 방법에 대해 거의 똑같은 언어로 비난했다. 그런 비난도 구(舊)체제 마지막 몇 해 동안에는 태만(저자를 찾아내려는 노력이 부족했던 것도 포함된다)과 무계획성, 음모가 난무하던 체제에서 예상할 수 있는 기계적인 대응에 지나지 않았던 것 같다. 그러나 법적 효과는 차치하더라도, 이런 사건들은 가톨릭교회에 교리에 대한 통제권을 다시 강화할 기회를 주었다. 이것이 부분적으로 양식에 도전하게 된 동기였다는 점은 검열관들의 보고서에서도 확인되는데, 이 보고서는 신원 미상의 필자가 "사회를 하나로 묶고 인간 종(種)을 위로하는 진리들을 공격하고, 선과 악의 모든 개념들을 혼란스럽게 만들고 악덕과 미덕을 나누는 영원한 경계선을 허물고, 신을 하나의 괴물로 다루기 위해" 양식을 악용한 것이 죄의 핵심이라고 지적했다. 말하자면, 교회의 관점에서 상식을 이루고 있는 모든 것을 훼손시킨 것이 그 필자의 죄라는 주장이었다.

게다가, 『양식』 같은 책들에 대한 공식적인 대응에서, 당황하는 모습이 점점 더 뚜렷해지고 있는 것이 감지되고 있다. 그 책들에 담긴 새로운 통속적인 메시지의 결과, 무신앙이 부유한 도시 부인들의 살롱에서부터 가난한 농부들의 오두막까지 '무서운 독'처럼 퍼져나가고 있었다. 1785년에 요란하게 열린 성직자 회의에 따르면, 새로운 '철학'의 가르침들은 이제 "장인(匠人)의 공방에서도, 또 농부들의 누추한 지붕 아래에서도" 들리게 되었다. 이젠 안전한 공간이라고는 하나도 없는 것처럼 보였다. 회의적이고 반(反)권위적인 양식은 아무런 제지를 받지 않는 가운데 일반 대중에게 완전히 뒤집어진 새로운 상식을 제시할 준비를 갖추었다. 일차적인 표적은 다른 사람들의 말에 곧잘 넘어가는 대중이었다.

이런 음울한 상황에서, 가톨릭교회는 기존의 불온 서적들을 보고서를 통해 하나씩 비난하거나 그런 책들을 불에 태우는 것으로는 충분하지 않다는 사실을 잘 알고 있었다(『양식』이 1774년 교회의 금서 목록에 오르고, 그 다음해에 쾰른에서 『포켓용 신학』이 로랑의 『라레탱』과 함께 불태워졌음에도 불구하고, 교회 내에 그런 인식이 있었다). 설명이 필요 없는 진리들, 예를 들면, 신의 존재와 모든 생각하는 존재들의 보잘것없음에 관한 명확한 가정들은 특별히 강화할 필요가 있었다. 아울러 양식이라는 개념을 정확히 포착해서 기독교의 합법적인 목적에 다시 이용하는 것도 마찬가지로 중요했다. 얼마 전까지만 해도 어쨌든 양식은 프로테스탄트들과 가톨릭 교도 둘 다에게 신앙과 현상 유지를 옹호하는 무기로 받아들여지지 않았는가.

1769년에 루이 뒤탕(Louis Dutens)은 동시대의 얼치기 철학자들의 무신론과 유신론, 이신론을 반박하는 방법에 관해 프랑스어로 쓴 에세이에서 모든 인간이 물려받은, 단순하고 확실한 양식으로 그런 철학자들의 엉터리 사상들에 맞서라고 조언했다.[28] 폴란드 왕이며 루이 15세의 처남이었던 스타니슬라스 레스친스키(Stanislas Leszcynski)까지도 1760년에 쓴 『단순한 양식으로 물리친 회의(懷疑)』(Incredulity Combated by Simple Good Sense)에서 이런 전략을 시도했다. 레스친스키는 망명한 상태에서 자그마한 로렌 주를 통치하면서 대부분의 시간을 철학적인 논문을 쓰면서 보낸 인물이다.

유럽 전역에 걸쳐서, 유행처럼 번지던 양식이라는 단어는 오래 전부터 계시와 교회의 가르침들과의 연결 속에서 기독교 신앙을 지키는 첨병 역할을 해왔다. 그러나 아르장에 이어 홀바흐가 그 표현을 신을 믿지 않는 태도와 연결시키고, 거기에 대중이 좋아할 만한 맛을 가미함으로써 상황을 완전히 거꾸로 뒤집어 놓았다. 이에 대한 대응으로, 당시의 반종교적인 사고에 도전하는 일에 금전적, 도덕적 이해관계가 걸려 있었던 저술가들은 전술을 바꾸지 않을 수 없다고 느꼈다. 가톨릭을 옹호하던 많은 사람들은 자신들의 주장을 뒷받침하는 증거로 계속해서 교회의 대변자들이나 정부 검열관들의 권위에 의지했다. 그러나 그들은 여자들을 포함한 보다 큰 평범한 독자들에게 다가가기 위한 노력으로, 이교도 작가들 중에서 최고로 꼽히는 작가들, 특히 홀바흐와 볼테르의 형식과 문체, 수사를 그대로 빌려서 거기에 자신들의 메시지를 실었다.

일찍이 1750년대에, 가브리엘 고셰(Gabriel Gauchet) 신부는 불경스런 작가들의 인기 있는 작품들의 내용을 조목조목 반박하는, 보통 독자들을 위한 월간지를 창간했다. 예를 들어, 아르장 후작의 『양식의 철학』에 대한 대응을 보면, 고셰는 양식이 이 책에서 어떤 식으로 전도되고 있는지를 보여주는 글에 그 잡지를 전부 할애했다. 이 책의 잘못은 인식론의 기본적인 카테고리인 양식을 기독교 신앙과 분리시킨 것이라는 설명이었다.

그러나 이런 새로운 장르의 종교적 글쓰기가 진정으로 증가세를 보이기 시작한 것은 1760년대 말과 1770년대 초에 이르러서였다. 아베 바뤼엘(Abbé Barruel)과 장리 부인(Madame de Genlis), 아베 베르지에(Abbé Bergier) 같은 노련한 문장가들이 등장해서 프랑스어를 쓰는 급진적인 계몽 운동과 연결되는 새로운 통속 철학에 아주 쉬우면서도 재치 넘치는 글로 대응하기 시작하면서였다. 이런 글들 중 많은 것은 표적으로 잡은 이교도 프랑스어 텍스트와 마찬가지로 파리 밖에서, 어느 학자가 '예수회의 암스테르담'이라고 부른 아비뇽을 포함한 동부의 여러 도시들에서 쓰이고 출간되었다. 그 글들 속에서 새로운 공통의 목표 하나가 전면으로 두드러졌다. 그것은 홀바흐를 비롯한 일부 사람들에 의해 분리된, 프랑스어와 상식의 전통적 결합을 복구하여 세상을 다시 안정시키는 일이었다.

　가장 일반적인 차원에서, 철학에 반대하는 사람들은 어떤 종류의 진리들은 언어 자체에 담겨 있다는 점을, 또 그것을 뒷받침하는 증거 또는 확신은 그 주제가 종교든 빵의 가격이든 불문하고 단어들의 합의된 의미 안에서 발견될 수 있다는 점을 보여주려고 노력했다. 볼테르의 종교 사전에 대한 일종의 수정본으로 나온 종교 사전의 저자인 아베 농노트(Abbé Nonnotte)는 확실성에 대해 이렇게 설명했다. "내가 2 더하기 2는 4라고 말할 때, 나는 그 외의 어떠한 답도 불가능하다는 사실을 인정한다. 왜냐하면 내가 '2 더하기 2'라는 단어들과 함께 떠올리는 생각은 4라는 단어와 함께 떠올리는 생각과 똑같기 때문이다. 나는 '신은 우리를 속이지 않는다'라는 명제의 진실도 그와 똑같은 방법으로 인식한다. '속인다'는 단어는 악덕을 암시하고, '신'이라는 개념은 모든 악덕과 모든 결함을 배제하기 때문이다."[29] 그런 다음에 농노트는, 비슷한 생각을 가진 다른 많은 작가들처럼, 철학자들이 자신들의 목적을 위해 탈취한 용어들에 원래의 의미를 되찾아주려고 노력했다. 이 프로젝트는 1790년대 초에 반혁명적인 사전 작가들에 의해 널리 채택되게 되었다. 당시에 양쪽 진영이 서로 자신의 용어라고 주장한 대표적인 용어들은 '상식'과 '양식', '철학'이었다.

　볼테르의 공격 후에, 그리고 홀바흐의 공격 후에 더욱더, 평범한 사상들과의 연결 때문에 표면상 가장 명백한 개념으로 통했던 상식도 재정의가 필요한 것처럼 보였다. 이에 대한 가장 간단한 대답은 예수회 작가이며 물리학자였던 에메 앙리 폴리앙(Aimé Henri Paulian)이 제시한 것이었다. 상식을 하나의 내부 감각으로 본 아리스토텔레스의 정의를 복구하자는 쪽이었다. 또 상식과 양식을 데카르트의 자연의 빛과 매우 밀접한 무엇인가로 다시 정의하는 경우가 더 자주 있었다. 예수회 성직 자였던 아베 바뤼엘도 그런 입장을 보였다.

양식 또는 상식의 "진정한" 또는 영적 의미가 현대 합리주의자들 의 오만한 추론과 구분될 때, 『반(反)양식』(Anti-Good Sense)을 쓴 익 명의 저자가 말한 것처럼, 양식은 신에 관한 진리를 포함한, 영원하고 본질적인 진리들을 발견하는 능력을 인간에게 허용하는 기능이 되었 다. 철학에 반대하는 사람들도 양식과 그보다 사회적으로 구성된 성격 이 더 강한 상식이 비록 홀바흐와 다른 차원에서일지라도 다시 하나로 결합되는 것을 상상했다. 바뤼엘에 따르면, 상식 능력은 스스로 "상식 의 치명적인 적들", 그러니까 현대 철학과 그것을 추종하는 작은 집단 의 공격을 받고 있다는 사실을 깨달았을 수 있다. 그럼에도, 상식은 여 전히 바뤼엘이 (아이러니하게) "우리들 사이에 팽배한", 어떤 근본적인 가정들에 관한, 특히 신의 진리에 관한 "슬픈 일치"라고 불렀던 것의 원 천으로 남았다.

그의 방대한 반(反)철학 소설('The Helviens, or Provincial Philosophical Letters') 속의 한 등장인물이 지적하듯이, 만약에 당신이 종교적 성향이 대단히 약한 시골 사람들에게 신의 존재에 대해 묻는다 면, 그들은 의심하는 투로 "빛이 비칠 때, 그 빛의 장엄함의 원인이 있 어? … 아니면 더 간단히 말해, 시계가 있을 때, 제조공이 있어?"라고 대 꾸할 것이다. 바꿔 말하면, 그 질문에 대한 대답은 유행이나 광기에 휘 둘리는 사람이 아니라면 누구에게나 너무나 명백하고 상식적이라는 뜻 이다. (아르장의 경우와 반대로, 이것은 새로운 철학에 대한 열정을 품은 가공의 시골 남작 부인이 다섯 권의 책을 읽은 뒤에야 배울 수 있었던 상식의 가르침이었다.)

누가 대표인가를 놓고 벌인 이 전쟁에서 싸움터가 된 주요 단어는 바로 철학자였다. 비난은 여러 가지였다. 첫째, 철학자는 개인주의자가 됨으로써 오류를 저질렀다. 바뤼엘이 지적한 바와 같이, 아이러니한 성격의 어떤 암류(暗流)가 흐르는 새로운 철학에 노예는 전혀 없다. 모두가 자신이 원하는 것을 정확히 생각하고, 모두가 자신이 보는 대로 정확히 말하고 있기 때문이다. 농노트는 그것을 보다 강하게 표현했다. 새로운 철학은 "연구나 조사 없이 감히 모든 것을 결정하려 드는 [자신의 정신적 힘들에] 관한 오만한 가정"과 "마음과 가슴의 방종"이 특징이었다. 교만한 철학자는 자신의 독립적인 추론 과정보다 더 막강한 것은 절대로 없다고 생각했다.

이것으로도 충분하지 않다는 듯, 철학자는 또 대중에 호소하면서도 정작 보통 사람의 보통 의견을 경멸하기만 하는 엘리트주의자라는 비난도 들었다. 루이 뒤탕은 이렇게 설명했다. "분명히 새로운 의견을 발표하거나 사회 전반에 걸쳐 받아들여지던 의견을 반박하는 사람은 스스로 대중보다 위에 서 있다고 생각하면서 잘난 척 한다. 자신의 지식이나 천재성으로 스스로를 두드러지게 만들지 못하는 그런 저자는 보통 수준의 능력을 갖춘 계층에 속하는 것에 만족하지 못하고 의견의 특이성을 갖고 허약한 이해력에 경악을 불러일으키는 것을 목표로 잡고 있다. 그런 저자가 보통 수준의 능력을 갖춘 계급에 만족하지 못하는 이유는 그 계급이 그의 허영에 낯설어 보이기 때문이다." 바뤼엘도 똑같은 입장을 취하면서 풍자적인 질문을 던졌다. 지금까지 "통속적인 의견의 지배를 덜 받는다는 것을 근거로 자만할 수 있었던 학파"가 있었던가?

정말로, 자존심과, 일반적인 사람들의 상식을 이루고 있었던 기존의 공통적인 진리들을 대하는 겸손을 동시에 추구하려는 경향을 보이면서, 철학자는 자주 몽매주의자로 분류되었다. 실질과 외양의 차이를 흐리게 하길 갈망하고 궤변과 역설에 매달리는 철학자는 진리의 단순성과 직접성에 등을 돌렸다. 루이-마이열 쇼동(Louis-Mayeul Chaudon)은 자신이 펴낸 반(反)볼테르 사전에서 오늘날 철학자라는 이름을 얻기 위해 필요한 것이 무엇인가, 라는 질문을 수사적으로 물었다. "철학자로 불리길 원하는 사람은 지금까지 훌륭하다고 생각해 온 것에서 나쁜 점을 발견하고 오래된 진리들을 조소하면서 그것들을 새롭거나 현대화된 역설로 대체하면 된다." 달리 표현하면, 철학자는 일상적으로 단어들과 사물들 사이의 직접적이고 오래된 일치를 복구하는 것이 아니라 그 일치를 허물어뜨리는 말 장난을 선택했다. 모순에 대한 철학자의 깊은 사랑은 그가 기존의 권위나 만민의 일치를 따르기를 거부하는 것과 마찬가지로, 사회를 두 가지 방향으로 몰아붙였다. 말하자면 사회가 확실해야만 하는 모든 것에 대해 보편적으로 회의를 품도록 만들고, 위험한 새로운 모순을 진리라는 이름으로 옹호하도록 만든다는 뜻이다.

이 비판 중 어느 것도 진실이 아니라는 따위의 말에는 귀를 기울이지 않도록 하자. 또 이 전투에서 서로 맞섰던 양측, 즉 홀바흐를 지지하는 측과 그들에 반대하는 사람들의 경계가 상당히 흐릿했다는 사실에도 관심을 두지 않도록 하자. 그들은 글쓰기 기법도 똑같았고, 대중에 다가가는 방법도 똑같았다. 그것만이 아니었다. 독자도 똑같았다. 심지어 일부 사람들은 동시에 양 진영에 발을 담그고 있었다. 예를 들어, 아베 베르지에는 공개적으로 홀바흐의 유물론을 상식에 대한 공격이라고 맹렬히 공격하는 한편, 홀바흐의 사교 모임에서 왕성하게 활동했다. 또 양 진영에 심각한 내부 분열이 있었다는 사실에도 신경을 쓰지 않도록 하자. 손상이 일어났다. 이교도와 프로테스탄트, 가톨릭 작가들이 서로 힘을 합해 상식으로 통하던 것을 훼손시켰다. 1770년대 중반에 한 가지 사항에서만 명백한 합의가 이뤄졌다. 즉, 양식 또는 상식을 이루고 있던 것들과 양식 또는 상식이 발견되었던 곳이 심각할 정도로 붕괴된 상태라는 사실에 대해선 의견 일치가 이뤄졌다는 뜻이다.

경제적 규제의 철폐를 둘러싼 실험에서부터 열기구의 이륙에 이르기까지, 그 시절의 유럽인들이 경험한 많은 충격을 고려한다면, 어느 누구도 단 하나의 상식 같은 것이 실제로 복구될 수 있다는 확신을 품지 못했다. 1777년의 화실(畵室)에 대해 쓴 어느 팸플릿의 저자가 지적한 바와 같이, 취향에 관한 대중적 판단에 대해 말하자면, "발견될 상식은 절대로 없다".[33] 퀸 코먼 센스가 영원히 죽임을 당한 것이 아니었다. 상식 학원과 상식 강좌 같은 표현이 있었던 것을 보면, 구체제의 마지막 몇 십 년 동안에도 상식이라는 아이디어, 아니 그 야망이 여전히 아주 생생하게 살아 있었음을 짐작할 수 있다. 이 여왕이 어디서 살았고 또 무엇을 대표했는지에 대해서는 누구도 자신 있게 대답하지 못했다. 그리고 이 투쟁의 당사자 중에서 인민에게 문제들을 직접 받아들고 해결책을 모색하라고 권한 사람은 거의 전무했을지라도, 양식의 수사적인 힘을 강화하려는 노력은 양식의 의미의 유연성과 함께 작용하면서 종식시키려던 투쟁을 오히려 더욱 자극하는 결과를 낳았다.

18세기 중반에 애버딘에서 서로 긴밀히 연대하며 활동했던 프로테스탄트 지식인들은 신이 들어설 공간을 남겨놓은, 집단적이고 안정적인 신념을 옹호하면서, 철학자들에게 보통 사람들과 똑같은 방식으로 생각할 것을 제안했다. 거의 같은 시기에, 기성 체제에 반대하던 소수의 저자들은 유럽 대륙의 다른 많은 도시들 중 특히 암스테르담의 출판업과 은밀한 관계를 맺은 가운데 지하 활동을 벌이면서, 보통 사람들은 새로운 철학자들처럼, 말하자면 전통적인 학자들이 아니라 기독교 신앙 속에서 배우지 않은 합리적인 미개인처럼 (개인적 토대 위에서) 생각하는 것을 배워야 한다고 주장했다. 그런 견해를 가진 가운데, 그 저자들은 현재 상태에 낙담한 사람들의 편에 서서 비전문가들이 기존의 권위에 도전하는 것을 정당화했다. 그리고 그들에 맞섰던 정통 가톨릭 교도들은 최종적으로 의도하지 않게 프로테스탄트 지식인들을 돕는 꼴이 되고 말았다. 모두가 급속도로 개발되고 있던 포퓰리스트의 세계관에 필요한 인식론적 토대를 형성하는 일에 기여했던 것이다.

　정말로, 오늘날 우리가 포퓰리즘이라고 부르는 선동적인 현대적 정치 스타일은 그 시대의 정치 이론 안에서 명백히 발달해 나온 것이 아니라, 계몽 운동의 다양한 갈래들이 서로 함께 작용한 결과 생긴 것이었다. 진정으로 놀랄 만한 유일한 것은 그 폭발이 대서양 반대편에 있던, 그다지 널리 알려지지 않은 도시 필라델피아에서 일어나게 되었다는 사실이다.

제4장

상식 공화국의 건설

필라델피아, 1776년

우리에겐 세상을 새롭게 시작할 권리가 있다.

– 토머스 페인의 『상식』 중에서

1776년, 영국에서 멀리 떨어진 식민지의 변경 필라델피아에서 '상식'이 투쟁을 지시하는 명령 같은 것이 되었다. 그 후 235년의 세월이 흐르는 과정에, 거기에 얽힌 기본적인 이야기는 이제 역사적으로 고리타분한 이야기로 들리게 되었다. 그러나 혁명 전쟁(1775년부터 1783년까지 벌어진 미국 독립 전쟁을 말한다/옮긴이)의 첫 격돌이 있고 9개월 뒤인 1776년 1월만 해도, 북아메리카 식민지 도시들의 거리에서 들린 논쟁은 아직 영국과 관계를 단절하고 독립을 이룬다는 것에 맞춰지지 않았다. 그렇게 될 경우에 미래가 불투명한 데다가 아직 모국에 대한 애정과 충성이 조금이나마 남아 있었기 때문에, 식민지 사람들 대부분은 그런 식의 사고를 배제하고 있었다.

　그러나 굳게 닫힌 문들 뒤에서, 그리고 영국에서 코르셋 가게를 운영하다가 파산하고 식민지로 건너온 토머스 페인과 자주 접촉한 급진적인 성향의 사람들 사이에서는 독립에 관한 대화가 이미 시작되었다. 1774년 말에 오래된 퀘이커 교도(퀘이커(Quaker)는 17세기에 조지 폭스(George Fox)가 창시한 기독교 교파를 말한다. 하느님 앞에서 떤다는 말에서 퀘이커라는 이름이 유래했다. 정식 이름은 종교친우회(Religious Society of Friends)이다/옮긴이)의 도시 필라델피아에 무일푼으로 도착한 뒤에, 페인은 신세계에서의 1년 중 상당 부분을 '펜실베이니아 매거진'에 '민중의 소리'(Vox Populi)와 '정의, 그리고 인류애'(Justice, and Humanity) 같은 필명으로 에세이를 쓰면서 보냈다. 그 사이에 벤저민 러시(Benjamin Rush)와 벤저민 프랭클린(Benjamin Franklin)을 비롯한 식민지의 급진주의자들과 친하게 지내면서 식민지의 불만에 대응하는 영국의 태도에 점점 분노를 쌓아가고 있었다. 그러다 페인은 마침내 필라델피아에서 새로 사귄 영향력 있는 친구들의 지지를 업고 자그마한 책자의 초안을 잡기 시작했다.

그는 그 책자를 통해 글을 읽을 줄 아는 식민지 대중에게 독립이라는 대의를 전하는 데서 그치지 않고 그보다 더 극단적인 사상을, 그러니까 통일될 미국은 국왕이나 귀족이 없는 공화국이 되어야 한다는 사상을 심어주려고 노력했다. 그해 1월에 혁명적인 내용을 담은 이 책자의 초판이 식민지의 잡지 판매대에 선보였을 때, 표지에 그 이민자 저자가 선호하는 증거의 형태가 어떤 것인지를 암시하는 제목이 달려 있었다. 물론, 그것은 상식이었다.

익명으로 발표한 그 팸플릿이 "문자를 사용한 이래 최대의 베스트셀러"로 기록되었다는 페인의 주장은 다소 허풍일 수 있다. 그러나 페인의

『상식』은 현재의 기준으로도 출판계에 신드롬을 일으켰다고 할 정도로 대단한 인기를 누렸다. 출간 첫 해에만 10만 부 이상 팔렸다고 페인은 주장했다. '상식을 18센트에!'라는 광고 문구는 18세기 말에 나온 판촉 광고 중 가장 훌륭했다. 제2차 대륙회의에 참석했던 존 펜(John Penn)은 1776년 봄 남부를 여행하고 돌아온 뒤 "여행길 내내 상식과 독립에 관한 이야기 외에는 아무것도 들리지 않았다. 버지니아 주 전역에 걸쳐 상식과 독립을 외치는 소리밖에 없었다"고 보고했다.[1] 보스턴의 급진주의자 샘 애덤스(Sam Adams)도 조금 모호하긴 하지만 간략하게 "상식이 사람들을 지배하고 있다"고 전했다.[2]

효과 면에서 따지자면, 페인의 성공은 두 가지 측면에서 두드러졌다. 많은 사람들이 설명하듯이, 페인이 얇고 값싼 팸플릿을 통해 거둔 결실은 대서양 연안의 식민지들 모두에서 주민들의 의견을 크게 바꿔놓은 것이었다. 일반적인 역사에 따르면,『상식』이 등장한 직후에 미국의 독립이 가능할 뿐만 아니라 반드시 필요하다는 인식이 팽배해졌다. 대중에게 미친 영향이 얼마나 컸던지, 뉴잉글랜드의 목사들에서부터 필라델피아의 기능공과 상인에 이르기까지 모두가 독립을 들먹이게 되었다. 아주 짧은 시간 안에, 모두가 왕에게 복종해야 한다는, 인간은 불평등하게 태어난다는 관념 대신에 새로운 세계관이 자리를 잡았다. 주민들이 꿈꾸는 새로운 세계는 인민이 통치를 받는 동시에 통치를 하는 세계였다. 인민의 정신세계에 일어난 이런 엄청난 변화가 영국과 북아메리카 식민지들 사이의 투쟁의 방향을 바꿔놓았다. 페인이 제2의 고향으로 정한 곳에서 열린 대륙회의에서 그해 여름에 독립 선언서 초안까지 작성하게 되었다. 그리하여 페인은 미합중국이라 불릴 새로운 독립

민주 국가의 탄생을 초래할 혁명이 필요로 하는 무대를 세우게 되었다.

그러나 페인의 성취를 평가하는 또 다른 방법이 있다. 지나치게 깔끔하게 다듬어진 앞의 이야기를 받아들일 필요가 없는 시각이다. 그것은 페인이 놀랄만한 이런 정치적 비전과, 세속적이고 눈에 보이지 않지만 점점 더 소중하게 받아들여지고 있던 진리의 어떤 기준을 서로 연결시켰다는 사실에 초점을 맞추는 방법이다. 페인의 다른 위대한 성공은 그 자신이 불어넣기를 기대했던 혁명적인 정치적 감수성의 원천과 그 감수성의 이름을 '상식'이라고 부르기로 한 결정에서 비롯되었다. 식민지로 옮겨온 이 영국인 코르셋 제조업자는 또한 상식에서 비롯된 정부 형태에 상식이 깃들어 있다는 신화를 창조했으며, 이 신화는 현대의 민주적인 정치에 상당히 오랫동안 생명력을 발휘하게 된다.

페인은 개척적인 내용을 담은 팸플릿에서 상식이라는 표현을 많이 쓰지 않았다. 그는 제목을 제외하고 상식이라는 단어를 딱 3번밖에 쓰지 않았다. 필라델피아 의사였던 벤저민 러시에 따르면, 페인이 지은 밋밋한 제목 '명백한 진리'(Plain Truth) 대신에 '상식'을 제시한 사람이 바로 그였다고 한다. 또 동시대의 다른 사람들도 페인이 썩 내켜하지 않으면서 상식을 제목으로 택했다고 증언했다. 페인에게 적대적인 감정을 갖고 쓴 '최근에 발표된 어느 논문의 진정한 공훈'(The True Merits of a Late Treatise)의 저자가 지적했듯이, 그 상식 음유 시인이 상식이라는 단어를 "그의 의견이 아메리카의 상식이거나, 그와 생각을 달리 하는 사람들은 모두 상식이 없는 사람이라는 의미"로 썼는지조차 불분명했다.[3]

한 관점에서 보면, 페인은 자신의 주장을 방어하기 위해서 일단의 토머스 페인의 베스트셀러 팸플릿 『상식』 초판의 타이틀 페이지. 1776년 필라델피아의 서드 스트리트에 있던 R. 벨에 의해 인쇄되고 팔렸다.

평범한 것들을, 집단적으로 공유하는 가정들을, 말하자면 기존의 보통 사람들의 공동체에서 일상적으로 통용되는 지혜들을 일깨우고 있었던 것 같다. 또 다른 관점에서 보면, 그는 각 개인들이 근본적인 문제들에 대해 판단을 내릴 수 있게 하는 인간의 기본적인 능력에 대해 언급했던 것 같다. 그 판단은 통념과 조화를 이룰 때도 있고 조화를 이루지 않을 때도 자주 있었다.

그럼에도, 문장을 다듬는 페인의 솜씨에서 가장 중요한 부분은 적절하면서도 의미론적으로 좀처럼 정확히 포착되지 않는 상식이라는 개념을 교묘하게 조작하는 능력이었다. 다시 말하면, 신세계의 새로운 상황에서 유럽 대륙의 급진적인 철학자들이 강조하던 양식과 스코틀랜드 지식인들이 강조하던 상식을 교묘하게 결합시킬 수 있었던 능력이 페인의 성공 요인이었다는 뜻이다. 페인은 상식을 옹호하던 국제적 분위기에 편승하면서, 멀리 떨어진 계몽 운동의 도시 필라델피아에서 밥벌이를 위해 글을 쓰던 영향력 없는 외국인 작가에 지나지 않던 자신을 정체가 불분명한 '아메리카' 대중의 합법적인 대변인으로 바꿔놓았다. 그런 다음에 그는 다수의 새로운 동료들에게 그들이 지금까지 생각해 온 것과 정반대의 것을 원해야 한다는 점을 설득시킬 수 있었다. 그것은 그들이 생각하는 국가의 정체성에도 변화를 요구했을 뿐만 아니라, 집단적인 상식이 시대를 지배해야 한다는 사상으로 무장할 것을 요구했다.

정치에 이런 식으로 접근하는 방식이 끼친 효과는 필라델피아에 있던 페인의 동료 몇 사람이 그해 말 초안을 마련한 펜실베이니아 주의 새로운 헌법에 가장 빨리, 그리고 가장 구체적으로 나타났다. 이 법적 문서는 국왕과 아무런 관계가 없는 인민의 주권이라는 공화주의 개념을 정당화하고 현실로 구현하는 중요한 실험에 불을 지폈다. 그 문서는 정부의 틀을 정한 텍스트로 살아남지 못했지만, 이 새로운 계획의 영향은 지금까지도 이어지고 있다. 정치의 민주적인 비전에 상식이라는 역설적인 개념을 권위 있는 명분과 효과로 내세운 것은 페인과 그의 동료들이 남긴 유산의 하나로 꼽혀야 한다. 주권이 근본적인 이슈로 남을 것임에도 불구하고, 분명히 이것은 필딩이 마음에 품고 있던 그 귀신은 아니었다. 여기서 설명이 요구되는 부분은 1776년에 필라델피아에서 시작된, 명백히 자명한 것(상식)과 자치(自治) 사이에 맺어진 예상치 않은 결혼의 기원과 그 결과이다. 지금은 이 짝짓기가 우리의 눈에 보이지 않게 되었다. 이유는 그 결합이 너무나 철저히 내면화되어 '민주주의 상식'이라 불릴 수 있는 것에 깊이 박혔기 때문이다.

페인의 자그마한 책자가 선 보였을 당시에, 저자 개인의 모호한 정치적 견해를 묶어서 대중적 소비를 위해 시장에 내놓은 책자가 그것만은 아니었다. 1776년 이전의 미국 출판계에서 그처럼 명확한 제목은 독특한 것일 수 있었다. 그러나 그 책이 출간되기 전에 이미 미국 도시의 공론장은 (18세기를 기준으로 판단할 때) 꽤 부산하게 움직이고 있었다. 영국식의 출판의 자유가 보장되는 가운데 정보가 사방으로 흐르고 있었던 것이다. 필라델피아의 주민들도 1770년대에 이미 꽤 정기적으로 발행되던 신문 5종과 서적들, 그리고 파리와 암스테르담은 물론이고 필라델피아의 프런트 스트리트에서 제작된 인쇄물을 쉽게 접할 수 있었다. 또 항구 도시인 까닭에 그곳 주민들은 세계 각지에서 흘러들어오는 소문도 많이 접했다.

필라델피아에는 또 유명한 대학 한 곳이 있었으며, 그 외에도 책을 빌려주는 도서관들과 철학 클럽들, 사람들이 만나 대화를 하는 선술집과 커피하우스, 그리고 종교적 관용에 대한 약속과 복음주의의 융성을 반영하는 다양한 종류의 교회들이 존재했다. 인디펜던스 홀에서 열린 대륙회의도 1774년 이후로 그 도시의 거리에 의견과 뉴스들이 더 많이 흐르도록 했다. 서인도 제도와 영국, 유럽 대륙과의 교역, 노예로 끌려온 아프리카인들, 그리고 이민의 급증도 인구 33,000명가량이던 그 도시에 국제 뉴스를 많이 풀어놓았다.

그런 환경에서 어떤 주제에서도 단 하나의 상식이 쉽게 지배할 수 없었을 것이다. 먼 곳에 위치한 영국 왕실과의 관계에 긴장이 고조되는 상황에서는 특히 더 그랬을 것이다. 프랑스인 엘리트들은 18세기의 필라델피아를 퀘이커 교도들이 소박함과 경제적 평등을 이루는 땅으로 이상화했다. 그러나 1776년경의 필라델피아는 민족적, 인종적, 종교적 다양성이 뚜렷하게 나타난 도시였다. 말하자면 계급 갈등과 정치적 분열이 팽배한 곳이었다는 뜻이다. 이미 뉴스와 지방 의회, 불매 운동, 그리고 간헐적으로 일어나던 폭동에서 그런 분열상이 나타나고 있었다. 식민지의 동시대인들의 눈으로 보면, 필라델피아는 북아메리카의 영국 식민지들 중에서 최첨단에 서 있었고 또 가장 다원적인 도시였다. 사회적, 문화적 창조가 이뤄지던 곳이었다는 뜻이다.

그렇다면 페인의 메시지가 그처럼 다양한 필라델피아 주민들에게 어떻게 반박 불가능한 진리나 상식적인 진리로 다가갈 수 있었을까? 그 도시에서 1년 이상 공적 생활에 관여한 뒤에, 그가 그런 일이 가능할 수 있다고 상상한 이유는 무엇이었을까? 페인은 신문이나 런던과 제2의 고향인 필라델피아의 선술집을 통해서 당시의 사상들 중 많은 것을 포착하는 데 탁월한 인물이었음에도 불구하고, 어느 모로 보나 공식적으로든 다른 방식으로든 배움이 깊은 사람은 아니었다. 그는 스스로 상식의 화신으로 자처한 뒤에 그런 정체성에 어울리게, 펜을 들기 전까지 글을 거의 읽지 않았다고 늘 주장했다. 게다가, 페인이 상식에 투자한 것은 지금 시점에서 되돌아보면 여러 면에서 상식적인 접근이었던 것 같으며, 학자들이 일반적으로 추구하는 그런 연구와 분석조차 필요하지 않았다. 그의 주장에 담긴 것들 중 많은 것이 세월이 흐르면서 우리의 상식이 되었으니 말이다.

그러나 페인 본인의 기여를 제쳐 놓는다 하더라도, 지금쯤은 페인 개인의 삶의 궤적이 상식과 그것의 의미와 역할에 대해 생각한 시대들 중하나와 절묘하게 교차했다는 사실이 분명해져야 한다. 1770년대 초에는 상식이라는 표현뿐만 아니라 상식이라는 개념도 온갖 종류의 논쟁적 글쓰기에 단골 메뉴가 되었다. 이 점에서, 페인의 유명한 팸플릿이 나오기 꼭 6개월 전에 필라델피아에서 발표된 '북미 식민지 연합 대표들의 선언'(A Declaration by the Representatives of the United Colonies of North-America)의 서두에 실린, "위대한 창조주에 대한 경의와 인류애의 원칙들, 그리고 상식의 명령"을 공식적으로 일깨운다는 대목이 전형적인 예이다.[4] 수사학의 관점에서 본다면, 필라델피아는 런던과 에든버러 또는 유럽 대륙의 다른 도시들과 다를 것이 하나도 없었다.

그렇다면 한 가지 가능성은 페인이 1770년대 중반에 그 시대의 유행을 좇아 상식 개념을 차용하고 있었을 수 있었다는 점이다. 그 출처는 쉽게 짐작 가는 대로 아마 동시대 애버딘 학자들의 사상이었을 것이다. 이 같은 주장은 혁명의 열기에 휩싸인 미국에서 고비마다 (로크나 공화주의자의 사상이 아니라) 스코틀랜드인의 영향을 보길 원하던 이들에게 특별한 호소력을 지닌다. 실제로 여러 증거들을 보면, 1776년에 페인이 상식을 정치적으로 이용할 때, 리드와 비티가 와이즈 클럽을 통해 상식을 전파하면서 절정을 이루었던 반(反)회의주의적인 영국 사상이 그 토대가 되어 주었다는 사실이 확인된다.

여기서 페인의 실제 삶을 돌아보는 것도 의미 있는 일이다. 페인이 독립과 공화주의 통치라는 상식을 옹호하며 작은 책자를 쓰는 일에 매달리던 몇 개월 동안에, 그는 서적상이며 '펜실베이니아 매거진'의 발행인이던 로버트 에잇킨(Robert Aitken)의 종업원으로 되어 있었다. 에잇킨은 상식 철학의 중요한 원칙들이 발아한 애버딘에서 얼마 전에 식민지로 온 인물이었다.

필라델피아 의사이며 장로교 신도이자 공화주의자였던 벤저민 러시의 과거도 중요하다. 페인의 글쓰기 프로젝트를 지원하고 그 책의 제목을 '명백한 진리'에서 '상식'으로 바꾸게 한 장본인인 러시도 인격형성기를 스코틀랜드에서 보냈다. 파리와 필라델피아뿐만 아니라 에든버러에서 의학 공부를 하면서 스코틀랜드 사상에 심취할 수 있었던 것이다. 스코틀랜드 출신 프로테스탄트로 미국 독립 선언서에 서명한 존 위더스푼(John Witherspoon)이 뉴저지 칼리지로 자리를 옮기는 데 일조한 사람도 바로 러시였으며, 위더스푼은 리드와 그의 신봉자들의 철학을 새로운 국가에 많이 소개했다.

그보다 더 중요한 것은 러시가 상식이라는 주제에, 특히 리드와 비티의 주장에 관심을 쏟았다는 사실이다. 그런 까닭에, 러시는 몇 년 뒤에 자신의 의학 강의에 상식을 포함시켰으며 '상식론'(Thoughts on Common Sense)이라는 제목의 에세이를 직접 쓰기도 했다. 18세기 필라델피아의 주요 도서관들의 도서 목록을 보거나 찰스 윌슨 필(Charles

Willson Peale)이 1783년에 그린 러시의 초상화 속 책장을 보더라도, 식민 시대 말기 필라델피아에서 스코틀랜드 인식론이 대단한 인기를 누렸다는 사실이 확인된다.

그러나 개인들과의 구체적인 인연이나 지적 영향을 논하지 않고 단순히 페인의 글만을 읽더라도, 영국 상식 철학의 전통과 특징이 몇 가지 드러난다.『상식』을 보면, 상식에 관한 최초의 언급은 제3장 '미국 문제의 현재 상태에 대한 고찰'에서 이뤄진다. 아메리카 대륙 식민지들의 운명에 관해 처음으로 본격 논하는 장에서, 페인은 이렇게 적고 있다. "앞으로 나는 단순한 사실들과 명백한 주장들과 상식 외에 다른 것은 아무것도 제시하지 않는다."(5)

여기서 상식은 18세기 중반에 영국에서의 쓰임새에 따라 근본적이고, 직관적이고, 즉시적이며, 반박 불가능한 형태의 인식력과 모든 인간들에게 부여된 판단력을 의미하게 되어 있다. 그것은 또한 보편적으로 공유하고 있는 이 능력에서 나온 근본적인 공리(公理) 또는 준칙을 의미한다. 그러나 이보다 더 적절한 해석이 있다. 페인이 반박 불가능한 인식력과 모든 인간들에게 부여된 판단력, 그리고 그런 능력에서 나온 근본적인 공리를 서로 연결시키고 있다는 사실은 곧 애버딘의 동시대인들과 마찬가지로 페인에게도 상식이 논쟁의 여지가 없고 자명한 지식의 결정적인 원천이며 모든 증거 중에서 가장 확실한 증거였다는 점을 암시한다. 물론, 비티는 지나친 상업주의와 방종과 반(反)종교가 만연하는 때와 같이 위기의 시기가 닥치면 이런 중요한 진리들이 현대 세계의 사회적, 도덕적 실패를 막는 보루로 모습을 드러내게 된다고 강력히 주장한 바 있다. 그런 식으로 상식을 소개함으로써, 페인은 자신의 기본적인 인식들과 원칙들도 상식과 비슷한 방식으로 작용할 것이라는 점을 암시한다. 그 인식들과 원칙들 위에 식민지의 주민들이 반박불가능한 공통의 이해력을 세울 수 있을 것이라는 판단이었다.

페인의 "상식"은 "명백한 사실들"과 "평범한 주장들"과 더불어 그가 직접적이고, 모호하지 않고, 심지어 투박하기까지 한 표현 스타일을 고수할 것이라는 뜻을 동시에 전했다. 이런 표현 스타일은 상식과 명백한 사실들과 평범한 주장들에서 끌어낸 통찰들과 원칙들의 어떤 기본적인 성격에 충실한 스타일이다. 여기서 리드와 비티의 한 변형이 보인다. 리드와 비티도 영국 로열 아카데미와 그 전 세기의 일부 프로테스탄트 설교와 관련 있던 '평이한 스타일' 뿐만 아니라 상식이 저절로 모습을 드러내는 일상적인 생활 언어를 고수했다. 페인의 경우에, 상식의 중요한 특징 중 하나를 추상적인 도덕 철학보다 정치 강령을 지지하는 데 적용하기로 한 것만 다를 뿐이었다.

페인의 팸플릿의 가장 두드러진 점은, 그의 견해가 실제로 관습을 아무리 크게 벗어나 있고 또 과장되어 있었다 할지라도, 그 견해를 형식의 측면에서 단순하게, 내용의 측면에서 명백하게, 그리하여 효과의 측면에서 보편적이고 논란의 여지가 없는 방향으로 제시하려는 노력을 기울였다는 사실이다. 자신의 견해를 옹호하면서, 페인은 논리적 설명이나 세심하게 추론한 주장을 전혀 제시하지 않았으며, 심지어 자신의 의견은 언제나 논쟁에 열려 있다는 자세까지 보였다. 그는 또 전문적인 지식에도 기대지 않았으며, 자신의 주장을 정당화하기 위해 역사나 정치 이론을 끌어들이지도 않았다. 오히려 장식 없고, 풍자적이고, 예언적이고, 은유적이고, 격하게 분노하면서도 결코 딱딱하지 않은 언어들을 번갈아 쓰면서, 페인은 당파성 강한 선언서를 다듬어냈다. 선언서는 사람들의 실제 경험을 바탕으로 했으며, 모든 사람들에게 너무나 당연시되고 또 당연시되어야 할 것들을 드러내는 형식이었다.

처음부터, 페인은 독자들에게 『상식』에 제시되는 의견은 "평범한 언어"로 쓴 "평범한 진리"라는 점을 줄곧 상기시킨다. 그의 글에서, "직접적이고 긍정적이며 … 애매한 구성을 절대로 허용하지 않는" 경전에 종종 비유된다. 다른 경우에, 그 예는 본능적으로 옳은 것이 무엇인지를 가리키는 "자연의 소박한 목소리"이다. 페인은 추론이나 표현의 복잡성과 모호성에 대해 거짓이나 조작의 증거라고 거듭 비난한다. 반대로, 투박함과 단순성은 대부분의 프로테스탄트 전통에서와 마찬가지로 반박 불가능한 진리와 동등시되었다.

논증에 대해 말할 것 같으면, 페인은 자신의 팸플릿을, 상식의 판단과 원칙들을 현재의 사건들에 적용하면서 하나의 사례 연구로 바꿔놓는 일에 에너지를 쏟고 있다. 팸플릿의 후반부에서, 이 전략은 국가 독립이라는 자신의 원칙들을 통해서 거둘 수 있는 도덕적, 경제적 이점을 주장하는 외에 아무것도 수반하지 않는다. 그에게 상식은 본질적으로 실용성과 신중의 한 형식이다. 그러나 그 책자의 앞부분에서 페인은 격언과 권고 사항, 규범적인 금언 또는 자연적, 물리적 세계와의 구체적인 유추를 통해서 정치적 계산을 상식의 원칙들을 사회적 과정과 권력 관계에 적용하는 문제로 바꿔 놓으려고 노력한다. 그의 목표는 영국으로부터 독립하고 미국 전역에 걸쳐서 공화주의 통치를 확실히 실현하는 것을 당연한 것으로 받아들이게 만들 "제1 원칙들"을 소개하는 것이다.

그 팸플릿에서 가장 유명한 문장들 중 많은 것은 보편적으로 인정

받는 기본적인 원칙들에서 끌어낼 수 있는 정치적 진리들을 부각시키고 있다. 간혹 그 글들은 매우 단정적이다. 페인은 "개인과 마찬가지로, 국가에도 청춘은 훌륭한 습관의 씨앗을 뿌리는 파종기"라고 주장한다. 혹은 영국 헌법과 관련해서, 그는 "자연의 원칙은 그 어떤 인공에도 깨어지지 않는다. 단순한 것일수록 무질서해질 확률이 낮은 법"이라고 강조한다. 그럼에도, 그의 단정들은 똑같이 자연을 따르면서 어떤 근본적인 상식 원칙을 위반하거나 뒤집어 놓지 않고는 정치에 적용될 수 없는 것을 보여준다. 예를 들면, 영국과의 관계를 유지하는 문제에 대해서, 페인은 "대륙이 영원히 섬의 지배를 받아야 한다는 주장엔 모순이 있다"고 강조한다. 여기선 작은 것이 큰 것을 지배할 수 없다는 원칙이 자연에서나 사회적 삶에서나 보편적이고 논박 불가능한 것으로 증명되고 있다. 어쨌든, 대륙들은 섬들보다 반드시 더 클 것이고, 당연히 큰 것들이 작은 것들을 지배하게 되어 있다는 것이다. 마찬가지로, 그는 세습 군주제에 반대하면서 이렇게 말한다. "올바르고 훌륭한 질서라는 관점에서 보면, 스물한 살 청년(영국 왕이 젊은 경우가 종종 있었다)이 자기보다 나이도 더 많고 더 현명한 수백만 명의 국민에게 '나는 그대들의 이런저런 행동을 법으로 금하노라'고 말하는 것은 매우 우스꽝스런 일이다."[6] 페인에 따르면, 이와 반대되는 내용을 주장하거나 그런 주장과 모순되는 내용을 단언하는 것은 단순히 "사물들의 보편적인 질서와 일치하지 않을 뿐"이다.

이 부분에서 페인은 스코틀랜드의 동시대인 비티와 아주 비슷한 소리를 내고 있다. 비티도 "사람은 발바닥으로 본다"라고 말하거나 "부분은 전체보다 위대하다"라고 말할 수 없다는 점을 강조했다. 이유는 단

지 그런 말을 하는 것이 상식에 반하기 때문이라는 설명이었다.(7)

『상식』의 전반에 걸쳐서, 페인이 자명하다고 강조한 것과 반대되는 명제들에는 모두 터무니없거나 황당한 정도는 아니어도 부자연스럽거나, 쓸모없거나, 유치하거나, 웃기거나, 바보스러운 것이라는 딱지가 붙었다. 도덕적, 인식론적 분개가 담긴 이런 표현들을 이용하면서, 페인은 출간이라는 행위를 통해 반론을 제기하라는 초대장을 분명히 던져 놓고도 추가적인 논쟁(어느 대목에서 그는 "토론의 시대는 막을 내렸다"고 강조한다)이나 논증의 필요성을 미연에 잘라 버리려고 노력하고 있다. 사회와 정부의 최초의 구별에서부터 페인이 인용한 수많은 민속적 속담에 이르기까지, 이 책자 속에서 정치는 일들을 있는 그대로 보고 그 일들에 이름을 붙여주는 행위에 지나지 않는다. 페인은 알맹이 없는 의견 또는 "픽션"을 하나씩 제시할 수도 있었지만, 그는 그 모든 의견들을 수사적으로나 개념적으로 크기나 양이나 권력이나 신중에 관한 반박 불가능한 자명한 원칙들의 확장으로 다듬어 내려고 노력했다.

그러나 페인이 18세기 중엽 애버딘의 인식론과 연결되는 것처럼 보이도록 만드는 것은 이런 접근 방식만이 아니다. 리드가 "모든 사람들이 자신의 천성의 원칙들에 따라 이해하는 것들"을 옹호한 것은 페인이 계급 분노의 정치나 권력 있는 소수에 맞서는 침묵하는 다수를 옹호할 수 있게 하는 무대가 되어 주었다. 리드가 "분별 있는 평범한 사람들"이라고 불렀던 사람들의 본능적 통찰과 교육 받지 않은 논리, 단순한 스타일에 대한 찬사는 행위나 언어가 더 이상 상식의 지배를 받지 않는 특권층의 통찰과 논리, 스타일에 반대하는 데 이용될 수 있었다. 이것이 바로 페인이 당시에 했던 것들이다.

대중적인 설교와 대중지의 냄새를 번갈아 풍기는 서민적인 문장과 어휘, 자신의 사상들의 기본적인 토대들에 대한 끊임없는 언급, 그리고 계급 조직과 (그가 수사학의 달인임에도 불구하고) 수사적 기교에 대한 혐오 등을 통해서, 페인은 미국 식민지들의 미래에 관한 논쟁에서 평등주의적인 인식과 사회적 편견들을 대단히 현대적으로 융합시켜 무기로 휘두르고 있다. 그는 과거의 철학자들과 귀족, 성직자, 사상가들이 쓴, 판단을 흐리게 하는 오만한 언어가 상식을 대체하고 있다고 주장함으로써(이것은 그가 민중의 소리라는 필명으로 앞서 쓴, '칭호에 대한 고찰'(Reflections on Titles)이라는 제목의 기사에서 이미 제기했던 주제였다) 그런 부류로부터 자신을 떼어놓았다. 그런 다음에, 퀘이커 교도이며 영국 이민자인 페인은 진정성에 의문이 제기되지만 자신을 아웃사이더가 아닌 군중의 일원으로 묘사한다.

그의 글 속에서, 페인은 평범한 미국인들이 집단적으로 품고 있는 가정과 관점을 그 집단 안에서 볼 줄 알고 또 자신이 본 것을 표현할 줄 아는 능력을 지닌 사람이다. 이 같은 입장은 물리적인 위치의 결과라기보다는 서로 공유하면서 강화하는 사회적, 인식적 태도의 결과이다. 그가 표적으로 잡은 독자들은 그 자신과 비슷한 사람들이다. 말하자면, 부나 형식적인 배움보다는 일상의 경험을 통해서 보편적으로 접근 가능하고 이미 자명한 진리들을 알아볼 수 있게 된, 평범하고 총명한 식민지 이주자들이었다. 복수 대명사 'we'를 선호하는 것(예를 들면, "그렇다면 우리가 원하는 것은 무엇인가? 우리가 주저하는 이유는 무엇인가?")을 포함한 여러 방법을 통해서, 페인은 상식을 그 시대의 두 가지 명분이었던 독립과 공화주의와 연결시키면서 이제 막 형성되고 있던 상식 공동체의 입장에서 말함과 동시에 상식 공동체를 향해 말하는 것을 자신의 임무로 잡았다는 점을 암시했다.

1776년 1월에 영국과 식민지들의 관계에 관한 토론이 벌어졌을 때만 해도, 상식은 아직 어느 당파의 전유물이 되지 않은 상태였음에도 이미 지적으로 반(反)엘리트적인 의미를 얻고 있었다. 페인에 앞서서 미국 문제와 관련해 상식을 동원했던 정치 팸플릿 2개를 보도록 하자. 식민지 이주자들을 지지하는 입장에서 '아메리카 의회의 결의와 연설에 대한 옹호'(A Defense of the Resolution and Address of the American Congress)를 쓴 익명의 필자는 학문적인 출처가 아니라 상식과 경험에서 노골적으로 자신의 주장을 끌어낸다. 그런 다음에 그는 공적인 일에 관해 논평하는 일이라면, "감정과 예절 양쪽으로 관대한 계층"인 상인들이 "대학의 어릿광대들과 고집쟁이들"보다 더 적절하다고 평가한다. 그가 대학의 어릿광대들과 고집쟁이들이라고 부른 부류에는 "영양 상태가 좋은 사람들의 세련된 감정과 언어를 가진, 학식 높은 연금 수령자('대표 없는 과세는 없다'는 주장을 내놓은 제1차 대륙회의에 대한 반박으로 '과세는 횡포가 아니다'(Taxation No Tyranny)라는 글을 쓴 새뮤얼 존슨을 뜻한다)"도 포함되었다.(8) 여기서도 상식의 언어와 견해를 구현하는 사람은 공상적인 학자나 귀족이 아니라 세상 속의 사람들이며, 이 세속적인 상식은 정치적 판단과 의사 결정의 영역에 특별히 더 적절한 것으로 드러난다. 마찬가지로, 조너스 핸웨이(Jonas Hanway)가 영국의 입장에서 쓴 '상식: 영국 상인과 솔직한 미국 상인의 9번의 회의'(Common Sense: In Nine Conferences, between a British Merchant and a Candid Merchant of America)(1775)에 등장하는 솔직한 영국 상인은 "비실용적인 추론과 거만한 자존심"과 그릇된 설명을 할 동기를 가진 "학식 있는 논객"보다 양말 장수나 대장장이의 정직에서 나온 "유용한 지식과 상식"에서 훨씬 더 많은 진리를 배울 수 있다고 말한다. 나아가, 보통 사람들의 상식은 "강력한 국민의 영광과 이익"보다 결코 덜 중요하지 않다고 저자의 입장을 대변하는 상인은 선언한다.

따라서 페인이 이런 분위기에 휩싸인 영국과 미국의 도시 생활에서 얻은 경험을 바탕으로 앞으로 구현할 정치 문화에 필요한, 공동체적이고 민주적인 터전을 세우는 것은 기존의 인식을 조금 더 확장한 것에 지나지 않는다. 로버트 A. 퍼거슨(Robert A. Ferguson) 컬럼비아 대학 교수가 적절히 표현했듯이, 『상식』은 "새로운 형태의 참여적인 공화국 안에서 마음이 바른 사람들의 조화로운 연대"를 찬미한다(이것은 그런 팸플릿에 투표나 정치적 의견 차이에 대한 언급이 전혀 없는 사실에 대한 설명이 될 수 있다).[9] 페인은 "공통된" 인식과 판단력과 가정들에 근거한 새로운 정치 질서를 세울 준비가 되어 있는 보통 사람들에게 그런 공동체를 상상하도록 하기 위해 수사학과 철학의 반(反)회의주의적인 상식의 전통을 이용한다.

그럼에도 이런 식으로 상식의 계보를 풀어내는 데는 매우 편파적인 구석이 있다. 이 정치 팸플릿을 그토록 두드러진 책자로 만드는 것은 최종적으로 페인 자신이 살던 시대와 장소를 지배하고 있던 가정들에 맞서기 위해서 대중의 감정과 언어에 호소하기로 한 그 방법이었다. 결국은, 리드와 그의 동료인 온건한 장로교 학자들과 목사들은 상식을, 평준화하지만 기본적으로 보수적인 하나의 장치로, 당시에 인기를 누리고 있던 회의주의와 도덕적 쇠퇴에 대한 방어로 동원했다. 이것은 새프츠베리와 애디슨이 18세기 초에, 그리고 영국 국교회의 자유주의적인 성직자들이 일찍이 17세기 중반에 한 것과 많이 비슷했다. 대체로, 상식은 영국 엘리트들 사이에 이미 널리 받아들여지고 있던, 옳고 그른 것과 참되고 거짓된 것을 보는 관점의 합법성을 지키는 안전장치로 이용되었다. 반대로, 우리는 페인에게서 이와 정반대의 현상을 확인한다. 상식이 급진적이고 심지어 인습을 타파하는 의제에 동원되고 있는 것이다. 거기서 페인은 스스로 선견지명이 있는 반체제 선동가로 자리매김하고 있다. 능수능란한 페인의 손에서, 이제 상식은 18세기 말에 대서양 연안의 세계에서 수적으로나 계급적으로 실제로 공통적이었던 것들의 감각에 맞서 싸울 무기가 되었다.

『상식』의 첫 몇 줄이 이 같은 욕망을 분명히 말해주고 있다. 에세이는 저자가 그 책에서 할 말들 중에서 지배적인 의견이나 관습적인 의견과 일치하는 것은 거의 전무하다는 사실을 선언하는 것으로 시작한다. "이 책자에 담긴 정서들은 아마 보편적인 호의를 끌어낼 만큼 아직 충분히 인기를 끌지 못하고 있다. 잘못된 것을 두고 오랫동안 습관처럼 생각하다 보면 그 같은 버릇 때문에 잘못된 그 일이 겉보기에 옳은 일처럼 비치게 된다. 따라서 그것이 그릇되었다고 주장하면 처음에는 관습을 지키기 위해 무서울 정도의 항의가 터져 나온다." 페인이 상식을 동원하는 목적이 습관과 인습, 그리고 곧잘 상식의 언어와 믿음으로 통하는 '부주의한 행위'의 안개를 확실하게 걷어내는 것이라는 사실이 금방 확인된다. 물론, 목적은 미래를 위해 안개 아래에 숨어 있는 현실을 고스란히 드러내기 위해서이다.

"단순한 사실들과 평범한 주장들과 상식"에 대한 첫 언급 뒤에 나타나는 문장은 독자에게 현재 상태에 만족하도록 만드는 가정들을 깨부수는 데 타고난 진리 감각을 이용할 수 있기를 기대한다는 점을 암시한다. 독자는 "관점을 현재보다 훨씬 더 크게 확장하기 위해서 편견과 선입관을 벗어던지고 자신의 감정과 이성이 스스로 결정할 수 있도록 허용해야" 한다. 그 다음에 나오는 상식에 관한 두 번의 언급에도 이런 주제가 계속된다. 미국 독립의 경우에 습관이나 전통이나 현재 권력을 가진 사람들의 모호한 수사(修辭)가 아니라 "자연과 상식의 원칙" 위에서 검토되어야 한다. 최종적으로, 상식은 "지금까지 우리를 억압하려고 노력해 온 권력은 우리를 지키는 데 그 어떤 것보다 더 부적절하다고 우리에게 말할 것이다."[10] 여기서 상식은 이 기능의 집단적 사용에서 전형적으로 생겨나는 일단의 기본적인 가정들을 의미하는 것이 아니라 그 기능 자체를 의미한다.

『상식』의 핵심적인 부분은 현재 상태에 대한 변명이나 개혁을 위한 계획과는 거리가 멀며, 페인이 표적으로 잡은 독자들이 역사와 언어의 적절성에 대한 그릇된 믿음 때문에 당연한 것으로 받아들이고 있던 믿음들을 통렬히, 종종 풍자적으로 공격하는 내용이 주를 이룬다. 페인은 사람들이 행동이나 그 행동을 묘사하는 단어들에서 오류와 불성실을 탐지하는 본능적인 능력을 제대로 활용하지 않은 결과 그런 현상이 나타나게 되었다고 주장했다. 상식을 자신의 동맹으로 활용하면서, 페인은 가장 기본적인 가정들과 사고의 습관들은 물론이고, 그의 독자들이 스스로 직관적으로 영국의 신민이라고 이해하는 것을 포함한 식민지의 정치적 삶을 지배하고 있는 표현들까지 거꾸로 뒤집어놓는다.

군주제를 시작으로, 중요한 개념들이 전통과 공포의 산물에 지나지 않는 것으로 확인된다. 당시의 대화에 자주 오르내렸던 '모국' 같은 중요한 단어들은 잘못된 명칭이거나 공허한 단어인 것으로 드러난다. 그것들은 권력을 쥔 사람들이 권력을 강화할 수단으로 음흉하게 만들어낸 것일 뿐이며, 소리 이상으로는 그 어떤 의미도 지니지 못한다. 성경의 이야기들도 페인에 의해서 자주 정반대의 의미로 받아들여진다. 심지어 영속성이라는 사상까지도 그럴 듯한 유추로 지워진다. "아이가 우유를 먹고 자란다고 해서 그 아이가 영원히 고기를 먹지 못할 것이라고 단정하는 것이나 마찬가지이다. 혹은 인생의 첫 20년이 그 다음 20년을 결정짓는다고 말하는 것이나 다름없다." 이렇듯, 페인은 상식이라는 미명 아래 그 전에는 거의 생각조차 할 수 없었던 것들을 자연스런 것으로 만들고, 그 전에 명백해 보였던 것을 부자연스런 것으로, 심지어 어처구니없는 것으로 만들어 버린다.[11]

이 대목에서 페인의 상식은 스코틀랜드의 상식 옹호자들과 근본적으로 단절한다. 애버딘의 상식 철학자들처럼, 페인도 상식을 하나의 보편적인 능력으로, 그리고 상식의 진정한 원칙들을 역사의 부침과 상관없는 것으로 파악한다. 그럼에도, 페인에게, 주어진 어떤 순간에 상식이라는 이름으로 통하는 것은 그 내용을 보면 좀처럼 역사를 초월하지도 못하고 보편적이지도 못하다. 진정한 상식의 명령들이 단지 널리 채택되고 있거나, 세월이 흐르면 집단 편견이나 그릇된 정보, 불공평에 지나지 않는 것으로 드러나는 경우가 있기 때문이다. 그가 설명하는 바와 같이, 어느 시점에 "낯설고 어려워" 보일 수 있는 것도, 예를 들어 왕권의 종언 같은 것도 "다른 때에는 익숙하고 동의할 수 있는 것"이 된다. 페인의 상식은 종국적으로 대중의 행동에도, 공통의 쓰임에도, 또 보편적인 동의에도 기반을 두고 있지 않다.

그가 단순한 사실들 그 이상의 것은 절대로 제시하지 않겠다고 약속하고 또 'we'라는 복수 대명사에 집착하고 있음에도 불구하고, 페인은 자신을 당시의 지배적인 정치 문화의 가치들과 충돌을 빚는 한 개인으로, 그 문제에 예언자적 기질을 지닌 개인으로 보고 있다. 페인은 다른 사람들이 아직 보지 못하는 것을 '명확하게' 보고 있다. 그리고 그는 독자들의 공간 감각(영국과의 관계라는 측면)뿐만 아니라 시간과 발전의 감각에까지 충격을 주는 것을 자신의 임무로 잡고 있다. 충격 자체가 목적은 아니며, 충격은 그의 독자와 그의 새로운 동포들이 편견과 관습의 안개에서 빠져나오게 하는 하나의 장치일 뿐이다. 왜냐하면 격분한 저자가 평범한 미국인도 페인 자신이 이미 본 것들에 "노출되기만" 하면 밖으로 뛰쳐나와 아직 자명하지 않은 새로운 상식에 맞춰 역사의 물줄기를 돌려놓으려 들 것이라고, 아니면 페인의 표현대로, "세상을 다시 시작할" 준비를 할 것이라고 믿고 있는 것 같기 때문이다. 『상식』에서, 상식은 미래 지향적인 혁명의 무기가 되었다.

그렇다면, 이것들은 페인의 이중성을 이루고 있는 은밀한 요소들이다. 페인의 논쟁에서, 우리는 상식이 어떤 인식의 토대로서 기능을 할 뿐만 아니라 현재 논쟁의 여지가 없는 사실로 통하는 것을 훼손시키는 역할도 하고 있는 것을 보고 있다. 우리는 상식이 평범한 언어의 필연적인 결과물로 여겨짐과 동시에 단어들, 특히 현실을 흐리거나 가리고 있는 단어들의 여과 장치를 관통하는 수단으로 여겨지고 있는 것을 확인하고 있다. 우리는 또 상식을 전체 인민의 목소리로, 또 인민이 포착할 수 있음에도 불구하고 스스로 포착하지 못하는 것을 직관적으로 아는, 예언자 같은 개인의 목소리로 보고 있는 것을 확인하고 있다. 그리고 우리는 상식을 지금 여기에 공통적인 것을 의미하는 것으로 볼 뿐만 아니라 어느 시점까지는 공통적인 것과 정반대의 것을 의미하는 것으로 보고 있는 것을 확인하고 있다.

여기서 선례들을 찾아 급진적인 휘그당 정치와 풍자적인 문학, 프로테스탄트의 반대 등 영국의 오랜 전통으로 눈길을 돌릴 수도 있다. 그러나 벤저민 러시는 1791년에 상식에 관한 에세이에서 우리의 관심을 완전히 반대 방향으로, 말하자면 거꾸로 17세기 말 프랑스 프로테스탄트 회의주의자인 피에르 베일의 글로 돌려놓는다. 러시는 상식을 집단적 오류라고 한 자신의 비난을 방어하면서, "베일은 인간이 편견의 지배를 받지 원칙의 지배를 받는 것이 아니라고 말한다"고 썼다. 그렇게 보지 않고는 당시에 세계 각국에서 서로 다른 관점들이 자명한 것으로 받아들여지는 현실을 설명할 길은 없다고 러시는 지적한다. 예를 들면, "유럽의 몇 개 국가에서 공화주의를 옹호하는 말을 하거나 글을 쓰는 것은 상식에 어긋난다. 반면에 미합중국에서는 오히려 군주 정치를 옹호하는 발언을 하거나 글을 쓰는 것이 상식에 어긋난다"는 것이다. 마찬가지로, "자메이카에서 농장주의 상식은 교역과 아프리카인들을 노예화하는 제도를 지지한다. 그러나 펜실베이니아에서는 이성과 인류애와 상식이 교역과 노예 제도에 보편적으로 반대한다". 인식이 완벽하게 다듬어지고 보편적으로 확산되어 있는 유토피아 같은 상황에서만 진리와 상식이 대체로 일치할 것이다. 그러나 당시엔 진리와 상식이 일반적으로 대조를 이뤘다. 리드의 주장과 정반대로, 필라델피아의 의사였던 러시는 역사를 보다 나은 쪽으로 바꾸려는 사람들은 갈릴레오

갈릴레이(Galileo Galilei)처럼 자기 시대의 지배적인 인식에 반대하며 온갖 위험을 무릅쓰고 미래에 다른 상식을 확립하기 위해 노력하는 수밖에 없다고 주장한다.(12)

베일이 런던과 에든버러뿐만 아니라 필라델피아의 동시대 독자들에게도 꽤 널리 알려져 있었음에도 불구하고, 우리로서는 페인이나 러시가 베일의 저작물을 읽었는지에 대해서는 알 길이 없다. 그러나 러시가 베일을 인용한 것은 두 사람의 관점이 1776년에 서로 충돌을 빚을 때까지 18세기 상식 논의에 일반적으로 나타났던 이중성을 드러내고 있다. 다시 말하면, 러시가 베일을 한 차례 언급한 것은 상식이 북대서양의 세계에서 민주주의로 전환이 이뤄지는 토대가 될 인식론적, 정치적 변화를 끌어내는 대안적 또는 제2의 길을 암시한다.

여기서 우리는 상식과 비슷한 의미의 프랑스어 단어 '양식'을 핵심 개념으로 여겼던, 거의 정반대였던(그리고 응집력이 꽤 덜했던) 유럽 대륙의 계몽 운동이 밟은 궤적을 다시 돌아봐야 한다. 우리가 본 바와 같이, 이런 식으로 논리를 세우는 현상은 1770년대에 정점에 달했다. 베일이 활동하던 네덜란드에서 특히 활발했으며, 똑같이 세상을 돌아다니고 있던 페인 본인은 『상식』에서 군주 정체와 전쟁을 피했다는 이유로 네덜란드를 칭송했다. 그러나 18세기의 마지막 사반세기 동안에 급진적인 계몽주의가 네덜란드에서부터 프랑스와 영국까지, 그리고 마지막에는 이 국가들의 해외 영토에까지 확장됨에 따라, 양식은 교육적, 경제적 배경이나 남녀 성별이나 신분 차이를 불문하고 모든 사람들에게 공통적으로 있던 능력을, 말하자면 그 시대의 편파적인 "공통" 감각과 모든 영역에서 그런 감각에 해당하는 엉터리 언어를 간파할 줄 아는 능력을 의미하게 되었다. 틀림없이, 페인이 하고자 노력했던 것이 바로 이것이었다. 그 자신은 오직 상식을 대변하고 있다고만 주장했을 지라도 말이다.

게다가, 페인은 식민지 현지의 전통에도 상당한 빚을 졌다고 말할 수 있다. 결국, 페인은 자신이 어떤 공론장에서 글을 쓰고 있다는 사실을 깨달았다. 당시에 공론장은 벤저민 프랭클린 본인은 말할 것도 없고 프랭클린이 창조한 허구의 인물 '푸어 리처드'(Poor Richard)(벤저민 프랭클린의 책 '가난한 리처드의 연감'(Poor Richard's Almanack)의 주인공/옮긴이)의 솔직하고, 실용적이고, 반(反)귀족적인 지혜와 도덕에 이미 좌우되고 있었다. 1776년경에 프랭클린은 특히 필라델피아의 노동 계급 사이에 상징적인 존재로 통하고 있었다. 또 그런 이미지 때문에, 프랭클린은 자신과, 그와 페인이 제2의 고향으로 선택한 도시, 즉 신세계의 실용성뿐만 아니라 퀘이커 교도의 검소함과 반(反)권위주의(퀘이커 교도들이 실제로 독립 운동을 강하게 지원하지 않았음에도 불구하고 이 공상은 계속될 것이다)의 중심지인 필라델피아 사이의 연결이라는 신화를 만드는 데 결정적인 역할을 했다. 이런 분위기에서, 상식에 찬사를 보내는 것은 자연스러운 일이었다.

따라서 페인의 위대한 혁명적인 제스처는 여러 가지 요소들을 결합시킨 행위였다. 한 사람의 논객으로서, 페인의 성공은 대부분 그가 개인주의적인 것과 집단적인 것을, 그리고 보수적인 특성과 당시에 북대서양 양안에서 통용되던 상식 사상과 표현의 체제 전복적인 특성을 교묘히 결합시킨 데서 기인했다. 가짜 평등주의적인 합의주의의 성격을 가진 영국의 상식이 있었고, 보편적인 것으로 여겨진 모든 진리들에 대한 엘리트의 공격이 특징인 유럽 대륙의 급진적인 양식이 있었는데, 이두 가지를 현지의 요소들과 결합시키면서 하나의 걸작으로 만들어낸것이다. 말하자면, 그때까지 거의 검증된 바 없는 정부 형태를 옹호하는 논거를 제시했던 것이다. 페인이 주장한 정부 형태에서는 인민 주권에 대한 급진적인 해석이 근본적인 원칙이 될 터였다. 페인이 다듬어낸것은 포퓰리스트 민주주의의 사회적 정당화뿐만 아니라 인식론적 정당화의 시작이었다. 북아메리카, 보다 구체적으로 필라델피아가 그 첫번째 시험장이 될 것이다.

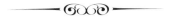

그 직후에 톰 페인 본인의 명성은 일련의 스캔들에 휘말림에 따라 타격을 입었다. 그럼에도, 그가 1776년 1월에 급히 쓴 싸구려 팸플릿을 통해 드러났던 상식의 이중성은 그대로 온전히 살아남았다. 『상식』으로알려진 작은 책자는 즉시 상식의 정치사에 명백한 영향을 끼쳤다. 출간되고 몇 주 지나지 않아서, 그 책자는 영국과의 관계 단절과 북미 식민지들 내의 공화주의의 구축을 서로 연결시키는 스토리와 언어를 제공했다. 그것만이 아니었다. 그해 봄에 새로운 펜실베이니아 주의 정부를구성하는 데 필요한 청사진을 마련하는 작업이 시작되었을 때, 『상식』은 대단히 민주적이면서도 자제력 또한 강한 정책을 제도화할 포퓰리스트의 토대를 제안했다.

여기서 페인 본인의 계획과 영향력을 과대평가하지 않도록 조심해야 한다. 그러나 1776년이 다 가기 전에 이미 상식은 새로운 형태의 대중 통치에 근본적으로 필요한 버팀목이 되었다. 이 통치 형태에서는 인민 또는 시민들이 각자 타고난, 실용적이고 건전한 판단력을 통해 주권자가 되지만, 이 판단은 또한 상식에 의해 규정되고 제한을 받게 된다.

변화는 즉각 시작되었다. 본능적인 공통성과 논박 불가능성이라는 페인의 수사적인 아이디어는 곧 미국의 정치 이상들을 형성시키는 데 성공했을 뿐만 아니라 미국인들이 그런 이상들에 대해 대화하는 방식까지 바꿔놓는 데 성공했다. 페인의 작은 팸플릿이 하룻밤 사이에 식민지 주민들의 마음을 실제로 바꿔놓았는지 여부를 떠나서,『상식』이 그렇게 한 것으로 페인 본인(그는 곧바로 익명의 가면을 벗어던졌다)과 그에게 동조했던 유명하거나 유명하지 않은 시사 평론가들에 의해 재빨리 신화화되었던 것은 분명했다.

당시의 설명들은 그것으로 인해 소신을 바꾼 사람들이 대거 나타났다는 점을 암시한다. 예를 들어, 버지니아의 에드먼드 랜돌프(Edmund Randolph)는 "불과 몇 주 전만 해도 대중의 정서가 독립을 가로막는 장애물 앞에서 벌벌 떨었는데"『상식』이 등장한 직후에 "갑자기 그 모든 장애를 훌쩍 뛰어넘어 버렸다"고 주장했다.(13) 조지 워싱턴(George Washington)도 마찬가지로 그 팸플릿에 대해 "모든 사람들의 마음에 강력한 변화를 일으키고 있다"고 묘사했다.(14) 이런 내용들은 사람들의 마음에서 혁명이, 말하자면 사람들의 사고방식에 극적인 변화가 일어나고 있었음을 말해준다. 18세기의 역사 진보 이론가들에 따르면, 그 같은 사고방식의 변화는 당연히 사회적, 제도적 영역에서도 그에 상응하는 변화를 몰고 오게 되어 있었다.

그러나 페인의 개인적 통찰력이 언제나 높이 평가받았던 것은 아니었다. 정반대로, 초기의 많은 시사 평론가들은 그 이민자 논객이 예언자처럼 행동하기보다는 미국의 식민지 이주자들이 실제로 느끼고 있으면서도 깨닫지 못하고 있던 분노와 갈망을 잘 포착해냄으로써 성공을 거두었다고 주장했다. 식민지 이주자들의 진정한 감정이 드러날 수 있기 위해서는 먼저 그들의 마음에 남아 있던 편견들을 깨뜨려야 했다. 어느 코네티컷 주민의 다음과 같은 반응이 가장 전형적이었다. "당신의 감정을 선언했을 뿐인데 그것이 수백 만 명의 감정을 선언하는 형국이 되었다. 당신의 선언이 낳은 결과는 모든 것을 휩쓴 홍수와 비슷했다. 우리는 앞을 보지 못했다. 그러나 이 계몽의 단어들을 읽는 순간에 우리의 눈을 가리고 있던 안개가 말끔히 걷혔다."[15] 그렇다면 당시에 미국 전역에 퍼져 있던, 기존 권위에 공손하지 않고 반(反)역사적이며 민주적이었던 상식은 46쪽짜리 『상식』의 결과이면서 원인이기도 했다.

한때 필라델피아 칼리지에서 러시 밑에서 배운 데이비드 램지(David Ramsay)를 포함한 혁명 시대 초기의 역사학자들은 독립 전쟁은 하나의 출발이 아니라 연속성과 의견 일치의 결과였다는 점을 보여주려는 열망에서 상식이라는 도구를 그대로 받아들였다. 당시에 모든 미국인들이 공유하고 있던 가치들의 불가피한 결과가 독립 전쟁이었다는 해석이었다. 램지는 "새로운 체제는 [1776년에] 강압적으로 적용되었거나 계획적으로 채택되었다기보다는 필요에 의해서 소개되었으며, 감지되기 힘든 어떤 공통적인 위험이 대중의 정신에 일률적으로 작용한 결과 필연적으로 생겨난 것이었다"고 설명했다. 램지의 손에서, 이제 페인의 팸플릿은 이 필연적인 과정의 도구로 바뀌었다. "인민의 감정과 정서와 결합하면서, 『상식』은 놀라운 결과를 엮어냈다." 절대 다수가 "놀라울 정도의 의견 일치를 보이면서" 독립의 편에 섰다. 그리고 야심찬 소수의 정치인들이 아닌 "인민의 목소리"가 봉기의 지도자들이 실질적인 혁명에 착수하도록 강요했다.(16)

심지어 "자명한 진리들"과 대중 통치를 찬미한 독립 선언서까지도 되돌아보면 앞의 이야기와 연결된다. 토머스 제퍼슨에 따르면, 독립선 언서는 제퍼슨 자신의 창작물이기보다는 "미국 정신의 한 표현"으로 보는 것이 타당하다. 몇 년 뒤에 헨리 리(Henry Lee)에게 보낸 유명한 편지에서, 제퍼슨은 1776년의 선언서는 단순히 "그 주제의 상식"을 반 영했다고 설명했다.(17) 더욱이, 폭넓고 익명인 대중의 상식이 자치를 추 구하는 이 실험의 뿌리에 있는 것으로 이해되었을지라도, 민주주의는 또한 이론적으로나 실질적으로 상식의 배양기라는 칭송을 들었다. 초 기 공화국에서, 상식은 미국의 소중한 가치가 되었다. (겉보기에 자명 함에도 불구하고) 설교와 달력, 격언과 지혜의 모음집에서 극찬할 그 무엇이 된 것이다. 상식은 또한 성공적인 상업적 슬로건이 되었다. 거 의 틀림없이, 상식에 의존하는 것은 현대 서구 민주주의들의 이상적인 이미지의 일부로 남아 있으며, 서구 민주주의들은 전형적으로 스스로 보통 사람들의 지혜에 뿌리를 내리고 있다고 주장한다.

물론, 1776년에 펼쳐진 일들이 정확히 이런 식이었던 것은 아닐 것 이다. 어쨌든 상식을 엄격히 대표하고 있다는 주장이 제기되는 곳에는 언제나 위험이 도사리고 있다. 한 예로, 상식을 대변한다거나 상식에 호 소한다는 주장은 초기에 양식을 외쳤던 사람들이 잘 알았듯이 그 바탕 에 어느 정도 기만을 깔고 있다. 상식이라는 이름으로 불리는 것들 중 에서 진정한 의미에서 대중적인 것은 거의 없다. 어떤 것이든 절대로 보편적이지도 않으며 폭넓게 합의가 이뤄진 것도 아니다. 상식도 그것이 대체하고자 하는 것들만큼이나 추상적이다. 상식을 상기시키는 사태가 벌어지면 언제나 사회의 한 부류가 다른 부류의 희생을 바탕으로 득을 보게 된다. 무엇보다도, 상식을 상기시키는 것은 논쟁을 부른다. 그것은 곧 상식이 정치적이라는 뜻이다.

상식이라고 해서 도전이나 논쟁의 대상이 되지 않는 것은 절대로 아니며, 상식은 대체로 반발의 성격이 강하고, 추방된 자리로 다시 돌아온 그 무엇이고, 당연히 반발을 부르게 되어 있는 그 무엇이다. 18세기 중반에 애버딘의 장로교 사상가들도 중간 계층의 여론을, 특히 종교와 도덕의 문제가 걸린 경우에 특별한 어떤 방향으로 돌려놓길 바라면서 상식이라는 아이디어를 당파적 이익을 위해 사용했다.

유럽 대륙의 급진적인 계몽 운동은 상식을 계몽된 소수를 위한 공적 무기로 다듬었다. 상식이 객관적이고 논란의 여지가 없는 것 같으면서도 누구나 접근 가능한 것처럼 들리는 것이 상식이 주관적이고 당파적이고 언제든 선동적일 수 있는 정치 행위의 한 도구로 성공할 수 있었던 요인이었다. 상식의 도움만 받을 수 있다면, 적절한 지위를 누리는 개인이나 집단은 어떤 관점을 가졌든 불문하고 사회 전체의 정서를 대표하는 척 행세할 수 있으며, 그 결과 모든 갈등에 종지부를 찍을 수 있다고 약속할 수 있다.

충분히 예상할 수 있듯이, 상식의 소재지를 놓고 매우 공개적인 투쟁이 벌어졌다. 혁신적이고 인습 타파주의자인 페인은 팸플릿을 쓸 때 기존의 상식 원칙들에 대해서는 구체적으로 언급하지 않았다. 실제로, 팸플릿이 1776년에 선을 보인 직후에 독립이나 공화주의 정부에 관한 대중적 합의가 영국이나 아메리카 식민지에서 전혀 형성되지 않았다.

페인의 『상식』이 그 팸플릿에 관한 폭넓은 논평과 함께 중립적 태도를 취하고 있던 사람들을 설득시켰을지라도, 그 책자는 제목이 약속한 것과 정반대인 무엇인가를 낳았다. 『상식』의 첫 판이 아메리카 식민지의 서점들과 다른 공적 장소에 등장하자마자, 대서양 건너편에서 그것에 관한 적대적인 논평이 쏟아졌다. 그 팸플릿의 주장은 말할 것도 없고, 팸플릿의 언어까지도 더블린에서부터 뉴욕에 이르는 도시들의 영국 지지자들과 페인에 적대적인 애국자들로부터 똑같이 기사와 팸플릿과 편지로 공격을 받았다. 존 애덤스(John Adams)는 『상식』이 "단원제 정부라는 조잡하고 무식한 개념 때문에 토리당원들의 글을 모두 합한 그 이상으로 '자유의 친구들'을 찢어놓는 불행을 야기할 것"이라고 내다보았다. 더욱이, 양편이 똑같이 자신들이 진정하고, 믿을 만하고, 단 하나뿐인 민중의 소리를 대변하고 있다고 주장하면서 상대방의 비슷한 주장을 일축했기 때문에, 상식의 소유권을 둘러싼 식민지의 갈등은 새로운 스타일의 이데올로기 투쟁을 누그러뜨릴 어떠한 조치도 취하지 않았으며, 그 결과, 이 이데올로기 투쟁은 이미 당파성이 강하고 양극화되어 가던 정치 논쟁을 더욱 가열시켰다.

토머스 불(Thomas Bull)의 '공통 권리들에 관한 상식의 결의'(Resolutions of Common Sense about Common Rights)와 익명으로 나온 '영국과 미국 사이의 현재 위기에 대한 상식의 기록'(Memorial of Common Sense, upon the Present Crisis between Great-Britain and America) 같은, 영국을 지지하고 페인에 반대하는 비평들을 보라. 런던의 입장이 반영된 이런 글들에선 상식이 완전히 다른 주장들을 지지하는 데 동원되고 있다. 이런 글에서는 페인이 위반자이고, 단어를 남용하는 사람이며, 쉽게 휩쓸리는 대중의 특성을 악용하고, 세상을 편협한 오솔길로 끌고 가는 사람으로 비판을 받는다. 정말로, 상식이 금방 페인의 신뢰를 무너뜨리는 도구로 돌변했다. 페인은 사실 자신의 경력 나머지 동안에 이 대중적인 인식론적 가치를 줄곧 두르고 다님으로써 그런 식의 취급을 조장했다.

이런 현상은 페인의 새로운 고향에서 특별히 두드러졌다. 영국 국교회 성직자이며 뉴욕의 영국 지지자였던 찰스 잉글리스(Charles Inglis)는 1776년 겨울에 페인의 『상식』이 처음 선보이고 몇 주 지난 뒤에 필라델피아 잡지 판매대에 등장한, '어느 미국인'이라는 이름으로 발표한 '객관적으로 본 미국의 진정한 이익'(The True Interest of America Impartially Stated)에서, 페인에 반대하는 이유를 제시했다. 잉글리스는 "그 영국인"(페인)이 모든 점에서 상식을 위반했고, "모순과 거짓"을 수시로 동원했으며, 또 "광신자"와 "열광자", 그리고 "인간의 공통 감정들은 서로 모순될 수밖에 없다는 것을 잘 아는, 공상에 빠진 확언자"의 전통에서 글을 썼다고 비판한다. 여기에 18세기 초 영국 프로테스탄트의 정치적 논의에 전형적으로 사용되었던 진부한 표현들이 혁명 후화해의 시기에 중요했던 상식의 반대어로 두루 동원되었다. 잉글리스는 페인이 제목으로 쓴 단어에 대한 공격으로 글을 마무리지었다. "자신의 팸플릿이 조금이라도 더 읽히도록 하기 위해, 그는 제목을 『상식』으로 정했다. 그런데 그것은 비유의 남용, 더 쉽게 말하면 단어의 오용에 지나지 않는다. 나는 이 팸플릿에서 상식을 전혀 발견하지 못했으며 공통적이지 않은 광란만 발견했을 뿐이다. 그것은 미국인들의 상식에 대한 모욕이며, 미국인들의 정신에 독을 풀어 그들의 충성과 진정한 관심사를 흐려 놓으려는 음흉한 시도이다."(18)

필라델피아 주민들 대부분도 1776년에 이와 똑같은 입장을 취했다. 페인의 상식이 그것과 정반대의 뜻으로, 자신을 라티오날리스라고 밝힌 한 반대자의 표현을 빌리면 "이해력의 무자비한 왜곡"으로 받아들여졌다. 혹은 카토(Cato)(훗날 스코틀랜드 출신의 필라델피아 주민 윌리엄 스미스(William Smith)로 밝혀진다)의 표현을 빌리면 명백한 "난센스"였다. 카토는 이렇게 분노했다. "팸플릿의 저자는 상식이라는 미명으로 역설적인 내용들을 끊임없이 주장하면서, 현명한 사람들의 건전한 감정을 상하게 하는 데서 그치지 않고 자기 자신조차 모순된 모습을 보인다."(19)

이들 익명의 시사 평론가들이 종국적으로 원했던 것은 상식이라는 단어를 페인에게서 빼앗아 자신들의 주장이 그 이상에 적합하다는 점을 보여주는 것이었다. 그들은 자신들이 미국인들의 정서를, 카토의 말을 빌리면, 적어도 "펜실베이니아 주민들의 10분의 9"의 진정한 정서를 대변하고 있다는 점을 보여주려고 노력했다. 또한 그들은 페인의 경우에 새로운 모순들과 편견들을 일깨우고 있지만 자신들은 누구나 납득할 수 있게 상식을 이용하고 있다는 점을 설득시키려고 노력했다. 예를 들면, 잉글리스는 자신의 입장이 성경과 영국 헌법, 1688년 명예 혁명의 원칙들뿐만 아니라 "상식과 이성과 진리"에도 바탕을 두고 있다는 점을 입증하려는 마음이 앞선 탓에, 바로 페인이 동원해 상당한 성공을 거두었던, 노골적이고 서민적이고 비유적인 추론을 그대로 이용하기도 했다. "그 치료[모국으로부터의 분리]는 질병 자체보다 훨씬 더

나쁘다. 그것은 발가락이 아프다고 해서 다리를 잘라내는 것이나 마찬 가지이다."(20)

페인의 팸플릿 자체에서와 마찬가지로 이 논쟁에서도, 상식을 자신의 것이라고 주장하는 것이 장래에 북미 대륙에서 민주적인 정치의 탄생에 결정적인 역할을 할 어떤 스타일의 정치적 추론과 표현에 핵심적인 것이 되었다. 이 대목에서, 거의 반세기 전의 런던을 돌아보면서 당시에 상식에 대한 소유권을 둘러싸고 벌어진 투쟁을 살펴보고 싶은 마음이 생길지도 모르겠다. 1730년대에 의회 밖에서 벌어진 정치 투쟁의 특징을 이뤘던 그 현상 말이다. 이미 살펴본 바와 같이, 그때 서로 갈등을 빚던 당사자들이 서로 상충하는 이데올로기를 제시하면서 인민의 감각을 들먹였음에도, 어느 누구도 영국이 민주주의 같은 어리석은 형태의 정부를 택해야 한다고 상상하지는 않았다.

그러나 1776년이 다 가기도 전에, 카토와 그의 동맹들은 자신들이 패배자가 되고 있다는 사실을 확인하게 될 것이다. 그 투쟁은 옛 식민지들의 독립을 중심으로 전개될 것이다. 그 투쟁은 또 정부의 새로운 제도적 틀을 확립하는 데도 관심을 둘 것이다. 이 새로운 제도적 틀이 북부 대서양 연안 주들뿐만 아니라 마침내는 남부 대서양 연안 주들의 혁명가들에게 기준이 되어 줄 것이다. 페인이 제시한 상식의 통치는 곧 미국이 유럽의 정치 발전에 크게 기여하는 요소가 된다. 1776년 5월에 발행된 '펜실베이니아 패킷'(Pennsylvania Packet)의 한 필자는 페인의 상식의 통치에 대해 "자신의 문제를 스스로 처리할 의지와 분별력을 가진, 식민지의 모든 거주자들"이 권력을 갖는 정부라고 설명했다.(21) 최종적으로, 페인이 제시한 상식의 통치는 민주주의에 대한 대중의 도전의 원형은 말할 것도 없고 대중 민주주의의 원형을 하나 제시했으며, 이 원형은 점진적으로 세계 각지로 퍼져나가게 된다.

독립 선언서의 잉크가 채 마르기도 전에, 이미 변형은 시작되었다. 아마 최초의 세계적 혁명가일 페인이 대서양 저편의 제국적 질서를 근본적으로 바꿀 "상식"을 제안하고 있던 바로 그때 그 장소에서, 펜실베이니아 식민지 안에서 시골 및 도시의 정치도 어떤 위기 국면으로 치닫고 있었다. 1776년 초반의 몇 개월은 영국과의 갈등이 식민지 자치를 둘러싼 갈등 그 이상으로 확대되던 시기였다. 그 시기에 영국의 북미 식민지들 안에서 내부 혁명, 즉 식민지 권력 당국에 맞선 투쟁이 일제히 터졌다. 더욱이, 페인의 팸플릿이 처음 선보인, 멀리 떨어진 상업 중심지이자 국제 도시인 필라델피아가 내부 혁명이 가장 강하게 느껴지던 곳이었다. 바로 거기서 상식에 대한 새로운 이해로 무장한 새로운 형태의 정치가 이론으로서뿐만 아니라 현실 속에서도 급속도로 구체화되고 있었다. 그해에 미래의 펜실베이니아 주가 될 곳을 위한 헌법의 틀을 마련할 때, 페인과 그 지지자들의 어설픈 포퓰리즘이 인민 주권을 제도로 담아내는 실험을 하도록 부추겼다. 말하자면, 작은 집단의 필라델피아 시민들이 모욕적이지 않은 뜻으로 민주주의라고 불러도 좋은 그런 통치 형태를 위해서 법적 장치를 창조하려고 노력했다.

1776년에 펜실베이니아 주에서, 더 구체적으로 그 주의 주요 도시인 필라델피아에서 매우 급진적인 정치 개념들이 큰 호응을 얻게 된 데

엔 뿌리 깊은 이유가 몇 가지 있었다. 틀림없이, 왕실의 특권으로부터의 자유라는 전통에 대해서는 말할 것도 없고, 퀘이커 교도들로부터 시작한 종교의 자유의 전통도 그 식민지 안에서 오래 전부터 새로운 사상들이 별다른 방해를 받지 않고 전파될 수 있는 여건을 조성했다. 마찬가지로, '7년 전쟁'(영국과 프랑스가 세계적 패권을 노려 벌인 전쟁(1756-1763)으로, 유럽에서 오스트리아 합스부르크가 오스트리아 왕위 계승 전쟁(1740-1748)에서 프로이센에게 패배하면서 빼앗겼던 독일 동부의 비옥한 슐레지엔을 되찾기 위해 프로이센과 전쟁을 벌이면서 시작되었다/옮긴이) 후 몇 년의 장기적 불황을 포함해서 20여 년 동안 경제 분야에서 일어난 급격한 변화들이 필라델피아의 낡은 계급 구조를 바꿔놓았다는 사실도 중요한 요인이었다. 노동 계급이 특히 심각한 타격을 입었다. 도시의 부(富) 중에서 노동 계급이 차지하는 비중은 18세기 중반부터 지속적으로 떨어지고 있었다. 그러나 많은 장인들과 "기계공"까지도 1760년대와 1770년대 초에 생활 수준을 유지하는 데 어려움을 겪고 있었다.

대륙회의 시절의 필라델피아는 문화적으로나 경제적으로 점점 더 양극화되고 있었다. 더욱이, 중간 계층들 사이에 위원회의 조직과 결사 활동이 증가하고, 또 가난한 장인들과 노동자들도 지원군을 모집하기 위해 마련된 민병 제도를 중심으로 정치 활동을 강화해갔다. 이런 현상도 전시 필라델피아의 정치의 본질을 바꾸는 데 중요한 역할을 했다. 상인들과 장인들, 노동자들, 농민들은 갈수록 제국의 지배에서 자유롭게 풀려나야겠다는 쪽으로 기울었을 뿐만 아니라 오랫동안 발언권을 갖지 못했던 정치 과정에도 더 적극적으로 참여하길 원했다.

그러나 펜실베이니아를 위해 새로운 정부 계획을 마련하기로 결정하게 만든 가장 큰 자극은 식민지 의회가 독립 노력을 지지하길 거부한 것이었다. 북미의 다른 영국 식민지 도시들의 엘리트들과 달리, 필라델피아의 부유한 기성 정치 지도자들은 1776년에 페인이 제시한, 완전한 독립을 누리는 공화주의 아메리카라는 비전에 계속 반대했다. 그들은 도서관과 학교, 소방대, 지식인들의 모임 등 그 도시의 위대한 계몽 조직들을 후원하는 인물들이기도 했다. 이처럼 식민지 의회가 애국적인 대의를 받아들이길 거부함에 따라, 새로운 종류의 수사(修辭)와 새로운 정치 의제를 가진 새로운 정치적 대변자들이 급격히 늘어나게 되었다. 이 같은 현상은 스스로를 '생각하는 사람'으로 여기던 사람들에게 대단히 실망스런 일이었다. 갑자기 혜성처럼 나타난 사람들의 원칙들은 최종적으로 새로운 합중국에 제도적 틀을 제공하는 데 실패할 것이다. 그러나 포퓰리스트적인 목적이 강한 이런 특유의 정치 유형은 펜실베이니아 최초의 헌법에 반영되고, 나아가 미래에 아메리카와 다른 나라의 혁명적인 민주화 운동과 지배 계층에 대한 도전을 고무할 것이었다.

1776년 5월이 전환점인 것으로 드러났다. 그달 첫날에, 독립에 반대하는 다수의 후보자들이 필라델피아 보궐 선거에서 승리를 거두었다. 영국 군대의 진군이 눈앞에 어른거리고 현지의 통치 엘리트들로부터 도움의 손길을 전혀 기대할 수 없는 상황에서, 소수의 급진적인 공화주의자들은 의회의 권력을, 보다 구체적으로 펜실베이니아의 영주령 식민지 정부(미국 독립 전의 식민지 정부를 말한다/옮긴이)의 권력을 제한하는 데 초점을 맞추었다.

이 남자들(모두가 남자였던 것 같다) 중에서, 러시와 스코틀랜드에서 1765년에 이주해와 민병대의 이익을 대변하는 필라델피아 '병사위원회'(Committee of Privates)의 사무총장 자리에 올랐던 수학 교사 제임스 캐넌(James Cannon) 같은 사람들은 대학 교육을 받은 전문가들이었다. 화가 찰스 윌슨 필과 시계공에서 천문학자가 된 데이비드 리튼하우스(David Rittenhouse), 의사 토머스 영(Thomas Young), 상인이며 투계(鬪鷄) 전문가인 티모시 매틀랙(Timothy Matlack) 같은 사람들은 페인처럼 독학을 한 사람들이었다. 이 중에서 영과 매틀랙은 자유사상가인 반면에 다른 사람들은 퀘이커 교도이거나 복음주의 프로테스탄트들이었다. 그들이 공유한 것은 후기 계몽주의 문화의 전형인, 몇 가지 근본적인 원칙에 근거한 정부라는 사상에 대한 지적 헌신이었다. 그들은 또 실질적인 지지와 합법성의 추상적인 원천으로 교육 수준이 꽤 낮고 폭넓은 대중에 호소한다는 야망을 품고 있었다.

그럼에도 이 사람들은 지나치게 실용적이었기 때문에, 페인이 급조했을 게 틀림없는 새로운 공화주의적인 "상식"이 인기를 끌고 있다는 사실만 믿고 펜실베이니아 정치를 전면적으로 개편하자고 요구할 수 없었다. 틀림없이, 그들은 정치 개편을 요구할 분위기가 아직 무르익지 않았다고 판단했다. 특히 "인민"이 명백한 사회적 집단이나 정치 세력으로 아직 존재하지 않았기 때문이다. 그래서 그들은 대신에 당시 필라델피아의 중심에서 모이고 있던 대륙회의에 도움을 청했다. 2주 뒤에 존 애덤스가 그들의 희망에 화답했다. 페인과 그의 동료들이 구상하는 급진적인 정치 사상들을 현실화하는 쪽이 아니라, 독립의 대의를 보다 보편적인 것으로 강화하려는 야망을 보였던 것이다. 부분적으로 펜실베이니아 의회가 행동을 취하도록 하기 위해, 대륙회의는 존 애덤스의 촉구에 따라, "자신들의 급박한 문제들을 충분히 해결할 수 있는 정부가 아직 확립되지 않은" 모든 영국령 식민지에서 대표들이 나와서 자신들의 뜻을 바탕으로 새로운 정부를 구성하도록 권하는 내용의 결의안을 채택했다. 전문(前文)을 보면, 그 결의안이 노린 것은 그런 모든 정부의 정통성은 오직 "식민지들의 인민의 권위"에만 의존한다는 것이었다.[22]

존 애덤스의 수사(修辭)는 매틀랙과 크리스토퍼 마셜(Christopher Marshall), 리튼하우스, 캐넌 같은 의회 밖의 급진적인 휘그당원들과 위원회의 사람들이 찾고 있던 돌파구를 열어주었다. 즉각 그들은 기존의 입법 기구 대신에 펜실베이니아의 새로운 정부를 위한 성문 헌법을 마련하는 책임을 질 특별 회의의 구성을 요구하기 시작했다. 그해 5월에 '알람'(The Alarm)이라는 제목으로 발표된 익명의 선동적인 팸플릿에 따르면, 의회가 그 임무에 부적합한 이유는 두 가지였다. 하나는 의회의 권력이 대륙회의가 요구한 '인민의 권위'에서 나오지 않았다는 이유였다. 또 의회가 그때까지 특히 독립 문제와 관련해서 가장 절실히 요구되는 판단력과 지혜 둘 다를 갖추지 못했다는 점을 여실히 보여주었다는 것이 다른 한 이유였다. 그런 의회 대신에 필요한 것은 인민과 그들의 집단적 지혜에 따라 움직이는 새로운 대의 조직, 혹은 100년 전쯤에 영국 본토에서 일어난 것과 비슷한 정부 내의 "혁명"이었다.

(미국 혁명이 최종적으로 얼마나 다른 방식으로 일어났는지에 대해 우리가 알고 있는 것을 감안한다면) 놀랍게도, 1776년 필라델피아에 이런 급진적인 논리가 팽배했다. 그해 6월 중순에, 펜실베이니아 의회는 마지막 순간에 뒷걸음질치려고 안간힘을 썼음에도 불구하고 기능

이 정지되고 말았다. 의회를 구성했던 탁월한 인물들의 권력은 오늘날 전설이 된 벤저민 프랭클린을 제외하고는 모두 의회와 함께 쇠퇴했다. 7월 중순에, 주 전역에서 선출된 사람들로 구성된 헌법 제정 회의가 자유롭고 독립적인 펜실베이니아 주를 위해 공화주의적인 틀을 만드는 임무에 착수할 준비를 끝냈다. 이 대표자들 모두는 며칠 앞서 대륙회의가 공인한 독립이라는 대의에 우호적이었다.

그러나 애덤스와 다른 지도자급 애국주의자들은 점점 더 널리 받아들여지고 있던 인민 주권의 원칙과 "인민"의 권위를 거듭 언급하면서, 돌이켜보면 판도라의 상자로 여겼어야 했던 것을 결국 열고 말았다. 정말로, 그들은 펜실베이니아의 휘그당원들, 즉 독립 지지자들을 찢어놓을 논쟁을 일으켰으며, 그 과정에 상식이라는 낡은 개념에 새로운 정치적 중요성을 부여하게 되었다. 팸플릿 '알람'이 등장한 다음날인 5월 20일, 이미 필라델피아의 관찰 및 조사 위원회(Committee of Observation and Inspection)와 연결된 급진주의 대변자들은 애덤스의 의회 결의안에 담긴 인민 주권이라는 개념을 어떻게 해석할 것인가 하는 문제를 놓고 "인민의 판단을 파악하기 위해" 대규모 옥외 회의를 조직하려고 노력했다. 곧 읍민회와 시위, 위원회 협상, 팸플릿 작성, 신문 칼럼과 청원이 따랐다. 급진주의자들은 "인민"을 하나의 실질적인 힘으로 동원하기 위해 이 모든 도구들을 이용했으며, 인민의 이름으로 새로운 정치적 비전을 다듬어내고 있었다. 헌법 제정 회의의 규칙들을 정하기 위해 6월에 만난 식민지 의회(provincial congress)는 위기에 처한 이슈들을 더욱 커보이게 만들었을 뿐이다. 그렇게 보는 이유는 1776년 하반기에 일어난 사건들은 공화주의 헌법이 약속해야 할 것들이 무엇인지를 둘러싸고, 또 새로운 헌법은 누구의 사상을 대표해야 하고 또 어떤 식으로 대표할 것인지를 둘러싸고 벌어진 공적 투쟁으로 묘사될 수 있기 때문이다.

북미 동부 해안의 위에서부터 아래까지, 주 헌법 초안을 마련하려는 노력은 원칙적으로 인민의 동의에 근거한 정부에서 권위의 본질과 원천, 분배를 놓고 의견 분열을 낳았다. 그러나 처음에 이런 물음들이 직접적인 인민 통치를 위한 논의를 촉발시킨 곳은 펜실베이니아 한 곳뿐이었으며, 이 같은 논의는 종국적으로 정치적 통일체를 찢어놓을 것이었다. 6월의 식민지 의회 대표들을 힘들게 만들었던 절차상의 문제는 선거권의 요건에 관한 것이었다. 펜실베이니아 거주자들 중에서 누가 새로운 주 헌법을 작성할 사람들을 뽑을 수 있는가? 그러나 이 질문은 곧 헌법 제정 회의 구성원들에게 더욱 종합적이게 되었다. 주권을 가진 인민 중에서 어떤 사람들이 유권자로서 간접적으로나 공무원으로서 직접적으로 펜실베이니아를 최종 통치해야 하는가? 달리 표현하면, "인민"은 어떤 분별력으로 통치해야 하는가? 1776년에 필라델피아의 급진적인 정치 선동가들의 리더십 아래에서 나온 대답은 대의제에 관한 전통적인 사고와 완전히 단절하는 내용이었다. 그리하여 효과적이고 책임 있는 정치적 의사 결정에 필요한 판단력의 소재에 관한 새로운 관점이 등장하게 되었다.

페인에 관한 전형적인 책에서, 컬럼비아 대학의 역사학자 에릭 포너(Eric Foner)는 『상식』의 저자가 필라델피아 급진주의자들의 태도에 끼친 영향을 탐지하고 있다. 식민지 의회와 그 다음에 헌법 제정 회의의 가장 급진적인 구성원들이 선거권 확장을 추구하면서 드러낸 사

회적 평등에 대한 욕구를 지적하면서, 포너는 과격한 구성원들이 주도
한 1776년의 헌법은 평등 사회 이론과 페인의 정치적 비전에 들어 있
는 계급간 적대를 실행에 옮겼다고 지적한다. 이 주장이 맞을 수 있다.
그럼에도, 그것이 그들이 페인으로부터 물려받은 유일한 관심사는 아
니었다. 선거권에 관한 논쟁은 우리를 다시 인식론의 영역을, 말하자면
보통 사람들의 판단 능력에 관한 주장들을 살피도록 만든다. 페인에서
부터 매틀랙과 영과 캐넌에 이르기까지, 우리는 그들이 대중의 정치 참

'인민의 친구'라는 익명의 화가의 판화 작품 '포위 공격당하는 시온산'. 1787년에 필라델피아
의 윌리엄 포인텔(William Poyntell)이 판매를 위해 내놓은 이 작품은 1776년 펜실베이니아 헌
법을 놓고 벌어진 갈등을 요약하고 있다. 문제가 된 헌법, 즉 시온산은 바위 위에 건설된 요새
로 표현되고 있다. '프랭클린과 자유'라는 글귀가 적힌 깃발을 든 부대가 지키고 있는 요새는
사방에서 공격을 받고 있다. 요새를 포위한 자들 중에는 벤저민 러시와 페인 등이 포함되어 있
다. 페인은 또한 이 판화에서 '지혜의 새'로 묘사되고 있다. 그의 영향력과 사회적 지위의 향상
을 엿보게 하는 장면이다.

여와 포함을 위해 새로운 주장을 다듬는 소리를 들을 수 있는데, 그 주장을 전적으로 경제적, 사회적 경쟁에 뿌리를 둔 계급 적대의 수사(修辭)로 볼 수만은 없다. 우리가 독립 전쟁 당시에 다른 어떤 식민지 도시보다 필라델피아에서 더 큰 역할을 맡은 추상적인 개념인 상식을 돌아보게 하는 것이 바로 이 연결이다.

선거권에 관한 논쟁이 벌어지는 경우에 일반적인 대답은 언제나 정치적 의사 결정에 참여하는 권리는 유권자로서든 공무원으로서든 '개인의 부(富)에 좌우된다'는 것이었다. 식민지의 휘그당원들뿐만 아니라 다른 사람들에게도 마찬가지였다. 참정권에 관한 영국인의 사고에서, 오직 소득을 낳을 토지를 가진 사람들만이 진정으로 독립적인 사람으로 여겨졌다. 또 독립적인 사람들만이 공동체의 이해관계가 걸린 문제에서 판단을 건전하게 할 수 있는 것으로 받아들여졌다. 영국의 휘그당원들뿐만 아니라 미국의 휘그당원들까지도 재산이 없거나 생계를 다른 사람에게 의존하는 사람들, 말하자면 여자들뿐만 아니라 어린이와 노예, 소작인, 하인, 장인과 도제들도 스스로 정치적 결정을 이성적으로 내리지 못한다고 생각했다. 시민의 권리와 의무가 걸린 문제에서 특히 더 그런 식으로 생각했다. 그런 사람들은 다른 사람들의 영향(또는 강요)에 지나치게 좌우되는 것으로 여겨진 것이다.

존 애덤스도 1776년 5월의 어느 편지에서 이렇게 지적했다. "어느 사회나 다 마찬가지인데, 재산이 없는 사람들은 공적인 문제에서 올바른 판단을 내릴 수 있을 만큼 그 문제를 잘 알지 못하고 또 다른 사람들에게 지나치게 의존하기 때문에 스스로 판단할 의지를 갖고 있지 않다. … 인간의 가슴은 워낙 여리기 때문에 재산이 전혀 없는 사람 중에서 스스로 판단할 수 있는 사람은 거의 없다. 그런 사람들은 재산을 가진 사람들이 지시하는 대로 말을 하고 투표를 한다."(23) 사실, 이제 막 태동하려는 국가에서 애덤스처럼 인민 주권을 강력 옹호하는 사람들의 눈에도 재산이 적은 사람들은 재산을 많이 가진 사람들이 자신들을 대표하도록 하는 것이 바람직한 것으로 여겨졌다. 보통 사람들이 사회적으로 그들보다 더 나은 사람들에게 보여야 할 것은 후자가 교육과 지혜와 판단의 측면에서 더 우수할 것이라는 짐작에 따른 정치적 존경이었다.

그러나 1776년 봄과 여름에, 소수의 급진적인 대변인들, 특히 매틀랙과 캐넌, 리튼하우스는 이 논리를 뒤엎는 데 주도적인 역할을 맡았다. 그들이 그런 주장을 펼 수 있었던 바탕은 대부분 주의 민병 연합 같은 대중 연합들의 옹호 활동에 의해 준비되었으며, 이 연합들은 식민지 의회가 열리기 전부터 재산의 유무와 관계 없이 세금을 납부하는 자원병들, 즉 시민 예비병들에게까지 투표권을 확장하기 위해 적극적으로 노력해 왔다. 정치적 충성과 공동체의 이익을 위한 헌신만으로도 그들은 그런 권리를 충분히 누릴 수 있는 것으로 여겨졌다. 그러나 새로운 사고는 식민지 의회와 헌법 제정 회의가 그 문제를 어쩔 수 없이 다루게 되었을 때까지는 완전히 드러나지 않았다. 헌법 제정 회의의 대표를 선출하는 단계까지 이르는 과정에, 이어 1776년 한여름부터 9월 말까지 이어진 헌법 작성 과정에 보통 사람들과 정부의 관계를 완전히 새롭게 보는 비전이 등장했다. 이 비전은 투표권에 관한 기존의 가정들뿐만 아니라 정치의 본질 자체에 대한 기존의 가정들과도 명백히 단절되는 것이었다. 그 중심에는 모든 성인 남자들이 법을 제정하는 작업에 똑같이 참여하는 데서 최선의 결정이 나온다는 사상이 자리 잡고 있었다. 그래야만 헌법이 옳고 그른 것, 진실하고 거짓된 것의 본질에 대한 남자들의 기본적인 동의를 반영할 수 있을 것이라는 판단이었다.

이 같은 주장에 대해 더 충실히 설명하려면, 다시 과거로 돌아갈 필요가 있다. 앵글로 색슨족 잉글랜드(로마 제국의 지배가 끝나는 5세기부터 1066년 노르만인이 잉글랜드를 정복할 때까지의 잉글랜드를 말한다/옮긴이)라는 먼 과거로 말이다. 거의 상상인 그 시간과 공간 속에서, 영국인들은 모두 자유롭고 평등한 사람들이었다. 스코틀랜드와 유럽 대륙의 정치 이론가들이 거의 동시에 떠올렸던 "고귀한 야만인"과 많이 비슷했을 것이다. 당시에 남자들은 자신의 정부와 법을 다듬는 일에 적극적으로 가담하고 협력했다. 1776년 여름에 선거권 문제가 뜨겁게 논의될 때 필라델피아에 등장한 '고대 색슨족의 순수한 원칙들'(The Genuine Principles of the Ancient Saxon)이라는 팸플릿에서 익명의 저자가 설명한 것처럼, 오늘날의 식민지 사람들의 조상들은 자신들의 생각과 감정을 서로 나누기 위해 정기적으로 만났다. 그 조상들은 또한 상급자들로부터 아무런 도움을 받지 않고도 투표를 할 수 있었다(왜냐하면 당시의 세계에서는 글을 쓰지 못하는 것조차도 투표를 하는 데 전혀 장애가 되지 않았기 때문이다). 그 사람들이 자신들의 정부에 관심을 갖도록 만든 것은 재산의 규모가 아니었다. 그들이 통치와 깊이 관련되어 있었기 때문이었다. 통치에 관여하는 것은 그들이 인간으로서 서로 대화할 줄 아는 기본적인 인식 능력에 바탕을 두고 있었다. 동시대의 급진적인 영국의 한 소책자를 모방한 '고대 색슨족의 순수한 원칙들'의 저자에 따르면, 참여적인 통치라는 앵글로 색슨족의 제도가 낳은 집단적인 지혜는 오늘날까지도 놀라운 힘을 발휘하고 있다.

그들은 작은 공화국들을 이뤄 살면서 공통의 관심사가 있을 때마다 회의를 열고 서로 의견을 나눴다. 모든 사람들이 회의에 상정되는 문제에 똑같이 이해관계를 갖고 있었다. 그렇기 때문에 어떤 문제를 논의할 때에는 주민들을 다 불러들여야 했다. 그러면 주민들은 그 문제에 대한 자신의 감정을 밝혔다. 미개한 사람들 사이에 널리 퍼졌던 이 관습은 오늘날의 훌륭한 변호사와 판사와 총독들까지도 놀라게 만든다.[24]

이 이미지에서부터, 공화주의 국가에 충성을 보임과 동시에 국가의 일에 참여했던 모든 남자 시민들이 투표를 통해 자신들의 미래에 관한 결정권을 가져야 한다는 주장(처음에는 민병 대원들이, 그 다음에는 식민지 의회의 지도자들이 제기했다)까지의 거리는 한 걸음에 지나지 않았다. 미천한 사람들도 돈이 아닌 신념을 바탕으로 하는 경우에 그들보다 경제적으로 앞서는 사람들과 정치적으로 동등했다.

정말로, 일부 급진적인 휘그당원들은 그해 여름에 더욱 멀리 나아가면서 지적 복종과 사회적, 경제적 신분을 서로 연결시키는 정치 이론을 타파하는 일에 앞장섰다. 이미 민병대의 중요성을 옹호하는 입장으로 널리 알려진 제임스 캐넌은 1776년 6월에 이처럼 지적 복종과 사회적, 경제적 신분을 연결시키는 행태를 완전히 엎어버린 민병 대원들의 '병사위원회'를 대신해서 익명으로 유인물을 하나 찍었다. 이 한 쪽짜리 유인물의 목적은 헌법 제정 회의에서 인민의 이익을 최대한 반영할 수 있는 대표들이 어떤 부류의 사람인지를 알리는 것이었다. 캐넌은 존중이나 평등을 근거로 그런 주장을 펴지 않았으며, 대신에 "사물들의 제1

원칙들"에 근거한 정치의 가치에 대한 페인의 확신뿐만 아니라 세습적 특권과 전문성을 연결시키는 것에 대한 페인의 반대를 바탕으로 그런 주장을 폈다. 캐넌이 제안한 것은 정치적 판단의 영역에서는 보통 사람들이 전문가들이나 엘리트들보다 더 우수하다는 것이었다.

짧지만 과격했던 이 유인물 안에서, 신뢰할 수 없는 존재는 부유하고, 권력 있고, 연줄이 좋은 사람들이다. 캐넌의 글에서, 그런 사람들은 보통 사람들처럼 생각하고 느낄 능력을 상실했으며, 따라서 집단의 이익을 파악할 능력을 잃어버렸다. 타고난 그들의 지적 충동이 바로 그들의 특권으로 인해 훼손되었기 때문이다. 학식 높은 사람들은 사고방식이 다른 탓에 더더욱 신뢰하기 힘든 존재라고 그 수학 교수는 경고한다. "학식이 높고 전문직에 종사하는 신사들은 기벽이 심하고 궤변을 곧잘 늘어놓는다. 물론, 학식이 높은 사람들 중에도 가치 있는 사람들이 더러 있다. 그러나 그런 사람들조차도 세련미를 추구하는 성향이 해로울 정도로 강하다. 그렇기 때문에 헌법 제정 회의에 그런 부류의 사람들을 너무 많이 포함시키지 않는 것이 사려 깊은 조치이다."[25] 마찬가지로, 천박성이 '태도'보다는 '정신'에 깃든, "상류 계층인 척 꾸미는 사람들"도 캐넌의 글에서 의심의 대상이 되었다. 또 특별한 이해관계를 가진 탐욕스런 사람들도 역시 경계해야 할 대상이었다.

캐넌에 따르면, 헌법 제정 회의에 필요한 사람은 그런 사람들과 정반대인 사람들이었다. 지역구 주민들과 똑같이 생각하고 똑같이 느끼고 똑같이 살았던 입법자들이었다. 기본적으로, 일상의 경험에서 얻은 지식을 세상에 대한 판단의 근거로 삼는 남자들이었다. 이 유인물의 저자에 따르면, 통치라는 것이 하나의 실용적인 과학이기 때문에 헌법을 마련하는 데 필요한 조건은 놀랄 만큼 단순하다. "정직과 상식, 그리고 음흉한 동기들에 물들지 않은 순수한 이해력만 갖추면 그 임무에 완벽한 사람들이다."[26] 캐넌이 몇 개의 짧은 문장으로 한 일은 솔직하고, 실용적이고, 반(反)귀족적이고, 반(反)전문가적인 세계관과 오랫동안 연결되었던 개념, 즉 상식을 새롭고 미국적인 정치 질서의 이상적인 바탕으로 바꿔놓은 것이었다.

이런 식의 접근을 급진적인 평등주의로 해석해야 하는가, 아니면 선동으로 해석해야 하는가? 2세기가 넘는 세월 동안에 1776년 펜실베이니아 주 헌법을 옹호하는 사람들과 비판하는 사람들 사이에 논쟁이 이어져 왔지만, 그 접근법은 엄밀히 말하면 평등주의도 아니고 선동도 아니었다. 아니, 어쩌면 둘 다일 수 있다. 혁명적인 펜실베이니아의 급진적인 휘그당원들의 수사에서, 우리는 포퓰리즘으로 알려진 현대적인 형태의 새로운 정치적 정당화가 신성시되고 있는 것을 목격하고 있다. 캐넌과 그의 동료들은 레토릭과 행동을 통해서 새로운 형태의 정치를 개시했다. 경제적 주장보다는 보통 사람들의 집단 상식이라는, 도덕적이고 인식론적인 개념에 크게 의존하는 정치였다. 그 결과, 그렇게 하지 않았더라면 열등의 증거가 되었을 것들, 그러니까 세련미가 부족하고 정치의 작동이나 정치 언어에 경험이 없는 것이 오히려 존엄을 상징하고, 선(善)과 진리와 연결되게 되었다. 정말로, 그것은 미합중국의 건국 이념의 일부가 되었다. 사람들이 쉽게 파악 가능한 진리들에 기본적으로 동의했다는 사상은, 로크의 신봉자들에게 너무나 근본적이었던 개인적 권리들이나 고전적 공화주의자들이 강하게 집착했던 공익과 마찬가지로, 1770년대에 민주주의로 알려질 새로운 종류의 정치 질서를 보호할 갑옷이 되어주었다.

많은 역사학자들이 포퓰리즘은 19세기 말에 나온 설득과 정당화의 한 유형이라고 주장하고 있음에도 불구하고, 오늘날 우리가 포퓰리즘 이라고 부르는 특성들은 모두 1776년 필라델피아에서 이미 분명히 나타났다. 그해 봄의 급진적인 글들은 인민과, 또 상황을 정확히 이해할 줄 아는 인민의 능력에 직접 호소하는 것이 특징으로 꼽힌다. 여기서 말하는 상황은 당연히 자명한 진리들을 포함한다.

예를 들어, 실제로는 자기 자신의 주장인 것을 요란하게 옹호하면서 이렇게 선언하는 '알람'의 저자를 보라. "친애하는 동포들이여, 정직하고 생각이 깊은 남자라면 모두 정부를 구성할 계획을 마련할 권한을 위임받은 인물들은 인민 전체의 신뢰를 받을 수 있어야 한다는 확신을 아주 강하게 품어야 한다." 이 예에서, 정부가 모든 사람들의 지지를 필요로 하는 조직이라는 사실을 집단적인 인민의 상식이 알 것을 요구하고 있기 때문에, 상식은 설득의 한 유형으로도 채택되고 있고 해결책의 하나로도 제시되고 있다.

그런 식으로 인민에 대한 호소에 이어, 그 추상 개념의 권위를 옹호하는 노력이 따랐다. 더 구체적으로 말하면, 옳고 공정하고 진실한 것을 가려낼 줄 아는 무오류의 본능과 공동체 정신을 물려받은 집합적인 인민의 권위를 뒷받침하는 요소들에 대한 설명이 제시되었다. (인민 주권을 옹호하는 것을 가능하게 할 뿐만 아니라, 건방진 엘리트들과 전문가들, 부자들, 자기 입장만 고수하는 정치인들, 특별한 배경의 사람들, 그리고 일상의 경험을 통해 얻는 '진정한' 지식이 부족한 사람들을 배제시키는 것을 가능하게 하는 것은 당연히 이런 논리이다.) 캐넌의 인쇄물에서 보는 바와 같이, 다수에 속하지 않는 사람들의 동기와 가치에 대한 분개와 분노와 깊은 의심은 단순히 추상적인 인민과 그 인민이 공통적으로 소유한 상식에 대한 칭송의 이면이었다. 거기엔 진정한 반대나 이견이 들어설 여지가 거의 없었다. 어떤 특별한 계층이 아니라 평범한 일에 종사하면서 기독교를 믿으며 평범하게 살아가는 백인 남자들을 의미하는 "보통 사람들"은 오직 신뢰할 수 없고 "평범하지 않은" 남자들과 반대되는 남자들이라는 상징적인 의미에서만 존재했다.

또한 1776년의 급진적인 주장들은 대체로 직전 과거와의 단절을 수반했다. 말하자면, 인민과 동떨어져 지내면서 군주든 입법자든, 어떤 의미로 보나 상식에서 멀리 벗어나 있는 사람들이 착취적으로 지배하던 시대와의 단절을 외치는 목소리가 높았다는 뜻이다. 캐넌과 토머스 영의 관점에서 보면, 지혜의 결여는 말할 것도 없고 폭정과 노예화도 외부의 힘들뿐만 아니라 국내의 제도들로부터도 위협을 받고 있었다. 새로운 헌법의 필요성은 기존 의회가 진정한 인민의 진정한 관심사에 부응하지 못한 데서 비롯되었다.

마지막으로, 전형적인 포퓰리스트의 방식을 좇으며, 18세기 말의 팽창하는 상업 사회에 밀려 오래 전에 사라졌던 어떤 원시적인 황금 시대의 복구가 그런 시대를 옹호하는 사람들에 의해서 종국적인 목표로 높이 제시되었다. 1776년에, 이 공상은 노르만 족의 침공이 있기 전의 영국 사회의 여러 요소들을 장식품처럼 두르고 경제적인 구제책보다 정치적 구제책에 대한 믿음을 품은 상태에서 훗날 포퓰리스트의 주장들에 나타날 요소를 두 가지 보여주었다. 과거에 향수를 느끼는 사람들은 순수하고 직접적인 자치가 이뤄지는 세상으로의 회귀를 상상했는

데, 그런 세상에선 통치하는 사람과 통치를 받는 사람 사이에, 이 텍스트들의 저자와 독자들의 사이처럼 구분이나 거리가 전혀 없을 것이다. 그리고 주권을 가진 인민은 "근본적이고 독창적인 몇 가지 제1원칙들"을, 그러니까 모두에게 자명한 것들을 인정하고 거기에 맞춰 살아가려고 노력하면 될 터였다. 물론, 이 원칙들은 역사 속에서 종종 위협에 처했으며, 따라서 장래에 인민을 보호하기 위해서 문서로 작성할 필요가 있었다. 그러나 그 원칙들이 본격적으로 작동하기만 하면, 그것과 대립되는 정치는 드디어 종지부를 찍고 마침내 압도적인 다수가 규정하는 바에 따라 선하고 자연스럽고 합의가 이뤄지는 영역이 마침내 세상을 지배하게 될 것이다.

몇 개월에 걸쳐서 상충하는 주장들이 제기되고 수정과 타협을 거친 끝에, 헌법 제정 회의는 마침내 1776년 9월에 '제1 원칙들'을 바탕으로 새로 쓴 헌법을 발표했다. 인민의 정부를 실제로 구성하기 위한 노력이 일군 첫 결실이라 할 수 있었다. 이 헌법은 그것을 쓴 저자들(이들은 분명히 사회적 분노를 상당히 품고 있었음에도 대부분 스스로 지식인이라고 생각했다)의 계급적 입장의 산물이 아니었다. 그것은 또 그 뒤에 자리 잡고 있는 사상들에 대한 폭넓은 지지의 산물도 아니었다. 그 초안을 대중 앞에 제출하고 논평을 위해 신문에 게재했음에도 불구하고, 결국 펜실베이니아의 인민에겐 심지어 그 서류에 찬성하거나 반대할 기회조차 주어지지 않았다. 역사학자 에드먼드 모건(Edmund Morgan)이 정곡을 찔렀듯이, 18세기에 미국에서 인민 주권이라는 개념의 성공은 인민이 요구한 결과가 아니라 "소수 중 일부가 그 나머지와 맞서면서 다수를 끌어들인 문제"였다.[27] 1776년 펜실베이니아 헌법의 포퓰리스트적인 특징은 이미 캐넌과 매틀랙과 영이 서로 이질적인 펜실베이니아 주민들을 위해 다듬으려던 정치 제도 안에 들어 있었다. 거기선 신화적인 어떤 인민의 단 한 가지 목소리와 그 인민이 가졌다고 상상하는 상식이 지배할 것이다.

무덥던 1776년 여름에 필라델피아의 주 청사에서 만나 펜실베이니아 헌법을 다듬은 사람들은 거부권을 갖는 강력한 행정관이라는 아이디어를 거부했다. "한 사람의 판단력을 모든 인민의 판단력보다 우위에 놓는 것은 이성에 맞지 않는 일"이라고 그 헌법의 강력한 옹호자였던 조지 브라이언(George Bryan)은 주장했다. 대신에, 거의 모든 권한은 "인민"의 분할 불가능한 단 하나의 이해관계를 대표할 하나의 의회에 부여되었다. '인민의 한 사람'이라고만 밝힌 한 시사 평론가는 "[펜실베이니아에] 평민을 지휘하고 통제할 귀족의 권력을 가진 상원이 들어설 여지가 전혀 없다"고 설명했다.(28) 게다가, 단원제인 이 의회의 의원을 뽑는 선거도 해마다 열리게 되어 있었다. 의원들을 끊임없이 교체하는 것은 권력을 남용할 우려가 있는 지배 계급의 출현을 막고, 또 지배하는 자와 지배 받는 자 사이에 일어날 수 있는 영원한 분열을 사전에 막기 위한 것이었다.

똑같은 이유로, 공개가 그 시대의 대세였다. 의회의 토론을 일반에게 공개하고, 의원들의 표결 상황도 매주 밝히고, 무슨 법안이든 통과시키기 전에 반드시 인쇄물로 대중에게 공개하여 토론을 유도했다. 이런 정책들은 회의장 밖에 있는 인민의 이익을 보호하기 위해 원활한 커뮤니케이션과 활동의 투명성을 확보하려는 조치였다. 유일한 검열이 있다면 인민의 검열이었다. 선출된 사람들로 구성되는 감시 기구인 "검열

위원회"(Council of Censors)라는 것이 있어서 헌법의 "제1 원칙들"이 지속적으로 지켜지고 있는지, 또 헌법 전문이 밝히는 바와 같이, 정부가 일부 계급만을 위하지 않고 "인민과 국가 또는 공동체"를 위하고 있는지를 감독할 것이다.

이젠 선거권과 투표할 능력의 문제가 제기되었다. 새로운 헌법에 따라, 펜실베이니아 주의 참정권은 확장되기도 하고 축소되기도 했다. 말하자면, 투표할 자격이 새로운 방법으로 결정되었다는 뜻이다. 세금을 납부하는 모든 민병 대원들에게 참정권을 부여한 식민지 의회의 뒤를 이어, 펜실베이니아 헌법은 자유의 몸인 흑인을 포함하여 주에서 1년 이상 거주하고 세금을 납부한 모든 성인 남자들에게 선거에 참여할 기회를 주었다. 재산을 가졌는지 여부나 생계의 측면에서 독립적인지 여부는 묻지 않았다. 공직을 맡을 사람들의 자격에도 똑같은 원칙이 적용되었다. 따라서 이론적으로 보면, 일용직 노동자와 제화업자, 재단사, 선원을 포함한, 일상적인 일에 종사했던 모든 남자 거주자들, 심지어 아직 세금을 내지 않은, 자유보유권자(freeholder)(일정 기간 동안 그 지역에서 살았고 또 재산을 소유함에 따라 유권자로 등록된 사람을 일컫는다/옮긴이)의 아들까지도 국정에 참여할 자격을 누렸다. 이 결정이 투표에 실질적인 변화를 초래하지 않았을 수도 있다. 그러나 그것은 경제적 독립과 판단력, 정치 권력 사이에 서로 밀접한 관계가 있다는 옛날의 주장을 완전히 깨뜨린 것이나 마찬가지였다. 또 그것은 전반적으로 법과 정책의 토대로 "인민의 판단력"을 끌어내려는 노력이었다.

그러나 그 헌법을 작성한 사람들은 동시에 최고의 정치 조직체로부터 배제시킬 새로운 형식으로 충성 맹세를 만들어냈다. 새 헌법은 의회의 모든 구성원들에게 하나의 신, 그러니까 "우주의 창조자이고 통치자이며, 선을 보상하고 악행을 처벌하는 존재"와 성경의 바탕에 깔린 종교적 영감에 대한 믿음을 의무적으로 맹세할 것을 요구함으로써 즉각 일부 대표들을 놀라게 만들었다. 관직에 오른 사람들과 곧 이어 투표자들까지도 자신의 주(州)에 대한 충성과 새 헌법에 대한 지지를 맹세해야 했다. 마지막으로, 그것으로도 충분하지 않다는 듯이, 1777년 6월엔 심사율(Test Act) 비슷한 것이 공표되어 모든 백인 남자 거주자들에게 영국 왕에 대한 충성을 거부하고, 펜실베이니아에 대한 충성을 맹세하고 심지어 반역자들을 신고하겠다는 약속까지 할 것을 요구했다. 그렇게 하지 않는 사람은 일련의 민권을 상실하고 스파이로 체포될 위험을 무릅써야 했다.

바꿔 말하면, 정치적 의사 결정이 일어나는 상식의 영역 자체가 구약 성경과 신약 성경이 정한 종교의 원칙들과 공화주의 통치의 원칙들을 모두 받아들이는 사람들에게만 한정되었다는 뜻이다. 그 결과, 퀘이커 교도들과 영국 국왕에 충성하는 사람들, 무신론자들은 주의 정치 조직으로부터 공식적으로 배제되었다. 게다가, 예전부터 존재했던, 투표권에 대한 제한 중 대부분이 그대로 남았다. 자유의 몸이 아닌 노동자들과 어린이들, 여자들은 여전히 정치에 참여하는 길이 막혀 있었다. 1776년의 포퓰리스트 공화주의의 언어가 많은 것을 보편화하는 경향을 보였다는 맥락에서 보면, 이런 소수자들의 존재는 더 심하게 무시당하게 되었다고 볼 수 있다.

미국 혁명이 일어날 당시에, 펜실베이니아의 주요 도시인 필라델피아에서는 선술집에서부터 회의장에 이르기까지 온 곳에서, 반대 의견에 대한 불관용과 다양한 사회 집단들 사이의 분리가 두드러지는 한편, 인민의 단결을 외치는 목소리가 높았다. 페인의『상식』은 인민의 지배를 정당화하는 포퓰리스트의 언어를 창조했다. 펜실베이니아 헌법을 작성한 사람들은 정부를 위한 계획을 마련하면서 이 공동 사회적인 포퓰리즘을 제도로 담아내는 데 성공했다. 그 정부에서는 상식이 유권자들의 규모를 확대하는 것을 정당화함과 동시에 개인의 표현의 자유를 제한하고 토론이 허용되는 범위를 정해주는 수단이 되기도 했다.

충분히 예상할 수 있는 일이지만, 정부를 새롭게 세울 이 문서도 페인의『상식』과 마찬가지로 즉각 반발을 불러일으켰다. 통합을 이끌어내려고 노력했지만, 계층과 종교, 심지어 직종 사이에 새로운 분열이 일어났던 것이다. 많은 온건주의자들과 보수주의자들은 새 헌법이 창조한 정부에 유권자로나 공무원으로 참여하기를 거부했다. 사실상 반대자들은 그 헌법을 처음부터 집행 불가능한 것으로 만들어버렸다. 그 사이에, 필라델피아의 언론과 공적 공간들은 국가의 틀을 잡을 이 문서의 기이한 측면들을 들추며 비난하는 소리로 넘쳐났다. 이 문서에 반대한 사람들은 당시 사회를 지배하고 있던 가정들이나 습관과의 연속성의 결여를, 그리고 펜실베이니아 헌법의 특징처럼 보였던 "이상한 혁신들"과 "특이한 원칙들"을 지적했다.

그러나 그 적의의 상당 부분은 헌법 초안을 마련하는 책임을 진(그래서 권력을 얻게 된) 사람들에게로 돌려졌다. 많은 반대자들에 따르면, 그 헌법이 반영한 것은 그것을 기초한 사람들의 사회적 지위뿐만 아니라 낮은 지적 수준이었다. 이 관점에서 보면, 헌법 초안을 쓴 사람들은 정부에서 활동한 경험도 없었고, 정치 사상에 대해 공식적으로 공부한 적도 없었다. 헌법 초안자들이 "대중적 인기"를 얻으려는 욕망은 말할 것도 없고, 이 같은 무지도 그들로 하여금 전문성과 지식은 새로운 정부의 구성과 아무런 관계가 없을 뿐만 아니라 실질적으로 방해 요소가 될 수 있다고 믿도록 만들었다. 대신에, 사람에서뿐만 아니라 원칙에서도 "끔찍할 정도의 단순함"이 시대를 지배하게 되어 있었다. 헌법의 틀을 짜는 작업에 관여했다가 그 안(案)에 반대하게 된 토머스 스미스(Thomas Smith)는 1776년 8월에 어느 친구에게 보낸 편지에서 이렇게 적고 있다. "우리의 원칙은 이런 것 같더군. 어떤 남자나, 심지어 글을 읽을 줄 모르는 남자도 아무 관직이나 맡아도 교육의 혜택을 받은 사람 못지않게 잘 해낼 수 있다는 원칙이 있는 것 같았어. 교육이 사람의 이해력을 가로막고, 일반적인 정직을 짓밟고, 모든 악의 근원이라는 식으로 받아들여지다니…."[29]

당시에 공식적인 교육에 대한 이런 편견이 그 초안의 다양한 측면에 반영되었다는 말이 많았다. 그러나 그해 가을에 비판에 나섰던 사람들의 입장에서 볼 때 가장 악질적인 대목은 헌법 초안을 마련한 사람들이 보통 사람들로 구성되는 단 하나의 입법 기관을 고집한 부분이었다. 그 입법 기관의 의원을 같은 계층인 보통 사람들이 선출하고, 또 다른 보통 사람들에 의해 정기적으로 교체되도록 하자는 주장에 그 초안자들의 반(反)지성적인 태도가 고스란히 담겼다는 지적이었다.

그해 9월에 '펜실베이니아 저널'에 글을 쓴 한 필자는 그 초안의 함축적 의미를 다뤘다. 농부들과 기계공, 상인들, 말하자면 법과 역사나 정치에 대해 아무것도 모르는 가운데 "시골 또는 상업 세계의 평범한 관심사로 바쁘게 지내는" 사람들이 정직할 수도 있고 옳은 것과 그른 것을 가려내는 능력, 즉 상식을 갖고 있을 수도 있다는 점을 그도 인정했다. 그러나 그런 남자들은 입법 활동에 있어서는 "제안된 법안의 배경과 결과를 심도 있게 분석하는 작업"을, 카토가 그해 초반에 강조한 "냉철한 숙고"를 제대로 수행하지 못할 것이라고 그는 지적했다.(30)

이 임무를 위해서, 휘그당의 이론이 오래 전에 주장했듯이, 인민을 제어하는 조직으로서 두 번째 입법 기관, "주의 주민들 중에서 학식이 매우 높고 경험이 매우 풍부한, 즉 가장 부유하고 사회적으로 가장 탁월한 사람들의 지혜"를 대표할 상원이 필요했다. 비판자들에 따르면, 성급하거나 옳지 않거나 격정적이거나 편파적인 결정의 치명적 영향으로부터 주(州)를 지켜내고 또 "인간 본성의 취약성과 타락"으로부터 주를 보호하는 데는 참정권의 요건에 변화를 주는 것보다 상하 양원제가 더 나았다. 양원제가 갖춰지지 않을 경우에, 통탄할 만한 오류나 다수결의 횡포가 나타날 확률이 높았다.

컬럼비아 대학의 포너 교수에게, 이것은 다시 재산이 핵심인 계급 반목의 언어이다. 그럼에도, 여기서 우리의 눈길을 끌고 있는 것은 인민 주권의 의미를 둘러싼 투쟁이 교육과 이성과 여유의 산물인, 특출한 개인들의 전문적인 지식과 보통 사람들의 집합적인 상식의 상대적 가치를 둘러싼 투쟁으로 바뀌어가는 과정이다. 결국, 새로운 펜실베이니아 헌법이 실행됨에 따라, 정치라는 구체적인 영역 안에서 보다 온건한 혁명가들 사이에 신분과 판단력의 관계를 놓고 문화적 전쟁이 벌어지게 되었다.

이 점에 있어서는 벤저민 러시의 글들이 특별히 유익하다. 러시가 새로운 주 헌법이 최종 확정된 직후에 마음을 바꾼 것처럼 보이기 때문이다. 그는 헌법에 대해서만 아니라 상식을 효과적인 공화주의적 통치의 출발점으로 보던 포퓰리스트의 태도에 대해서도 생각을 달리한 것 같다. 1775년 말에 페인에게 그의 주장을 상식으로 포장하도록 권하면서 출간을 앞둔 소책자의 제목까지 바꾸도록 한 사람이 바로 그 필라델피아 의사였지 않은가. 분명히, 러시는 상식을 페인의 민주주의 요구를 완벽하게 보완하는 개념으로 보았다. 상식이라는 말 자체가 집단적인 인민과 논박 불가능하고 자명한 공리와 연결된다는 암시를 풍겼으니 말이다. 인민과 자명한 공리는 새로운 정치 논리의 출현을 받쳐줄 튼튼한 버팀목이었다. 러시는 또한 역사에 기록될 그해 내내, 그러니까 새로운 주 정부의 필요성이 논의되던 때부터 펜실베이니아의 새로운 헌법이 채택될 때까지, 캐넌과 영과 다른 급진적인 휘그당원들의 가까운 동료였다. 그는 필라델피아의 '관찰 및 조사 위원회'에 의해 6월의 식민지 의회의 대표로 선출되었으며, 이어 펜실베이니아의 헌법 제정 회의 구성원들에 의해 의회 의원으로 임명되었다.

그러나 러시가 1777년 이후에 쓴 편지와 '펜실베이니아 저널'에 익명으로 쓴 기사를 보면, 우리는 그가 1년 동안에 현지의 정치가 전개되는 방향에 대해 실망을 점점 더 키워가고 있었다는 사실을 확인할 수 있다. 얼마 전에 우정을 나누게 된 존 애덤스의 영향을 받았을 가능성이 큰데, 러시는 자기 주의 새로운 헌법 중에서 선동적인 요소가 강한 부분을 비난했다. 특별히 캐넌을 '광신적인 교사'(특별할 것이 없는 캐넌의 사회적 지위를 암시하는 표현일 수도 있지만, 교육자인 입장에 반(反)지성적인 태도를 취한 모순을 암시할 수도 있다)라고 부르면서, 러시는 자신과 캐넌이 탄생시키려고 도왔던 그 헌법을 부정했다. 그 헌법의 원칙들은 상식적이지 않고 부조리했다고 러시는 친구들에게 썼다. 게다가, 정부의 활동이 목표로 잡은 대상은 추상적인 인민이나 대중이 아니라 "어중이떠중이들"이라는 지적이었다.

그렇다고 러시가 갑자기 귀족주의 옹호자가 되었다는 뜻은 아니다. 그러나 러시에겐, 그가 필라델피아 독자들에게 설명한 그대로, 추상적인 인민에게서 나오는 권력과 실제로 인민에 있는 권력 사이에 중요한 차이가 있었다. 애덤스와 마찬가지로, 러시는 자유와 재산을 보호하려면 입법권을 2개의 입법 기관으로 나눠야 한다는 확신을 품고 있었다. 그 중 하나는 균형을 맞추기 위해 탁월한 정신적 능력과 교육과 부를 갖춘 사람들로 채워져야 한다는 판단이었다. 중요한 것은 인민 주권설에 등을 돌리는 것처럼 비치지 않으면서 이런 입장을 옹호할 길을 찾는 것이었다.

이런 야망 때문에, 러시는 지혜와 사회적 신분의 문제를 정면으로 제기하지 않을 수 없었다. 그가 강조한 것처럼, "평범한 인민을 치안 판사에 요구되는 자격을 갖춘 심판으로 만든다는 사상은 인간은 모두 다 똑같이 현명하고, 정의롭고, 똑같은 시간적 여유를 누린다는 전제에서 비롯된 것이다". 그러나 러시의 판단에 이런 사상은 진실과 거리가 대단히 멀었다. 공화국에서도 재산의 불평등에서, 따라서 지식과 경험과 미덕과 지능의 차이에서 비롯된 "신분의 자연스런 구분"이 삶의 현실이었다. 정부가 실제로 존재하고 있는 세상을 반영하면서 "지혜와 성실에 대해 특별한 의무를 느끼는" 엘리트들에게 정책 입안에 안내자 역할을 맡기는 것이 더 바람직하다고 러시는 주장했다. 이유는 많은 남자들이 기본적인 원칙들을 판단하는 일에 뛰어나다 할지라도, 1776년 헌법 초안자들이 망각했듯이, 그들이 "어렵고 복잡하기 마련인" 정치적인 일까지 언제나 잘 판단할 수 있는 것은 아니기 때문이다.

러시가 자신을 방어하기 위해 베일을 인용하면서 다시 상식 개념을 들출 때, 그는 이 개념을 과학이나 도덕의 토대로 받아들이는 데도 회의적이었을 뿐만 아니라 그것을 실현 가능한 정치의 토대로 받아들이는 데도 회의적이었다. 러시는 1790년대 초에 자신의 옛 친구인 페인에 대해 쓴 익명의 논평에서, 현명한 사람들이 상식에 경의를 표할 때, 거기서 "그 사람들 본인의 이익이나 명성을 높이려는" 경우가 자주 있다고 지적했다.[31] 계몽된 과학자이며 복음주의 기독교 신자였던 러시에게, 상식은 선동의 잠재력을 안고 있는, 관습의 또 다른 이름일 뿐이었다. 반대로, 모든 영역에서 지도자들의 임무는 보통 사람들이 평소에 품고 있는 인식을 개혁하고 가끔은 깨뜨리는 것이었다. 이유는 보통 사람들의 인식이 진리와 연결되는 경우가 무척 드물기 때문이다.

공화주의 통치의 근본 원리로 상식이라는 이상을 받아들인 것으로 유명한 "건국의 아버지" 제임스 윌슨(James Wilson)까지도 펜실베이니아 헌법의 옹호자들이 해석하는 상식을 받아들이길 거부했다. 스코틀랜드 출생의 필라델피아 변호사이며 "공화주의자"(그 헌법이 정한 일원제에 반대하는 사람들은 곧 이런 이름으로 알려졌다)인 윌슨은 정기적인 동의에 의한 정부라는 개념을 러시보다 훨씬 더 분명하게 고수했다. 윌슨은 또한 그 세기의 나머지 세월 동안에 법을 포함한 모든 영역에서 추론에 결정적으로 중요한 제1 원칙들 또는 자명한 진리들을 결정하는 데는 상식이면 충분하다는 사상에 헌신적이었다. 그에게, 사람들을 오도할 위험을 안고 있는 이성은 문제들이 극도로 복잡해질 때에만 필요한 것이었다. 윌슨에게 상식은 "평범한 교육과 평범한 이해력을 가진 남자들에게 기대되는 정도의 판단력"이다. 이런 인식은 정치에 관해 쓴 그의 글이나 그의 가르침에 거듭 나타났다. 그가 새 나라 최초의 최고 법원에 합류했을 때엔, 심지어 그의 사법적 판단에도 그런 인식이 자주 보였다. 1770년대와 1780년대에, 그런 인식은 그에게 펜실베이니아의 새 헌법에 반대하는 것은 단순히 정부 조직을 위한 틀이 충분히 민주적이지 않기 때문이라는 식으로 암시할 명분을 주었다. 펜실베이니아의 새 헌법은 인민에 충분히 응답하지 않았으며, 검열 위원회에 대한 충성 서약으로 인해 인민에게 중요한 고비마다 "자유롭고 편향이 없는 그들의 감정을 선언할" 기회를 주지 않았다.

그러나 1790년대 들어서, 언어와 증거, 인간 본성의 문제에 관한 윌슨의 확실한 기준은, 많은 보수적인 공화주의자들과 프로테스탄트들의 경우에 19세기 들어서까지 그랬던 것처럼, 토머스 리드의 반(反)회의주의적인 주장들이었다. 윌슨은 리드의 주장들을 민주적인 통치의 기둥뿐만 아니라 사회 질서의 기둥으로도 보았다. 달리 표현하면, 상식의 원칙들에서 시작하는 집단적인 추론의 정치에 관한 윌슨의 꿈은 필라델피아의 맥줏집이나 대중 모임 장소의 소란스런 혼란이 아니라 젊은 시절에 경험한 스코틀랜드 철학 클럽들의 질서정연하고 넉넉한 사교성에 그 뿌리를 박고 있었다. 종국적으로, 사회적으로 점점 더 유명해지고 있던 이 필라델피아 시민의 의견에는 인민으로부터 형식적으로 다소 떨어진 상태에서 입법부의 양원에서 정중한 대화가 오가는 가운데 나오는 서로 엇갈리는 목소리만이 (애덤스가 경고한 대로) "무모하거나 성급하거나 격정적이거나 교활한 조치"를 막을 수 있고, "공적

업무가 보다 성숙하게 고려될" 수 있었다.

　미국 혁명에 관한 역사서들, 특히 좌파의 입장에서 쓴 역사서들은 미국 건국의 그 다음 단계에 관한 이야기를, 러시와 윌슨 등이 주장한, (사회적 지위나 지혜가 높은 사람들에게 정치에 참여할 특별한 기회를 부여했다는 뜻에서) 보다 배타적인 형태의 민주주의의 종국적인 승리로, 그리고 유토피아적인 형태의 인민 주권을 1776년 필라델피아의 회의장에서 거론한 대로 다소 직접적인 통치로 살리려던 급진주의자들의 실패로 들려주는 경향을 보인다. 정말로, 많은 설명에서, 최초의 펜실베이니아 헌법은 그것과 반대되는 헌법의 탄생에 핵심적인 역할을 한다. 뒤이은 주 헌법들에서 입법권에 대한 제한은 더 강해졌으며, 최종적으로 1787년에 새로운 합중국 헌법의 특징인 견제와 균형, 그리고 대중의 정치 참여에 대한 제한이 생겨났다. 결국 1790년에 폐지된 1776년의 펜실베이니아 헌법은 초기 국가의 정치적, 법적 논쟁에서 이론적인 반면교사의 역할로 명성을 얻었다. 그 헌법은 또한 러시와 윌슨을 포함한, 거기에 반대했던 사람들의 권위를 크게 높여주었다.

　그러나 이 이야기는 아직 끝나지 않았다. 여기서도 우리는 다시 상식으로 돌아가야 한다. 사실, 펜실베이니아의 첫 헌법은 반(反)엘리트적인 인식론 및 도덕적 목표를 추구함으로써 새로운 스타일의 정치의 시작을 알림과 동시에 몇 가지 이상을 제시했다. 이 이상들은 그 후로 미국 정치사에 다양한 모습으로 위장하여 주기적으로 나타나면서 끈

질긴 생명력을 과시하게 된다. 미국 혁명과 뒤이은 독립 선언서에 대한 만장일치의 지지에 관한 이야기가 페인의『상식』이 대중화한 상식이라는 개념에 의해 생생하게 남았던 것과 똑같이, 민주적인 포퓰리스트라는 표현이 가장 적절한 어떤 대안적인 정치 유형도 대중의 상식에 대한 호소와 찬양을 통해 거듭 불려나왔다. 그 첫 번째 예가 바로 급진적인 휘그당원들이 1776년에 펜실베이니아 헌법의 틀을 짜면서 상식에 호소했을 때라고 볼 수 있다. 1780년대와 1790년대 들어서는 반(反)연방주의자들이 새 연방 헌법(연방주의에 반대한 사람들은 이 헌법을 최초의 주 헌법들에 담겼던 원칙들을 명백히 위반한 것으로 보았다)의 복잡성과 권력의 자리를 미덕과 지혜와 성취와 부를 갖춘 특별한 사람들에게 국한시키려는 움직임에 맞서 싸우면서 똑같은 방법으로 상식을 건드렸다. 반(反)연방주의 지도자들의 글을 보면, 익숙한 이미지들로 넘쳐난다. 정부는 "보통 사람들의 이성으로도 알파벳의 글자만큼이나 분명하게 알 수 있는 조직"이 되어야 하고, 주민들은 원칙적으로 실용적인 차원에서 사고하도록 훈련을 받고 동질성을 갖춰야 하고, 지배자들과 피지배자들, 그리고 정치 지도자들의 판단과 국민의 상식 사이의 거리는 최대한 가까워야 한다는 식이었다. 19세기에 있었던 반대 또는 항의 운동도 마찬가지로 그런 주제들이 보관되어 있던 창고를 자주 찾곤 했다. 그런 주제들을 내세우면서, 직접적인 인민 통치보다 대의 정부와 입헌주의, 기술 관료제 쪽으로 몰아가려는 온갖 노력에 맞서 싸웠던 것이다.

물론, 타고난 분별력을 전문성이나 형식적 교육보다 더 중요하게 여기고 단순성을 복잡성보다 더 높이 평가하는 이런 유형의 정치 운동은 지금 그 뿌리와 별도로 존재하고 있다. 오늘날엔 정치권 밖에서 변화를 요구하며 압박을 가하는 주체들뿐만 아니라 권력의 자리를 노리는 주요 정당과 후보들까지도 그런 행태를 보이고 있다. 거기다가 경제적 정의(正義)에 대한 요구까지 맞물려 작용함에 따라, 이런 유형의 정치는 사회적 또는 경제적 평등화 노력의 대안 또는 계급 정치의 대안으로 제시되기도 했다. 또한 그런 정치는 국가적 통합을 위한 노력뿐만 아니라 지방의 민중이 주도권을 잡게 하려는 노력에도 동원되었다.

그러나 그런 유형의 정치 행태가 이처럼 다양한 곳에 두루 적용될 수 있었던 가변성은 단지 민주주의가 북미에 처음 뿌리를 내릴 때, 명백하고 솔직하고 보편적인 상식에 대한 믿음이 상식이라는 단어가 주는 평등주의적인 인상과 함께 민주주의의 이상과 뚜렷이 연결되어 있었기 때문에 가능했다. 그런 정치 행태는 기존 질서에 반대하며 "인민"의 대의를 앞세울 때면 언제든 사용할 수 있는 민주주의의 특징에 속한다. 심지어 기존의 질서가 새로운 방향으로 발달하고 있는 상황에서도 그런 정치 행태는 별 문제없이 동원될 수 있다. 200년이 더 지난 지금도, 그런 유형의 정치는 말로 공개적으로 드러내지 않을 뿐, 더욱 폭넓은 포함과 새로운 형태들의 일치와 그에 따른 배제를 똑같이 촉진시키면서, 미국의 정치적 상상의 일부를 이루고 있다.

더욱 중요한 것은 사상의 물결이 곧 두 갈래로 나뉘어 대서양을 건너게 된다는 사실이다. 페인은 서로 불일치하던 유럽의 상식 개념들을 미국의 맥락 속으로 끌어들인 뒤에 그 개념들을 현지 식민지의 요소들과 결합시켜 새로운 무엇인가를 창조해냈다. 거의 같은 시기에, 현실에 적용된 미국의 상식의 정치는 대서양 건너편에 있던 미래의 혁명가들에게 예를 하나 제시했다. 비평가들은 이미 1776년에 "유럽과 미국의 눈"이 신세계의 가장 유명한 도시인 필라델피아의 선거인들에게로 향하고 있다고 경고했다.[32] 펜실베이니아 헌법은 유럽에서 하나의 경이로 받아들여짐으로써 이 예언을 좋든 싫든 실현시켰다. 펜실베이니아 헌법은 유럽에서 인쇄물로 거듭 출간되었으며, 일련의 프랑스 철학자들이 그것에 대해 논평했다.

자수성가한 인물로 보통 사람들의 위대한 우상이던 벤저민 프랭클린은 그 헌법의 틀을 짜고 통과시키는 일에 적극적으로 나서지 않았음에도 해외에서 그 헌법을 장려하는 대표자가 되었다. 1780년대에, 프랑스 작가이며 미래의 혁명가인 자크 피에르 브리소(Jacques Pierre Brissot)는 기본적인 이 문서가 유럽에서도 마찬가지로 적용될 수 있을 것이라고 확신했다. (반대로, 미합중국의 헌법이 1780년대 말에 대서양 건너편으로 전해졌을 때 그 영향력은 미미했다. 그곳의 주민들은 미합중국 헌법이 상당히 덜 민주적이라고 평가했다.) 그리고 19세기 들어서 페인의 발명품, 즉 상식의 이름으로 시작된 인민 통치라는 혁명이 유럽에서, 그 다음에는 남미에서 채택되고 수정되어 혁명의 불꽃을 피우기도 하고 식히기도 했다. 『상식』의 내용물은 또한 영국은 물론이고 프랑스어와 독일어, 스페인어, 심지어 폴란드어로 번역되어 여러 나라에서 널리 읽히면서, 각국의 열렬한 독자들에게 자신들의 상황에 쉽게 응용할 수 있는 예를 제시했다. 당시에 페인의 『상식』에 이어서 펜실베이니아 헌법이 증명해 보인 것은 인민 주권이 합리적인 개인과 개인의 권리들의 존재에 대한 믿음뿐만 아니라 하나의 전체로 고려되는 인민의 상식에 대한 믿음까지 전제한다는 점이다. 더욱이, 현대 세계가 직면하고 있던 중요한 공적인 문제들은 모두가 공유하고 있는, 실용적으로 판단하고 구분하는 능력을 통해 해결하기에 딱 좋은 것들이었다. 왜냐하면 그 문제들이 사람들이 일상의 개인적인 삶에서 봉착하는 문제들과 그다지 다르지 않았기 때문이다. 그 결과 나타나게 된 포퓰리즘은 지금도 우리의 지배적인 신념의 일부분을 이루고 있다.

제5장

혁명적인 이성과의 전쟁

파리, 1790~1792년

'메르 뒤셰느, …
당신의 양식은 소위 '철학자들' 전부의 지성보다
더 가치가 있어요.'

-아베 뷔에의 『메르 뒤셰느의 붉은 깃발』 중에서

그러나 잊지 말아야 할 것이 있다. 상식은 언제나 반동의 언어라는 것을. 말하자면, 상식은 언제나 반대의 언어였다는 뜻이다. 그것은 곧 상식이 민주화 물결을 지지하는 것 못지않게, 변화된 상황에서 그 물결에 대항하는 데도 이용될 수 있다는 것을 의미했다. 프랑스 혁명 초기 몇 년 동안에, 그러니까 프랑스, 특히 그 나라의 최대 도시인 파리가 몇 세기 동안 내려오던 권력 구조의 해체를 향해 치닫던 때보다 이런 아이러니가 더 극명하게 나타났던 때도 달리 없었다.

놀랍게도, 1790년대 초 파리에서 상식이라는 개념의 운명은 페인과 캐넌과 그들의 프랑스 카운터파트들이 상상했던 질서를 뒤집어 놓으려는 정치 운동의 바탕으로 다시 다듬어졌다. 이제 상식의 주요 임무는 혁명 이전의 상태, 말하자면 혁명가들이 버리기를 간절히 바랐던 바로 그 세계를 지지하는 것이 되었다.

바로 몇 년 전의 펜실베이니아에서처럼, 프랑스에서도 개인적 표현에 대한 새로운 법적 보호와 인민 주권 이데올로기에 힘입어 공적 생활의 민주화가 진행됨에 따라, 18세기 마지막 몇 십 년 동안에 상식으로 알려진 추상 개념이 점점 권위를 얻어가고 있었다. 그러나 프랑스에서 1789년에 일어난 일련의 사건들의 열기가 가라앉자마자, 시골의 모든 남자들과 뒤이어 모든 여자들의 단순하고 확고한 지혜에 호소하는 것이 도시적이고 철학적인 뿌리를 가진 것으로 여겨지던 신(新)체제에 맞서는 전투에서 하나의 받침대가 되어 주었다.

역설적이게도, 전통적인 방식을 지지하던 이 운동은 유럽 대륙에서 가장 큰 도시이며 혁명 세력의 권력 기반이던 파리를 본거지로 삼았다. 프랑스 혁명 초기 몇 년 동안에 파리에서 인민의 상식이라는 이름으로 민주주의를 비판하는 소리가 처음 나왔으며, 그 이후로 그런 식의 비판은 서구에서 민주적인 정치의 이면에 늘 존재하게 된다.

이 반(反)혁명적 충동은 우리가 프랑스 혁명의 역학을 특히 자코뱅주의(급진주의)의 실패로 이해하는 데 반드시 필요하다. 반혁명적 충동은 지금 프랑스 혁명의, 그리고 정말로 계몽 운동의 중요한 (그리고 지금도 상대적으로 간과되고 있는) 유산 중 하나이다.

필라델피아의 예가 대서양 건너편에서 느껴졌으니까, 먼저 미국 혁명부터 프랑스 혁명까지의 결정적인 시기부터 보도록 하자. 그런 다음에 상식이 두 번째로, 이번에는 정치적 우파에 의해서 포퓰리스트의 국제적인 언어로 변해가는 과정에 관심을 집중할 필요가 있다. 왜냐하면 이처럼 대중을 향해 반(反)민주적으로 호소하는 행태도 유럽에서뿐만 아니라 미국에서도 미래의 정치에 결정적으로 중요한 것으로 입증될 것이기 때문이다.

유럽 대륙에서 상식을 재가공하는 작업은 보수적인 제스처로 시작되지도 않았고, 또 도구적 이성의 전진을 막으려는 노력으로 시작되지도 않았다. 심지어 파리에서 시작된 것도 아니었다. 1776년 이후에, 보편화하던 상식의 정치가 대서양을 다시 건너가서 서부 유럽의 가장 중요한 도시와 읍들에 다양하게 변형된 형태로 뿌리를 내리는 데는 거의 시간이 걸리지 않았다. 거기서, 상식이라는 개념은 새로운 비(非)귀족 엘리트들의 증가(대서양 교역의 영향을 크게 받았다)와 문맹률 하락, 인간의 본성과 심리에 관한 전반적인 재고(再考) 등과 함께 작용하면서 18세기 마지막 몇 십 년 동안에 런던에서부터 암스테르담과 브뤼셀, 마지막으로 파리에 이르기까지, 도시의 특징이 되기 시작한 정치 투쟁의 장으로 보통 사람들을 대거 끌어들였다. 이들 도시에서도, 상식을 들먹이는 것은 필라델피아에서와 마찬가지로 원래 보통 사람들의 정치 권력을 확대하고 정치의 본질 자체에 대해 다시 생각하는 것을 정당화하기 위해서였다.

통상적으로, 특별히 "권리"의 문제들과 관련해서 이 같은 대의에 사회 인식론적으로 도움을 주는 것으로 여겨진 것은 자율적이고 합리적인 존재로서의 개인이라는 추상적인 개념이었다. 그러나 집단적인 일상 경험에서 생긴 반박 불가능한 공통의 지혜를 가진, 하나의 통일된 인민이라는 신화도 저항적인 인쇄 문화와 폭동을 촉진시키고 최종적으로, 미국 독립 선언에서부터 18세기 말 사이에 유럽 도시들의 거리에서 전투가 벌어지도록 하는 데 중요한 역할을 했다. 대의 정치와 입헌주의, 인민 주권이 결합된, 우리가 민주주의라고 부르게 된 그 기이한 잡종이 느리게 성장하기 위해서는 그 버팀목으로 개인의 이성뿐만 아니라 인민의 집단 상식까지 필요했을 것이다.

칼뱅파의 독립적인 도시인 제네바가 혁명 이전의 중요한 예를 제시한다. 1770년대 말과 1780년대 초에 헌법 문제들을 둘러싸고 팸플릿 전쟁이 치열하게 전개될 때, 익명의 시사 평론가들은 진리와 공정, 인민의 목소리, 그리고 역사와 관련 없는 권위의 다양한 원천들뿐만 아니라 상식의 이름으로 말한다고 주장하면서 상식을 재빨리 낚아챘다. 이들 새로운 대변자들은 비우호적인 상황에서 "나"라는 표현을 사용하는 것을 정당화하기 위해서 그렇게 했다. 당시에 공식적인 통치 활동은 여전히 소수의 지배 집단에 국한되고 있었으며, 정통이 아닌 정치 사상을 유포시켰다가는 저자와 서적상은 감옥에 갇히고 책은 불태워지기 일쑤였다. 대중을 상대로 자신의 의견을 발표하는 사람은 적어도 익명으로 집단적인 가치들을 대표하는 것처럼 철저히 위장해야 했다. 게다가, 상식처럼 모든 사람이 공유하는 인식론적인 카테고리들을 전면에 내세우는 것은 도시 시민들에게 공적 정치의 확대를 요구할 바탕을 제시했다. 그것은 과두 정치가 행해지던 도시 국가 안에서 진정한 "공화주의 정신"이 지배하고 인민의 목소리가 공식적으로 들리도록 하는 그런 정치가 될 것이다.

그러나 혁명 이전에 상식을 옹호했던 사람들은 역사를 전적으로 부정하지는 않았다. "민주주의를 향한 순수한 혁명"을 암시하는 것이면 무엇이든 깊이 혐오했음에도 불구하고, 제네바의 저자들은 많은 경우에 그 지역의 영웅인 장 자크 루소의 계약론과 일반 의지 사상뿐만 아니라 필라델피아의 동료들과 목표를 공유한다는 의식까지 무장한 가운데 자신의 주장들을 전개했다.

1777년에 에티엔 살로몽 레이바즈(Etienne-Salomon Reybaz)가 익명으로 발표한 '상식에 호소하다'(Appeal to Common Sense)의 모델이 페인이었는지는 확실하지 않다. 물리학과 시에 관심이 많은 프로테스탄트 목사였던 레이바즈는 대의제를 강력히 지지한 사람이었다. 페인처럼, 그도 자신이 살던 도시의 정치판을 지배하던 논리를 부정하고 그런 논리를 옹호하던 궤변가들을 공격하기 위해 양식의 "최고법"은 말할 것도 없고 신중과 중용, 합의 같은 프로테스탄트의 미덕들을 수사적으로 잘 이용했다. 레이바즈는 뒤이은 소책자에서 이렇게 밝히고 있다. "우리가 확신하는 것은 원칙이지 인물들이 아니다."[1] 그러나 대의(代議)라는 명분은 상당히 많은 레이바즈의 동료들에 의해서 새로운 미국, 특히 혁명 도시 필라델피아에서 벌어진 사태와 직접 연결되었다. 당시에 자신의 견해를 필라델피아와 연결시킨다는 것은 곧 퀘이커 교도의 소박함과 미국의 입헌주의와 자유, 대중의 상식 등을 한꺼번에 불러내는 것이었다. 제네바에서 글을 쓰는 사람이든 유럽의 다른 지역에서 글을 쓰는 사람이든, 그들에게 필라델피아가 제시한 것은 현실 정치의 새로운 비전이었다. 낡은 권위의 멍에를 벗어던지고, 적어도 추상적인 개념으로서 인민의 판단이 영향력을 행사할 수 있는 그런 정치 말이다.

아직 페인이 프랑스를 향해 영국을 떠나기 전이었음에도, 말하자면 페인이 두 번째로 극적인 해외 정치 투쟁에 투신하기 전이었음에도, 1789년 여름 파리에서 혁명이 발발했을 때, 정말로 이 패턴이 이어질 것으로 여겨졌다. 1789년이나 1790년에 상식에 대해 논하는 것은 곧 그보다 20년 앞서 미국인들이 시작한 (온건한) 민주화 운동의 불씨를 계속 살린다는 의미였다. 프랑스의 정치적 논의에서 상식이 거론되는 경우에 당시 사회적으로 분열상을 보이며 귀족주의적인 양원제를 채택하고 있던 영국을 뜻하는 경우는 매우 드물었다. 대체로, 프랑스에서 상식이라고 하면 페인이나 필라델피아의 실용적인 미덕들의 화신이었던 벤저민 프랭클린을 가리키는 것이었다.

프랑스 혁명이 일어나고 첫 몇 년 동안에 팸플릿과 정기 간행물 몇 종이 선을 보였다. 모두가 '선한 인간 리처드'(프랭클린의 '가난한 리처드'로도 알려져 있다)라는 필명으로 된 이 간행물들은 자유와 명예와 상식으로만 무장한 인민에 속하는 소박한 사람을 내세워 그와 똑같은 마음을 가진 사람들에게 당시의 사건들에 대한 이야기를 들려주었다. 이 인물이 일원제인 펜실베이니아 헌법에 강하게 집착하고 있다는 사실은 그의 미국적 가치들과, 어느 프랑스인 에디터가 미국 헌법을 소개하면서 "지금까지 존재했던 가장 순수한 형태의 민주주의"라고 부르게 만든 그 요소들 사이의 연결을 부각시켰다. 1790년 초에 선보였던 풍자 잡지 '상식'(Le Sens commun)이 그 연결을 더욱 두드러지게 만들었다. 그 잡지 속의 주인공은 페인을 자처하면서 자신이 미국인들을 위해서 이미 한 일을, 말하자면 저널리스트들과 지적인 사람들이 파괴한 "평범한 진리들"과 선악에 대한 명백한 인식을 복구시킨 일을 프랑스인들을 위해서도 하겠다고 약속했다.[2] 프랑스에서, 상식이라는 개념과 페인의 선동적인 팸플릿으로 시작된 그 위대한 정치 실험을 서로 연결시키는 인식은 혁명 초기 단계까지 지속되었다.

그럼에도, 1789년에서 1790년 사이에 파리에서 "모든 인간을 하나로 묶는 공통의 이성"을 일깨우고, 그것을 바탕으로 한 새로운 합의를 약속하는 행위가 의미한 것은 1776년의 펜실베이니아와 1777년부터 1778년 사이의 제네바와는 크게 달랐다. 그 차이는 프로테스탄트 사회에 반대하는 가톨릭 사회의 문제만은 아니었다. 파리에서, 상식을 하나의 정치적 동맹으로 받아들인 측에서 정치적 의사 표현이 홍수처럼 터져나왔다. 물론, 몇 세기 동안 내려오던 형식적인 검열 도구가 1788년 여름에 갑자기 제거된 영향도 컸다. 파리에서 쏟아진 정치적 표현은 양적으로 보나 내용의 다양성으로 보나 펜실베이니아나 제네바 같은 도시를 압도했다. 더욱이, 파리를 포함한 프랑스의 주요 도시들에서, 상식이라는 보호막 덕분에 새로운 부류의 대변자들은 의사를 표현할 추상적인 권리를 보복의 두려움 없이 현실 속에서 행사하고, 또 다른 사람들이 자신의 말에 귀를 기울이게 할 수 있었다.

런던 대학 교수인 퀜틴 스키너(Quentin Skinner)가 요약한 것처럼, "정치에서 할 수 있는 것은 대체로 정당화가 가능한 선까지이다".(3) 가장 큰 목소리를 내는 사람들이 여전히 사회적으로 상당한 평판을 얻은 인물인 상황에서, 상식은 제네바의 부르주아나 필라델피아의 민병 대원들보다 권력으로부터 더 심하게 소외되어 있던 파리 시민들에게 동료들을 결집하려는 노력을 정당화하는 근거가 되어 주었다. 그런 노력은 출신 배경과 제한적인 지적 수준 때문에 입법 기관뿐만 아니라 전통적인 편지 공화국으로부터도 오랫동안 배제되었던 사람들을 포함했다. 최소한, 상식은 보통 사람들에게 소박한 어떤 관점을 제시했다. 이 관점 덕분에, 그동안 공식적인 교육과 여가를 누릴 수 있었던 결과 사회적 지위나 특별한 지식, 탁월한 이성을 갖게 되었던 동료 시민들에게 문제를 제기할 기회조차 가져 보지 못했던 보통 사람들도 이제 여론으로 알려진 또 다른 떠오르던 권위를 조종하려는 자신들의 노력을 정당화할 수 있게 되었다.

그것만이 아니었다. 상식을 근거로 말할 수 있다고 주장하는 것 자체가 "기존의 불평등을 거꾸로 뒤집는 데" 결정적인 것으로 증명되었다. 이제 보통 사람들은 통치자나 사회적 지위가 높은 사람들과 대등한 것이 아니라 그들보다 더 우수한 존재로 받아들여지게 되었다. 이런 인식은 현대 포퓰리즘의 중요한 요소가 될 운명이었다. 이유는 프랑스 혁명 초기 몇 년 동안에 상식의 소유가 특별한 자산이 되었고, 상식을 소유한 사람의 말은 특별한 가치를 지니고 또 당면한 문제의 해결에도 적절한 것으로 여겨졌기 때문이다. 여기에 기존 체제의 공범자인 인사이더(내부자)의 지혜가 아니라 '선한 리처드'의 진솔한 지혜가 있다고 상식의 옹호자들은 주장했다. 여기서 말하는 선한 리처드는 신화적인 고귀한 그 미개인의 후손인데, 단순하고 무오류인 미개인의 의견이 공식적인 검열 제도와 계급적인 사회 때문에 지금까지 지속적으로 흐려져 온 것으로 여겨졌다. 선한 리처드의 지혜는 단어들의 소리가 아니고 실체들의 소리였으며, 철학과 신학 또는 책에서 배운 지식의 소리가 아니라 감각으로 익힌 경험의 소리였다. 그것은 자기 이익 또는 개인의 소리가 아니라 일반 대중의 소리였다. "대중의 목소리와 양식의 한 기관(機關)"으로서 평범한 다른 사람들의 양식을 향해 말하는 것은 애국자로서 말하는 것과 많이 비슷하게, 그 사람이 퍼뜨리고 있는 것은 한편으로 공동체가 공유하는 가치라는 점을, 다른 한편으로는 훼손되지 않은 진리의 언어라는 점을 암시하는 한 방법이 되었다.

스스로를 "양식 있는 늙은이"라고 부른, 마르세유의 비천한 부모에게 태어난 한 남자가 이런 인식적 변화가 사람들을 어떻게 바꿔놓을 수 있는지를 보여주는 좋은 예이다. 1790년에서 1791년 사이에 폭넓은 대중을 상대로 자신의 뜻을 밝히길 원했던 많은 사람들처럼, 이 혁명가도 자신이 아는 모든 것은 공부를 통해 얻은 것이 아니라 현실의 경험에서 얻은 것이라는 사실을 밝히면서 독자들에게 먼저 자신이 필자로 부적절하지 않다는 점부터 강조했다. 그러나 그의 글에서, 문화나 자본과 거리가 멀다는 사실이 오히려 폭넓은 경험적인 지식과 함께 금방 힘의 원천이 되었다. 특히 통찰력 차원에서 지각 능력이 뛰어났다. 프랑스 남부 출신으로 소위 양식의 눈을 가진 이 80대 노인은 지금은 무척 드문, 상황이나 사람들의 깊은 속을 꿰뚫어보며 거기에 있는 것을 그대로 볼 줄 아는 능력을 갖고 있다고 장담했다. 그 시대의 인기 있는 이미지들은 대부분 그런 식이었다. 저자가 자신을 이상적인 목격자로 묘사할 수 있도록 하는 것은 바로 특별히 노동 계층과 관계있는 혜안이었다. 당시 이상적인 목격자로 통했던 사람들은 사회적으로 깊이 관여하고 있는 사람들에게 잘 보이지 않는 (정치적) 진리를 객관적으로 볼 수 있는 무명인이었다. 그는 사람들이 현실의 깊은 속을 들여다볼 수 있는 창이 되어줄 사람이다.

표현 스타일도 경험적인 지식을 솔직하게 전달한다는 인상을 주곤했다. "양식 있는 늙은이"는 전문적인 저널리스트들과 달리 자기 독자들에게 "나는 당신을 속이지 않을 것"이라고 말했다.⁽⁴⁾ 그 시대의 또 다른 저자에 따르면, 양식 있는 사람은 "고양이를 그냥 고양이라고 부른다". 그런 사람은 글을 잘 쓰는 재주를 타고나지 않았을 수도 있으며 말을 잘 하지 못할 수도 있다. 이 사람도 마르세유 출신의 그 노인처럼 글재주가 뛰어난 타인에게 자신의 생각을 구술하는 편이 더 나았을지 모른다. 그러나 1789년 '국민 회의에 고하는 확고한 양식'(Solid Good Sense Addressed to the National Assembly)이라는 팸플릿을 쓴 저자가 설명하는 바와 같이, 상식을 전달하는 데는 능변도 필요 없고 공부도 필요하지 않았다. 이 보통 사람은 꾸밀 줄은 몰라도 자신의 생각을 단순하고 담백한 문장으로 바꾸는 능력을 특별히 발휘할 수 있었다. 그런 문장은 그의 생각을 고스란히 담아냈으며, 거짓과 왜곡이 들어설 공간을 전혀 내주지 않았다. 그런 글은 그후로 많은 혁명적인 글쓰기의 특징이 된 반(反)수사적이고 반(反)귀족적인 논조의 글의 선구자 역할을 했다. 문체와 장식이 인민과 진리의 이름으로 추방되었던 것이다.

그러나 그때 거의 모든 예들에서 나타난 중요한 현상은 모든 사람이 특별히 편견(많은 경우에 몇 개월 전까지 상식으로 통했던 것을 의미했다) 때문에 눈이 멀지 않았다면 본능과 경험을 통해 이미 알고 있어야 할 것들에 대해 상세히 설명하는 것이었다. 보통 사람들을 대변하는 익명의 저자들도 페인이나 제퍼슨과 똑같이, 논리적으로 증명할 필요도 없고 또 종교적이든, 정치적이든, 지적이든, 사회적이든 외부 권위를 빌려 진리인 것처럼 정당화할 필요도 없는 명백한 원칙들을 구현하는 것을 임무로 여겼다. 그것은 그들이 자신의 입장을 전하고 있는 바로 그 사회적 집단의 기본적인 인식 능력이나 경험과 너무나 잘 맞아떨어졌기 때문이다. 자칭 "양식 있는 늙은이"가 1790년경에 쓴 또 다른 팸플릿에서 자신의 독자들에게 수사적으로 물었듯이 말이다. "당신들의 예절만큼이나 단순하고 순수한 양식과 이성이 당신들에게 수천 번도 더 말하지 않았는가? 성직자들의 착취는 혐오스럽고, 그 성직자들이 당신들이 너무도 정직하게 받아들이고 있는 종교를 더럽히고 불명예스럽게 만들고 있다고." 단순하고 불변하는 이런 원칙들이 흐려지지 않도록 막기 위해서 그의 독자들이 해야 하는 일은 양식의 명령들을 상기하는 것뿐이라고 그는 암시했다. 1790년과 1791년에 양식의 관점에서 말하는 것은 곧 개인과 공동체에 관한 집단적인, 따라서 의심의 여지가 없는 원칙들을 대신해서 집단적인 언어를 말하는 것이었다.

이번에는 여자들도 수혜자들에 포함되었다. 여자들이 계급과 지역을 불문하고 시민(유권자나 공무원이 되는 경우는 극히 드물었다)에 합류하기 위해 노력하고 있을 때, 상식 개념은 그런 정서와 함께 여자들에게 특별히 유리하게 작용했다. 물론, 여자들은 자신들이 정치 토론이라는 새로운 세계에 들어가고 또 대중에게 직접 자신의 의사를 전달하려는 노력을 정당화할 필요가 있었다. 여자들은 출신 계층을 불문하고 대변자로서 신뢰성에 제한을 받을 수밖에 없었다. 여자들은 자신이 상식의 관점에서 말한다는 점을 설득시키는 데 있어서도 80대 노인보다 어려움을 더 많이 겪었다. 여자들이 지속적으로 숙고하거나 일반화하는 능력은 종종 의심의 대상이 되었다. 게다가, 여자들은 자신의 사상과 신분을 공개했다가 자칫 여성으로서 갖춰야 할 겸손을 훼손시킬 위험도 안아야 했다. 그러나 혁명이라는 맥락과 혁명기에 언어에 대한 의심이 강해진다는 점을 고려한다면, 여자들이 가정적이고 세속적이고 본능적인 것과 연결된다는 사실은 장점이 될 수 있었다. 소박한 느낌을 주는 양식은 혁명 초기에 여자 대변자들에게 멋진 수단이 되어 주었다. 여자들은 양식을 바탕으로 새로운 정체성을 확립할 수 있었으며, 그 정체성 안에서 여자로서 생각하고 글을 쓰는 것이 상당히 큰 자산이 될 수 있었다.

요령은 아웃사이더인 자신의 지위나 그에 따른 속박을 부정하는 것이 아니라, 그보다는 마르세유 출신의 그 늙은이처럼, 자신은 상식과 반대인 것들, 즉 불성실과 형이상학, 다변(多辯)과 거리가 멀다는 점을 강조함으로써 관심을 끄는 것이었다. 삼부회 모임이 있기 전에 탄원서에 다른 사람의 대필로 '우리의 환호가 국왕을 찬미한 아름다운 문장들 전부를 합한 것보다도 국왕을 더 고귀하게 할 것입니다'라고 쓴, 문맹인 그 여자 세탁부들을 고려해 보라. 아니면 네덜란드 페미니스트 에타 팜 (Etta Palm)을 떠올려 보라. 1790년에 파리에서 연설을 하면서, 그녀는 "만일 나의 문장의 구성이 아카데미 프랑세즈가 정한 규칙을 따르지 않고 있다면, 그것은 내가 아카데미 프랑세즈의 사전을 참고하지 않고 나의 가슴을 따랐기 때문"이라는 식으로 열변을 토했다.

여자들은 수사학적 세련미를 갖추지 못했다는 사실을 털어놓음으로써 오히려 자신의 진정성을 강조할 수 있었다. 이 진정성은 자신과 같은 부류의 사람들에게 진리와 미덕을 전하는 타고난 능력으로 받아들여졌다. '나라를 사랑하는 여자 또는 견고한 양식'(The Patriotic Woman or Solid Good Sense)의 저자는 필자로 나선 자신에게 쏟아질 도전을 상상하면서 "나라고 왜 안 돼?"라고 강하게 되물은 뒤, 멋진 표현이나 문장을 자유자재로 쓰지도 못하고 교육도 받지 못했고 오직 기본적인 양식만 갖춘 "평범한 여자"인 자신이 "사람들로 하여금 사물을 있는 그대로 보도록 만들고" 혁명의 이점을 윤리적인 측면에서 포착하도록 하는 데는 오히려 더 적절한 존재라고 주장했다. 이어 그녀는 상식의 정치 이론은 자신의 독자들 중에서도 가장 미천한 사람에게조차도 명백하게 전달될 수 있는 것이어야 한다고 강조했다. 왕들이 통치하는 것은 그들이 힘으로 권력을 잡았기 때문이고, 세습적인 특권은 정의롭지 못하며, 모든 사람에겐 빵이 필요하다는 식으로 의사 전달이 분명해야 한다는 주장이었다.

파시즘에 반대한 이탈리아 지식인이자 혁명가인 안토니오 그람시(Antonio Gramsci)가 1920년대에 감옥에서 글을 쓰면서 상상한 혁명가의 모습이 바로 그런 것이었다. 그람시는 혁명가라면 그가 "비(非)철학자들의 철학"이라고 부른, 종종 모순이 발견되는 상식을 혐오할 것이 아니라 "기본적인 양식"을 갖춘 그 여자처럼 그것을 찬양할 필요가 있다는 입장을 보였다. 말하자면, 보통 사람들의 정서와 자신의 정서를 동일시하고, 또 집단 의식 속의 다른 근본적인 관념들 때문에 지금은 흐려졌지만 원래는 진실했던 대중의 지혜에 직접 호소해야 한다는 뜻이었다. 그렇게 하다 보면, 전체 인민을 위한 새로운 실용적인 의식, 즉 상식이 탄생하게 된다는 설명이었다.[5]

입헌 군주제 시대의 여자들 중에서 가장 유명했던 올랭프 드 구주까지도 이와 비슷한 각본을 따르면서 자신이 여론을 이끌 형식적 자격을 갖추지 못했다는 사실에 대해 스스로 자책하는 모습을 보임으로써 오히려 의견 형성의 주도자로서의 입지를 굳혔다. 1790년대 초에 (비서에게 구술하는 방식으로) 작성해 파리 전역에 뿌린 포스터와 팸플릿에서, 그녀는 한 사람의 여자로서 그녀 자신을 이슈로 만들었다. 그렇게 한 이유는 그녀를 둘러싼 이슈들이 대체로 여성들이 활동적인 시민이 될 가능성이 있는가 하는 문제와 연결되었기 때문이다. 자신의 글 속에서, 그녀 자신이 증거가 되었다. 그러나 그녀는 또한 대비를 통해 자신의 반대자들(대부분 사회적 지위가 높은 사람들이었다)을 비난하는 데도 이 방법을 이용할 수 있었다.

예를 들어보자. 그 유명한 '여성의 권리 선언'(Declaration of the Rights of Woman)을 발표한 6개월 뒤인 1792년 봄에 출간한 '프랑스의 양식'(Le bon sens français)이라는 팸플릿에서, 드 구주는 오랫동안 잊고 지냈던 상식이라는 수호천사의 도움을 받아 발견하게 된 것들을 되풀이할 뿐이라고 거듭 주장했다. 그러나 그녀는 정치적 사고에서는 계급 조직과 지위에 집착하는 모습을 보이면서도, 이 안내자를 발견할 만한 곳들, 즉 소르본 대학의 박사와 수도사, 의원, 귀족, 학자, 저널리스트와 다른 전문직 엘리트들 사이에서 그런 인물을 찾기가 지극히 어렵다는 점을 지적했다. 올랭프 드 구주는 자신의 소박함을 거듭 내세우면서 자신을 "모든 것이 폭력적으로 뒤엎어지는 격변의 와중에, 그리고 당파성이 지배하는 시기"에 세속적이지만 드문 무엇인가로 묘사했다. 바꿔 말하면, "공정하고 분별 있는 여자"의 목소리라는 주장이었다.

물론, 가난한 남자 농부들이나 미천한 80대 노인은 말할 것도 없고 1790년대 초 몇 년 동안 반(半)문맹이었던 여자로서 글을 쓰고 있다고 밝힌 사람들 중 많은 이들의 신분이 그들의 주장과 다르고 문맹이 아닐 가능성이 매우 크다. 일부 여자들은 보통 사람들에게 혁명적인 가치들을 더 쉽게 전파할 수 있을 것이라는 기대에서 자신의 신분을 낮추기도 했다. 예를 들어, 페르 제라르(Père Gérard)(실제로 농업으로 생계를 꾸린 사람이었음)가 쓴 것으로 되어 있는 연감이 자코뱅 당의 리더였던 장 마리 콜로 데르부아(Jean-Marie Collot d'Herbois)가 "존귀하고 양식 있는" 농민의 목소리를 빌려 쓴 것이라는 사실은 공공연한 비밀이었다. 시골 남녀를 대상으로 발표해 즉각 베스트셀러가 된 이 텍스트를 보면, 도덕을 가르치는 농민은 자신의 정원에 모인 마을 사람들이 던지는, 어수룩해 보이지만 언제나 합리적인 질문들에 농민의 언어로 대답하면서 농민들이 자신의 대의를 받아들이도록 만든다.

그런 훈시적인 선전은 격언과 유추를 많이 동원하면서 특별히 시골 거주자들을 표적으로 삼았는데, 그런 예를 찾는다면 1790년에 계몽된 엘리트들이 창간한, 혁명적인 성향의 주간지 '라 페유 빌라주아즈'(La Feuille villageoise)를 들 수 있다. 대체로 농민은 여전히 후진성이나 미신과 연결되고 있음에도 불구하고, 또 이 잡지가 시골 독자들의 참정권 확대에 전혀 관심을 보이지 않았음에도 불구하고, 잡지의 에디터들은 "양식은 인민의 영혼이며, 양식은 전염성 강한 상상과 정신을 피폐하게 만드는 협잡, 질서를 깨뜨리는 반란에 맞설 수 있는 유일한 성채"라는 식의 중농주의적 견해를 진파하는 데 중요한 역할을 맡았다.[6] 잡지의 에디터들이 원한 것은 프랑스 오지의 농민들의 단순성과 도덕성과 실용적인 지혜의 총체인 '농민들의 양식'을 정강의 틀로 만들어 그것을 바탕으로 혁명의 가치들을 확립하는 것이었다. '페르 제라르의 연감'의 핵심인 설득력 있는 단순성을 칭송하면서, '라 페유 빌라주아즈'의 에디터들은 그것을 프랭클린의 '가난한 리처드의 연감'과 비교하며, 프랭클린의 문학적 창작, 즉 상식을 대변하는 보통 사람들의 명상의 글들이 그리 멀지 않은 과거에 미국에서 그랬던 것처럼, 그 작품이 프랑스에서도 그 같은 영향력을 발휘할 수 있기를 노골적으로 희망했다.

우리의 관점에서 보면, 인민의 양식을 바탕으로 인민의 양식을 향해 말하는 인민의 대표가 자신의 글이라고 주장하는 모든 텍스트의 뒤에 하나의 사회적 실체로 존재하지 않았다는 사실은 그다지 중요하지 않다. 우리가 주로 관심을 쏟는 것이 그런 진정성은 아니기 때문이다. (오늘날에도 인민의 대변자들이 의미 있는 어떤 측면에서도 진정으로 인민에 속하지 않는 경우가 자주 있다.) 그보다는, 기존의 통치 엘리트들에 비해 자연에 더 가까운 것으로 여겨지던 농민이나 여자 또는 다른 사회적 집단의 상식이 새로운 포퓰리스트의 이상을 어떤 식으로 촉진시켰는가 하는 것이 우리의 관심사이다. 여기서 말하는 이상은 곧 대부분의 사람들을 외관상 통합시키고 있는 단순성을 학식이나 이기심 때문에 잃어버리게 된 귀족이나 문장가, 궤변가 등과 대조를 이루는 어떤 고정 관념을 뜻한다. 이 고정 관념으로 인해, 새로운 계급 조직들과 새로운 종류의 포함과 배제가 일어나는 과정도 우리의 관심사이다.

가장 기본적인 차원에서, "양식 있는 소박한 사람"이라는 수사적인 인물은 보통 사람에게나 지위가 높은 사람에게나 똑같이 다른 보통 사람들에게 닿을 수 있는 수단을 제공했다. 이것이 사람들을 혁명 쪽으로 관심을 쏟도록 하는 데 대단히 중요한 첫 걸음이었다. 또 모든 팸플릿에 예외 없이 담긴, 양식 있는 남녀 동료들에게 직접 호소하는 내용에 주목하라. "자유인들이여! 합리적이고 판단력 있는 이들이여! 이제 깨어날 때가 되었노라!" "그대들의 양식과 이성은 그대들의 예절만큼이나 소박하고 순수하도다!"[7] 저자와 청중 사이에 이런 연결이 확고히 다져지고 나면, 그 연결은 포퓰리스트의 원칙들과 그 원칙들에 입각한 방침들을 청중들에게 밀어 넣는 수단이 된다. 그 방침에는 전국적인 규모의 집단적 거부권과 언론의 자유가 포함되는데, 이 두 가지는 과거의 불공평(즉, 보통 사람들을 침묵시키고 복종시킨 행위)을 바로잡고 상식을 형식적인 법으로 담아내는 장치로 여겨질 수 있다. 왜냐하면 마지막에 상식의 대변자가 거의 언제나 자신의 목소리에 귀를 기울이는 경우에 분열된 인민이 어느 누구도 합리적으로 반대하지 못할 몇 가지 공통적인 사상과 가치들을 중심으로 결집함으로써 의견 일치를 이룰 수 있다고 약속하기 때문이다. 따라서 상식의 대변자들은 종국적으로 혁명의 촉진자임과 동시에 혁명의 성공적 결말의 촉진자이다.

그럼에도, 이 같은 태도는 적들이 끼어들 여지를 남겼다. 양식을 특별히 이런 식으로 해석하는 데 반대하면서, 당에 대한 충성이나 이기심 때문에, 아니면 불성실한 성직자나 귀족이나 협잡꾼의 농간 때문에 다른 버전의 해석을 주장하는 사람들이 나타날 수 있었다는 뜻이다. 거듭 보았듯이, 포퓰리스트의 모든 동기들과 마찬가지로, 상식은 넓은 중간층의 도덕적인 사람들의 위와 아래에 속하는 사람들을 사회적으로 음모자로 상상할 여지를 많이 허용한다. 그러나 혁명의 대변자들에게는 만장일치가 정치 질서에 반드시 필요한 것으로 보였으며, 상식 또는 양식의 승리는 종국적으로 의견 차이와 격렬한 토론, 그리고 적대적인 정치까지 초월할 가능성을 제시했다. 이것도 포퓰리스트의 사고에 또 하나의 상투적인 생각이 될 것이다. 14년 전에 대서양 건너편의 제임스 캐넌과 비슷한 목소리를 내면서, 정치 클럽 '소시에테 드 1789'(Société de 1789)의 한 회원은 바스티유 감옥 습격 1주년이 되는 날 이상(理

想)에 대해 이렇게 설명했다. "사회는 기본적으로 구성원 모두를 똑같이 묶어줄 법들을 필요로 한다. 양식에 근거하고 또 가장 소박한 사람들에게도 열려 있어야 하는 법들은 개인과 전체의 최대 행복이라는 국가의 목표를 중심으로 구성원들을 단결시킬 것이다."⁽⁸⁾ 양식이 지배하는 시대가 열릴 가능성이 지평선 위로 보이는 가운데, 프랑스에서는 인식론과 사회적 구조, 정치적 질서 사이에 새로운 잠재적인 관계가 나타나고 있었다.

그러나 상식은 파리에서 필라델피아에서와 다른 궤적을 그렸다. 상식도 그렇고 양식도 그렇고, 둘 다 프랑스 혁명의 이데올로기에서 이성과 자유, 진리 또는 국민 같은 결정적인 용어로 정착하지 못했다. 상식은 합리적인 유토피아 이상주의에도 편승하지 못했고, 1790년대 혁명 선봉대의 특징으로 두드러졌던 언어적 과장에도 편승하지 못했다. 특히 혁명 동안에 자코뱅 당(급진적 공화주의자)의 지도자들에게, 상식은 너무 부드럽고 수수하게 들려서 웅변에 널리 사용되기 어려웠다. 이 집단의 지도자 막시밀리앵 드 로베스피에르(Maximilien de Robespierre)는 정치의 뿌리를 "공허하고 형이상학적인 추상 개념"에 두는 것보다 "양식의 제1 원칙들"에 두는 것이 더 바람직하다는 점에 분명히 동의했다. 국민 의회가 열리던 때부터 혁명 진영이 끊임없이 고민했던 부분도 바로 그것이었다. 그러나 로베스피에르도 프랑스가 아직 그런 원칙들이 모두에게 자명한 그런 단계에 이르지 않았다고 주장했다.

그는 기회가 날 때마다 인민이 사회적 지위가 높은 사람들보다 더 많은 양식을 갖고 있다는 말을 후렴구처럼 되풀이했다. 그럼에도, 그는 당시의 인공적이고 기만적인 정치를 꿰뚫어보는 데는 양식이 부적절하다고 판단했다. 아직도 인구 중에서 아주 많은 사람들이 무지와 미신의 노예가 되어 있다는 것이 그 이유였다.

여기서 우리는 로베스피에르의 태도가 양식의 대표적인 대변자였던 아베 시에예스(Abbé Sieyès)의 태도와 그다지 멀지 않다는 것을 확인할 수 있다. 아베 시에예스는 1789년 여름에 비록 새로운 질서의 원칙들이 잠재적으로 모든 사람들에게 이해될 수 있을지라도, 시민들은 필히 공적 조직에 대한 기여도(즉, 부(富))와 국가의 집단적 이익에 가장 유익한 것이 무엇인지를 판단하는 능력에 따라 반드시 수동적인 사람과 능동적인 사람으로 나뉘어야 한다는 점을 설득력 있게 주장했다. 콩도르세 후작(Marquis de Condorcet) 같이 일찍부터 공화주의와 투표권을 주장했던 인물들까지도 공동체의 삶을 양식이 지배하게 될 것인지 아니면 비합리적인 무지가 지배하게 될 것인지에 대한 해묵은 걱정을 좀처럼 떨치지 못했다. 인민 주권이라는 맥락에서 적어도 미신과 광신이 사라질 때까지 만이라도 자신처럼 계몽된 소수에게 어느 정도의 의사 결정권을 줄 길을 찾으려 했던 콩도르세의 노력은 당시에 드문 일이 아니었다. 정치적 의미에서 말하는 인민과 프랑스의 거리와 시장을 메우는 다양한 개인들 사이의 적절한 관계를 확립하는 것이 그 10년 동안에 가장 어려운 문제 중 하나로 남았다. 그런 상황에서 혁명이 진행되는 나머지 기간에 이성이, 말하자면 문화적으로나 사회적으로나 상식보다 더 멋진 '장신구'를 달고 있고 또 현실의 경험으로부터 더 멀리 벗어나 있는 이성이 인식론적 토대로서 상식이 차지할 수 있었던 자리를 대신 차지했다고 해서 우리가 놀랄 필요가 있을까?

그럼에도, 상식이 프랑스 인민을 집단적으로 혁명 쪽으로 몰고 가지 못한 데 대한 설명은 프랑스를 단순히 기하학적으로 데파르트망(department)이라는 단위로 쪼개는 작업에서부터 헌법을 마련하는 일에 이르기까지, 혁명 초기의 혁신들이 동시대인들에게 자명한 진리와 아무 관계가 없는 것처럼 보였기 때문이라는 것이다. 북아메리카에서도, 새로운 주 헌법들을 비롯해 혁명 전쟁 기간에 나온 고안들도 마찬가지로 기존 규범과의 단절로 여겨졌다. 그러나 북아메리카에서는 이런 변화들이 혁명의 열기에 휩싸인 프랑스에서만큼 시민들의 일상에 깊이 침투하지 않았으며, 또 단절 등의 논란이 있었음에도 과거가 미국의 혁명가들 대부분에게 의식적인 기준점으로 남았다. 정반대로, 프랑스의 새로운 국민 의회와 혁명적인 조직들에 의해 일어난 변화들은 1789년 여름이 시작될 무렵부터 대담한 새로운 혁신으로 여겨졌다. 선전자들이 정반대로 주장했음에도 불구하고, 그 변화들은 변화에 따른 이점 중 많은 것을 환영했던 사람들 사이에도 낡은 사고방식 자체를 깊이 흔들어 놓는 것으로 경험되었다. 당시의 설명에 따르면, 그해 여름 몇 개월 동안에 일어났던 감정들 중에서 변하지 않은 감정으로 두드러졌던 한 가지는 현재 무엇이 존재하고 있는지, 무엇이 선한 것인지, 무엇이 가능한지에 관한 방향 감각의 상실이었다. 질서와 계급 조직, 예절, 태도, 공간과 시간의 구분, 공과 사의 경계, 심지어 자아의 본질에 관한 일반적인 가정들이 도시에서만 아니라 시골에서도 크게 깨어지거나 뒤집어졌다. 게다가, 불과 몇 개월 사이에, 정치 권력의 중요한 상징인 국왕의 지위와 귀족 권력의 상징인 영주의 지위가 완전히 뒤엎어졌다. 심지어 보통의 일상적인 관계를 일컫던 단어들의 의미까지도 변하기 시작했다. 분명히, 이런 환경에서 상식은 쉽게 정착하지 못했을 것이다.

새로운 형태의 사상 통제를 도입하는 것과 관련해서, 문제는 다시 매우 심각해졌다. 그것은 1776년에 필라델피아에서 그랬듯이, 당초 통일을 끌어내기 위한 조치로 정당화되었던 사상 통제, 즉 정부가 주도한 충성 맹세였다. 이번에는 표적이 새로 선출된 의원이나 유권자들이 아니라 프랑스 성직자들이었다. 프랑스 성직자들은 곧 혁명 국가에 충성을 맹세할 것인지 가톨릭교회에 충성을 맹세할 것인지, 해결 불가능한 선택을 놓고 고민해야 하는 입장에 처했다. '성직자 공민 헌장'(Constitution civile du clergé)이란 것이 1790년 여름에 국민 의회에서 법으로 채택되었다. 가톨릭교회를 폐지하는 것이 목적이 아니라, 가톨릭교회와 성직자들이 새로운 체제에 충성하도록 하는 것이 목적이었다. 이 법에 따라, 프랑스 성직자들은 세속적으로 선출되게 되었다.

그러나 성직자 공민 헌장은 즉각 새로운 충성의 문제들을 낳았으며, 따라서 성직자들뿐만 아니라 신자들의 삶에 영향을 미쳤던 확실한 권위의 한 원천을 뒤엎어 놓았다. 왜냐하면 성직자들을 기능공으로 바꿔놓으려던 그 결정이 프랑스 성직자들의 저항에 봉착했을 때, 인내심 부족했던(그리고 대부분 신앙심이 없었던) 국민 의회 내부에서 성직자 공민 헌장에 프랑스의 모든 성직자들에게 즉각적인 충성 맹세를 요구하는 조항을 넣자는 주장이 제기되었기 때문이다. 1791년 1월, 새로운 국가 헌법에 대한 이 충성 맹세가 주저하던 왕의 승인을 거쳐 세속의 법으로 확정되었다. 그 조치는 그날 이후로 종종 혁명의 중대한 오판 중 하나로 꼽혔다.

그 결과, 성직자들이 교황을 부정하고 헌법에 충성을 맹세할 뜻이 있는지 여부에 따라 서로 대립하는 파벌로 나뉘었다. 그것만이 아니었다. 프랑스 농촌 인구 중 많은 수가, 교권에 반대하는 성향이 강하고 또 도시적이고 계몽되었던 혁명 지도부로부터 떨어져나갔다. 그리하여 사실상 나라가 두 개의 파벌로, 교회 지지자와 국가 지지자로 나뉘고 말았다. 성직자 공민 헌장은 뜻하지 않게 지역별로, 또 교구별로 "혁명적인" 새로운 교회에 관한, 그리고 전반적으로 혁명에 관한 국민 투표 같은 것이 되어버렸다.

그동안 사랑해오던 성직자들을 갑자기 잃게 된 프랑스의 많은 농촌 지역에서, 성직자 공민 헌장은 곧 반발을 불러일으켰다. 놀랍게도, 이 반발이 혁명의 물결에 맞서는 투쟁에 여성을 끌어들이는 결과를 낳았다. 1791년부터, 특히 농촌 여자들은 갑자기 자신들이 저항의 선두에 서 있다는 사실을 깨달았다. 그들은 가끔은 자기 가족의 남자들과 같은 편에 서기도 하고, 또 가끔은 반대편에 서기도 했다. 많은 농촌 여자들은 새로운 체제에 충성을 맹세함으로써 신자들을 배반한 성직자들에게 분노했다. 그들은 또 멀리 떨어진 세속적인 도시에서 개인의 양심과 일상의 의례를 공격한 혁명 지도자들을 비난했다. 프랑스의 방방곡곡에서, 평범한 여자들은 자신들의 불만을 표현하기 위해 현지의 차원에서 직접적이고, 집단적이고, 종종 불법적인 행동을 취했다. 여자들이 택한 전략은 국가가 승인한 교회에서 아이들이 세례를 받게 하지 않거나 가족의 장례식을 치르길 거부하는 것을 포함했다. 그런 항의만이 아니었다. 그들은 충성을 맹세하지 않은 성직자들이 체포되지 않도록 보호하고, 빈자리를 채우러 온 성직자들을 따돌리거나 괴롭히기도 했다. 예컨대, 1792년 1월 초에 일르 쉬르 스렝의 한 성직자는 옛 성직자를 따르던 여자들이 주동이 된 성난 군중의 손에 마을 샘에 갇혔다가 가까스로 빠져나왔다. 여자들이 어떤 형태의 대중 저항에서는 언제나 주도적인 역할을 했음에도 불구하고, 그 사건은 성직자 공민 헌장에 따라 충성을 맹세한 성직자들이 시골 여자들의 새로운 사회적 역할에 대해 불만을 품도록 만들기에 충분했다. 그것은 또한 1791년 초를 기점으로 어떤 반전을 야기하기에 충분했다. 프랑스의 진정한 인민의 상식이라는 이름으로 혁명(추상적인 이성과 과학과 철학으로 무장한 파리의 변호사들을 위해 벌어지고 있는 것으로 인식되었다)의 물결에 맞서는 운동이 일어난 것이다.

이 운동을 뒷받침하던 지적 자극은 결코 시골에서 나온 것이 아니었다. 1790년대 초의 반(反)혁명적인 이데올로기, 말하자면 성직자 공민 헌장과 교회와 국왕에 대한 충성에 환멸을 느낀 보통 남녀들을 표적으로 포퓰리즘을 제시하려던 우파의 노력은, 다른 혁명의 물결들이 그랬듯이, 정치 및 문학의 중심이었던 파리를 본거지로 전개되었다. 더욱이, 시골 지역의 분노에서 반혁명에 필요한 대중적 토대를 구축할 가능성을 엿본 엘리트 선동가들의 작품인 이 반동적인 운동은 도시의 혁명적 토론에서 많은 주제들을 차용했다. 대체로 보통 사람들의 세계관이 더 탁월하다는 양식의 개념도 거기에 포함되었다. 그러나 파리에서 반혁명의 언어를 엮어낸 사람들은 최종적으로 이 개념을 도시보다는 시골에 사는 사람들의 비전과, 그리고 시골 문화의 다른 대표와, 말하자면 쉽게 흔들리는 남편보다는 경건하고 정숙한 아내와 결합시켰다. 그리고 대중적 기반의 폭이 좁긴 해도 그래도 대중에게 호소하겠다는 의도를 품은 가운데, 이들 선동적인 필자들은 그 이미지를 완전히 다른 목적에 이용했다. 혁명 정치와 함께 시작된 충성 맹세에 반대하는 일뿐만 아니라, 어떤 형태의 것이든 민주주의에 반대하는 것에도 그 이미지를 이용한 것이다.

출신 배경이 좋은 일단의 온건주의자들은 우선 1790년과 1791년에 걸친 겨울에 양식을 집단적 반발의 단어로 다시 다듬는 작업부터 시작했다. 이 온건주의자들은 입헌 군주제를 강력히 지지했으며, 성직자 공민 헌장에 이어 파리의 자코뱅 당에서 나온 과장된 수사(修辭)에 화가 나 있었다. 이 군주제 대변자들과 그들의 지지자들은 영국 명예 혁명 뒤의 휘그당원들을 떠올리게 하는 방식으로, 양식이라는 단어를 프랑스 인민의 절대 다수의 정서와 일치하는 방향으로 다시 정의하기를 원했다. 그들의 생각은 양식을 소수파에 맞서는 성채로 만드는 것이었다. 소수파에는 귀족은 말할 것도 없고 자코뱅 당원들과 자코뱅 당의 활동에 참가하는 사람들, 거리의 예언가들, 그리고 무질서를 획책하거나 명백한 진리보다 추상적인 말을 선호하고 표현에 관한 규제 철폐를 이용해 농부와 재산 소유자와 가장(家長) 등 "존경받을 만한 다수"가 길을 잃게 만드는 모든 사람이 포함되었다.

만약 이런 과장된 목소리들을 국가의 기존의 진압 메커니즘으로 더 이상 누를 수 없는 상황이라면, 아마 보통 사람들에게 그 소리에 귀를 기울이지 않도록, 말하자면 대중 정치의 현재 모습을 집단적으로 외면하도록 설득할 수 있었을 것이다. 당시에 단명했던 익명의 사이비 포퓰리스트 잡지들과 팸플릿, 포스터들이 외쳤던 모순적인 메시지가 바로 그런 것이었다. 온건주의자들이 1791년 상반기에 '분별력 있고 애국적인 마을의 포고꾼, 양식' '현 사태에 대한 자유로운 생각' '양식의 한마디' 등의 타이틀로 파리 전역에 무료로 뿌리기 시작한 것들이 그런 예들이다. 그보다 80년 앞선 시절의 애디슨과 스틸처럼, 1791년에 자코뱅 당에 반대하는 팸플릿을 쓴 저자가 상상 속의 언더그라운드 클럽 '양식 있는 친구들의 모임'의 세칙을 상세하게 늘어놓을 때, 그는 현실을 조롱하고 있었다. 이 상상의 모임 안에서 이뤄지는 정치적 논의는 인간들의 삶이 전개되는 "보다 낮은 영역"의 기본적인 진리로 국한되었으며, 언어는 과장이나 잔재주를 철저히 배제해야 했다.[9] 또 거기엔 진행 중인 혁명에 종지부를 찍을 정강이 있었으며, 분별력 있는 모든 당파들이 하나의 공통된 입장을 중심으로 함께 모이도록 만들 초(超)법적인 길이 있었다. 아마 그 공통된 입장에서 매우 제한적인 토론이 비롯되었을 것이다. 의도는 (온건한 엘리트) 공동체의 규범을 대표하는 단 하나의 국민적 목소리의 부활을 허용할, 양식에 근거한 일종의 비공식적 검열을 통해서 혁명의 물결을 거꾸로 돌려놓는 것이었다.

이런 종류의 수사학적 강요가 "진짜" 검열관 같은 효과를 발휘하려면, 그 같은 노력이 최종적으로 자기 검열 같은 결과를 끌어낼 수 있어야 한다. 말하자면, 사람들이 지배적인 사회 규범과 일치하는 가치들을 내면화하려고 노력하게 되어야 한다는 뜻이다. 그러나 18세기 초의 영국에서와 마찬가지로, 프랑스에서도 우리는 표현에 대한 규제와 무엇이든 말할 수 있는 전면적인 자유 사이에, 말하자면 사상에 대한 국가 또는 교회의 통제와 표현의 완전한 자유 사이에 그 중간 지점을 택하려는 욕구를 엿볼 수 있다. 양식 또는 상식은 규제적인 법의 테두리 밖에서 작동하면서, 분별력 있게 다뤄질 수 있는 것은 무엇이며 그렇지 않은 것은 무엇인지, 또 분별 있는 것의 범위 안에 드는 것과 터무니없는 것으로 여겨져야 할 것들의 한계를 정하게 되어 있었다. 정치에 적용되는 경우에, 양식은 모든 인민(정신이 박약하고, 광기를 보이고, 사악하고, 철저히 망상에 사로잡힌 사람들은 제외)으로부터, 대중적인 선동과 신뢰할 수 없는 대변자들로 인해 더럽혀지기 전에 이미 형성되기 시작했던 근본적인 전제들을 새로운 정설로 받아들이고 지지하겠다는 집단적 동의를 끌어낼 것을 약속했다.

그러나 입헌주의를 지지하는 선전자들의 엄청난 노력에도 불구하고, 양식은 중용(中庸)의 동의어로서는 지속적인 성공을 전혀 거두지 못했다. 성직자 공민 헌장의 공표에 이어 국왕이 바렌느로 도피한 일이 있은 뒤엔, 혁명의 논리에 중도적인 바탕이 들어설 공간은 거의 없었으며, 특히 혁명적인 수사(修辭)가 양편에서 똑같이 가열되었기 때문에, "양식"만으로 중도적인 토대를 끌어내는 것은 불가능했다. 게다가, 중도파가 어떤 대중적 기반도 발견하지 못했기 때문에, 영국의 입헌 군주제와 의회, 영국 문단의 경험에서 차용한 해결책도 갈수록 가치를 잃어갔다. 그럼에도 아마 이것이 단순히 상식에 호소하는 길이었을 것이다. 명예 혁명 뒤의 영국에서와 똑같이, 상식에 대한 호소는 비형식적이고 중도적인 규제의 형태보다는 반대자들을 초토화시키는 작전을 취하는 십자군 운동 같은 형태를 취할 때 더 잘 먹힌다.

혁명 초기 몇 년 동안에 상식이라는 권위를 노린 투쟁에서 가장 큰 승리를 거둔 측은 사실 혁명에 완강히 반대했던 사람들, 그러니까 심지어 1789년 중반에 합법적으로 시작된 구체제의 해체에도 반대한 이들이었다. 어쨌든, 구체제 말기의 반(反)계몽주의 논객들은 그 시대의 새로운 철학에 강력히 도전한, 1760년대와 1770년대의 소책자들을 시작으로 이미 수십 년 동안 상식에 직접 호소하는 방식을 이용해 오고 있었다. 반(反)교권주의와 이신론, 무신론, 유물론, 성적 관습 무시, 그리고 다양한 종류의 자유 사상의 위험한 표현을 퇴치하는 일에 헌신한 저자들과 그 후견자들의 네트워크와 풍자적인 표현 스타일은 그들의 살아 있는 적(敵), 즉 오랫동안 품어왔던 두려움을 현실로 보여주는 듯한 혁명을 때리는 데 집중되었다. 더욱이, 반(反)혁명 측의 왕정주의자와 가톨릭 지지자들은 자코뱅 당원들과 똑같이 이원적인 논리에 따라 움직이면서 대중의 양식을 자신들의 목적에 입헌 군주제 지지자들보다 훨씬 더 쉽게 이용할 수 있다는 사실을 깨달았다. 농촌 지역에서 성직자 공민 헌장에 대한 분노가 터져나온 후에 그런 현상이 더욱 두드러졌다.

1791년 봄에 이르러, 상식은 전통적인 가치들과 생활 방식을 지키기 위해서는 교회와 국왕, 마을의 공동체 정신이 중심을 이루는 세상을 복구해야 한다는 향수어린 사상과 단단히 결합되었다. 상식은 또한 분노한 포퓰리스트의 선전 운동의 인식론적 핵심이 되었다. 파리에서 기업가적인 가톨릭 출판업자들과 저항적인 성직자들, 불만을 품은 귀족들, 무명의 필자들이 주동이 되어 펼친 그 선전 운동의 목표는 노동 인구가 많은 파리의 동쪽 변두리와 프랑스 전역의 마을들이 새로운 통치 계층에 맞서도록 하는 것이었다.

반혁명은 대중적 기반이나 대중적 목적을 이루는 데 더뎠다. 반혁명은 처음에 철학적, 문학적 흐름으로 나타났다. 그러다가 1789년 중반부터 국민 의회와 별안간 의원이 된 사람들에게 반대하고 또 거기서 나온 인권 선언에 반대하던 소수의 사람들이 혁명 세력의 전체 노력을 좌절시키기 위해서 공동 노력을 펴기 시작했다. 실패로 끝날 몇 가지 음모를 꾸민 외에, 반(反)혁명가들은 자신들이 경멸했던 바로 그 출판의 자유를 이용하고, 또 사상적인 적들과 똑같이 팸플릿이나 정기 간행물을 통해 일련의 사건들과 그 사건들을 주동한 인물들에 대한 불만을 널리 알렸다. 국왕과 그의 가족들이 상당수의 여자를 포함한 무장 군중의 요청으로 파리로 돌아온 때인 1789년 10월 5일과 6일은 이 점에서 보면 옛 파리의 반(反)계몽주의적 체제를 일으키는 촉매 역할을 했다. 해협 건너편에서 프랑스에서 벌어지고 있던 사건들을 주시하고 있었던 에드먼드 버크(Edmund Burke)에게 그렇게 느껴졌던 것과 똑같이 말이다. 루이 16세 국왕이 튈르리 궁에 사실상 감금된 며칠 뒤에, 초기의 전형적인 반혁명 간행물 '사도 행전'(Actes des Apôtres)이 창간되었다. 군주제를 지지하던 수십 명의 필자들이 서로 긴밀하게 협조한 결과물이었다. 그들은 팔레 루아얄의 카페와 레스토랑뿐만 아니라 같은 광장에 있던 '위엄 있고 사도 같은 서적상' 가티(Gattey)의 서점에서도 정기적으로 만나 진지한 대화를 나누었다.

그 잡지가 잉태될 때엔 아직 전선이 분명하게 정해지지 않은 상태였음에도, 그 모임들의 결과는 방법론적인 측면에서나 사상적인 측면에서나 똑같이 반동적이었다. 당시 모임에 참석한 사람들이 거기서 한 말을 레스토랑 식탁보에 갈겨 써놓고 나가면 나중에 인쇄업자들이 그것을 거둬가서 잡지를 발행하곤 했다. 그 잡지는 또한 양식을 오래 전부터 이해해 오던 대로 복원하려던 반혁명적인 지적 운동의 첫 번째 조치였다. 어떤 관점에서 보면, '사도 행전'은 돌연 생겨난 또 하나의 혁명 신문이라고 볼 수 있었다. 적대적인 시각에서 보긴 했지만, 그날그날 일어난 사건들을 면밀히 추적했기 때문이다. 예컨대, 펜실베이니아가 일원제에 대한 그릇된 집착을 다시 고려하기 위해 새로운 회의를 열고 있

'아! 모두 각자 일을 돌볼 시간이야. 그러면 모든 게 다 잘 풀릴 거야'라는 제목의 프랑스 판화. 1792년 4월. 직기 미상. 1792년 5월 9일자 '주르날 드 라 쿠르 에 드 라 빌'에 따르면, 이 빈(反) 혁명 캐리커처는 혁명 사상에 빠져 일상의 임무를 게을리 하던 구두수선공이 그 후 여러 사건들을 경험하면서 "자코뱅 애국심으로 인해 눈을 덮게 된 가리개를 벗는다"는 내용을 표현하고 있다. 이 수선공은 양식을 되찾으면서 군복을 벗고 가발을 벗어던진다. 그 결과 누구보다도 그의 아내와 아이들이 행복을 다시 누리게 되었다는 이야기이다.

다는 사실은 1790년 겨울에 적시에 보도되었다. '사도 행전'의 필자들이 아직 왕권과 혁명 사이에 협상이 가능하다고 믿고 있던 때였다. 그러나 이름 자체가 암시하듯이, 그 잡지의 대부분은 국민 의회와 클럽, 법령, 헌법, 축제, 심지어 에디터에게 보내는 편지 등에 대한 풍자와 불손한 패러디로 가득했다. 비탄에 빠진 상식을 복구하는 데는 웃음이 제격이란 듯이, 성적 암시를 풍기는 글도 상당수 있었다.

출신 배경이 좋았던 그 잡지의 필자들은 장 가브리엘 펠티에(Jean-Gabriel Peltier)와 프랑스어의 상식 구조의 위대한 옹호자인 앙투안 리바롤(Antoine Rivarol)의 지도 아래에, 귀족적이고 종종 외설스럽기까지 한 종류의 유머를 여러 가지 방식으로 다시 살려냈다. 그들은 신성한 것과 외설스런 것을 함께 배치했다. 또한 혁명의 용어들을 혁명에 반대하는 쪽으로 활용하면서 필자들과 독자들의 보다 훌륭한 양식이라는 이름으로 혁명의 논리를 간접적으로 공격했다. 이것은 볼테르와 그다음에 홀바흐(풍자적인 '사도 행전'의 저자)가 폭넓게 활용했던 낡은 기법이었다. 정말로, 그 계보는 고대 로마 시대 수사학자 루키아노스에서부터 섀프츠베리, 그리고 그 전 세기 파리의 훌륭한 살롱에서 있었던 대화까지 실로 길게 이어졌다. 그렇다면 팔기 위해 내놓은 가짜 책들 중에 "인권 선언의 저자"가 쓴 '형이상학이 상식보다 탁월한 이유에 대해'라는 제목이 포함되어 있다는 사실이 놀랄 만한 일일까? 아니면 가짜 법률들의 목록 중에 다음과 같은 말로 상식을 불법화하려는 거짓 노력이 포함되어 있었다고 해서 놀랄 만한 일일까? '내년 7월 14일부터 지구상의 모든 지역에서 낮과 밤의 길이가 똑같아진다.' '하루가 끝나자마자 달은 빛나기 시작해 해가 다시 떠오를 때까지 커질 것이다.' 이런 조롱 섞인 웃음이 의도한 효과는 형이상학처럼 알쏭달쏭한 말을 내세우는 가짜 철학의 기를 꺾고, 가짜 철학의 뒤에 숨어 있는 사람들의 선동적인 야망을 꺾는 것이었다. "민주화"를 뜻하던 그 시대의 기이한 용어와 가치, 제도 또는 정치적 관행은 모두 난센스로 조롱의 대상이 되었다. 교육을 받은 독자들은 풍자적인 글을 읽으면서 규범적이고 익숙한 사고방식을 복구하기 위해 자신들이 할 일을 떠올림으로써 스스로 공범자가 되었다. 1790년 말에 파리의 거리에서 축제가 불법화되었음에도 불구하고, 반혁명의 잡지 안에서는 미래의 질서 회복이라는 이름으로 현재 상태를 일시적으로 휘저으려는 충동이 계속 살아남았다.

그럼에도, 장기적으로 볼 때, 가톨릭 전례까지 패러디로부터 안전할 수 없었던 이런 귀족적인 유형의 전복적인 정치적 글쓰기는 1789년과 1790년의 새로운 상업적인 시장에서 살아 남는 데 실패한, 품격 있던 보수적인 문학 잡지 '아네 리테레르(Année littéraire)보다 여론의 장에서 결코 더 많은 인기를 얻지 못한 것으로 확인되었다. 전복적인 글의 주요 독자층, 말하자면 지방 귀족과 군인, 고위 성직자, 그리고 지주와 관리를 포함한 상류층 부르주아 일부는 숫자 면에서 너무 적었다. 더구나 프랑스 전역에서 이민을 많이 떠남에 따라 그 숫자는 갈수록 줄어들었다. 이 잡지들은 모두 생존을 구독자들에게 의존했으며, 따라서 시작 단계에 1년치 구독료를 낼 수 있는 사람들에게만 읽힐 수 있었다. 게다가, 성직자 공민 헌장이 선포된 뒤에는 파리에 본거지를 둔 반혁명주의자들의 내부 요구가 변화하기 시작했다. 이미 1789년 여름의 대공포(그 해 7월 20일부터 8월 5일 사이에 벌어진 일련의 사태를 일컬음. 식량 부족으로 인해 무장 시민들이 시골을 떠돈다는 소문이 돌자, 농민들이 그에 대한 대응으로 무장을 하고 영주의 저택을 공격하기도 했다/옮긴이) 뒤에, 미천한 배경의 많은 시골 사람들은 혁명을 전통적이고 지방적인 것들에 대한 도시의 공격으로 보고 국민 의회의 정치를 멀리하기 시작했다.

그러나 이 불화를 악화시키고 공식화함으로써 파리의 혁명 반대자들에게 기회를 제공한 것은 성직자 공민 헌장의 조항들이었다. 1790년 가을부터 시작해서 1791년 들어서까지, 파리의 관점에서 보면 프랑스 농촌 지역의 주민들과 도시의 반혁명가들 사이에 일종의 사상적 연대가 형성될 기회가 크게 열린 것처럼 보였다. 필요했던 것은 교육을 덜 받은 대중을 대상으로 한 새로운 종류의 선전이었다. 당연히 그 목적은 대중이 혁명 세력에 순종하지 않는 교회와 충성 맹세를 거부한 성직자들의 대의를 따르도록 만들고, 혁명 세력의 주장에 반박할 수 있도록 사상적으로 무장시키는 것이었다. 소수의 논객들이 떠올린 해결책은 양식 또는 상식의 옛 개념을 새로운 목적에 부합하도록 바꾸는 것이었다. 그 목적은 '사도 행전'의 기법이나 입헌 군주제를 옹호하는 신문과 느슨하게만 연결되었다. 그 소수의 논객들 중 일부는 성직자들이었다. 고용된 파리의 필자들의 손에서, 혁명 세력에 대한 분노가 똑같이 생생하게 남았다. 그러나 여기서는 상식이 전통적인 방식과 가치, 보통 사람들의 언어와 함께 권위주의적인 통치를 찬미한 보수주의 포퓰리즘의 중요한 한 요소가 되었다. 이 용어는 반혁명 자체보다 더 오래 남을 것이다.

이 장르의 창조자들 대부분은 1790년 말과 1791년이나 마찬가지로 오늘날에도 여전히 익명으로 남아 있다. 위대한 예외가 있다면 바로 뷔에(Buée) 형제이다. 아드리앙 캉탱 뷔에(Adrien-Quentin Buée)도 그렇고 그의 형 피에르 루이 뷔에(Pierre-Louis Buée)도 그렇고, 논쟁적인 글에 자신의 이름을 쓴 적이 한 번도 없었다. 그들의 이름은 한창 전성기 때조차도 가톨릭을 믿고 국왕을 지지하며 파리에서 활동하던 소수의 작가 집단 밖에서는 알려지지 않았다. 그러나 뷔에 형제는 18세기 상식의 예언가들이 대서양 양편에서 활동하면서 오랫동안 지켜오던 익명의 전통을 이은 것으로 여겨져야 한다. 톰 페인과 제임스 캐넌, 올랭프 드 구주뿐만 아니라 필딩과 비티, 홀바흐까지 거슬러 올라가는 전통 말이다.

모두 파리에서 태어난 뷔에 삼형제는 성직자 교육을 받았다. 그 중 2명은 글을 쓰는 일까지 겸했던 것 같다. 피에르 루이 뷔에가 자신의 소명에 보다 더 충실했던 것 같다. 파리의 노트르담에서 교적부를 담당하다가 훗날 파리의 성당 몇 곳에서 참사회 의원으로 활동했다. 독실한 가톨릭 신자일 뿐만 아니라 뉴턴의 신봉자이기도 한 아드리앙 캉탱 뷔에는 때늦은 깨달음 덕분에 언제나 신학보다 정치와 음악과 과학에 관심을 더 많이 기울였던 것 같다. 투르에서 교회 오르간 연주자로, 그 다음에 파리의 노트르담에서 참사회 사무장으로 짧은 기간 일한 뒤 1792년 영국 바스로 떠날 때, 그는 건반 악기를 위한 곡을 창작하는 작곡가이자 수학에 관한 글을 쓰는 저술가가 되어 있었다. 그가 파리로 다시 돌아와 다른 성직을 맡기까지는 무려 22년의 세월이 걸렸다.

1790년대 뷔에 형제와 정치를 연결시킨 것은 팔레 루아얄이 아니라 센강 건너 플라스 생 미셸 129번지에 있던 임프리메리 드 크라파르(Imprimerie de Crapart)라는 인쇄소였다. 출판업자와 서적상의 아들이던 장 바티스트 니콜라 크라파르(Jean-Baptiste Nicolas Crapart)

는 1789년 12월에 인쇄 면허를 받자마자 이름을 날리게 되었다. 정치적 성향뿐만 아니라 경제적 생존까지 걸린 까닭에, 그는 곧 파리에서 군주제를 지지하거나 가톨릭 계통이거나 반혁명적인 잡지와 팸플릿과 다양한 인쇄물을 제작하고 보급하던 사람들 중에서 가장 유명한 인물이 되었다. 헌법을 따르기로 한 교회에 반대하는 간행물 분야에서 활동하는 기업가로서, 그는 그런 인쇄물을 우편으로 프랑스 전역에 보냈다. 현실에 불만을 품은 귀족들과 고위 성직자들에겐 크라파르가 반계몽주의 매체인 '아네 리테레르'와 이 잡지가 폐간한 뒤 같은 에디터들이 새로 발간한 우익 정치 잡지 '국왕과 프랑스와 질서, 특히 진리의 친구'(Ami du roi, du français, de l'ordre et surtout de la vérité)의 공급처가 되어주었다.

크라파르는 또한 귀족 출신으로 예수회 수도사를 지낸 바뤼엘 신부가 쓴 팸플릿과 글을 출간하고 배포한 것으로도 널리 알려지게 되었다. 바뤼엘은 앞서 발표한 베스트셀러('Les Helviennes')에 담았던 메시지를 바탕으로 이번에는 크라파르의 지원을 업고 국민 의회의 활동과 성직자 공민 헌장을 부도덕하고 무신론적인 철학자들의 음모의 산물이라고 비난했다. 프랑스 전역의 성직자들과 심지어 교황까지 바뤼엘의 논리를 따랐다. 그러면서 프랑스 성직자들은 성직자 공민 헌장과 그것이 요구한 충성 맹세의 부당성에 대한 자신들의 뜻을 전파하는 일을 크라파르에게 맡겼다. 아드리앙 캉탱 뷔에가 이 고상한 계층에 합류한 것은 1790년 말이었다. 크라파르의 필자들 중 한 사람으로 고용되면서였다.

그러나 본인 역시 혁명 운동가였던 크라파르는 헌법에 반대하는 교회의 명분들을 지지하는 활동을 벌이면서 '사도 행전' 같은 잡지들이 독자로 잡고 있던, 작은 수의 도시 성직자들과 귀족들만으로 만족하지 못했던 것이 분명했다. 성직자들에게 충성 서약을 요구한 문제가 프랑스 전역의 정치적 논쟁을 지배하기 시작한 1790년 하반기부터, 크라파르는 파리의 가난한 시민들과 시골 주민들을 겨냥한 대중적인 선전물을 제작해 배포하면 경제적 이익과 정치적 결실을 동시에 누릴 수 있을 것이라고 판단했다. 그가 구상한 팸플릿에서, 상식의 화신은 더 이상 파리 시민도 아니고 성직자도 아니며 도시의 방식을 대변하는 코뮌의 검사도 아니었으며 바로 농민 자신이었다. 아드리앙 강탱 뷔에가 자신의 임무를 발견하게 되는 곳도 바로 이 영역이었다.

파리의 모든 출판업자들이 잘 알았듯이, 광범위한 독자들에게 닿는 데 특별히 효과적이었던 장르는 대화였다. 혁명 초기 단계부터, 군주제를 옹호한 중도파와 급진적인 좌파뿐만 아니라 혁명의 반대자들까지도 그런 사실을 일찌감치 간파하고 있었다. (콜로 데르부아의 '페르 제라르의 연감'도 국회 의원과 유권자들 사이의 대화로 볼 수 있다.) 실용적인 차원에서 보면, '대화'라는 제목이 붙은 얇은 팸플릿들은 정기 구독보다 나올 때마다 쉽게 팔 수 있는 이점이 있었다. 게다가, 그 제목들이, 어떤 경우에는 내용까지도 프랑스 전역의 도시나 시골의 거리에서 팸플릿을 파는 사람들이 정치 클럽에서나 미사가 끝난 뒤에 큰 소리로 외쳐 손님을 끌기에 좋았다. 대중적인 연극처럼, 이 대화도 만남이 이뤄지는 배경(부엌이나 정원, 카바레, 시장, 클럽 등)과 등장인물을 제시하는 것으로 시작했다.

혁명 시대 초기에 나온, 명백히 정치적인 대화들을 두드러지게 만든 것은 등장인물들이 다양한 세계관과 사회적 지위나 직업, 출신지, 다양한 형태의 연설과 심지어 다양한 추론 방식을 대표했다는 점이었다. 대화 형식은 그런 차이에 따른 다양한 반대 의견들을 드러낼 기회를 주었다. 혁명 주동자들과 성직자들의 의견들, 파리의 시장(市場)이나 마을의 무식한 언어와는 다른 학식 있는 사람들의 언어, 시골의 관습과는 다른 도시의 관습이 제시되었다. 그러나 초기의 회의주의자들이 쓴 내용과 정반대로, 이 새로운 대화들의 결론은 언제나 의견 일치와 결단이었다. 그 팸플릿들의 플롯은 기본적으로 혁명의 혁신들과 그 혁명의 기이한 언어와 관련한 혼동이나 오해를 바탕으로 했다. 그럼에도 결국엔 질문과 대답, 관찰과 토론을 통해 분별력 있는 등장인물이 다른 사람들을 저자의 의도대로, 양식에 맞는 견해를 갖도록 개종시키는 데 성공했다.

문제는 대화를 누가 주도하느냐 하는 것이었다. 이 문제에 대해 아드리앙 캉탱 뷔에가 혁신적인 대답을 내놓게 된다. 군주제를 지지한 초기의 반혁명적인 팸플릿에서, 반혁명적인 양식을 구현하는 임무가 귀족이나 성직자 또는 전통적인 권위를 지닌 인물에게 주어졌다. 어느 팸플릿에서는 미스터 양식이라는 이름의 성직자가 등장해 대화를 통해서 상대방이 "우리가 정당한 성직자를 잃는다는 것은 곧 복음서를, 우리의 양심의 원칙들을, 더 나아가 세상에서 가장 훌륭한 친구들을 잃는 것"이라는 결론을 내리도록 만들었다.[10] 이런 팸플릿 속의 대화 파트너는 보통 무지한 소작농이거나 지위가 낮은 사람들이며, 이들은 자신이 믿어야 할 것들에 대한 이야기를 들은 뒤 마지막에 그런 식으로 일깨워준데 대해 감사의 표시를 한다.

예를 들어, '유일한 양식'(The Only Good Sense)에서, 법정 변호사는 문맹이면서 그다지 똑똑하지 않은 목공 장인에게 ("당신은 제대로 이해하지 못하는 탓에 당신이 찬미하는 그 허풍스런 말투에 현혹되고 있다"고 설명하면서) 맹세는 평범한 사람들의 눈을 양모로 가리는 음모단의 짓이라는 것을 이해시킨다. 대화는 목공 장인이 자신의 역할을 다시 찾으며 법정 변호사처럼 "언제나 양식을 드러내고자 하는" 욕망을 품는 것으로 끝난다. 그런 식의 결론은 엘리트주의의 어조와 완전히 일치했으며, 대부분의 초기 왕정주의와 반혁명주의 논객들의 계급적 메시지와도 일치했다. '사도 행전'과 '가제트 드 파리' 같은 저널에서, "인민"은 무질서한 군중이나 폭력적인 폭도로, 그러니까 좋게 말하면 상관들이 등불을 보여줄 때까지 현혹되거나 쉽게 조작되고, 나쁘게 말하면 짐승보다 조금도 더 낫지 않은 그런 존재로 정치 무대에 들어갔다. 틀림없이, 성숙한 판단이나 정치적인 경험이 부족한 탓에, 인민은 자신의 이익과 부합하는 것이 무엇인지도 독립적으로 파악하지 못하거나 공적 생활에 가담하지 못하는 것으로 여겨졌다. 이 같은 메시지는 계급 조직의 보존이 도덕과 사회 질서에 똑같이 필요하다고 판단하는 교회와 국가의 관점과 아주 잘 맞아떨어졌다.

그러나 1790년 초에, 대화를 쓴 일부 반혁명적인 지자들은 여진히 인민 주권이나 성직자를 대중의 선거로 뽑는 정책을 터무니없는 아이디어라고 부정하면서도 그런 수사적인 기법을 뒤집기 시작했다. 뷔에처럼 성직자인 경우가 많았는데, 그런 저자들은 어느 정도 아베 바뤼엘의 예를 따르고 있었다고 볼 수 있다. 바뤼엘은 자신의 베스트셀러에서 지방의 무지한 남작 부인을 내세웠는데, 이 부인은 대화 상대인 똑똑한 파리 시민의 새로운 철학에 상식을 근거로 반대하다가 그 지방 신부의 가르침의 가치들을 새삼 다시 발견하게 된다. 또한 대중적인 반혁명 논객들은 구체제 말기에 해학적인 팸플릿들을 쓴 저자들이 즐겨 쓰던 방식에도 크게 의존했다. 당시의 팸플릿에서는 여자들과 어린이들, 농민과 장애인 등 문법에 맞지 않는 말을 하는 무식한 사람들의 판단이 특별히 취향의 문제에서 중요한 진리를 드러냈다. 또 양식의 관점에서 글을 쓰는 당대의 혁명적인 글쓰기에 빚을 진 것도 확인된다. 그런 글쓰기에서 가장 잘 아는 사람은 오직 기본적인 논리와 민중의 지혜와 일상 생활의 경험만을 가진 권력의 아웃사이더이다. 반혁명적이고 가톨릭적이고 왕정주의적인 싸구려 대화를 쓴 파리의 저자들은 비슷한 종류의 역할 전도를 꾀함으로써, 그리고 무식하고 미천한 시골 지역 주민이 진짜 프랑스의 인민의 (반혁명적인) 양식을 구현하면서 자신의 사회적 우월성을 드러내도록 함으로써 새로운 견인력을 발견했다. 비록 종국적인 메시지는 계급 조직과 전문성, 그리고 사회적 및 정치적 삶에 옛날 형태의 복종과 권위를 복구하는 것이 중요하다는 것일지라도, 비결은 더 많이 알랑거리고 덜 경멸하거나 덜 가부장적인 대중의 이미지를 창조하는 것이었다.

보다 재치 있는 버전의 대화는 주로 이런 식으로 전개되었다. 파리의 규범에 때묻지 않은 아웃사이더로서 그 규범을 꿰뚫어볼 줄 아는 눈을 가진 "시골 남자들"은 대부분 도시 혁명의 주동자나 프랑스의 새로운 법 체계의 대표자인 검사보다 주변 세상을 훨씬 더 정확하게 판단했다. 그런 어느 대화에서, 양식은 성직자의 이름이 아니라, 저자가 "양식이 넘치고" 자신이 대도시에서 본 것에 대해 마을 사람들에게 "거짓말을 할 줄 모르는" 사람이라고 묘사한 국민군 병사의 이름이 되었다. 또 다른 대화에서, '피에르 라 레종'(Pierre la Raison)(영어로 Peter Reason) 이라는 이름의 시골 사람이 단순한 유추를 이용하여 "스스로 시골의 모든 상식을 두루 갖추고 있다고 착각하고 있는" 대도시의 검사보다 훨씬 더 논리적으로 생각했다.[11] '시골의 양식'(The Good Sense of the Village) 같은 팸플릿은 새로운 방식을 하나 더 추가함으로써 그 장르를 더욱 확장했다. 바뤼엘의 대화에 등장하는 남작 부인의 비천한 버전이랄 수 있는 시골 아낙을 인민의 소리를 대변하는 인물로 내세운 것이다. 그녀의 주요 역할은 도시의 일시적인 분위기에 휩쓸려 국민군이 된 남자 친척이 눈을 뜨도록 만드는 것이었다. 이 여자는 "자유"와 "평등" 같은 알려지지 않은 단어들의 의미에 대해 질문을 던짐으로써 그 친척을 진정한 양식이 있는 자리로 돌아오게 만든다. 뷔에가 즉시 이용하게 될 그 메시지는 이중적이었다. 단순한 시골 사람들은 파리에서 들려오는, 인민을 오도하는 소리들을 가려 들을 필요가 있었다. 그런 소리들이 그들의 가장 기본적인 필요인 허기의 충족에 아무런 도움을 주지 않았을 테니까. 그리고 이 혁명이 일어난 도시로부터 가장 멀리 떨어져 있고 또 표현력이 대단히 제한적인 사람들이 종종 인민에게 가장 이로운 것을 더 잘 보았다.

라 메르 뒤셰느(La Mère(Mother) Duchesne)는 아드리앙 캉탱 뷔에가 이 대중적인 장르에 문학적으로 기여한 부분이다. 말버릇이 사납고, 폭력적이고, 애국심 깊은 노동 계급인 파리의 주민으로 등장하는 페르 뒤셰느(Père(Father) Duchesne)는 박람회 극장에서 활동한 경험이 있으며, 말버릇이 고약하고 폭력적인 자신의 혁명적인 정서를 여러 버전으로 발표함으로써 1790년에 이미 급진적인 좌파 저널리스트의 우상이 되었다. 뷔에가 한 것은 그에게 이리저리 돌아다니며 옛스런 모자를 파는 아내를 준 것이었다. 이 아내가 레 알의 시장의 여자들로부터 차용한 거친 지방 사투리로 빗자루를 들고 겁을 줘가며 "남편이 눈을 뜨게" 만들고 (반혁명적인) 감각들을 다시 찾도록 만든다.

메르 뒤셰느는 아드리앙 캉탱 뷔에가 창작했을 가능성이 아주 높은 4쪽짜리 대화에서 저항하는 여자의 우상으로 처음 모습을 드러낸 것 같으며, 이 대화 속에서 그녀는 정치적 관점들을 비난하기 위해 대단히 거칠고, 문법에도 맞지 않고, 격언을 많이 동원하는 그런 말투를 썼다. 1791년 초에 4편의 대화가 추가로 나오면서 나름으로 정기 간행물의 형식이 되었으며, 1792년부터 1793년 사이에 몇 편이 더 발표되었다. 이 대화들은 모두 크라파르에서 출간되었으며 뷔에가 저자인 것으로 여겨졌다. 각 대화는 언어로 벌이는 별개의 결투로 볼 수 있으며, 또 공감하는 독자들 사이에 진정한 폭력을 선동하는 수단이었다. 한쪽은 충분히 이해하지 못한 상태에서 멋도 모르고 삼킨 기이한 정치적 허튼소리로 무장한 친(親)혁명적인 가상의 인물을 묘사한다. 다른 한쪽엔 옛부터 내려오는 양식의 대표들, 그러니까 반(反)혁명적이고, 헌법에 복종하는 교회에 강하게 반대하는 인물들이 연속적으로 등장한다.

그러나 이어지는 것은 사상 투쟁만이 아니었다. 그것은 또한 남녀 젠더의 문제이기도 했다. 현실적인 여자 등장인물들은 충성 서약을 거부한 성직자들을 옹호하면서 종종 시골 남자들의 반대편에 섰다. 그런 여자들을 이끄는 메르 뒤셰느는 종종 대화 속에서 남자 중개자로부터 도움을 받는데, 이 남자는 그녀의 말을 보다 형식적인 언어로 해석하거나 표현력을 다듬어준다. 이 여자의 메시지는 따지고 보면 바뤼엘 신부의 메시지와 크게 다르지 않다. 메시지는 어리석은 날조가 따르기 마련인 혁명이 철학자들과 변호사, 저널리스트들뿐만 아니라 프리메이슨단 회원과 프로테스탄트, 유대인, 부패한 성직자들까지 가세한 새로운 정치 엘리트들이 꾸민, 프랑스 인민의 이익에 반하는 음모라는 것이었다. 새로운 정치 엘리트들 모두가 권력 남용에 혈안이 되어 있다는 식의 비판이었다. 일부 저자들은 프랑스 식민지의 흑인까지 이 목록에 집어넣었다. 이런 대화들에서, 우리는 포퓰리즘의 수사적인 특징이 될, 전통적인 계급 구조나 관습에서 벗어난 모든 아웃사이더들에 대한 적대감을 읽을 수 있다. 이 경우에 적대감은 통일된 전체로서 '인민'이라는 허구적인 개념에 반대하는 데 동원되었다. 메르 뒤셰느가 지적하듯이, 식탁에 빵을 올려 줄 것은 인민이라는 허구가 아니라 예전의 사회적, 종교적 질서의 복구이다.

그럼에도, 여기서 강조할 만한 가치가 있는 것은 메르 뒤셰느가 단순히 이런 메시지를 전달하는 매개 그 이상의 역할을 하고 있다는 점이다. 그녀는 특히 신분이 낮은 계층의 여자들에게 자신과 동일시할 모델이 되고 있다. 말하자면, 혁명 때문에 자신이 알고 있고 사랑하는 모든 깃을 잃을 위기에 처한 보통 사람들의 상식을 대변하는 포퓰리스트 여주인공이 되었던 것이다. 여기서 필딩의 작품에 등장했던 퀸 코먼 센스가 글을 겨우 깨친 여자로 환생하고 있다.

대중적인 반혁명적 표현이 절정에 달한 1792년 초에 발표된 뷔에의 '메르 뒤셰느의 붉은 깃발'(Le Drapeau rouge de la Mère Duchesne)에 담긴 이 장면이 전형적인 예이다. 뷔에의 글에 등장하는 르프랑 씨는 모든 문제는 "형편없는 헌법이 상식을 갖추고 있지 않다"는 사실과

"세상이 이 꼴이 된 탓에 횡설수설(이미 보았듯이, 이 표현은 상식과 반대의 뜻으로 쓰이는 것으로 혁명 전의 철학자들의 글뿐만 아니라 이들 반동적인 대화에도 자주 등장한다) 뜻 모를 말을 지껄이는 사람들 중에서 본보기가 될 인물을 찾을 수 없게 되었다"는 사실에 기인한다고 주장한다. 충분히 예상할 수 있듯이, 이런 발언에 이어 혁명의 열기에 휩쓸린 다른 등장인물이 정반대의 관점을 내세우다가 자신도 모르게 말과 사실 사이의 모순을 지적하게 된다. "그런데 참으로 이상하지 않아? 지금 모두가 계몽 시대에 살고 있다고 말하는데 말이다." 그러면 이제 메르 뒤셰느에게 철자가 틀리고 어법에 맞지 않는 단어로 더듬거리면서 공식적인 연설을 해부하고 잘못된 점을 바로잡는 임무가 맡겨진다. 그녀는 평범한 여자에 불과한 자신이 어떻게 그런 훌륭한 결론에 도달하게 되었는지에 대해 설명한다.

아, 그게 사실이라면, 촛불을 들고 있는 것은 악마야. … 틀림없어. 왜냐하면 그 많은 촛불들이 빛을 훤하게 비추고 있음에도 불구하고, 우리가 사방에서 볼 수 있는 것은 재앙뿐이기 때문이지. 나는 그런 재앙을 일으키는 존재가 선한 신이라고 생각하지 않아. 나는 가난한 여자일 뿐이야. 지적 능력도 전혀 없고, 이해력도 없고, 두꺼운 책이라곤 한 권도 읽지 못했거든. 그래도 나의 이성에 비춰볼 때 이 모든 것은 뒤죽박죽이야. 악마와 불량배들이 획책하고 있는 혼란이야.

혹시 논점을 놓칠 독자가 있을지 모르겠다는 듯이, 르프랑 씨는 그녀의 양식이 소위 말하는 철학자들의 그 어떤 지적 견해보다 더 소중하다면서 "메르 뒤셰느, 당신의 말이 절대적으로 옳아요"라고 대답한다. 르프랑 씨의 관점에서 보면, 혁명은 언젠가는 신앙과 종교, 예절 또는 상식 없는 가짜 철학자들이 통치한다는 것이 무슨 의미인지를 일깨워 줄 위대한 교훈을 제시하게 된다. 그러나 여기서 그 전투를 이끄는 사람은 메르 뒤셰느이다.

이런 글쓰기 기법이 대중에게 제대로 먹혔다는 사실은 그것을 흉내 낸 작품이 많다는 사실로 확인된다. 군주제를 지지한 사람들과 가톨릭의 우파들은 1791년에 페르 뒤셰느 같은 등장인물을 내놓기 시작했으며, 1792년 초에는 그 작품 중 일부를 가능한 한 많은 독자들에게 전하기 위해 빵과 함께 공짜로 배포하기도 했다. 메르 뒤셰느는 '사도 행전' 같은 곳에 등장하면서 우파의 영웅이 되었다. 그것만이 아니었다. 1791년 2월부터는 급진 좌파들에게도 채택되어 새로운 혁명적인 어휘를 갖춘 인물로 다시 태어나게 되었다. 시장 상인인 메르 소몽(Mère Saumon) 같은 다른 반혁명적인 여자 주인공은 똑같은 길을 밟으며 올랭프 드 구주의 방식을 거꾸로 돌려놓았다.

인민에 속하면서 현실적인 분위기를 풍기는 늙은 페르 제라르까지도 자신이 1792년초에 왕정주의자이고 가톨릭을 믿는 아내 메르 제라르를 두었다는 사실을 깨달았다. 이 여자는 시골의 상식의 관점에서 보면 혁명의 언어가, 모든 것을 불에 태운다는 뜻으로 "브륄르투"라 불리는 자코뱅파 시장에서부터 시작해서 완전히 위아래가 뒤집어진 세상을 나타내고 있다는 것을 보여주려고 안달하는 데서 그치지 않았다. 그녀에게는 단순한 유추와 속담, 정의(定義) 등을 통해서 시골의 다른 여자들이 자신의 예를 따라 남자들을 제대로 가르치고 옛 질서로 다시 돌아감으로써 "가정의 행복"을 다시 찾을 것을 촉구하는 역할도 주어졌다. 이렇듯, 프랑스 혁명의 시대에 우파의 포퓰리즘도 정치적으로 동조적인 여자들과 시골 사람들까지 끌어안음으로써 좌파의 포퓰리즘 못지않게 사회적으로 기반을 확장하는 모습을 보여주었다. 우파의 포퓰리즘도 배제된 자들의 카테고리들을 만드는 데 절대적일 수 있었다.

그러나 뷔에 형제는 성직자 공민 헌장에서부터 자코뱅 당에 이르기까지 혁명의 제도와 법과 언어에 맞서는 포퓰리스트의 도구로 상식을 동원하면서 메르 뒤셴느를 이용하는 선에서 끝나지 않았다. 그들은 기존의 논쟁적인 장르들에 맞춰 이 메시지를 다시 가공하고, (동시대의 반대자들은 말할 필요도 없고) 사반세기 전에 홀바흐와 볼테르 등이 즐겨 이용하면서 광범위한 독자들에게 다가갔던 역설적이거나 모순적인 형식들을 거꾸로 뒤집어놓음으로써 끊임없이 그 메시지로 돌아갔다. 18세기 말에 이르러, 우파의 활동가들도 사회적, 문화적 변화를 거꾸로 돌려놓기를 원하면서 자신들의 명분에 대중의 지지를 끌어들이기를 바랐다. 그들은 상식에서 특별히 효과적인 합법화 장치를 발견했다.

아드리앙 캉탱 뷔에는 자신의 선임자들처럼, 그리고 혁명에 반대한 동시대인들처럼 근본적으로 단순화된 형태의 사전에서 무서운 가능성을 보았다. 1792년 초에, 그는 출판의 자유를 가장 위험한 자유라고 비판하면서 "종교와 국왕과 상식의 친구들"에게 헌정한 풍자 사전을 갖고 공격에 나섰다. 뷔에의 첫 번째 목표는 언어 자체가 혁명의 손아귀에서 완전히 뒤집어졌다는 사실을 보여주는 것이었다. 언어를 분별력 있게 사용해야 한다는 원칙을 어긴 결과 언어에 모순과 부조리만 남게되었다는 식의 비난이었다. 이 목표를 그는 볼테르나 홀바흐 식으로 단어의 비논리적인 정의들을 논리적으로 제시했다.

예를 들어, 'refractaire'(저항하는 사람)라는 표현은 당시의 질서에서는 '단지 모든 법들을 지키기 위해서 충성 서약을 거부한 성직자에게 붙여진 이름'이었다. 'philosophe'(철학자)는 '혁명이라 불리는 비극적이고 잔학하고 부조리한 코미디의 퍼레이드를 고무하는 자'였다. 'club'(클럽)은 '어떤 결사도 원하지 않는 새로운 헌법을 낳은 결사'를 뜻했다.(12)

뷔에의 두 번째 목표는 분별력 없거나 전도된 용어들을 받아들이는 것이 동시대의 삶에 어떤 사악한 영향을 미치는지를 보여주는 것이었다. 사전 처음부터 끝까지, 그는 거기에 실린 단어의 글자 한 자 한 자가 "혁명을 일으키고, 2,500만 명의 습관과 편견과 열정과 예절을 바꾸고, 14세기 동안 번성했던 제국을 뒤엎는" 것에 지나지 않는다고 비판했다. 즉 의미론적인 관점에서 단어의 의미에 나타나는 단절이 일상생활에 나타나는 상식의 단절과 연결된다는 점을 보여주었던 것이다. 뷔에에 따르면, 그 잘못은 인민에게 있는 것이 아니라 사회적 삶을 마치추상적인 퍼즐처럼 다룬 혁명 지도자들에게 있었다. 그가 그 사전에서 "평등"을 어떻게 설명했는지 보도록 하자. "국민 의회가 우리들을 완벽한 평등으로 이끌려고 원숭이 흉내를 내고 있지만, 원숭이도 치즈 두 조각을 똑같은 크기로 만들려고 큰 쪽을 먹어나가다가 결국엔 똑같은 크기로 만들지 못하고 말았다. 원래 그런 것이 평등이다." 여기서, 우리는 이성 같은 추상적인 용어를 내걸고 추진하는 쇄신은 양식을 포함한 모든 종류의 규범을 위반하는 것에 지나지 않는다는 점을 강조한 에드먼드 버크의 비판을 듣는 듯하다.

아드리앙 캉탱 뷔에의 형 피에르 루이 뷔에가 같은 해 겨울 파리의 보통 사람들에게 직접 호소하게 된 배경에도 형식적인 법과 관습적이거나 언어적인 법이 똑같이 종언을 고하고 있는 데 대한 깊은 고민이 깔려 있었다. 다른 불합리한 것들은 차치하더라도, 인민에게 자신들을 통치할 사람을 선택하는 책임이 주어지고, 무신론자들과 신앙 없는 사람들이 종교를 혁신하는 거꾸로 뒤집어진 세상에서 그가 할 수 있는 것이 무엇인가, 하고 그는 독자들에게 물었다. "개종"이 성직자 공민 헌장을 지키겠다는, 따라서 새로운 세상을 인정한다는 서약을 요구하는 사실과 "아무리 하찮은 일이라도 반드시 상식의 법칙을 따라야 한다"는 진리를 성직자인 그가 어떻게 서로 조화시킬 수 있었겠는가? 당연히, 그로서는 대답할 수 없는 질문이었다.

두 형제의 논쟁적인 글들의 최종 목표는 보통 남자와 보통 여자들이 권위와 자제의 새로운 원천을 가장 확실하고 평범한 곳에서 발견하도록 권하는 것이었다. 그 원천은 단순히 전통이나 역사나 신앙이 아니었다. 피에르 루이 뷔에의 글에 따르면, 어쩌다 인민이 최고 주권자로 여겨질 때조차도 "당신의 위"에 있고 "당신의 머리를 지배하고 있는" 양식이 바로 그 원천이었다.[13] 이유는 두 형제가 양식 또는 상식에서 종국적으로 본 것이 바로 사람들이 신뢰할 수 있는 형식적인 법 제도가 없는 곳에서 법과 같은 역할을 하는 것이었기 때문이다. 아드리앙 캉탱의 반혁명적인 사전에서 "법"이라는 항목은 눈에 보이고, 일관성 있고, 오랫동안 믿어져 왔고, 또 널리 받아들여지고 있는 것, 달리 말하면 상식의 가치에 대한 찬사로 묘사될 수 있다. 두 형제가 사회의 모든 분야에서 의사 결정을 할 때 기준으로 삼기를 바랐던 것이 바로 그것이었다.

아드리앙 캉탱이 몇 년 뒤에 어떤 과학적 논문에서 건전한 결론을 내릴 때 바탕으로 삼았던 기준 또한 그것이었다. 뒤에 형제들이 쓴 모든 글들의 메시지는 해야 할 것이 무엇인지를 말해주는 형식적 규정이 더 이상 존재하지 않을 때는 상식의 자율적인 규칙이 유일한 희망이라는 것이었다. 1790년대 초에 혁명이 예상치 않은 방향으로 급선회하면서 일상의 삶과 신앙에까지 깊숙이 침투하는 상황에서, 상식은 최종적인 미봉책이 되었다. 말하자면, 왕과 관련 있든 성직자와 관련 있든 아니면 관습적인 것이든 전통적인 형태의 규제가 부재하는 상황에서는 대중의 반동 메커니즘에 호소하는 수밖에 없다는 뜻이다.

그러나 이 이야기도 결국 아이러니로 가득하다. 반혁명 세력들이 계급 조직과 기존의 권위의 자명성을 강력히 옹호하는 행위엔 처음부터 그런 가치들이 대단히 소중하다는 점을 인정한다는 전제가 깔려 있었다. 계급 조직과 기존의 권위 같은 사상들은 명백히 옹호하는 데서 그쳐서는 안 되었다. 그 사상들은 대중의 검토를 위해 사람들 앞에 제시할 필요성조차도 아예 배제되어야 했다. 그래야만 보통 사람들은 정치 생활에 요구되는 판단력조차 제대로 갖추지 않았다는 메시지를 은연중에 던질 수 있었기 때문이다. 더욱이, 이 원칙들의 당연성에 대한 변론도 영국의 프로테스탄트들이나 교권(敎權)의 개입에 반대하는 철학자들, 미국 혁명가들, 심지어 테러리스트들처럼 굳이 제시할 필요가 없었다. 이들에게 인민의 상식은 버팀목이자 중요한 권위였으니 말이다. 이런 측면에서 보면, 반혁명은 스스로 죽음을 재촉했다는 분석도 가능하다.

너무나 아이러니하게도, 특히 포퓰리즘에 충실했던 우파 출판물들은 직후에 그 매체들이 오랫동안 옹호해 왔던 바로 그 법적 검열에 희생되었다. 왕정주의를 옹호하는 매체들을 폐지하는 작업은 국가 주도로 1792년 8월 시작되었다. 샹 드 마르스 대학살(1791년 7월 17일 발생한 학살 사건을 말한다. 이날 헌법 제정 회의에서 루이 16세가 입헌 군주로 계속 자리를 지킨다는 선언이 나왔다. 그러자 공화주의자들이 프랑스군의 훈련장으로 쓰이던 샹 드 마르스에서 대중 집회를 열고 청원서에 서명을 받는 운동을 벌였다. 이에 당시 혁명을 지도하고 있던 라파예트(Marquis de La Fayette)가 국민군에 발포 명령을 내려 수십 명의 희생자를 냈다/옮긴이)이 파리 코뮌에 왕정주의자 매체뿐만 아니라 급진 좌파 매체까지 해체시킬 기회를 주었던 때였다. 그달에 크라파르의 사무실도 약탈당하고, 인쇄 시설도 파괴되었다. 크라파르도 감옥에 갇히게 되었다(그래도 그는

1792년 말 한나 험프리(Hannah Humphrey)가 런던에서 출간한 제임스 길레이(James Gill-ray)의 판화 '토머스 페인의 악몽'. 페인이 『인간의 조건』 2권을 영국에서 발표한 뒤 선동죄로 재판을 받을 것을 걱정한다는 내용이다. 페인이 누추한 방에서 편하지 않은 표정으로 잠을 자고 있다. 이 작품은 1792년과 1793년 사이에 영국에서 많이 나온, 페인에 반대하는 캐리커처들 중 하나이다.

그 테러에서 무사히 살아남아 곧 반혁명 출판 일을 재개하게 된다). 뮈에 형제와 바뤼엘과 다른 많은 우파 저널리스트들은 외국으로 도피했다. 그들보다 앞서, 볼테르와 다른 급진적인 작가들이 구체제의 검열에 직면했을 때 걸었던 길과 똑같은 길을 걸은 것이다. 그 다음 몇 년 동안에 반혁명 출판은 점점 더 은밀한 작업이 되어 지하로 숨거나 해외로, 특히 런던으로 옮겨가게 되었다.

그런 배경 때문에, 파리에서 일어난 우파의 상식 포퓰리즘의 수명은 15년 전 필라델피아에서 일어난 좌파 상식 포퓰리즘에 비해 훨씬 짧았다고 결론을 내리고 싶은 생각이 들지도 모르겠다. 어쨌든, 포퓰리즘은 언제나 항의하는 입장에 서고, 따라서 그 항의 운동이 성공을 거두거나 다른 것으로 대체되면 포퓰리즘도 시들해질 가능성이 크다. 그러나 실제로 보면, 좌익과 우익의 상식 포퓰리즘은 똑같이 생명력이 질긴 유산을 남겼으며, 그 유산은 그것이 처음 탄생한 도시에만 국한되지 않았다.

노동하는 남자의 판단력을 옹호한 필라델피아 스타일의 운동은 모든 사람에게 자명해야 하는 일단의 원칙들에 적용되었으며, 훗날 1830년과 1848년, 그리고 그 뒤에 유럽에서 일어난 인민 주권과 선거권 운동의 중요한 한 요소가 되었다. 우파의 포퓰리즘도 새로운 환경, 말하자면 대서양 세계에서 처음에는 민주화 노력의 한 현상으로, 그 다음에는 민주화 노력에 대한 도전으로 새롭게 적용할 수 있다는 사실을 확인했다. 상식에 대한 고려 없이 이성을 정치에 적용한 종국적인 한 예로 이해되는 프랑스 혁명은 다가올 몇 십 년 동안에 세계 무대에 이런 균열을 낳을 것이다.

예를 들어, 에드먼드 버크가 전통과 결별한 과도한 합리주의의 '열렬한' 선전자들과 그들이 쓰는 용어들을 부정하면서 그런 합리주의를 통렬히 비판한 영국에선 영국 인민의 상식이 1790년대에 다시 한 번 대조적인 후렴구처럼 사람들의 입에 오르내리게 되었다. 분별력을 중시하던 영국인의 기질은 토머스 페인이 1792년 초 『인간의 권리』 2권을 출간한 뒤에 처음에 그에게 반대했다. 영국에서 발행되는 팸플릿들마다, 영국 인민 전체에게 페인처럼, 그들의 타고난 권리인 "상식의 평범하고 단순한 언어를 거부하면서 자기 자신과 독자들이 추상적인 이론들의 어두운 미로 속에서, 그리고 프랑스 식의 "보편적 파괴"에 관한 형이상학적인 논문들의 안개 속에서 헤매도록 만드는 사람들에게 용감하게 대항하라"고 촉구하는 소리를 높였다. 영국의 대표적인 그래픽 아티스트들, 특히 아이작 크루익섕크(Isaac Cruickshank)와 제임스 길레이, 토머스 로울랜드슨(Thomas Rowlandson)이 만화들을 통해 『인간의 권리』의 저자가 자신이 사랑하는 상식을 신봉하지 않고 오히려 남용하는 모습을 그림으로써 이런 관점을 잘 담아냈다.

당시에 그런 식의 공격은 영국 정부의 전폭적인 지지를 업은 가운데, 영어권에서 프랑스 혁명을 옹호하거나 거꾸로 영국의 기존 정치 및 법 체계를 상식의 구현으로 보지 않는 사람들에게 그런 생각을 버리도록 설득하는 하나의 수단으로 일반화되었다. 1792년 11월에, 친정부 성향의 어느 런던 신문에 특별한 광고가 하나 실렸다. 뉴펀들랜드 법원장을 지낸 인물인 존 리브스(John Reeves)가 '공화주의자와 평등주의자에 맞서 자유와 재산의 보존을 위한 협회'(Association for the Preservation of Liberty and Property against Republicans and Levellers)라는 긴 이름을 내건 단체의 결성을 알리는 광고였다. 그 다음 한 해 사이에, 이 반(反)자코뱅 운동은 고위직의 지지 속에서, 런던의 어느 선술집에서 비슷한 뜻을 가진 사람들끼리 모이던 작은 모임에서 영국 최대의 정치 조직으로 변신했다. 이 협회는 서부와 북부, 동부에 지부를 두었으며, 회원들의 수도 놀랄 만큼 많이 늘어났다. 협회 지도자들은 사회적으로 상당히 이질적인 회원들에게 혁명 결사나 반혁명 결사들이 취하던 직접적인 행동을, 이를테면 폭동과 협박 행위, 페인처럼 바람직하지 않은 인물의 화형식 등을 벌일 것을 촉구했다. 그래도 리브스와 그의 동료들은 전향을 유도하는 수단으로 주로 인쇄 매체의 힘에 의존했다. 1792년과 1793년 사이의 겨울을 시작으로, 이 협회는 영국의 기계공이나 일용노동자, 장인들을 대상으로 하는 싸구려 팸플릿의 후원자와 인쇄자, 유통업자라는 중요한 역할을 맡게 되었다. 이 팸플릿들에서, 상식은 국왕에 대한 충성과 민족적 긍지, 보수주의를 의미했다.

해협 건너 프랑스에서 루이 16세의 재판이 진행되고 있을 때, 상식을 지지하던 대중적 팸플릿들 중에서 영향력이 가장 컸던 '빌리지 폴리틱스'(Village Politics)를 익명으로 쓴 사람은 여성인 한나 모어였다. 런던 주교가 "지금까지 나온 어떤 것보다도 낮은 계층의 사람들의 이해력을 잘 고려한 책자"라고 평가한 이 팸플릿의 요지는 뷔에의 주장과 아주 비슷했다. 이 팸플릿에 등장하는 두 사람을 보자. 한 사람은 프랑스에 우호적인 시골 사람이다. 자신이 읽은 책에 쓰인, 페인의 성향이 강한 언어들을 제대로 이해하지 못하는 사람이다. 다른 한 사람은 분별력 있는 영국 노동자이다. 이 사람은 추상적인 평등의 추구에서부터 철학의 가치와 완벽한 이상까지 모든 것이 지닌 우스꽝스러운 면을 주변 사람들에게 설명한다. 그런 다음에 주변 사람들이 아주 쉬운 용어로 정치에 대해 대화하도록 한다(예를 들면 이런 식이다. 톰: "계몽된 사람이 되다는 것은 무슨 뜻인가?" 잭: "복음서라는 등불을 끄고, 옳은 것과 그른 것을 혼동하고, 칠흑 같은 어둠 속에서 더듬는 것이지."). 그러다 보면 주변 사람들은 모두 이 사람에게 설득 당하게 된다.

이 대화에 여자는 등장하지 않는다. 그러나 모어가 그 세기의 나머지 동안에 지속적으로 강화한 사상은 후원자 몬태규 부인 같은 영향력 있는 여자 친구들로부터 약간의 도움만 받는다면 일상의 언어와 논리를 통해서도 폭넓은 대중에게, 사회적 구분의 존재를 포함한 현재 상황과 그 상황에 고유한 상식이 서로 완벽한 조화를 이룬다는 점을 설득시킬 수 있다는 것이었다.

리브스도 1795년에 "영국 인민의 차분한 양식"에 호소하는 '영국 정부에 관한 생각들'(Thoughts on English Government)을 포함한 글들에서 그와 똑같은 관점을 보였다. 영국 인민의 위대한 자질은 계층을 불문하고 모두가 갖고 있는 상식이었지 이성은 아니었다. 그들의 행복에 대한 명백한 설명은 혼합 정체와 사회적 불평등을 포함한 그들의 제도 모두가 상식을 따랐기 때문이라는 것이었다. 지금, 상식은 전형적으로 공손한 태도를 보이면서 영국인이 프랑스의 방식과 사상들을 물리치는 수호신이 되었음에 틀림없다. 영국인들의 눈에 프랑스의 방식과 사상은 원칙의 측면에서 부조리하고 결과의 측면에서 파괴적이었다. 모어와 마찬가지로, 리브스에게도 그 목표는 직접 "인민"을 상대로 한 새로운 스타일의 정치를 발달시키는 것이었다. 영국의 보통 남자와 여자들은 "배우지 못한 사람의 [경험에 근거한] 지식"(버크는 자신이 "개돼지 같은 다수"라고 표현했던 존재들에 대해 반감을 품고 있었음에도 불구하고 이렇게 쓰고 있다)을 믿도록 치켜세워지는 동시에, 사회적으로나 경제적으로 자기들보다 우위에 선 사람들이 국가 경영이라는 어려운 일에서 자신들을 대표하는 것이 정당하다는 확신을 품게 되면서 정치적으로 무력하게 되었다. 최종적 결과는 1790년대에 상식을 신봉한 사람들의 수가 엘리트주의자 버크가 다소 과장된 표현을 쏟아낼 때나 페인의 통속적이고 급진적인 선전이 나올 때보다 더 늘어난 것으로 나타났다.

그 사이에, 새로운 미합중국에서는 연방주의자들이 반대자들을, 실질적인 효과를 발휘하는 것에 피해를 입혀가면서까지 프랑스 식의 추상적 이론에 깊이 매몰된 사람이라는 뜻으로 'philosophe'(철학자라는 뜻의 프랑스어)라고 부르며 공개적으로 비판했다. 당시에 미국은 프랑스 혁명의 영향을 받아 정치 토론이 격화되고 그 때문에 대중이 갈라져서 서로 적대하는 모습을 보였다. 특히, 제퍼슨이 이런 독설의 표적이 되었다. 매사추세츠 주 출신 하원 의원 피셔 에임스(Fisher Ames)에 따르면, 제퍼슨은 그 앞의 콩도르세와 페인처럼 제도의 구축과 일반화 작업에 빠져 있었다. 몬티셀로의 철학자로 불리던 제퍼슨은 "단순하지만 확실한 사실을 근거로 실용적인 차원에서 접근하는 보통 사람들처럼" 일을 처리하지 않고, "꾸준히 접근해야 하는 정치"를 마치 예술처럼 다루는 실수를 저질렀다. 여기서도 다시 광학의 문제가 제기되었다. 공상가인 제퍼슨은 세상을 상식의 눈과 너무나 멀리 떨어진 곳에서 관찰한 탓에 상식과의 접촉을 놓쳤다. 그런 제퍼슨을 에임스는 이렇게 설명했다. "제퍼슨은 별들을 보느라 지구를 보지 못한다. 그는 기구(氣球)를 타고 구름 위로, 자신의 일과 의무보다 훨씬 더 높은 곳까지 올라간다. 그러다가 간혹 그가 넓은 세상을 볼 때, 그 세상은 모두가 하나의 평원처럼 납작하게 보이고 그 속의 모든 것은 다 쪼그라들어 보인다. … 그는 경계선 그 너머를 보려고 눈을 찡그리며 볼 수 없는 것들에 대해 생각하다가, 마침내는 그 외의 다른 것은 현실이 아니라고 생각해 버린다."(14) 달리 표현하면, 제퍼슨의 가장 큰 죄는 정치는 단순한 일상의 지각과 판단을 바탕으로 접근해야 하는 것이라는 점을 깨닫지 못한 데 있다.

공개적으로 친(親)프랑스적인 제퍼슨에 대한 이런 형태의 공격은 이미 젊은 존 퀸시 애덤스(John Quincy Adams)로부터도 나왔다. 일찍이 1791년에 존 퀸시 애덤스는 '푸블리콜라', 즉 '인민의 친구'라는 필명으로 보스턴의 '컬럼비안 센티넬'(Columbian Centinel)에 일련의 편지들을 실었다. 그 편지들에서, 그는 "공상가적인 정치인들"을 비난했을 뿐만 아니라 당시의 국무장관(제퍼슨)이 페인의 민주적이고 비종교적인 『인간의 권리』 2권을 지지하는, 프랑스 스타일의 무모한 혁명가라는 뜻을 넌지시 내비쳤다. 이 에세이들은 미국과 유럽에 걸쳐 널리 인쇄되었다.

그런데 뿌린 대로 거두는 것일까? 이런 종류의 반(反)프랑스적인 연방주의자들의 연설에서 새로운 전통이 하나 탄생했기 때문에 하는 말이다. 미국 포퓰리스트 어법의 최초의 진정한 달인 앤드류 잭슨(Andrew Jackson)은 몇 십 년 후인 1828년 대통령 선거에서 스스로 인민의 편이라고 주장하면서 경쟁자인 존 퀸시 애덤스를 일상적인 삶 속의 실용적인 이성을 영원히 보지 못하게 된 지식인이라고 공격했다. 잭슨 지지자들의 대화 속에서, 보스턴의 유명한 가문 출신의 외교관이며 교수이자 연방주의자였던 애덤스는 지나치게 학식이 높고 인간적인 면이 없는 세계주의자라서 국가보다는 하버드 대학을 책임지는 자리에 더 어울리는 사람으로 통하게 되었다. 대조적으로, 서부 출신인 잭슨은 자신을, 가진 것은 경험과 직관밖에 없으며 돈과 책을 통한 공부 때문에 왜곡된 신사나 전문가들의 논리로부터 자유로운 아다리오(라혼탄이 이상화한 휴런족 인디언 추장) 같은 이미지로 다듬었다. 더욱이, 잭슨과 그 지지자들은 지식에 대한 그의 '미국식' 상식 접근은 당시 신생 국가가 직면하고 있던 문제들과 완벽하게 들어맞는다고 주장했다. '뉴욕 시와 카운티의 공화당 청년 위원회'는 1828년 선거 운동 선전문에 이렇게 적었다. "잭슨은 자기 자신의 능력으로부터 천거를 받았다. 그는 타고난 정신력과 실용적인 상식, 판단력과 식별력을 아주 풍부하게 갖추고 있다. 이런 것들은 유익한 목표(즉, 정치)에 있어서 학자가 쌓은 지식들보다 훨씬 더 값지다."(15)

어떻게 보면 잭슨이 그해 말에 존 퀸시 애덤스에게 승리를 거두었을 때, 그것은 역사학자 숀 윌렌츠(Sean Wilentz)의 표현을 빌리면 "30년 이상 진행되어 온 미국 민주화 발전의 정점"을 상징하는 것이었다.(16) 잭슨이 대통령직에 오른 것은 페인과 펜실베이니아 헌법 입안자들의 평등주의적인 정서가 마침내 결실을 맺게 되었다는 것을 암시하는 것 같았다. 그러나 1828년의 대통령 선거는 그 외의 다른 중요한 특징도 보였다고 말할 수 있다. 프랑스 혁명의 그늘에서 태어난, 보다 새로운 반동적인 포퓰리스트 스타일의 정치가 승리를 거두었다는 점이다. 이 스타일의 정치는 유권자의 폭을 더욱 넓혀가는 것을 목표로 잡았다.

19세기 초에, 이런 우익의 상식은 유럽에서도 새로운 동력을 얻게 되었다. 주로, 아베 바뤼엘처럼 그런 유형의 상식을 발명해 낸 사람들의 손에 의해서였다. 그들이 망명에서 돌아와 다시 펜을 잡은 것이다. 만약 미국 혁명의 두드러진 신화가 (그 전의 명예 혁명처럼) 그것이 상식 혁명이었다는 점이라면, 영국계 미국인들과 19세기 초의 많은 유럽인들에게 프랑스 혁명의 두드러진 신화는 그것이 상식을 몰아낸 혁명이었다는 점이다. 그런 까닭에, 영국계 미국인들과 유럽인들의 눈에 프랑스가 지식과 전통적인 사회적 접착제의 중요한 원천인 상식을 복구하는 것이 후손에게 결정적으로 중요한 일로 비쳤다. 어느 반동적인 네덜란드인 "상식의 친구"가 1809년에 설명했듯이, 문제의 근원은 스피노자와 베일의 궤변과 역설로까지 거슬러 올라가며, 아직 그 투쟁은 끝나지 않았다. 그것이 그 이후에도 많이 나온 포퓰리즘 정치가 던지는 메시지이다.

정말로, 19세기로 접어든 뒤에 일련의 상징적인 국민 투표를 통해서 권력을 축적하게 되는 나폴레옹 보나파르트가 혁명의 시대에서 비롯된 제3의 혼합 포퓰리스트의 특징을 대표한다고 볼 수 있다. 나폴레옹은 인민의 지지를 간청하고 또 인민의 이름으로 말하는 혁명의 전통에 절대로 등을 돌리지 않았다. 필요하다면 언제든 페인처럼 말할 수 있었다. 1790년대에 이탈리아에서 그는 자신의 제안을 설명하기 위해 당시에 여전히 논란이 되고 있던 '민주주의'라는 단어까지 채택했다. 그러면서 나폴레옹은 동시에 많은 반(反)혁명가들의 오랜 바람을 저버리지 않고, 정치적 결정에 보통 사람들을 직접 참여시키거나 대표를 참여시키는 것에 반대했다. 심지어 보통 사람들의 지지를 호소하는 상황에서도 그런 태도를 보였다. 나폴레옹의 위대한 혁신은, 알렉시스 드 토크

빌(Alexis de Tocqueville)이 훗날 강조하듯이, 이 두 가지 충동을 양립 가능하게 만든 것이었다. 말하자면, 개인들의 자유를 제한하는 한편으로 그의 권력을 강화하는 쪽으로 인민 주권 사상을 계속 끌고 갈 수 있었다는 점이 나폴레옹의 강점이었다는 뜻이다. 그는 인민들을 정작 그들의 권력을 빼앗게 될 정책을 지지하도록 동원하는 데 성공을 거두었다. 그리고 초기의 모든 포퓰리스트 정권과 마찬가지로, 나폴레옹 정권도 종종 독재적인 경향을 보였음에도 불구하고 민주주의의 장기적 성장에는 필요했다. 그 정권이 상식과 전문성 사이의, 그리고 '인민'과 국가 사이의 건전한 관계라는 문제를 공적인 의식(意識)의 맨 앞에 내세웠다는 점에서 보면 그렇다. 19세기 내내 그런 문제들이 역사를 뜨겁게 달구게 될 것이다.

제6장

쾨니히스베르크에서 뉴욕까지

현대 세계에서 상식의 운명

상식은 특별히 정치적인 감각이다.

-한나 아렌트의 『이해와 정치』 중에서

1789년에 프랑스에서 여러 사건들이 전개되고 있을 때, 쾨니히스베르크(현재 러시아의 칼리닌그라드) 대학에서 논리와 형이상학을 가르치던 유명한 한 교수는 자신의 세 번째 걸작을 놓고 마지막 손질을 하느라 바빴다. 그 교수가 바로 이마누엘 칸트였다. 1790년 부활절에 베를린의 어느 출판사에서 나온 그 책은 『판단력 비판』(Kritik der Urteilskraft)이었다. 이 어려운 철학 서적과 멀리 프랑스에서 요란하게 전개되던 혁명을 연결시킨 것은 부분적으로 당시 몇 년 사이에 너무나 어처구니없이 본래의 영역에서 빠져나왔던 센수스 콤무니스라는 낡은 개념을 본래의 자리로 돌려놓으려 한 칸트의 노력이었다.

칸트는 발트해 연안의 고향에서 수천 마일 떨어진 파리에서 일어나던 사건에 대단히 강하게 자극 받아 이 라틴어 개념에서 판단 행위의 사회적 중요성을 설명할 수단을 발견했다. 그러나 이 저명한 철학자는 이 공적인 감각의 작용은 전적으로 미학적 취향의 심미안의 문제에만 적용되며 도덕적, 정치적 결정에는 아무런 역할을 하지 못한다는 점을 분명히 강조했다. 이런 면에서 보면, 칸트는 한 시대의 종언을 예고했다고 말할 수 있다. 실제로 그랬을까? 이 책의 마지막 장에서 이 질문의 대답을 찾아 1790년대부터 지금까지 사건을 중심으로 상식의 이야기를 추적하도록 하자.

칸트에게, 상식은 많은 사람이 공유하는 기본적인 가정들로나 보통 사람들의 지적 능력으로나 똑같이 하나의 철학적 원칙으로는 아무런 호소력을 지니지 못했다. 지방의 프로테스탄트 대학 도시의 교수라는 비슷한 처지에도 불구하고, 또 리드와 비티와 오스왈드의 상식 철학이 그 전 몇 십 년 사이에 독일 땅에서 꽤 널리 알려졌다는 사실에도 불구하고, 칸트는 스코틀랜드의 동료들이 흄에 대한 대응으로 상식의 권위에 의존한 것을 일축했다. 1780년대 초에 독일어로 번역된 비티의 글을 읽은 뒤에 쓴 『미래의 모든 형이상학에 대한 서문』(Prolegomena to Any Future Metaphysics)에서, 칸트는 "통속적인 협잡꾼을 높이 평가하게 되어 있는" 대중의 판단력에 호소하려는 절망적인 노력의 하나로 평범한 공통 감각에 의존하는 것을 비판했다. 그의 정신에, 상식은 진리의 법정과 거리가 한참 멀었으며, 지식 주장(knowledge claims)(어떤 진리를 적절한 기준과 명확한 근거를 바탕으로 논리적으로 주장하는 것을 말한다/옮긴이)에 대한 비판적 조사를 차단하는 수사적인 방편에 지나지 않을 뿐이다. 상식은 경험에 즉각적으로 적용되는 판단에 쓰임새가 있을 수 있지만, 형이상학에서 상식이 할 수 있는 긍정적인 역할은 전혀 없었다.

마찬가지로, 『판단력 비판』에서, 칸트는 "단순히 건전한(아직 배양되지 않은) 오성으로서, 인간에게 좀처럼 기대할 수 없는 공통적인 인간의 오성인데, 지금 그것이 상식이라는 이름으로 불리며 의문스런 명예를 누리고 있다"고 불평을 터뜨렸다. 설상가상으로, 그는 똑같이 비판하는 맥락에서 "우리가 'common'이라는 단어에 부여하는 의미가 그 단어를 통속적인 단어로 만들고 있으며 … 바로 그런 성격 때문에 상식의 소유자에게 신뢰나 탁월성을 절대로 부여할 수 없다"고 덧붙였다.[1] 프러시아 동부 지방의 장인(匠人)의 아들로 태어난 칸트에게, 철학은 대중적인 어떤 원칙에 기초를 둘 수 있는 것이 아니었다. 또 대중이 할 수 있는 일도 아니었다.

그럼에도, 점점 유명해지고 있던 이 프러시아 학자는 순수 이성과 실천 이성에 대한 비판에 이어 자매편을 쓰는 작업에 착수한 1780년대 말에, 계속 라틴어 이름인 센수스 콤무니스로 부르고 있던 그 낡은 개념이 아주 중요하게 쓰일 수 있다는 사실을 깨달았다. 섀프츠베리에게로 돌아가면서, 칸트는 센수스 콤무니스가 공통적일 때에만 "공통" 감각일 수 있다고 주장했다. 섀프츠베리는, 앞에서 보았듯이, 18세기 초에 이 주제에 천착하면서 토마스 압트(Thomas Abbt)와 모제스 멘델스존(Moses Mendelssohn)을 포함한 앞 세대의 독일 사상가들 사이에 대단한 관심을 불러일으켰다. 칸트는 공통 감각에 대해 여러 가지로 어렵게 설명했다. "우리의 인식력의 자유로운 작용에 따른 결과"라거나, "숙고하는 행위를 통해 다른 사람들의 표현 유형을 알아차리는 비판 기능인데, 그 목적은 자신이 내린 판단을 인간의 집단 이성에 비춰 검토하는 것"이라는 식의 설명이었다. 칸트의 글에서, 취향에 관한 모든 판단은 이런 종류의 상식에 의존했으며, 사실상 이런 종류의 상식과 동의어나 마찬가지였다.

한편, 언제나 개인에 초점을 맞췄던 칸트는 취향에 대해 명백히 사적인 문제라고 주장했다. 칸트의 관점에서 보면, 미(美)에 대한 판단은 저마다 독특한 근거를 갖고 있으며, 그 판단은 오성이나 이성에 포함될 수 없다. 아름다움과 숭고함의 문제, 즉 미학적 문제라고 불릴 수 있는 것들에 관한 결정을 내릴 때, 개인은 물질 세계와 관련해서도 자신의 자유를 자각하고 또 규칙으로부터의 자유도 자각한다. 그것은 바로 취향에 대한 판단이 언제나 대단히 개인적인 것이기 때문이다. 말하자면, 취향에 대한 판단은 독특한 감각적, 감정적 경험과 환경의 산물이기 때문이다. 그 판단은 곧 우리의 주관성, 즉 다른 사람들과 다른 점을 드러내 보인다.

그럼에도, 이 판단은 다른 사람이 없으면 전혀 아무런 의미를 지니지 않거나 유효성을 발휘하지 못한다. 정말로, 칸트의 글에서, 우리는 미학적인 문제에 관한 판단을 내리면서 다른 사람들과의 연결을 유별나게 자각하게 된다. 이유는 우리가 자신의 판단과 인간의 "집단 이성"을 반드시 비교하게 되기 때문이다. 취향에 관한 판단은 필연적으로 주관적임에도 불구하고, 언제나 보편적인 동의를 받는 어떤 이상을, 그러니까 모든 사람들 사이의 의견 일치의 가능성을 전제로 하고 있고 그 가능성을 참고하고 있다. 센수스 콤무니스는 종국적으로 우리가 조금도 생각하지 않는 가운데 이런 비교를 하며 보편적 관점에서 생각하게 만드는 이 판단 기능에 칸트가 붙이는 이름이다. 따라서 공통 감각은 다른 사람들과 무엇인가를 공유하고 있다는 감각인 사회적 감정의 원천이기도 하다. 칸트는 이 사회적 감정에 대해 "우리의 지식을 보편적으로 전파하는 데 필요한 조건"이라고 설명했다.[2] 바로 거기에 공통 감각의 중요성이 있다. 공통 감각 또는 취향은 다른 사람들과의 감정적 동일시, 즉 상호 주관성에 근거한 동의의 가능성을 보여주고 있다. 그것은 이성적인 근거를 전혀 갖지 않은 앎의 한 방법이다. 그런 방법으로서, 공통 감각은 독단적이지 않은 공통의 영역이 존재할 가능성을 암시한다. 어떠한 규칙의 제약도 받지 않지만 동의의 가능성이 적어도 지평선에는 언제나 존재하는 그런 자유 토론의 공간 말이다. 칸트의 공통 감각은 프랑스 혁명의 개시와 양립할 수 있는 자율적인 공동체를 형성시킬 무엇인가를 상상하려는 창조적인 노력으로 읽힐 수 있다.

그럼에도, 칸트는 매우 명쾌했다. 공통 감각의 초점을 미(美)에 대한 판단과 평가로 모았던 것이다. 공통 감각이 활성화될 수 있는 것은 단지 미학적인 문제들에 관한 토론에 참여할 때뿐이다. 공통 감각은 진리나 도덕적 감정들의 결정과는 아무런 관계가 없다. 취향에 대한 그의 설명에 정치적 비유와 심지어 법률적 비유까지 많이 등장함에도 불구하고, 칸트는『판단력 비판』에서 이 원칙에서 따를 정치 철학을 제시하지 않는다. 프러시아의 공무원이기도 했던 칸트가 쾨니히스베르크에서 "귀족의 테이블"에서도 "두려움을 모르고 매우 솔직하게" 의견을 나눴던 인권 혁명은 이 철학적 토론에 절대로 명시적으로 포함되지 않았다. 반대로, 칸트는『판단력 비판』에서 공통 감각의 범위를 미학적인 것에만 국한시킨다는 점을 명백히 밝혔다.

그러나 역사의 관점에서 볼 때 명백한 것은 그가 실천에서나 이론에서나 이 한계들을 계속 지켜내지 못했다는 사실이다. (이 때문에, 우리는 최종적으로 20세기 상식의 정치의 위대한 이론가인 한나 아렌트를 찾게 될 것이다.) 기본적으로, 그것은 너무 늦은 일이었다. 비록 칸트가 당대에 철학적 정설로 통하던 것에 다양한 방법으로 도전장을 던지게 되었을지라도, 그는 이미 패배한 것이나 다름없는 전투에 뛰어들고 있었다. 프랑스 혁명은 유럽 사상의 모든 차원을 정치화했다. 칸트의 사상도 예외가 아니었다. 그는 곧 공개적으로 정치적 주제에 끌리면서, 인민이 혁명을 일으킬 권리에 대해서는 계속 부정하면서도 표현의 자유를 강조한 혁명의 지적 프로그램은 지지했다. 게다가, 그의 후계자들이 쓴 글들에서, 66세인 칸트가 미학과 연결시켰던 판단의 종류는 상식에 대한 다양한 해석과 결합되면서 갈수록 정치 쪽으로 더 가깝게 끌려가고 있었다.

상식과 정치가 서로를 얼마나 빨리 재발견하는지를 보여주는 중요한 예를 보자. 『판단력 비판』이 발표되고 불과 몇 년 뒤에, 유명한 극작가이며 예나 대학 교수였던 프리드리히 실러(Friedrich Schiller)는 미학 교육에 관한 편지들을 연속적으로 발표했다. 그 편지에서, 실러는 칸트의 공통 감각이라는 개념을 예술 감상의 바탕이자 산물로 받아들였다. 그러나 실러는 그것을 프랑스 혁명이 제기한 중요한 정치 문제에 대한 해결책의 바탕으로 삼을 수 있도록 다시 다듬었다. 그 정치 문제란 곧 폭력적인 투쟁을 벌이지 않고 인민 주권과 사회적 평등을 어떻게 이룰 것인가 하는 문제였다. 실러가 1795년에 발표한 『편지로 하는 인간의 미학 교육』(On the Aesthetic Education of Man in a Series of Letters)은 간혹 특별히 독일적인, 미학으로의 은둔으로, 말하자면 소수가 문화적

양성을 위해 정치적 책임을 포기하는 것으로 읽힌다.

어쨌든, 실러는 절대로 민주주의 옹호자가 아니었다. 그는 자신이 보통 사람들의 행동과 태도에 대부분의 계몽 사상가들만큼이나 놀라고 있다는 사실을 깨달았다. 특히, 프랑스 혁명이 초기 단계 이후에 전개되는 상황에 적잖이 놀랐다. 그럼에도, 자신의 후원자였던 어느 덴마크 왕자에게 1793년 여름부터 보낸 일련의 편지들에서, 독일 극작가이자 시인인 실러는 현대 세계에서 예술의 새로운 역할을 상상하려고 노력했다. 예술을 진정한 평등이 지배하는 공화국을 건설할 준비를 갖추도록 개인들을 변화시키는 수단으로 여겼던 것이다. 실러의 손에서, 아름다운 대상에 대한 깊은 생각은 도덕이나 정치적 대상에 대한 깊은 생각과 완전히 동떨어진 정신 작용이 아니라, 해방에 이르는 길, 말하자면 사람들을 끌어들여 사회 질서를 새롭게 만드는 방법이 되었다. 정말로, 이 편지들을 묶은 책의 말미에서, 예술은 수단뿐만 아니라 목적으로도 여겨진다. 마지막 편지는 "미학적 국가"라는 유토피아적인 비전으로, 그러니까 취향이 지배하는 사회로 끝을 맺는다. 각 개인들이 이성과 분별력의 조화를 이루고 있는 사회이고, 사회 전체로는 조화와 평등이 이뤄지고 상식이 승리를 거두게 된다. 실러는 그런 사회를 이런 식으로 원대하게 설명했다.

> 취향이 지배하는 곳에서는 그 어떤 특권도, 그 어떤 종류의 독재도 용납되지 않는다. … 취향은 지식을 과학의 수수께끼들[즉, 스콜라 철학]로부터 끌어내어 상식의 넓은 빛 속으로 이끌고, 학파들이 독점한 것을 인간 사회의 공동 소유로 바꿔놓는다. 취향의 왕국에선 가장

힘 있는 천재마저도 그 위엄을 벗어던져야 한다. 그리고 모든 인간은 한껏 겸손해져 어린이의 마음으로 돌아간다. … 미학적인 국가에서는 모든 것이, 심지어 남을 섬기는 사람까지도 자유로운 시민이며 가장 고귀한 사람과 똑같은 권리를 누린다.(3)

그런 날은 아직 오지 않았으며, 가까운 장래에도 오지 않을 것이라고 실러는 재빨리 지적했다. 지금 당장은 그런 사회에 관심을 가질 사람들의 수가 아주 작다. 그러나 실러의 글에서, 학파들의 난해한 지식과 반대인 상식은 보다 평등하고 보다 공정한 미래로 가는 길을 닦는다.

그리고 철학이나 시의 영역과 거리가 먼 상식이 언젠가는 새로운 사회 질서의 등뼈가 될 것이라는 실러의 예감은 옳았던 것으로 드러났다. 비록 그가 예언한 방식으로 일어나지는 않았지만 말이다. 사실, 상식은 칸트가 밀려고 했던 것과 정반대 방향으로 향할 운명이었다. 말하자면, 상식이 점점 정치 영역으로 향하는 모습을 보이게 되는 것이다. 그러다가 결국에 상식은 정치적 삶의 준거(準據)로 너무나 자주 거론되다 보니 사람들의 눈에 두드러지지 않게 되었으며, 따라서 시사 평론가들도 상식을 좀처럼 거론하지 않게 되었다.

처음에 아리스토텔레스 이후의 인식론의 한 요소였다가, 그 다음에 대중의 인식 능력과 세상을 다시 상상하는 능력을 치켜세우기 위한 설득의 한 유형이 되었던 상식은 혁명 시대 이후에는 정치적 신념이 되었다. 19세기에, 상식은 서구의 정치적 삶의 사회적 기반을 다시 닦는 것을 돕는 동시에 정치의 본질 자체를 다시 정의하는 데 중요한 역할을 하게 될 것이다. 여기서 필딩이 떠오른다. 필딩은 1736년에 퀸 코먼 센스가 어느 시점에 극적으로 죽게 될지라도 그녀가 하나의 이상으로서 근대 세계에 자주 출몰할 운명을 타고났다고 선언했다. 상식 개념은 18세기 유럽과 식민지의 다양한 도시에서 처음 상상했던 그대로 어떤 때는 자극으로서, 또 어떤 때는 실패로서 계속 민주주의 정치의 본질을 다듬어나갔다. 그 사이에 민주주의 정치의 관행도 우리의 상식을 영원히 바꿔놓았다.

훗날 포퓰리즘으로 불리게 될 것을 위한 원형(元型)은 이미 19세기 초에 갖춰져 있었다. 포퓰리즘의 가장 두드러진 특징은 "진실한" 인민의 집단 상식에 (가끔은 노골적으로, 가끔은 간접적으로) 호소한다는 점이다. 곧 그 원형은 넓은 범위의 다양한 정치적 조직에 의해 채택될 것이다. 그런데 이 정치적 조직들은 저마다 상호 배타적인 의제와 어휘들을 갖고 있었다. 2세기에 걸쳐 과학적, 철학적 불화가 이어지고 종교와 이데올로기, 국가, 언어, 사회 집단 등에서 명백한 구분이 이뤄졌음에도 불구하고 특별한 어떤 스타일의 "상식" 정치의 지속성에 대해 논할 수 있었던 것은 그 전 세기의 반(反)혁명적인 동요뿐만 아니라 혁명적인 동요에서도 그 토대가 되었던 몇 가지 기본적인 가정들이 계속 존속했기 때문이다.

이 가정들 중 하나는 집단으로서 "인민" 또는 "시민"이 그들의 공통된 경험과 인간으로서 공유하는 능력에서 비롯되는, 상식이라 불리는 무엇인가를 갖고 있다는 것이다. 상식과 개인의 이성이 간혹 일치할 수 있을지라도, 둘을 혼동해서는 안 된다. (상식이 칸트의 센수스 콤무니스와 크게 다르지 않은 것도 바로 상식이 지닌 이런 모호함과 가설적인 본질 때문이다.) 또 다른 가정은 정치 또는 통치의 영역을 적절히 정의하면 그 영역은 인민의 상식 판단과 거기서 비롯된 기본적인 원칙들과 맞아떨어진다는 것이다. 달리 표현하면, 현실의 정치 문제들에 보편적으로 적용할 수 있는 해결책을 찾는다는 것은 곧 단순히 집단 상식에 귀를 기울이고 그 외의 의견들을 무시하는 것이란 뜻이다. 어느 보수적인 영국 시사 평론가는 19세기 말에 상식당(常識黨)을 만드는 것이 합당한지를 놓고 고민하다가 퉁명스럽게 이렇게 내뱉었다. "대체로, 어리석은 사람들이 옳았어. 똑똑한 사람들조차도 이제는 정치에는 그야말로 약간의 영리함만 있어도 충분하다는 사실을 깨닫기 시작하고 있어. 그것은 정치란 것이 인간 본성에 관한 지식을 국가의 안전과 번영에 적용하는 것에 지나지 않기 때문이지."[4]

상식이 현재의 세상에 이런 자명한 이치들에 대한 인식이 없는 데 대한 분노 때문에 수사적으로 불리어 나오는 때조차도, 인간의 본성과 정치의 본질에 관한 이런 식의 낙관적인 가정들은 대체로 미래에 대해 희망적인 믿음을 품게 만들었다. 마지막 가정은 "진정한" 인민의 정신적 통찰력에 관한, (아직 주목 받지 못하고 있는) 이런 사실들이 최종적으로 인정을 받게 되면 정치판의 투쟁도 막을 내리게 된다는 것이다. 그러면 당(黨)이나 신념 혹은 계급의 이해관계를 떠나서 보편적인 동의와 사회적 조화가 시작될 것이다. 상식의 역사에 대해 설명하고 있는 지금은 이 주장들 중 어떤 것도 생소해 보이지 않아야 한다.

그럼에도, 이런 식으로 정치에 접근하는 것을 가능하게 만들었을 사회적 상황이 19세기 들어 북대서양의 세계에서 극적으로 변하게 되었다. 그 결과, 이제 막 생겨나던, 상식에 근거한 미래 정치의 신화가 미국에서 1830년대부터, 유럽에서 1840년대부터 점점 더 유용한 것으로 입증되게 되었다. 두 가지의 광범위한 발달이 이 이야기에서 핵심적인 역할을 했다. 이 발달들 중 어느 것도 일직선을 밟지 않았으며, 둘 다 똑같이 상식의 정치의 고양에 의존함과 동시에 그런 고양을 더욱 강화시켰다.

첫 번째 발달은 시민에 대한 정의의 확장과 그에 따른 참정권, 즉 투표할 기회의 확장이다. "서양"으로 알려지고 있던 지역 전체에서, 19세기의 중요한 이슈는 민주주의와 그 위험들이라는 말이 간혹 들렸다. 구체적으로 말하면, 여자와 유색 인종, 빈곤층, 법적으로 남에게 의존하는 사람들은 말할 것도 없고 노동 계층에 속하는 백인 남자들이 정치적 판단을 내리는 일에 적합한가 하는 것이 큰 이슈였다는 뜻이다. 투표에 필요한 자질을 갖췄다는 점을 입증하기 위해 개인이 보여줘야 할 지식과 경험, 인식적 능력이 어떤 것인지를 정확히 가려내는 작업을 벌이면서, 초기에 많은 사람들이 속을 끓이고 손을 부들부들 떨었다.

당시에 두려움은 무지하고 글을 읽지도 못하고 다른 사람들에게 쉽게 넘어가는 많은 사람들, 달리 표현하면 인구의 과반이 결정적인 이슈에 각자의 의견을 제시하고 나설 경우에 도대체 어떤 일이 벌어질 것인가 하는 문제로 모아졌다. 심지어 민주주의 사상에 표면적으로 동조하는 사람들조차도 무정부 상태와 육체적 공격, 사유 재산의 파괴가 유일한 결과일 수 있다고 우려했다. 알렉시스 드 토크빌의 경우에 1841년에 쓴 원고에서 이런 뜻을 밝혔다. "나는 지적으로는 민주적인 제도를 선호하지만 … 대중 선동과 대중의 무질서한 행동, 그리고 그들이 공적인 문제에 폭력적이고 무식한 방법으로 참여하는 것은 혐오한다."(5) 오늘날까지도 포퓰리즘에 반대하는 많은 사람들이 공감하는 정서이다.

그럼에도, 점진적으로 남자들에게 참정권을 줘야 한다는 사상이 승리를 거두었다. 참정권은 일부 국가에서는 대중이 동요를 일으킨 결과 얻어졌고, 일부 국가에서는 국왕의 칙령에 따라 이뤄졌다. 미국에서는 (1965년에 투표권법이 통과될 때까지 오랫동안 지속되었던, 인종에 따른 참정권 배제를 무시한다면) 1830년대에, 프랑스에서는 1852년에, 영국에서는 1832년과 1867년, 1884년, 그리고 20세기 들어서까지 일련의 법들을 거치는 과정에, 독일에서는 1867년에, 스페인에서는 1890년에, 이탈리아에서는 1912년에, 네덜란드에서는 1918년에 이르러서야 보통 사람들의 참정권이 실현되었다. 달리 말하면, 프랑스 혁명이 일어난 그 다음 세기 동안에 "인민"은 국가별로 단순히 정치적 수사(修辭)의 대상으로만 존재하던 현상에 종지부를 찍고 집단적으로나 개인적으로 정치 행위의 주체가 되었다. 한때 혁명의 조건이었던 대중의 정치적 동원이 이젠 일상의 한 요소가 되었다. 게다가, 인민 중에서 "시민"으로 알려진 하부 집단은 점점 더 커져서 과거 정치 과정에 배제되었던 개인들을 모두 포함하게 되었다. 세월이 흐름에 따라, "시민"은 가난하거나 재산 없는 사람들, 백인이 아닌 사람들, 마지막에 여자들(대부분의 국가들의 경우에 20세기 들어서야 여자들을 시민으로 대접했다)까지 포함하게 되었다. 투표장 밖에서는 온갖 종류의 새롭거나 오래된 계급 조직이 유지되고 있었지만, 정치의 장에서는 그런 식으로 평등이 이뤄지게 되었다.

첫 번째 현상과 무관하지 않으면서 상식의 정치적 역사에 아주 중요한 두 번째 현상은 제도적이다. 19세기에 아메리카 대륙과 유럽에서 똑같이 새로운 제도들이 많이 태어났다. 그 제도들의 중요한 기능은 참정권으로 인해 관찰자에서 잠재적인 정치 참여자로 바뀐 똑같은 개인들의 충성을 얻는 것이었다. 거기에는 정당과 사회 단체, 노동자들의 조직, 공립 학교가 포함되었다. 그 목록은 또한 점점 표현의 자유를 누리게 된 상업적인 언론도 포함했다. 여가 시간의 탄생은 말할 것도 없고, 19세기의 통신과 운송, 소비자 혁명도 사람과 공간의 차원에서 이뤄진 정치 영역의 확장과 분리될 수 없다. 대중 집회와 시위가 일상적으로 일어나고, 선전용 전단이 난무하고, 선거 운동에 퍼레이드와 악수와 입맞춤이 동원되는 그런 도시 생활을 고려해 보라. 보수주의자를 자처하는 사람들뿐만 아니라 스스로 자유주의자라고 선언하는 사람들을 포함한 많은 엘리트들은 자신들이 거의 신뢰하지 않는 유권자들을 동원하는 일이 너무나 어려워졌다는 사실에 불만을 품었을 것임에 틀림없다. 그럼에도, 모든 부류의 정치인들 사이에, 19세기가 끝나기도 전에 이미 커지고 있던, 독자들과 유권자들로 이뤄진 대중에게 다가서고, 그들에게 새로운 정치적 권리를 행사하는 방법을 가르치고, 그런 다음에 그들에게 이런저런 관점을 설득시키면서도 전체로서 대중의 조화를 끌어내기 위해선 새로운 전략이 필요하다는 공감대가 형성되었다.

상식에 호소하는 행태는, 18세기 대서양의 세계에서 처음 시작되었을 때와 마찬가지로, 자신이 선거 정치의 유권자 지상주의 세계에서 실체가 분명하지 않은 대중 유권자들의 비위를 맞추려 노력하고 있다는 사실을 깨달은 정치 지도자들에게 출신 계층을 불문하고 매우 효과적인 수단이 되었다. 특히, 그 전 세기에 시작된 뒤로 지속되고 있는 인권 혁명에 어떤 위기가 닥칠 때면 상식에 호소하는 방법이 대단히 효과적이었다. 이유는 인권 문제들이 즉각 두 가지 차원에서 인식론의 문제들을 드러냈기 때문이다.

첫 번째 차원은 정신적 능력과 관계있었다. 말하자면, 이런 의문이 제기되었던 것이다. 지금 정치적 권리를 부여할 것인지 고려 대상이 되고 있는, "인민"의 그 부분 집합(농민과 노동하는 빈곤층, 흑인, 여자 또는 종속적인 위치에 있는 다른 집단)을 이루고 있는 개인들은 스스로 적절히 판단할 수 있는가? 바꿔 말하면, 그 사람들이 정치 과정에 의미 있게 참여하고 또 훌륭한 결과를 낳는 데 필요한 상식 결정들을 내릴 능력을 갖추고 있는가? 두 번째 차원은 인식의 본질과 관계있었다. 우리가 인간의 본성과 옳고 그른 것에 관한 어떤 근본적인 문제에 대해 논하고 있는 한에 있어서는, 앞의 질문에 대한 대답은 적어도 합리적인 사람들에게는 그 자체로 자명하지 않은가?

1848년, 그러니까 1790년대 이후로 국경을 넘어 유럽 전역에 걸쳐 민주화 혁명이 일어날 잠재력을 보였던 두 번째 중대한 시기가 단적인 예를 제공하고 있다. 파리에서부터 나폴리와 베를린에 이르기까지, 모든 국가에서 논란의 핵심이 되었던 것은 일반적으로 도시의 남자 근로자들과 시골의 남자 농민들을 의미하는 보통 사람들에게 어느 정도의 정치 권력을 넘겨주어야 하는가 하는 추상적인 문제였다. 보수주의자와 자유주의자들은 똑같이 특히 안정을 이유로 참정권에 제한을 둘 필요성을 역설했다. 그때만 해도 존 애덤스의 정신을 계승하면서 정부를 재산이 많고 사회적 지위 또한 높고 전문적 경험 또는 공부할 시간적 여유가 있는 사람들에게 맡겨놓는 것이 최고라는 인식이 있었다. 그러나 공화주의자들뿐만 아니라 사회주의자들을 포함한 급진주의자들은 남자들의 보편적 참정권을 요구했다. (북아메리카 외의 지역에서) 민주주의가 무정부주의나 중우 정치의 또 다른 이름에 지나지 않는다는 나쁜 평을 듣고 있었다는 사실을 고려한다면, 남자들의 보편적인 참정권을 요구하는 것은 분명히 정당화가 요구되는 사항이었다. 그리고 이런 좌파의 야망이 실제로 법이 된 곳에서, 말하자면 1848년의 혼란의 와중에 그런 법을 택한 프랑스에서, 이 새로운 유권자들은 정치인의 온갖 달콤한 호소를 들으면서도 최종적으로 자신들에게 가장 유리한 것이 무엇인지를 확신할 수 있어야 했다. 양식 또는 상식은 양쪽 전선에서 대중 설득의 한 언어로 자리 잡으면서 영향력을 행사했다.

1776년(미국 독립 선언)과 1789년(프랑스 혁명)의 경우와 마찬가지로, 19세기 중반 프랑스에서도 양식 혹은 상식은 여전히 구체적인 정치적 태도의 권위 있는 원천이자 그런 정치적 태도가 약속하는 결과로서 높이 칭송을 받았다. 애초에 표적으로 잡았던 유권자들이 상식에 근거하여 투표를 제대로 하기만 하면, 그런 결과가 나오지 않을 수 없다는 식이었다. 그런 주장을 편 저자들은 계속해서 스스로를 공평하고, 미천하고, 이름 없는 군중의 한 구성원에 지나지 않는 존재로 그렸다. 1849년에 발표된 '인민의 양식'(Le Bon Sens du Peuple)의 저자는 "나는 교육도 받지 못하고 재산도 없는 무가치한 존재"라고 선언한 뒤에 이렇게 주장한다. 숱한 고난에도 불구하고, 그는 "국가 문제들"을 논하는 데 필요한 "신의 지혜의 빛"을 갖고 있다는 것이었다.[6] 이런 평범한 관점에서, 그것이 신이 내린 것이든 자연이 준 것이든 불문하고, 이 저자들은 서로 비슷한 사람들의 관심을 요구하는 행위를 정당화할 수 있었다. 1949년에 발표된 '대중의 양식 앞의 사회주의'(Le Socialisme devant le bon sens populaire)의 저자의 표현을 빌리면, 앞에 말한 "서로 비슷한 사람들"은 "두꺼운 책을 읽을 시간은 없지만" 일손을 절대로 놓지 않음으로써 "진실한 것과 거짓된 것을 구분할 줄 아는" 사람들이다.[7] 저자들이 내세운 약속은 단순한 언어와 서로 동의한 이상들에 근거한 정치의 탄생이었다. '사회주의와 상식'(Socialisme et sens commun)(1849)이라는 책자의 저자는 문제들에 대한 해결은 선한 행동과 노력과 인내이지 사회주의가 아니라는 주장을 펴기 전에 겸손을 떨며 이렇게 강조한다. "더없이 단순한 노동자나 교육 수준이 가장 떨어지는 근로자도 나처럼 생각할 시간적 여유를 가질 수만 있다면 내가 깨달은 것을 똑같이 알 수 있을 것이다. 나는 오직 상식의 단순한 빛들에 비춰보면서 많은 것을 깨닫는다."[8] 정치적 선전과 경쟁이 벌어지는 새로운 세상에서, 인민의 권리의 옹호자 역할을 하는, 보통 사람에 대한 숭배는 전문적인 정치인에 대한 불신이 커지는 것과 비례해 갈수록 강화되었다. 이유는 양식이 "보편적인 화해"를 기대하며 참정권을 확대하는 것을 의미했든, 아니면 계층 간에 기존에 존재하던 유대를 위해서 새로운 유대를 부정하는 것을 의미했든, 상식에 반대하는 부류는 똑같았기 때문이다. 공상에 빠진 인간들, 인사이더들, 협잡꾼, 저널리스트들뿐만 아니라, 정당과 집단, 동인, 의견 분열, 인쇄물의 과도한 생산, 돈의 유혹적인 힘, 허풍, 복잡성, 과장, 독창적이지만 비현실적인 이론 등이 상식의 적들이었다. 1849년에 발표된 '한 줌의 양식'(Un grain de bon sens)의 저자는 최근에 새롭게 정치판으로 편입된 것들에 대해 곰 곰 생각하면서 이렇게 외쳤다. "우리의 건강이 명쾌함과 올바름과 정직에 좌우되는 마당에, 성명서는 왜 저렇게 많이 쏟아지고 있으며, 유인물은 왜 저다지도 많으며, 모호하고 무의미한 표현은 또 왜 저리도 많은가!"[9] 그리고 결국 약속은 지켜지지 않은 채 그대로 남았다. 선거들이 정치의 경쟁적인 원칙을 더욱 노골적으로 드러내고 또 계급 전쟁의 위협이 갈수록 더 현실화되고 있었는 데도 말이다.

파리의 인기 저널리스트 에밀 드 지라르댕(Emile de Girardin)은 1848년 초에 표리부동과 개인의 재능에 근거한 과거의 정치 행태를 매도하면서 양식에 대해 이런 식으로 표현했다. "양식보다 더 급진적이고 더 보수적인 것은 없다. 양식이 급진적인 이유는 그것이 바라는 것이 모든 남용을 개혁하고 모든 오류를 포기하는 것이기 때문이다. 또 양식이 보수적인 이유는 그것이 원하는 것이 기본적으로 사회의 존속과 인민의 안녕과 문화의 발전에 기여하는 모든 것을 보존하는 것이기 때문이다."[10] 달리 말하면, 양식은 좌와 우, 진보와 전통, 부와 빈곤의 합류점을, 말하자면, 그런 용어들이 무의미해지는 지점을 상징한다. 지라르댕은 철도와 증기 기관, 우체국, 전신, 신문과 그 광고 등에 대한 대응으로 정치도 보다 단순하고 보다 쉬워져야 하고 인민의 양식과 선한 믿음에 더욱 적합해야 한다고 주장했다. 새로웠던 것은 단지 상식이 지배하게 될 잠재적 범위뿐이었다. 비록 프랑스에서 비유적인 어떤 "킹 굿 센스"가 정치 영역에서 추방된 것에 대해 절망하는 분위기가 여전히 강했을지라도, 심지어 민주주의에 반대하는 사람들까지도 "킹 굿 센스"의 복귀만이 국가를 구하고 현재의 호전적인 형태의 정치에 종지부를 찍을 수 있지 않을까 하고 생각하기에 이르렀다. 민주주의 물결에 즉각 도움을 줄 뿐만 아니라 종국적으로 모든 형태의 포퓰리즘 정치에 이롭게 작용할 이름 없는 다수는 이제 합법적이고 효과적인 모든 정치적 해결책들의 상상의 원천이 되는 길에 올라섰다. 19세기 중반에 이르러, 상식은 민주주의의 조직을 좌지우지하는 것이 되었으며, 또 상식은 이론적으로 민주주의가 낳는 것이 되었다.

그러나 현실 정치의 영역에서 곧 새로운 의문들이 제기되었다. 집단 상식의 뒤에 있는 보편적인 인간은 정확히 누구인가? 이 정치 공동체는 정확히 어느 정도 넓어져야 하는가? 이 질문에 대답하는 데 따르는 어려움은 특히 신생 국가인 미국에서 심했다. 거기서는 건국 이념인 공화주의 원칙과 인권 원칙과 노예 제도의 존속이 서로 충돌을 빚으면서 시민 또는 인간의 특권을 누리기 위해 갖춰야 할 자격에 대해 새로운 사고를 요구했기 때문이다. 특별히, 그런 물음들은 기이한 노예 제도의 존속을 주장하는 사람들에게 진기한 지적 원천을 요구했다. 여기서 다시 한 번 상식이 두 가지 차원에서 중요했다.

노예 제도의 합법성, 보다 구체적으로 유색 인종의 남자들을 시민과 관련된 권리와 특권에서 배제시키는 문제를 둘러싼 투쟁은 즉각 인간 본성 또는 인간 심리의 문제로 초점이 모아졌다. 노예 제도를 정당화하려는 노력을 치열하게 펼 경우에, 전통적인 권위, 예를 들면 역사나 경전에 기대는 것이 언제나 가능했다. 그러나 노예 제도를 옹호하는 사람들의 주요 전략은 흑인 남자 또는 여자의 감정적, 인식적 능력을 고려하는 것이었다. 제퍼슨이 1780년대에 '버지니아 주에 관한 기록'(Notes on the State of Virinia)에 남긴 글도 그런 것이었다. 19세기 들어서도 한 동안, 이런 접근법은 대체로 의존에 대한 전통적인 인식을 다시 확인하는 것을 포함했다. 말하자면, 지적 및 도덕적 능력을 경제적 종속과 연결시켰다는 뜻이다. 여자와 어린이, 하인에게도 똑같은 논리가 적용되었다. 그들에게 인간의 속성을 모두 인정하지 않는 것이 그들을 정치 조직에 포함시키지 않고 투표를 하지 못하게 막는 효과적인 방법이었던 것이다.

그러나 남북 전쟁이 일어나기 전에, 대중적인 토론에서뿐만 아니라 과학적인 토론에서도 유색인들은 노예 신분인지 여부를 떠나서 "인종"이라 불리는 무엇인가의 속성 때문에 의존하며 살아야 한다는 주장이 정당화되고 상식적인 것으로 여겨졌다. 이것은 곧 흑인 노예제 폐지론자들뿐만 아니라 백인 노예제 폐지론자들까지도 19세기 상반기 동안에 지배적인 (백인의) 정서에 맞서면서 많은 에너지를 쏟아야 했다는 것을 의미했다. 노예제 폐지론자들은 인간의 지적, 도덕적 능력은 다 똑같으며, 물질적 및 교육적 환경만 바뀌면 과거 노예였던 사람도 민권과 정치적 권리를 부여받은 사람들의 집단에 합류할 수 있다는 점을 보여주어야 했다.

그러다가 19세기 영국계 미국인 노예제 폐지론자들이 복음주의적인 프로테스탄트주의와 스코틀랜드인들의 상식 철학의 영향을 받아 그런 식의 추론에 수사적으로나마 도전하고 나섰다. 그들은 유색 인종이 상식을 이용하는 능력에 대해 논리적으로 주장하려 들지 않았다. 그보다는 노예 제도의 문제는 상식의 원칙들을 따르기만 하면 풀릴 수 있다는 주장을 폈다. 노예들이 그들의 눈을 가리고 있는 가리개를 풀기만 하면, 그들의 문제뿐만 아니라 다른 모든 시민들의 문제도 풀릴 것이라는 식이었다. 왜냐하면 노예 제도의 도덕적 잘못이 분별력 있는 모든 사람들에겐 너무나 자명한 진리의 범주에 속하고, 따라서 노예 제도는 잘못을 입증할 필요조차 없는 것이기 때문이다.

제임스 비티도 상식을 전파하는 활동을 벌이는 내내 거듭 이런 입장을 보였다. 만년에 쓴 『도덕학의 요소들』(Elements of Moral Science) (1793)에서, 비티는 이렇게 주장했다. "사려 깊고 편견이 없는 사람이라면 노예 제도를 생각하면서 절대로 편안한 마음을 가질 수 없다. … 노예 제도에 반대하는 주장을 펴는 나는 어쩌면 반대자가 없는 가운데 논쟁을 벌이고 있다는 소리를 들을지도 모르겠다."[11] 1830년대 이후로, 영어권의 노예제 폐지론자들은 성경의 경구들과 독립 선언서의 원칙들의 "자명한 증거"가 뒷받침하는 이 스코틀랜드 사상가들의 접근법을 차용했다. 노예 출신으로 노예 제도 폐지 운동을 벌이면서 1843년에 박수를 보내는 영국 군중을 향해 "[백인 남자들에 의한] 참정권 독점은 상식에 대한 모독"이라고 외친 제임스 페닝턴(James Pennington)에서부터 1850년대 초 매사추세츠 주의 '피치버그 데일리'(Fitchburg Daily) 신문의 모토를 '상식 있는 사람이라면 노예 제도가 최악의 저주라는 사실을 부정해서는 안 된다'로 정한 에디터에 이르기까지, 노예 제도의 미래는 19세기 중반에 인민의 상식을 적용하면 해결될 중요한 정치 문제로 바뀌었다.

이 점에서, 남부의 노예제 폐지론자인 존 피(John Fee)가 쓴 '반(反)노예 제도 매뉴얼'(Anti-Slavery Manual)(1848)이 전형적인 예였다. 속표지에 상식의 범주들을 혼란시키려는 자들을 비판하는 듯한 '이사야서' 5장 20절("악을 선하다 하고 선을 악하다 하는 자들, 어둠을 빛으로 삼고 빛을 어둠으로 삼는 자들은 화 있을진저.")을 제시한 뒤, 피는

"글래스고의 밀러 교수"의 말을 인용하는 것으로 본문을 열었다. 그 인용은 뒤이을 긴 글에 대비하여 독자들의 마음을 가볍게 풀어주겠다는 듯이 이렇게 되어 있다. "인간의 마음은 노예 제도라는 주제를 심각하게 논의할 때면 반감을 느끼게 마련이다. 모든 인간은 국적이나 피부색을 떠나서 자유를 누릴 자격이 있다."[12] 노예제 폐지 운동에 앞장선 잡지 '리버레이터'(Liberator)(1831-1865)의 창간호에서부터, 전설적인 노예제 폐지론자인 윌리엄 로이드 개리슨(William Lloyd Garrison)도 그와 같은 노선을 취하며 독립 선언서를 시금석으로 삼았다. 그러면서 그는 독립 선언서를 쓴 인물들이 품었던 확신들 중에서, 세상에는 너무나 명백히 잘못된 까닭에 탐구와 토론의 자유에도 불구하고 오히려 거론조차 꺼리게 만드는 부당한 행위가 있다고 한 저자들의 확신에 대해 공개적으로 존경을 표했다. 개리슨이 그 뒤의 어느 에세이에 쓴 대목을 보자. "일부 문제들이 관습에 비춰볼 때 아무리 당혹스러워 보일지라도, 세상에는 '자명한 진리' 같은 것이 있다. 또한 너무나 명백한 나머지 잘못 판단할 수 없는 인간의 의무들도 있다. 노예는 인간이다!"[13]

물론, 그런 선언은 즉각 의문을 불러일으켰다. 그렇다면, 그렇게 많은 사람들이 그때까지 그와 달리 생각하고 달리 행동한 이유는 무엇인가? 또 노예 제도가 지금까지 갈등만 낳은 이유는 무엇인가? 이에 존 피와 개리슨 등은 상식의 적들을 탓하는 것으로 대응했다. 인간의 본성이나 대중 행동이 문제가 아니라, "인민"을 둘러싸고 있는 외적 환경이 문제라는 지적이었다. 거기엔 타락시키는 제도들(학교와 법원을 포함한다)과 사회 및 정치 엘리트들의 이기심, 특히 사람들을 미혹하는 노예제 옹호론자들의 완곡 어법이 포함되었다. 그런 다음에 노예제 폐지론자들은 한 나라의 법률뿐만 아니라 정치적 토론도 단순하고, 명백하고, 서로 교감되는 도덕적 및 지적 영역인 상식에서 비롯되어야 한다는 해묵은 주장을 되풀이했다. 그렇게 해야만 조화와 정의가 꽃을 피우게 될 것이라는 주장이었다. 문제는 노예제를 정당화하는 사람도 "표범이 반점을 변화시키고 에티오피아인이 피부색을 변화시킬 수 있을 때까지, 만약 백인과 흑인 중 어느 한 쪽이 다른 쪽에 종속되지 않는다면, 둘은 서로 다른 영역에서 행동해야 한다"는 주장을 펴면서 미국 대중의 상식에 호소하는 데 별다른 어려움을 겪지 않았다는 사실이다.(14)

미국의 여성 운동도 19세기 말에 비슷한 난국에 처해 있었다. 당시에 미국 여성 운동은 조직적으로나 수사적으로나 노예제 폐지 운동과 관련이 깊었다. 1894년에 아주 유명한 여성 권리 운동가인 토머스 웬트워스 히긴슨(Thomas Wentworth Higginson)은 여성에게 투표권을 부여하는 데 방해가 되는 모든 요소들을 일일이 공격하려고 노력했다. 거기엔 "여자는 투표를 할 수 있을 만큼 분별력이 없다"는 통념도 포함되었다. 이어서 그는 에세이 모음집의 제목을 『여성들에 관한 상식』(Common Sense about Women)으로 붙였다. 거기에 실린 글 중에 논쟁적인 것은 아무것도 없다는 뜻을 암시하는 제목이었다.

같은 해, 뉴욕의 유명한 의사 메리 퍼트남 제이코비(Mary Putnam Jacobi)는 여성들의 목적도 미국 혁명 당시에 반란자들의 목적과 다를 바가 없다고 주장했다. 이유는 그 목적 때문에 "자신이 여성의 참정권이 옳다는 것을 확인하기만 하면 다른 사람들도 똑같이 그것을 확인하게 될 것"이라고 순수하게 믿었던 소수의 여자들이 "역사가 시작될 때부터 서기 1848년[유럽에서 다양한 혁명이 일어났을 뿐만 아니라 미국에서 최초의 여성 권리 총회가 열린 해이다]까지 존재했던 전통과 믿음, 편견, 확신, 습관, 법, 관습들의 전체 시스템"에 맞서야 했기 때문이다. 그 간극을 잇는 다리가 되기 위해, 메리 퍼트남 제이코비는 펜을 들고 참정권에 관한 중요한 책자인 『여성 참정권에 적용한 상식』(Common Sense Applied to Woman Suffrage)을 쓰면서 내내 의도적으로 페인의 말을 인용하고 그의 사상을 반영했다. 그 책자의 두 번째 판의 편집자가 1915년에 썼듯이, 이 에세이집은 "여성의 참정권 요구와 관련해 보편적이고 영원히 진리인 모든 것"을 재확인했다.

그러나 그런 주장과 별도로, 여성 참정권에 반대하는 사람들도 충동적이고 매우 감정적인 여자들에게 참정권을 확대하는 데 따를 위험을 제시하면서 남녀 독자들의 상식에 호소하는 데 아무런 모순을 느끼지 않았다. (우리가 보았듯이, 반동적인 형태의 포퓰리즘은 종종 공적 분야에서 실질적으로 여성의 역할을 확대하는 동시에 이론적으로 전통적인 성적 구분을 강화한다.) 노예 제도를 둘러싼 논쟁에서와 마찬가지로, 여성 참정권을 둘러싼 투쟁에서도 상식은 민주화 확대 운동을 지지하는 한편으로 그 운동을 저지하기도 하고, 또 모든 인간의 유사성(특히 상식의 소유라는 면에서의 유사성)을 명백히 하는 한편으로 인종과 성별, 종교나 국적에 근거한 구분을 재확인시키기도 한다.

정말로, 새로운 세기(20세기)가 밝아올 무렵에, 변화무쌍한 상식 포퓰리즘 정치가 정점을 찍는 것처럼 보이도록 만든 것은 점점 거세지고 있던 국민주의의 물결이었다. 이처럼 "국민"의 대의를 상식의 지배와 연결시키려는 충동은 부분적으로 집권 세력에게 자신들의 목소리와 존재가 전달되지 않고 있다고 느끼는 사람들에게서 비롯되었다. 예를 들면, 미국 동부 해안의 도시들에 부와 권력이 집중되는 가운데 미국 중심부(미국에선 대체로 태평양과 대서양을 접하지 않은 지역으로 통한다/옮긴이) 지역 사람들이 느낀 분노가 1890년대 초에 '인민당'이라는 놀라운 이름을 단 전례없는 제3당의 항의 운동에 불을 질렀다. 이 당의 지도자들이 내세운 약속은 국민의 통합이었다. 인종과 종교는 아니더라도, 계층과 지역의 구분을 초월하여 "전체 인민이 서로에게 품는 사랑과 국민에게 품는 사랑"을 바탕으로 한 정부는 결코 이룰 수 없는 목표가 아니라는 주장이었다. 온갖 형태의 압제의 종식도 불가능한 것이 결코 아니었다. 그 해결책은, 그 후에 나온 애국적 색채가 강한 모든 포퓰리즘과 마찬가지로, 국민의 상식과 국가의 작동을 일치시키는 데 있었다.

상징성이 매우 강한 날인 1892년 7월 4일에, 미국 중서부의 도시 오마하에 모인 수천 명의 군중 앞에서 낭독한 인민당 정강의 머리말에 따르면, 필요한 것은 이중적이었다. 정치를 "애초에 정치가 비롯된 계층인 평범한 인민의 손"으로 돌려줘야 한다는 주장이었는데, 이것은 모든 계층의 열심히 일하는 프로테스탄트들에게 보내는 신호임과 동시에 한쪽으로 외국인과 유색 인종들을, 다른 한쪽으로 동부 해안의 백만장자들을 배제한다는 암시를 담고 있었다. 또 연방 정부의 권력은 "지적인 인민의 양식과 경험의 가르침들이 정당화하는 범위 안에서 최대한 신속하게, 또 최대한 넓게" 확장되어야 했다. 그 당이 선전하며 내세운 결과는 새로운 종류의 정치, 즉 국민 화합의 정치일 것이다.

그러나 세기가 바뀔 때쯤, 국민으로 더 많이 알려지게 될 인민의 상식이라는 개념이 권력을 잡으려고 노력하는 사람들뿐만 아니라 이미 권좌에 오른 정치 지도자들에 의해서도 차용되고 있었다. 그리고 종국적으로 국민의 상식의 가치는 현대 국가 자체의 신념의 일부가 되었으며, 당시에 현대 국가는 새로 정치화된 대중들 사이에 충성과 사회적 응집력을 높이려고 노력하고 있던 터였다. 거기엔 권위적인 성향이 강한 국가든 민주적인 성향이 강한 국가든 예외가 없었다. 우리가 확인한 것처럼, 상식은 이방인들 사이에 공동체를 형성하기 위해 내세울 수 있는 개념적인 도구로 아주 유용하다. 그런 것으로서, 상식은 우파와 좌파의 케케묵은 분열을 타파하고 보편적인 정치 프로젝트로 국민적 통합을 촉진하려는 정부 공무원들에게 매우 유익하다는 사실이 입증되었다.

그러나 상식은 또한 특별한 인민들의 상식을 다른 인민들이 가진 것으로 추정되는 난센스와 반대되는 것으로 강조함으로써 오히려 분열을 조장하는 역할도 할 수 있다. 영국인들과 미국인들, 심지어 독일인들까지 각자 상식의 특별한 강점(대체로 "이론"보다 실용성과 실제 경험을 더 소중히 여기는 성향을 의미하지만, 동시에 경쟁 국가들의 규범보다 자국의 규범이 더 훌륭하다는 점을 암시한다)을 근거로 자신들의 예외성을 주장해 온 오랜 전통을 떠올려보라. 그것은 상식을 불러낸다는 것이 언제나 어떤 타자를, 말하자면 그 감각의 경계 밖에 있는 공통의 반대자를 암시하기 때문이다. 상식의 옹호자가 필딩이든 페인이든 한나 모어이든 아니면 최근의 예로 사라 페일린(Sarah Palin)이든, 그점에는 예외가 없다. 여하튼 포퓰리스트 사고의 중심 사상 하나는 세상을 서로 대치하는 두 개의 진영으로 나누는 것이다. 19세기 말에 상식에서 배제된 사람들은 간단히 훨씬 더 외국인 혐오적인 용어로 정의되었다. 그리하여 외국인들(이민자든 식민지의 주민이든 인종적 소수든 불문)은 상식의 반대 진영으로 밀려 들어가며 어쩔 수 없이 금융가와 철학자, 야당 정치인들의 새로운 동료가 되었다.

그리고 세계가 제1차 세계 대전을 향해 나아가고 있을 때, 미국에서 뿐만 아니라 서유럽 각국의 국가 수반과 정부 대변인들은 특정한 국민의 특별한 요소들과 보편적인 요소들을 정의하기 위해 명백한 관습과 전통뿐만 아니라 공통의 정서와 습관, 편견을 이용하고, 고무하고, 확인하고, 심지어 찬양까지 했다. 잠바티스타 비코는 국민주의 시대가 시작되기 오래 전에 이미 센수스 콤무니스를 정치의 강요에 앞서 국민을 하나로 묶어놓는 것으로 상상했다. 전쟁이 발발하기 직전에, 이런 단결의 감각이 공식적인 정치 영역과 비공식적인 정치 영역에서 똑같이 형성되었던 것 같았다. 왜냐하면 평범한 시민들은 대체로 자신을 국민의 일원으로, 말하자면 주변 세상을 이해하는 카테고리들과 국민의 가치들을 공유하는 존재로 상상하면서 그 이미지에 완전히 매료되기 때문이다.

1914년 "8월의 날들", 그러니까 독일이 세르비아와 러시아에 이어 프랑스와 영국에도 선전 포고를 했다는 뉴스를 듣자마자 독일 시민들이 밖으로 뛰쳐나와 대도시의 거리들을 가득 메웠던 때에 대한 유명한 묘사들을 떠올리는 것만으로도 충분하다. 그 현상을 어느 역사학자는 "대중 국민주의의 분출"이라고 불렀으며, "그 안에서는 계급과 신앙, 지역의 차이는 사라지고 국민만이 완벽한 하나인 것처럼 보였다"고 설명했다.[15] 20세기가 시작될 때, 국민주의 국가와, 대중적인 정당에서부터 공립 학교에 이르기까지 국가의 다양한 조직들은 수사(修辭)와 상징, 의례를 통해 국민적 소속감을 새롭게 불러일으키는 것을 임무로 삼았다. 그러는 가운데 제1차 세계 대전이 발발하기까지 몇 년 동안에 이런 규범들이 내면화되었다. 따라서 이젠 뚜렷한 문화를 가진 뚜렷한 국민의 존재는 뚜렷한 인종과 남녀 구별처럼, 논쟁을 불허하는 하나의 팩트(fact)가 되었다. 국민의 존재는 다른 모든 구분을 초월하여 널리 받아들여졌으며, 이제 막 싹트고 있던 민주적인 상식의 중요한 특징이 되었다.

그러나 제1차 세계 대전은 우리의 이야기에서 중요한 전환점을 이룬다. 그 전쟁이 유럽인과 미국인들의 의식에 가한 수많은 충격들 중에서, 정치와 상식이 서로에게 중요한 무엇인가를 갖고 있다는 사상에 가해진 충격이 특히 더 컸다. 볼테르의 『캉디드』에 등장하는 주인공 캉디드가 18세기 중반에 지구촌을 돌아다닐 때, 그는 이 세상에서 일어나는 일은 모두 합당한 이유가 있다는 생각을 점차적으로 버린다. 그가 발견한 것은 탐욕과 야비함, 천한 욕망, 독단, 그리고 진리로 위장한 편견이 지배하는 세상이다. 전쟁이 끝나기도 전에 그 전쟁의 터무니없음에 허탈해 하며 비틀거리던 많은 사람들의 눈에 비친 현실도 그랬다. 군중의 비위를 맞추려는 정치인과 대중 정당, 첨단 과학, 오락과 광고 중독, 소비 욕구, 복잡한 금융 산업 등이 특징인 현대성은 언뜻 보기에 대량 파괴와 대학살만 남긴 것 같았다. 그런 환멸은 도덕적이면서 동시에 인식론적인 어떤 위기를 낳았다. 모든 사람이 집단적으로 캉디드와 똑같은 경험을 한 것이나 마찬가지였다. 모두가 부르주아의 합리성과 규제 시스템 뒤에 숨어 있는 거대한 위선과 허위를 발견하고는 큰 충격에 빠졌다.

그렇다면 현대의 "계몽된" 정치와 도덕의 위대한 토대였던 상식은 전쟁의 충격에서 어떻게 부활할 수 있었을까? 이에 대한 가장 중요한 집단적인 대답들 중 하나는 상식의 부활은 불가능하다는 것이었다. 이 대답은 영감의 측면에서 부분적으로 독일적이지만 진정으로 세계적이었다. 다다이즘으로 알려진 예술 및 문학 운동은 현대 세계의 상태에 대한 환멸과 분노에서 생겨났다. 그러나 다다이즘 운동과 연결되는 예술가들과 작가들은 전쟁이 벌어지던 때부터 1920년대까지, 대중 정치에서 손을 떼고 개인적이고 주관적이며 심지어 미학적이기까지 한 칸트와 실러의 공통 감각으로 돌아가자는 제안을 내놓지 않고 오히려 대안적인 어떤 경로를 활기차게 추구했다. 그들은 현대 세계를 정면으로 직시하면서 예술과 정치 사이의 경계들을 흐리는 것을 옹호하고, 지배적인 문화의 규범들과 가치들과 언어를 훼손시키는 노력을 공동으로 폈다. 특히, 지배적인 문화가 이런 것들을 묘사하는 데 "상식"이라는 용어를 차용하는 것을 철저히 가로막고 나섰다.

다다이즘은 전쟁에 반대하던 피난민들과 전쟁 기간에 정치적으로 중립적인 도시인 취리히에서 지내게 된, 고국을 떠난 예술가들과 지식인들의 다국어 집단의 산물이었다. 당시에 취리히는 2세기 전의 암스테르담처럼 정치적 난민들의 도피처 역할을 하고 있었다. 그럼에도 그들이 접촉하던 곳은 인쇄소가 아니었다. 18세기 최고의 풍자 작가이며 계몽주의 사상가였던 볼테르를 기려 이름을 다시 지은, 어느 누추한 지역에 위치한 술집이 그들의 활동 중심지였다. 독일 작가 후고 발(Hugo Ball)은 훗날 그 카바레에 대해 "시대에 저항하는 우리 식의 캉디드"

라고 언급했다. 소위 카바레 볼테르에서 후고 발은 시인 트리스탕 차라(Tristan Tzara)와 에미 헤닝스(Emmy Hennings), 리하르트 휠젠벡(Richard Huelsenbeck)과 화가 한스 아르프(Hans Arp)와 마르센 얀코(Marcel Janco) 등과 함께 공연자들과 관객들로 이뤄진 작은 대안적인 공동체를 위해 자그마한 공간을 꾸렸다. 그러나 그들의 집단적인 노력의 추진력은 그 정신을 보면 공동적이라고 보기 어렵다.

다다이즘은 모든 집단적 가치들이나 규범들을 맹렬히 공격했다. 현재의 세계에서 의미 있는 커뮤니케이션이나 공동체를 건설할 가능성까지도 공격 대상에 포함되었다. 불가해한 퍼포먼스와 대담한 몸짓, 기이한 의상, 3개의 언어로 되어 있어 뜻도 알 수 없는 시들의 암송 등을 통해, 다다이즘의 개척자들은 표현과 커뮤니케이션의 기존 관행에 유쾌하게 도전했다.

이런 다양한 장면들을 하나로 연결시킨 것은 "감각"의 전복과 이해력의 훼손이 지배적인 상식의 권위를 포함한 모든 권위의 구조를 해체하는 출발점이 되어야 한다는 사상이었다. 한 세기 반 전에 홀바흐와 볼테르가 품었던 인식과 비슷했다. 그렇다고 취리히에서 다다이즘 운동을 처음 시작한 사람들이 간단히 말해 계몽 운동을 신뢰했다는 말은 아니다. 원조 다다이스트들이 독창적인 언어와 이미지를 빌려 추구한 것은 포탄 쇼크를 받은 자신들의 작은 대중이 20세기 초의 압제적이고 대물림되는 부르주아의 관념 세계와 그것과 함께 오는 모든 것으로부터 해방되도록 돕는 것에 지나지 않았다. 다다이스트들이 부숴야 할 대상은 20세기 초의 위선적인 도덕적 상투어, 시대에 뒤떨어진 사회적 관습, 대중을 오도하는 단어와 이미지, 제스처, 그리고 실제 경험에 반하는 일상의 습관적인 가정들이었다.

칸트처럼, 다다이즘의 창시자들은 포퓰리스트의 뚜쟁이 같은 짓에는 조금도 관심이 없었다. 그들은 스스로를 가공의 "인민" 편에 서면서도 동시에 인민과 상당한 거리를 둔 가운데 현대 세계에 매몰된 아웃사이더로서, 한때 광인이나 바보, 미개인 또는 광대, 보다 최근의 예로는 아방가르드들에게 주어졌던 역할을 수행하는 존재로 보았다. 칸트와 달리, 그들은 자신들로서는 혐오할 수밖에 없는 사회 질서 안에서 이뤄지는 집단적 판단에 대해, 도덕적인 것이든 정치적인 것이든 미학적인 것이든 가리지 않고 강한 회의를 표시했다. 다다(Dada)라는 용어의 호소력도 그것이 무의미와 모순을 암시하고 또 집단이 동의한 의미와 진리의 종언을 암시한다는 사실에서 비롯되었다.

루마니아 출신 이민자로 다다이즘을 주도한 트리스탕 차라에 따르면, 다다는 "무(無)를 의미한다". 그것은 의미를 갖지 않는 기호 표현이고 비(非)도구적인 언어의 상징이다. 차라는 "다다 선언"에서 다다의 뜻에 대해 조금 더 자세히 밝혔다(어떻게 보면 그렇지 않을 수도 있다). "나는 상식을 혐오하기 때문에 나의 입장을 변명하지 않는다."[16] 이 선언은 모순들과 그가 1918년 7월 카바레 볼테르에서 처음 읽었던, 의미론적으로 어리둥절하게 만드는 진술들을 바탕으로 만든, 목적이 있는 선언이었다.

다다이즘이 탄생할 시기에 나온 많은 선전 매체들 중 하나였던 '다다 3'에 실린 차라의 텍스트는 새로운 문화 운동을 예고하는 사전 통지의 역할을 했다. 그리고 전쟁의 여파 속에서, 다다이즘은 취리히와 그 뒤 뉴욕 같은 추방당한 자들의 중심지를 넘어 유럽의 중심지들로 임무와 기법을 전파했다. 칸트가 살던 시대에 프로이센의 중요 도시였다가 바이마르 공화국의 수도가 된 베를린에서, 다다이즘의 풍자적이고 반(反)권위적인 특징은 한때 상식이 본거지로 삼았던 대중 매체와 의회 정치를 포함해서 생활과 예술의 경계를 허무는 작업을 시작하기 위해 카바레의 폐쇄적인 공간을 벗어났다. 차라와 오스트리아의 무정부주의자 발터 제르너(Walter Serner)는 이미 취리히에서 곧잘 속는 매체의 속성을 이용해 센세이셔널한 가짜 뉴스를 끊임없이 제공하고 있었다. 이제 베를린의 다다이즘은 "인민"에 호소하거나 "인민"의 대표자로 나서지 않고 정당들로부터 차용한 기법과 광고와 신문에 의존하면서 공개적으로 예술을 정치로, 또 정치를 예술로 노골적으로 바꾸었다. 그런 식으로 다다이즘은 현대 인간의 뇌의 판단 능력과 감각 인식에 도전하면서 점점 커져가던 도시 군중을 직접적으로 자극했다.

1918년 초에, 바이마르 공화국의 탄생에 이어 혁명적인 봉기와 거리 투쟁이 벌어지는 가운데, 라울 하우스만(Raoul Hausmann)과 리하르트 휠젠벡은 베를린의 언론을 통해 국적 등 모든 구별을 초월하여 누구에게나 열린 "클럽 다다"의 결성을 선언했다. 그 클럽에 가입하는 데 필요한 조건은 어떤 "정신 상태"에 대한 약속뿐이었다. 여기서 우리는 그때와 비슷한 투쟁 단계에 놓여 있던 18세기 초 런던의 '스펙테이터' 지면이나 18세기 말에 파리의 혁명적인 매체들이 상상한 "상식 클럽"을 떠올릴 수 있을 것이다. 그러나 이번에는 공통의 목표가 구분과 갈등을 초월하는 것이 아니라 오히려 "허약한 근육을 가리는 망토에 지나지 않는 윤리와 문화, 내성(內省) 등 온갖 진부한 것들을 산산조각 깨뜨리는 것"이었다. 휠젠벡이 같은 해의 '다다 공동 선언'에서 밝힌 목적이 그랬다. 클럽 다다는 중요한 목표 하나를 진부한 수사(修辭)와 상징과 제도, 현대 대중 정치와 자본주의 공적 생활의 의례적인 제스처들을 타파하는 것으로 잡았다. 주요 수단은 풍자나 파괴였다. 그리고 그런 목표의 달성에는 그림도, 시도, 공연도 그 자체로는 충분하지 않다는 것이 증명되었다.

클럽 다다가 택한 한 가지 전략은 가짜 관직 후보자와 가짜 관료주의와 가짜 정당, 가짜 집회, 가짜 정치 선전물(이 선전물 중 상당수가 좀처럼 출처를 의심하지 않는 주류 언론에 제공되었다)을 만들어내는 것이었다. 클럽 다다의 주요 참여자인 요하네스 바더(Johannes Baader)는 "오베르다다"라는 우스꽝스런 이름의 가짜 정치인 노릇을 하면서 스스로 세계의 대통령이자 영혼의 제국의 사령관이라고 생각했다. 현실 속의 부르주아 단체들을 조롱하는 가짜 단체의 선언도 공개적으로 나왔다. 다다 섹스 센터와 국가들의 해체를 위한 다다 연구소가 대표적인 예였다. 또 다른 방법은 공적 생활의 진부하고 국민주의적인 의례들을 재현하면서 거기에 모순적인 요소들을 가미함으로써 현실 속의 의례들을 폄훼하는 것이었다. 그런 목적이 아니라면, 바더가 독일 제국 의회 후보자로 나서면서 바이마르 공화국의 멸망을 예언하는 글귀가 담긴, 실러의 대형 초상화를 의회에 기부한 이유가 무엇이겠는가? 또 그런 목적이 아니라면, 발터 메링(Walter Mehring)이 자신의 '새로운 독일 국가(國歌)'에 '3명의 소녀가 있는 집에서의 성교'라는 부제를 붙인 이유가 무엇이겠는가? 심지어 혁명적인 공화주의도 받아들여지지 않았다. 그들의 행위 중에서 가장 극적이었던 것은 아마 1919년 4월 1일의 일일 것이다. 그날 하우스만과 바더는 "타자기만으로도" 공화국을 건설하는 것이 어떻게 가능한지를 보여주기 위해서 베를린 교외의 부촌 니콜라세를 "다다 공화국"으로 선포했다. 시장이 시청을 보호하기 위해 군인 200명을 출동시키게 만든 사건이었다.

이 모든 것은 단순히 반(反)국민주의적이고 다소 공산주의적인 어느 아방가르드가 주로 중산층을 놀라게 하기 위해서 특별히 고안한 공연 예술의 일종으로, 일련의 선전 행위로 보일 수도 있다. 그러나 난센스의 정치, 말하자면 동시대 정치적 삶의 모순과 위선을 공격적으로 극화할 뿐만 아니라 비이성적인 행동과 언어를 통해 기존의 사고와 행동 구조를 엎으려고 노력하는 정치를 선보임으로써, 다다이스트들은 200년 동안 이어져 오던 상식의 정치에 집단적으로 도전하는 모습을 처음으로 보여주었다. 정말로, 다다이즘은 민주주의 시대에 정치의 본질에 대한 심오한 공격으로 비칠 수 있다. 20세기 초까지, 좌파든 우파든 어떤 정치 운동도 기존의 지배적인 신념들에 맞서서, 말하자면 "인민"에 대한 거짓 믿음, 진보, 집단적 감각을 강조하던 그런 정치에 맞서 다다이스트들만큼 급진적인 반란을 일으키지 못했다. (여기서 20세기 상반기에도 포퓰리스트의 비유적 표현과 수사(修辭)들은 권위주의적인 정권에나 민주적인 정권에나 똑같이 쉽게 적용되었다는 사실을 기억할 필요가 있으며, 그것이 종종 대재앙을 낳았다.) 틀림없이, 다다이즘은 그 후의 모든 아방가르드 저항 운동의 조건을 제시했다. 아방가르드 저항 운동은 정치적이면서 동시에 미학적인 운동이었으며, 제2차 세계 대전을 거쳐 20세기 후반으로 접어들면서 집단적인 지지와 집단적인 이성에 호소하기를 거부하고 대신에 부조리주의나 비합리성 또는 초현실주의 같은 대응 전략들로 눈을 돌렸다.

그럼에도, 제2차 세계 대전과 뒤이은 원자탄 시대의 시작에 따른 공포 속에서, 예상하지 않았던 일이 벌어졌다. 북아메리카와 서유럽의 이해관계가 상투적으로 "진정한" 인민의 산물로 여겨졌던 상식의 부활을 불렀던 것이다. 북아메리카와 서유럽의 주민들은 한편으로 파시즘과, 다른 한편으로 스탈린주의에 맞서는 상황에서 대의 민주주의에 대한 지지를 끌어내려는 노력의 일환으로 의도적으로 상식을 부활시켰다. 이 부활은 수사(修辭)와 실제 정치의 차원에서 일어났다. 아울러 상식의 부활은 이론의 차원에서도 일어났다.

20세기 후반에 이르러, 상식은 그 어느 때보다 더 자주 제품과 정책을 파는 한 방법이 되었다. 미국 포퓰리즘의 역사를 연구한 마이클 카진이 지적하듯이, "인민이 원하는 것을 규정한 뒤에 그것을 인민에게 파는 것은 오랫동안 상인들과 정치인들의 특기였다".[17] 제2차 세계대전 후에, 이 가르침은 유럽인들에게도 받아들여졌다. 이제 상식은 포퓰리스트들이 대중 소비 사회의 거리 어디서나 휘두를 수 있는 최고의 수사적 무기가 되었다. (21세기 초에는, 한때 프랑스 혁명 정치의 슬로건이었던 "평범한 양식"이 판촉물에서 "겉치레가 전혀 없고 자연적인 논리를 갖춘 전형적인 소비자"로 묘사되는 하나의 캐릭터가 되었다. 이캐릭터의 직업은 프랑스계 캐나다인들의 사회에서 닛산 자동차를 파는 것이다. 내가 사는 버지니아 주의 전화회사는 화살표와 특별한 의미가 없는 문구인 'This way to common sense'로 장식한 트럭들을 운행시키고 있다.) 여기에 정말로 새로울 것은 하나도 없다. 우리는 진부한 것들의 영역에 완전히 잠겨 있다. 명예 혁명이라는 또 하나의 정치적 전환점을 거친 뒤에 상식이 런던에서 처음 발견되었을 때와 마찬가지로, 상식에 호소하는 행위는 표현에 대한 규제 완화라는 맥락에서 보면 지금도 어떤 특별한 관점이나 상품을 다른 관점이나 상품의 희생을 대가로 밀어붙이는, 겉보기에 위협적이지 않고 당파성이 없으며 현대적이기도 한 방법으로 통한다. 지금까지 상식은 그 대상이 비누가 되었든 아니면 관직의 후보자가 되었든 엉터리 선택 기준으로 너무 오랫동안 군림해왔다.

흥미로운 것은, 그 몇 십 년 동안에 새로운 상식의 정치 이론이 새로 부활한 민주적인 정치의 버팀목으로 생겨났는데, 이 상식의 정치 이론도 바로 18세기의 개념상의 혁신들과 실험들에 의존했다는 사실이다. 제2차 세계 대전 이후에 상식의 옹호자로 나선 사람들은 공산주의의 위협과 파시즘의 부활을 우려했다. 그러나 그들은 시민들을 자율적이고 합리적인 행위자로, 또 민주주의를 단지 사적이고 개인주의적인 목적들을 이루는 수단으로만 보는 자유주의도 불충분한 것으로 여기면서 부정했다. 또한 그들은 미학적 판단과 윤리적, 정치적 판단을 분리했던 칸트에게도 등을 돌렸다. 대신에 그들은 기본적으로 계몽주의의 카테고리였던 상식에서 공동체 지향적이고, 참여적이고, 종국적으로 인간적인 얼굴을 한 민주주의를 되살릴 어떤 방법을 발견했다. 그들이 가장 먼저 취할 조치는 미화된 이 개념의 정치적 역사를 노출시키는 것이었다. 문학 평론가 조엘 바인츠하이머(Joel Weinsheimer)의 표현을 빌리면, 상식은 "아무리 쫓아내려 해도 사라지지 않는 귀신처럼" 정치 분야에 그런 식으로 계속 나타나게 되었다.[18]

당시에 바인츠하이머가 그런 표현을 쓴 것은 한스 게오르크 가다머 (Hans-Georg Gadamer)의 장대한 해석학 프로젝트와 관련해서였다. 『진리와 방법』(Wahrheit und Methode)을 발표한 1960년에, 가다머는 독일의 또 다른 대학 도시인 하이델베르크에서 철학 교수로 활동하고 있었다. 그는 60년에 걸쳐서 제3제국의 흥망을 포함한 독일 정권의 변화를 면밀히 관찰해온 인물이었다. 그럼에도, 겉보기에 그의 주제는 정치와 직접적인 관계가 거의 없었다. 『진리와 방법』은 특히 "과학의 방법론적 수단"으로는 증명할 수 없는 진리들과 관련한 이해의 경험을 면밀히 분석했다. 한때 마르틴 하이데거(Martin Heidegger)의 학생이기도 했던 가다머는 칸트가 『판단력 비판』에서 정리한 미학의 영역을 살피는 것으로 그 과제를 시작했다.

그러나 가다머는 예술에 대한 판단과, 식별이 요구되는 다른 형태의 지식 또는 진리를 구분하려던 칸트의 노력을 인정하지 않았다. 가다머는 간트의 그런 노력에 대해 그 후로 소위 인문 과학들에 치명적인 결과를 안긴 것으로 보았다. 그러면서 그는 칸트가 세 번째 비판인 『판단력 비판』의 바탕으로 삼았던 인본주의적 개념들의 옛날 의미들을 되찾는 것을 자신의 프로젝트로 삼았다. 가다머가 설명의 제1 순위로 잡은 개념은 양성이었다. 그 다음에 상식, 판단력, 취향 순으로 이어졌다. 가다머의 관심을 끈 것은 이런 정신 작용들이, 그의 주장에 따르면, 과학의 지적인 방법들의 승리로 인해 우리가 더 이상 인식하지 않게 된 어떤 중요한 인식 능력을 갖고 있다는 사실만이 아니었다. 가다머의 노력에 중요한 것은 (오래 전에 잃어버린) 그 정신 작용들의 윤리적, 정치적 중요성을 복구시키는 것이었다.

가다머가 ("common sense"와 "le bon sens"와 달리) 독일어에서 도덕적 울림이 적절히 느껴지는 단어를 찾을 수 없다는 사실에 실망하며 그냥 '센수스 콤무니스'라고 부르기로 한 것에 관해 말하자면, 이것은 대안적인 어떤 지적 전통을 되살리는 것을 의미했다. 이 지적 전통은 고대 로마인들로부터 시작되었으나 활용 가능한 형태를 취한 것은 마지막 위대한 인본주의 사상가로 불리는 비코와 섀프츠베리의 글에서였다. 비코와 섀프츠베리는 이미 이 유산을 현대성의 새로운 지적, 사회적 환경에 적용시켰다. 가다머에게 실망스럽게도, 데카르트 이후로 과학의 궤적은 공동체 정서 또는 "편견"을 개인이 객관적 진리를 추구하는 것을 방해하는 요소로 폄하했다. 가다머에 따르면, 칸트는 센수스 콤무니스에게 주관적인 미학적 판단의 커뮤니케이션에서 어떤 역할을 맡기면서도 사회적 삶에 중요한 진리를 결정하는 데는 어떤 역할도 부여하길 거부함으로써 지식에 대한 이런 잘못된 접근을 영속시킨 인물이다. 그럼에도, 비코는 현대 과학의 이성에 도전하면서, 도덕적 및 정치적 존재는 상식에 의존한다는 점을 제대로 지적했다. 비코가 말하는 상식은 모든 인간에게 공통적인 어떤 능력을 의미할 뿐만 아니라 옳고 그른 것을, 적절한 것과 부적절한 것을, 그리하여 최종적으로 역사와 조화를 이루며 발달하는 공익을 판단하는 "감각"까지 의미했다.

가다머가 비코를 해석한 바와 같이, 이 센수스 콤무니스는 보편적인 이성이나 이론, 논리와 달리, 현실의 구체적인 공동체 안에서 사는 삶의 결과물이었다. 그것은 또 "공동체를 세우는 감각"이었다. 정말로, 그것은 "우리의 행동과 일을 통해서 모양을 이루기 때문에 인간의 도덕적 및 역사적 존재"를 근본적으로 다듬었다.[19] 그리고 가다머는 비코의 시대에는 분명하지 않았지만 상식을 이런 식으로 받아들인 사람이 비코만은 아니었다고 지적한다. 전후에 활동한 독일 철학자 가다머는 비코처럼 현대의 과학 숭상 때문에 오랫동안 가려져왔던 것을 본 현대 사상가들의 계보를, 말하자면 사회와 국가의 일에 있어서는 판단력과 취향은 말할 것도 없고 공통 감각도 그 중심에 자리 잡는다는 점을 확인한 현대 사상가들의 계보를 파악하는 것을 자신의 임무로 받아들였다.

이 책을 마무리해야 하는 단계에 이른 지금, 가다머의 설명에 등장하는 이름들 대부분은 친숙하게 들릴 것이다. 비코의 카운터파트는 섀프츠베리 백작이며, 섀프츠베리 백작에게 상식은 "자연법의 일부로 모든 사람에게 주어지는 능력이기보다는 하나의 사회적 미덕이며, 머리의 미덕 이상으로 가슴의 미덕"이다.[20] 허치슨과 흄에서, 이 "가슴의 미덕"이 도덕 감각으로 바뀐다. 그러나 가다머가 지적하듯이, 섀프츠베리가 센수스 콤무니스를 차용한 것이 리드와 애버딘의 상식 사상가들에게 영향을 미쳤다. 당시에 애버딘의 상식 사상가들은 인식론적 카테고리로서 상식과 사회적 관심 사이의 연결을 확인하고 있었다. "그들의 눈에, 건전한 이해력, 즉 양식의 철학은 형이상학의 '광기'에 대한 치유책일 뿐만 아니라 사회가 공평하게 돌아가도록 만드는 도덕 철학의 원칙까지 담고 있었다."[21] "양식의 고전적인 땅"인 프랑스에서도 이 도덕적인 요소는 20세기까지 그대로 아무런 상처를 입지 않은 채 깨끗이 남아 있었다. 앙리 베르그송(Henri Bergson)도 단지 상식의 사회적 기능을 진지하게 받아들인 오랜 전통 중에서 최근의 한 예일 뿐이었다. 오직 독일 사상가들만(중요한 예외로는 18세기 중반의 프리드리히 크리스토프 외팅거(Friedrich Christoph Oetinger)와 경건파 교도들이 있다)이 "공통 감각에 담긴 정치적 및 사회적 요소"를 지속적으로 부정했으며 "공통 감각에서 정치적인 내용을 비웠다". 가다머는 센수스 콤무니스와 현실 세계를 연결시키려는 추가적인 노력으로, 사회적으로나 정치적으로 수용력이 "철저히 결여된" 시대와 장소에서 상식에 대해 인본주의적 차원에서 깊이 생각하는 것은 불가능하다고 주장했다.[22] 그런데 독일 역사의 대부분이 그런 시대와 장소에 해당한다.

그러나 가다머는 그런 식으로 상식 개념을 복구하는 것이 어떻게 정치적 관행으로 이어질 수 있는지에 대해서 충분히 설명하지 않은 것은 물론이고, 그 복구가 어떻게 정치적 이론으로 효과적으로 발전할 수 있는지에 대해서도 충분히 설명하지 않았다. 전후(戰後) 정치의 관점에서 보면, 그의 중요한 기여는 인간 행위자들에게 인식론적인 측면에서 겸손할 것을 촉구했다는 점이다. 데카르트에겐 실례가 될 소리이지만, 그런 인식론적 겸손은 우리가 역사와 언어 또는 "편견"(가다머는 역사적 배경 때문에 제한적이게 된 가정들을 이런 도발적인 용어로 불렀다)에서 벗어난 상태에서 세상을 판단하지 못한다는 사실을 인정하는 데서 비롯된다. 가다머의 『진리와 방법』에서, 독자들은 역사와 공동체 전통의 산물로서 상식은 억제하기보다는 권능을 부여하는 것으로, 과학의 주장들에 대한 하나의 긍정적인 평형추로 여겨져야 하는 것이 아닌가 하는 느낌을 막연히 품게 된다. 이런 입장 때문에 일부 해설가들은 가다머를 전통주의자라고 부르기도 했다. 이리하여 상식을 정치 이론으로 담아내는 임무는 하이데거의 또 다른 옛 제자에게 맡겨지게 되었다. 이번에는 1930년대 말 이후로 파리와 뉴욕에서 망명 생활을 해온 유대인 여성이었다. 그 학생이 바로 한나 아렌트였다.

가다머처럼, 아렌트도 자신의 사고를 명쾌하게 밝히기 위해 최종적으로 칸트로, 특히 미학적 판단, 즉 센수스 콤무니스를 다룬 칸트의 세 번째 비판으로 거슬러 올라갔다. 그러나 아렌트는 상식의 옛 개념에서 정치색을 빼버렸다고 칸트를 비난하지 않았으며, 오히려 그녀는 칸트의 미학 이론에서 정치적 판단의 한 모델을 발견할 것을 요구했다. 이 주제가 그녀의 커리어 중 상당 부분을 차지하게 된다. 게다가, 아렌트는 이 감각을 정치적 함의를 지닌 해석적 원칙으로 채택하지 않았다. 대신에 그녀는 그것이 공동체 건설에 "인민"이 적극적으로 참여하는 것으로 시작하는 어떤 정치의 토대와 목표를 제시할 것이라고 기대했다. 아렌트에게, 상식을 배양하면 적어도 잠재적으로는 진정한 민주주의에 필요한 무대가 세워질 것처럼 보였다.

아렌트의 전후 활동 초기 몇 년을 지배한 그 문제는 당시로서는 아주 중대한 문제였다. 구체적으로, 어떤 현대적인 조건이 히틀러와 스탈린의 전체주의를 가능하게 만들었는가? 이 질문을 거꾸로 돌리면 이런 질문도 가능하다. 왜 민주주의가 20세기에 구현되지 못하고 실패했는가? 아렌트는 이 딜레마에 특이한 접근법을 보였다. 역사를 되돌아보면서, 특히 18세기를 끊임없이 살피면서 현대성의 본질을 탐구했다. 그녀는 또한 처음부터 정치와 정신의 습관들의 연결에, 말하자면 특별한 정신 작용, 즉 성향이 특정한 정치적 구조를 촉진시키고 거꾸로 특정한 정치적 구조가 특별한 성향을 촉진시키는 그 과정에 큰 관심을 보였다. (이런 측면에서 보면, 그 후에 인식론이 정치적으로 개입한 역사를 연구하는 모든 노력에 아렌트의 영혼이 떠돌고 있다고 볼 수 있다. 당연히, 이 책도 예외가 아니다.)

미국 혁명과 프랑스 혁명이 서로 연결되면서 논의되는 예가 드물었던 때에, 아렌트의 연구에 두 혁명은 아주 중대해 보였다. 1950년대와 1960년대 초에 뉴욕에 거주하면서 뉴 스쿨에서 학생들을 가르쳤던 아렌트는 18세기 미국 정치 문화의 중요한 특징에서 자신이 찾던 능동적인 정치적 삶의 생생한 예를 발견했다. 아렌트는 미국 혁명이 시작될 당시에 도시의 급진주의자들이 활용했던 뉴잉글랜드 자치 정부들의 워드(ward)(행정이나 선거를 위해 도시나 읍을 나눈 단위를 뜻한다/옮긴이) 시스템을 대단히 높이 평가했다. 그곳 주민들은 이 시스템을 통해 서로 함께 모여 공통의 관심사를 나눌 수 있었다. 아렌트가 인용한 바에 따르면, 토머스 제퍼슨은 "인민의 목소리는 모든 시민들의 공통 이성에 의해 공정하고 평화롭게, 또 충실하게 표현되고, 논의되고, 결정된다"고 말했다.[23] 아렌트는 그러나 그 이상이 미국뿐만 아니라 다른 지역에서도 오래 지속되지 못했다는 점을 강조했다.

『혁명론』(On Revolution)(1963)에서, 아렌트는 프랑스 혁명가들이 처음에 민중 클럽들과 자치 위원회들을 실험한 뒤에 진정으로 공화적이고 참여적인 정치 문화를 조성하는 데 빠르게 실패했다는 점을 분명히 밝혔다. 굶주림에 허덕이던 "인민"은 오직 경제적 생존에만 관심을 둔 폭도 또는 집단적인 무리로서 정치에 들어갔다. 그리고 그 후의 모든 혁명 운동에서와 마찬가지로, 직접적인 통치는 금방 혁명적인 "당(黨)들"과 정치인들, 큰 행정 기구로 대체되었다. 이 행정 기구는 시민들과 상당히 동떨어진 채 움직였으며, 시민들은 오직 투표권만 갖게 되었다. 아렌트는 의미 있는 정치가 이뤄지지 않는 세계를 경멸적으로 대중 사회라고 불렀는데, 바로 그런 사회가 이미 현실로 나타나고 있는 중이었다.

자본주의와, 19세기 산업 혁명으로 비롯된 시장 문화가 인민을 공적 영역으로부터 더욱 멀어지도록 만들었다. 현대 과학도 모든 사람에게 안정적인 기준점의 역할을 하던 자연의 세계로부터 그 기능을 제거함에 따라 정신적 및 사회적 유대를 깨뜨리는 데 중요한 역할을 했다. 아렌트에게, 전체주의는 단지 현대의 조건이 된 것, 즉 정치적이면서 인식론적인 어떤 진공 상태의 극단적인 버전에 지나지 않았다. 정부가 주도하는 테러와 이데올로기 때문에 현실로부터도 차단되고 또 서로로부터도 차단된 상태에서 판단 능력을 발휘할 수 없었던 "대중"("인민"과 반대되는 것으로서)은 마침내 건강한 정치적 삶에 필요한 것을, 말하자면 상식이라는 이름에 걸맞은 것을 조금도 공유하지 못하게 되었다.

아렌트는 이런 주장을 거듭 펼쳤다. 『전체주의의 기원에 대해』(On the Origins of Totalitarianism)(1951)를 보면, 이데올로기적인 사고의 출현을 낳는 것은 바로 공동체 감각, 즉 타인들과 연결되었다는 느낌과 상식의 점직적 퇴조이다. 당초 1953년 '파티전 리뷰'(Partisan Review)에 발표된 '이해와 정치'(Understanding and Politics)라는 에세이에서, 전체주의의 출현은 상식이 추상적 논리에 대한 강압적 추종으로 대체된 것과 밀접한 관계가 있는 것으로 분석되고 있다. 이 추상적 논리에서, 기본적인 원칙들은 현실 세계의 사정과 상관없이 모든 상황에 들어맞는 것처럼 보인다. 에세이 '이해와 정치'의 한 대목을 보자.

생물학의 "적자 생존"이나 역사의 "가장 진보적인 계급의 생존" 같은 과학적 가설을 사건들의 전체 과정에 적용할 수 있는 하나의 "사상"으로 다루는 것이 이데올로기 자체의 특성이라면, 그 "사상"을 논리적 의미에서 하나의 전제로, 다시 말해, 어떤 자명한 진술로 왜곡하는 것은 이데올로기들을 전체주의적으로 변형시키는 행태의 특성이다. 여기서 말하는 그 자명한 진술로부터, 그 외의 모든 것이 논리적으로 일관성 있게 추론될 수 있다.

그 결과 조성되는 것은 행위자들이 더 이상 옳은 것과 그른 것을, 사실과 허구를 구분하지 못하게 되는 상황이며, 거기서는 심지어 역사학자조차도 과거를 돌아보며 어리둥절할 수밖에 없다. 『인간의 조건』(The Human Condition)(1958)에서, 아렌트는 다음과 같이 선언하면서 현대적인 상황의 고통을 다시 묘사하고 있다. "대중 사회를 그렇게 참아내기 어렵게 만드는 것은 그 사회에 속한 개인들의 숫자가 아니다. 개인들의 숫자는 적어도 일차적인 이유는 아니다. 그보다는 개인들 사이에서 세상이 그들을 뭉치게 만들고, 그들을 서로 연결시키고, 분리시키는 힘을 상실했다는 사실이 그 이유이다." 그리고 아렌트는 이런 현상을 기본적인 이성의 능력, 말하자면 다른 사람들의 판단에 비춰보지 않고 2 더하기 2는 4라고 결정할 수 있는 능력 그 이상의 것으로 이해되는 상식의 실종 탓으로 돌리고 있다.

아렌트가 당대의 조건에서 진정한 정치가 복구될 수 있다고 주장한 적은 없지만, 앞의 진단은 어떤 해결책의 윤곽을 암시하고 있다. 아렌트가 "야만"의 정치에 대한 대답으로 제안한 것은 자연 발생적인 것이든 외부의 강요에 의한 것이든 규율을 더 많이 강요하는 쪽은 아니었다. 개인들에게 요구되는 것은 일종의 공적 생활로 돌아가는 것이다. 개인들이 세상사를 끊임없이 타인들의 관점에서 보고 평가하는 그런 생활 말이다. 『인간의 조건』에 따르면, 공적 생활은 진정으로 "개인들을 뭉치게 만들고, 서로 연결시키고, 서로 분리시킨다". 바꿔 말하면, 의미 있는 대책은 어떤 것이든 반드시 상식의 부활과 배양으로 시작해야 했다. 만약 순수한 정치가 "인민"이 자신의 모습을 그대로 드러내면서 말하고 행동하고 결정하는 뉴잉글랜드의 읍민회 같은 것으로 상상된다면, 그것은 거기서 얻어지는 결과물, 즉 상식이 전체주의와 연결되는 획일적인 이데올로기와 정반대였기 때문이다. 아렌트에서, 정치적 행위와 상식은 함께 일어서고 함께 쓰러진다.

그러나 아렌트의 글에 등장하는 이 상식은 도대체 무엇인가? 바로 여기서 문제가 까다로워진다. 아렌트는 세월을 두고 이 핵심 개념을 여러 가지로 정의했다. 한때 그녀는 이 개념을 모든 사상가들이 자신의 결과물들의 "미로"(迷路)를 더듬으면서 빠져나가도록 돕는 "아리아드네의 실"(그리스 신화에 나오는 표현으로, 미로처럼 복잡한 문제를 푸는 열쇠라는 뜻이다/옮긴이)이라고 부르기도 했다. 정말로, 그녀는 다양한 지점에서 우리가 상식에 관한 사고의 역사에서 확인한 중요한 요소들을 거의 전부 반향하고 있는 것 같다. 어떤 때는 5가지 외부 감각들의 공동 영역이 상식이라는 원래의 개념을 되살리면서 현대의 아리스토텔레스 학파 학자 같은 모습을 보인다. 우리가 현실 속에서 방향을 제대로 잡으면서 세상을 헤쳐 나가는 일을 돕기 위해 뚜렷이 구분되는 5가지 감각들이 서로 조화를 이루도록 맞추는 일을 책임지고 있는 "내부 감각"이 상식이라는 설명이다. 『정신의 삶』(The Life of Mind)(1973년에 강의한 내용을 묶은 책)에서 사고에 대해 논하면서, 아렌트는 상식에 대한 자신의 생각을 토마스 아퀴나스의 생각과 직접 연결시킨다. 상식을 "5가지 감각들을 하나로 묶어주고, 또 내가 보고 만지고 듣고 맛을 보고 냄새를 맡고 있는 것이 똑같은 대상이라는 것을 보증하는 데 필요한 제6의 감각"으로 본 것이다.[24] 이 설명에서, 상식은 또한 개인적인 느낌을 공적인 것으로 만들고 또 우리가 언어를 통해 다른 사람들과 그 느낌을 공유하도록 허용하기도 한다. 그녀는『인간의 조건』에서도 똑같은 주장을 편다. 이 책에서, 상식은 "뚜렷이 구별되는 5가지 개인적인 감각들과 그 감각들이 지각하는 매우 구체적인 자료들을 현실과 조화시키는 감각"이다. 따라서 상식은 우리 자신들의 공통성을 드러내는 것은 말할 것도 없고 우리가 공유하고 있는 세상까지 우리에게 드러낸다.

그럼에도, 다른 곳에서 그녀는 상식은 경험과 관습에서 비롯되는 공통의 지혜로서, 반박 불가능한 것도 아니고 영원한 것도 아니지만 그것을 표현하는 대중의 언어와 더불어 옳은 방향으로 발전하고 있다고 주장하면서, 에드먼드 버크나 심지어 가다머처럼 들리는 말을 하기도 한다. '이해와 정치'라는 에세이에서, 상식은 "위대한 문명 어디서나 모든 사람들이 공유하고 있는, 물려받은 지혜의 일부"이거나 시비의 대상이 되지 않는 일상의 가정(假定)들과 가까운 것이 된다. 또 다른 곳을 보면, 아렌트는 가다머처럼 자신의 사상들을, 몽테스키외에서부터 폴 발레리(Paul Valéry)까지 이어지는 프랑스 양식의 오랜 "고전적인" 전통과 연결시킨다. 폴 발레리의 경우에 현대 세계에서 상식으로 통하는 것의 파산을 처음 탐지한 인물로 통한다. 마지막으로, 아렌트는 칸트의 센수스 콤무니스 개념을 받아들이며 그것을, 모든 일에서 판단의 근거가 되고 또 거꾸로 판단에 특별한 타당성과 공정성을 부여하는 "공동체 감각"이라고 부른다. 여기서 아렌트는 이 책이 시작하던 시점에 제시했던 메타포로, 상식을 재판관과 검열관으로 보던 메타포로 우리를 다시 안내하고 있다. 지금까지, 17세기의 정치적 또는 심리적 이론에서부터 오랜 세월을 더듬어 내려왔는데도 말이다.

어느 한 관점에서 보면, 이것은 일관된 이론을 세우기가 불가능할 만큼 뒤죽박죽 뒤섞인 정의(定義)들의 집합이다. 그럼에도, 상식을 정의하려는 아렌트의 모든 시도들이 공통적으로 보이는 특징이 한 가지 있다. 이 개념이 아렌트의 작업에서 그렇게 긴 생명력을 발휘하고 있는 이유를 설명해주는 특징이다. 그것은 바로 상식이 "정치적 자질들의 계급 순위에서 높은 자리를 차지하고 있고 또 탁월한 정치적 감각"이라는 확신이었다.[25]

여기서, 상식에 관한 여러 인식들 중에서 그녀가 유일하게 부정했던 것이 한 가지 있다는 사실을 짚고 넘어가자. 상식이 "세상과 아무런 관계가 없는 내부 기능"으로 환원될 수 있다는 사상을, 달리 표현하면 상식은 다른 사람들과 동떨어진 가운데 논리적 추론을 할 수 있는 기본적인 능력이라는 사상을 그녀는 받아들이지 않았다. 이유는 그런 사상이 "현대의 비극적인 특징"이기 때문이다. 아렌트에게 주로 고립된 경험으로 받아들여지는 사고(思考)와 달리, 상식은 사람들이 현실 세계와 지속적으로 관계를 맺도록 한다. 상식은 또 사람들이 서로 관계를 맺도록 만든다. 그리고 상식은 사람들이 공적 생활을 펼 수 있는 한계를 정해준다. 아렌트에게, 상식은 종국적으로 보면 다원적이고 수다스런 세상에 적합한, 강압적이지 않으면서도 결정적으로 중요한 사회적 접착제이다. 그녀에게 상식의 중요성은 상식이 형성되는 경우에, 인민들 사이의 모든 다름을 파괴하거나 인민을 대중으로 만들지 않고도, 전체주의적인 정치와 전체주의적인 정신적 삶이 번성하도록 하는 그런 정신적 분리를 "인민"이 겪지 않도록 보호해 준다는 데에 있다. 진정한 상식은 표현과 의견 교환의 자유가 지배하는 그런 견고한 공적 영역 안에서만 나올 수 있다고 아렌트는 주장한다. 그러나 그런 조건에서 이뤄지는 상식의 재생산과 강화는 또한 교조주의와 이데올로기, 과도한 일치, 강압 등으로부터 자유로운 정치가 가능하도록 만든다. 달리 말하면, 상식은 하나의 수단인 동시에 하나의 목적이며, 진정한 민주주의가 세워질 터전임과 동시에 진정한 민주주의가 창조하는 결과물이다.

이것은 아렌트가 평생 동안 인간의 정신적 활동과 정치적 삶의 관계를 연구해 오던 마지막 단계에서 칸트(그녀는 칸트와 출생지도 같고 칸트처럼 혁명의 시대에 매료되었다)에게 눈을 돌린 이유를 잘 설명해 준다. 그녀는 칸트가 『판단력 비판』에서 정치로부터 물러서는 모습을 보이기는커녕 정치 행위 자체를 개념화하는 데 필요한 최고의 청사진을 제시했다고 주장한다. 아렌트는 일찍이 1957년에 칼 야스퍼스(Karl Jaspers)에게 보낸 편지에서 칸트의 미학적 판단에 관한 글에 "숨겨진" 정치 철학을 찾아냈다고 언급했다.[26] 아렌트가 1975년에 죽음을 맞을 때 미완으로 남긴 것은 그녀가 칸트의 "쓰이지 않은 정치 철학"이라고 부른 것에 대해 설명하는 글이었다. 『정신의 삶』의 '사고'와 '의지'에 이어 3권을 이루게 되어 있던 '판단'에 관한 에세이였다. 그 에세이의 개요는 아렌트가 1970년 겨울 뉴욕의 뉴 스쿨에서 한 칸트에 관한 강의를 보면 대충 알 수 있다. 그 강의 내용이 에세이의 초안이 되었을 것이다. 아렌트가 칸트에게서 얻은 가르침은 모든 판단은 정치적이라는 것이다. 왜? 이 질문에 대한 대답은 삼중적이다. 왜냐하면 사람은 누구나 공동체의 일원으로서 판단을 내리고(이유는 사람이 나머지 모든 사람의 동의를 '얻으려 노력할' 수 있을 뿐이기 때문이다), 그 판단 자체가 공동체의 감각, 즉 상식에 뿌리를 내리고 있고, 또 판단이 커뮤니케이션에 열려 있기 때문이다. 이 말은 곧 판단이 우선 칸트가 '확장된 사고방식'(enlarged mentality)(다른 사람의 관점에서 생각하는 마음을 일컫는다/옮긴이)이라고 부른 것이 작용한다는 사실을 보여주는 한 상식의 재구성을 돕는다는 뜻이다. 아렌트에게, 칸트가 반대로 주장하고 있음에도 불구하고, 상식에 대한 그의 설명을 정치 영역으로 옮겨서, 자유롭게 말하고 듣는 것이 가능한 조건에서 보통 사람들이 자신의 미학적 삶뿐만 아니라 사회적 삶과 도덕적 삶의 문제와 관련해서 내리는 판단에 상호 주관적 타당성을 부여하는 데 이용될 수 있다고 말하는 것은 논리의 비약이 아니었다.

이렇듯, 아렌트는 가망 없어 보이는 이런 요소들을 바탕으로 민주적인 관행을 순전히 자유주의적인 정당화나 규칙들에 의존하는 틀로부터 구하려 노력했다. 아렌트를 엄격히 공동 사회주의 지지자나 공화주의자로 분류하지 못한다. 다원성에 관한 그녀의 관심이 그런 분류를 불가능하게 만든다. 그렇다고 그녀를 포퓰리스트로 보는 것도 터무니없다. 포퓰리즘은 정해진 어떤 원칙이기보다는 정치적 설득의 한 유형이다. 그러나 그녀가 제2차 세계 대전을 거치고 또 뉴욕에서 외국인 학자로서 사는 과정에 드러낸 사상적 궤적을 보면, 거기서 포퓰리스트의 몇 가지 중요한 동기들의 변형이 발견된다. 인류 역사 초기의 직접 민주주의를 옹호하고, 합리주의적이고 기술 관료적인 특징을 지닌 현대의 정치적 삶에 나타나는 소외에 실망하고, (폭도나 군중, 대중 또는 특정한 어느 한 계급이 아닌) 인민을 역사의 위대한 행위자로 보는 사상을 고수하고, 당과 표어를 혐오하고, 특히 표현의 자유와 일상의 경험에서 나온 인민의 집단 상식을 건강한 정치 생활의 원천이자 보증으로 보는 점 등이 그렇다. 그녀의 이런 자세에 대한 비판도, 가망 없는 이상주의라는 지적에서부터 실제로 파시즘과 맥이 닿는, 정치의 위험한 미화라는 비난까지 실로 다양했다. 그러나 흡인력 또한 분명했다. 20세기의 상당 부분을 유럽과 미국에서 보낸 아렌트는 커리어 후반에 독자들에게 보통 사람들의 상식이 경이를 이룰 수 있는, 일종의 참여 민주주의의 비전을 제시했다.

물론, 이 모든 것은 오늘날의 현실 정치의 영역과 거의 아무런 관계가 없을지도 모른다. 최근에 이상한 어떤 일이 벌어졌다는 사실만 제외한다면 말이다. 상식의 귀신은 사라지지 않았다. 필딩은 자신의 예언이 적중한 것을 확인하고 편안하게 쉴 수 있게 되었다. 그러나 실은 그와 정반대의 일이 벌어졌다. 우리가 정치적이라고 규정하는 문제들은 틀림없이 갈수록 더 복잡해지고 있고 언제나 전문적이다. 탁월한 경제학자들과 과학자들까지도 금융 분야나 지구 환경이 엉망인 이유와 그 해결책을 찾지 못해 힘들어하고 있다. 인터넷 시대를 맞아 공적 영역은 서로 다른 목소리로 넘쳐난다. 여론 조사도 그런 분열상을 그대로 보여주고 있다. 공통 문화가 공적 논의의 바탕이 됨과 동시에 결과물이 되어야 한다는 사상이 기이하게 들리기 시작하고 있다. 그럼에도, 민주주의가 유일하게 받아들일 수 있는 글로벌 규범으로 변함에 따라, 상식은 공적 생활에서 관념적으로나 수사적으로나 그 어느 때보다 더 소중해졌다.

정말 기이한 점은 서구에서 효과적인 정치적 해결책의 바탕으로 상식에 호소하는 것이 아렌트 이후로 우파에서 점점 더 뚜렷해지고 있다는 사실이다. 장 마리 르펜(Jean-Marie Le Pen)이 1980년대부터 외국인을 혐오하는 모습을 보이며 진정한 프랑스 사람의 '양식'을 주창한 것에서부터, 마이크 해리스(Mike Harris) 캐나다 온타리오 주 총리가 1990년대 말과 2000년대 초에 과세와 큰 정부에 반대하며 외친 소위 상식 혁명, 그리고 2010년에 미국의 사라 페일린과 마이크 허커비(Mike Huckabee), 글렌 벡(Glenn Beck)과 그들의 티 파티 지지자들이 내건 "상식 보수주의"까지, 우파가 상식을 자주 들먹이고 있는 것이다. 상식의 위대한 "아메리카" 사도였던 급진적인 영국인 톰 페인이 지난 몇 년 동안에 우파의 현자로 이용되었다.

『상식』이 출간된 후 200년 동안, 페인은 세계 각국의 급진주의자와 혁명가들의 수호성인 노릇을 해왔다. 1848년에 그의 영혼을 불러냈던 프랑스와 독일의 공화주의자들에서부터 대공황 때 다시 한 번 혁명적 상식이라는 기치를 내걸고 사회주의 잡지를 창간했던 뉴욕 지식인들까지, 모두가 페인에 의지했다. 그러나 로널드 레이건(Ronald Reagan) 행정부를 시작으로, 페인과, 정치에 대한 그의 "상식" 접근은 미국에서 두 번째 내세(來世)를 시작하게 되었다. 자칭 보수주의자인 레이건은 노선의 변화를 놀라울 정도로 보였다. 그는 대통령에 오른 뒤 몇 년동안 작은 정부나 혁명 정신의 필요성을 간결하게 전할 애국적인 문장을 찾아 1776년에 나온 오리지널 『상식』을 자주 뒤졌다. 그런 다음에 그는 문장에 페인처럼 단순하고 교훈적인 메시지를 실어 진리인 것처럼 꾸며 자신의 정책을 정당화했다. 레이건이 자신의 정치적 선택에 대해 설명하는 대목을 보자. "상식은 우리에게 이렇게 말하고 있다. 어떤 품목에 대해 세금을 많이 물리게 되면, 사람들은 그 품목을 덜 만들 것이라고." "상식은 우리에게 이렇게 말하고 있다. 평화를 지키려면, 우리는 지난 몇 년 동안의 나약하고 혼란스런 모습을 버리고 다시 강해져야 한다고."(27) 1970년대 캘리포니아 주지사 시절에 레이건은 "정부는 정체 모를 미스터리가 절대로 아니며, 정부도 가정이나 경영, 개인적인 일에 적용하는 상식을 바탕으로 효과적으로 운영될 수 있다"고 주장했다. 그때부터, 소위 말하는 레이건 혁명에 대해 "우리의 가치들과 상식의 위대한 재발견"이라고 설명한 1989년 고별 연설까지, 위대한 소통자 레이건은 보통 사람들의 단순하고 평범한 논리가 자신에게 정확한 나침반이 되어주었다는 뜻을 거듭 밝혔다. 정말로, 그는 청중에게 세련된 포퓰리스트의 면모를 보이면서 자신은 정치인이기보다 국민의 한 사람이며, 정치적 인사이더인 동시에 아웃사이더라는 점을 끊임없이 강조했다.

당시에 그의 말에 솔깃했던 사람들이 있었음에 틀림없다. 왜냐하면 21세기 첫 10년이 지날 즈음에, 상식이 보수주의 쪽 포퓰리즘의 한 중심 사상으로 자리 잡게 되었기 때문이다. 페인도 그 전 어느 때보다 더 큰 인기를 누리게 되었다. 그의 형식과 메시지를 현재에 맞게 다듬은 책들과 비디오들이 붐을 이루었다. 그 연결은 페인의 실제 사상에 있지 않다(18세기와 19세기에 페인의 반대자들이 지칠 줄 모르고 지적했듯이, 어쨌든 페인은 경제적 급진주의자였으며 신앙을 갖지 않은 사람이었다). 그것은 맨 먼저 수사와 스타일의 문제이고 정치에 관한 관점의 문제이다. 오늘날 정치에 식상한 사람들에게 페인은 권력 있는 사람들에게 맞서는 힘을 상징한다. 게다가, 페인은 우리 시대의 급박한 정치 문제들에 대한 단순하고 일상적인 해결책을 의미한다. 금융가와 지식인, 외국인, 정치인, 저널리스트, 과학자, 도시 거주자, 전문가, 학자 등 포퓰리스트들의 전통적인 적들이 시야가 너무 흐리고 언어가 너무 모호한 탓에 절대로 보지 못하는 해결책 말이다. 불가피하게 좌파도 똑같은 언어를 자신들의 목적에 맞게 각색할 길을 찾아야 할 것이다.

그런데 거기에 딜레마가 있다. 민주주의가 성공하려면, 공통 가치들을 성공적으로 촉진할 필요도 있고 또 정치적 삶에 중요한 역할을 하는, "상식"이라 불리는 무엇인가가 있다는 인식도 필요하다. 자유주의적 입헌주의와 전문 지식과 긴장 관계에 있는 상식은 민주주의라는 동전의 보다 집단적인 이면이다. 동시에, 상식은 비공식적인 규제 체제와 정치적 권위로서 언제나 민주적인 이상을 훼손시키겠다고 위협하고 있다. 진정으로 새로운 사상을 차단하고, 토론을 배제하고, 일상의 보통 사람들이 제시하는 소박한 해결책이 복잡하거나 전문적이거나 과학적인 해결책보다 반드시 더 훌륭하다는 확신을 우리에게 심어줄 수 있는 것이다.

아렌트가 칸트에 대해 깊이 생각하면서 인정한 바와 같이, "어떤 사람의 취향이 덜 기이할수록, 그 취향을 둘러싼 커뮤니케이션이 더 훌륭할 수 있다".(28) 상식은 우리 모두가 서로 대화할 수 있도록 돕지만 동시에 우리가 들을 수 있는 말과 우리가 귀를 기울일 수 있는 사람들을 제한한다. 바로 이 현상에 주목한 대표적인 인물이 사회학자 피에르 부르디외였다. 이 문제에 그보다 더 열정적으로 매달린 사상가는 없었다. 그는 우리의 삶과 사상, 공적 토론이 상식(부르디외는 상식을 '아비투스'(habitus) 또는 '독사'(doxa)라고 불렸다)으로 통하는 진부한 가정들에 의해 눈에 보이지 않게 제약을 받는 과정을 보여주면서 경력을 쌓았다. 상식은 우리의 이야기가 시작된 18세기 초에는 아무도 상상하지 못했을 그런 방법으로, 이젠 개념으로서, 표현으로서 우리의 표준적인 정치적 무기의 일부가 되었다. 적어도 되살아나고 있는 자치 사상이 지속되는 한, 상식은 이 세상에 계속 머물 것 같다. 그러나 트리스탕 차라에서부터 피에르 부르디외에 이르기까지, 상식에 반대하는 아티스트들과 사회학자들은 매우 다른 방식으로 우리에게 또 다른 진리를 상기시켰다. 현대 세계의 일부 개인들이 의식적으로라도 막강한 파워를 휘두르고 있는 상식의 밖에 서서, 상식이 작동하는 복잡하고 막강한 과정을 주시할 필요가 있다는 가르침이 바로 그 진리이다.

참고문헌

들어가는 글

1. Clifford Geertz, "Common Sense as a Cultural System", Antioch Review 33, no.1(1975):5-26

2. John Rawls, A theory of Justice, Cambridge, MA, 1971, 25-28.

3. Immanuel Kant, Prolegomena to Any Future Metaphysics, trans. Lewis White Beck(Indianapolis, 1950), 7.

4. Michael Kazin, The Populist Persuasion: An American History(New York, 1995).

5. Bruce Mazlish, "Philosophical history", Intellectual News 8(Summer 2000): 117-122.

제1장

1. Bartolommeo Del Bene, Civitas Veri sive Morum(Paris, 1609), esp. 28-29.

2. Nicholas Amhurst, Terrae-Filinus: or, The Secret History of the University of Oxford(London, 1721), no. ⅩⅩ, 100.

3. Klein, Shaftesbury and the Culture of Politences, 12.

4. Shaftesbury, Characteristicks, 53.

5. Cited in Norman Sykes, Church and State in England in the ⅩⅧ Century(Hamden, CT, 1962), 258.

6. John Tillotson, "Sermon Ⅰ: Of the Duties of Natural Religion, with the Ways and Means of Knowing Them", in Eighteenth-Century English Literature, ed. Geoffrey Tillotson, Paul Fussell, and Marshall Waingrow (New York, 1969), 209.

7. George Berkeley, "Philosophical Commentaries", Notebook, A 751, in The Works of George Berkeley, Bishop of Cloyne, ed. A. A. Luce and T. E. Jessop (London, 1948), 91.

8. J. L. of Lynn Regis, The Principles of a Rationalist, Digested into stated Articles, (London, 1721), 30.

9. The Spectator, no. 62 (May 11, 1711), 1:269.

10. The spectator, no. 124. (July 23, 1711), 1:508.

11. Erin Mackie, Market à la Mode: Fashion, Commodity, and Gender in The Tatler and The Spectator (Baltimore, 1997), 21.

12. The Spectator, no. 253 (December 20, 1711), 2:484.

13. "Of Common Sense", Applebee's Journal (March 11, 1732), reprinted in Gentleman's

Magazine 2(March 1732):6.

14. Benjamin Hoadly, A Preservative against the Principles and Practices of the Nonjurors Both in Church and State. (London, 1716, 99, 2.

15. Joseph Smith, some Considerations Humbly Offer'd to the Lord Bp. of Bangor(London, 1717), 1.

16. John Gay, "Fable IX:The Jackal, Leopard, and Other Beasts. To a Modern Politician"[1728], in The Poetical Works of John Gay, ed. G. C. Faber (London, 1926).

17. Fielding, Pasquin, act Ⅴ, 49.

18. Advertisement for an April 1736 benefit performance of Pasquin, citd in Thomas R. Cleary, Henry Fielding: Political Writer (Waterloo, ON, 1984), 88.

19. "Common Sense", Common Sense, no. 1(February 5, 1737): 1.

20. Ibid.

21. Common Sense, no. 1 (February 5, 1737)

22. C. John Sommerville, The News Revolution in England: Cultural Dynamics of Daily Information (New York, 1996), 155.

23. Common Sense, no. 142 (October 20, 1739)

24. Common Sense, no. 141 (October 13, 1739)

25. Common Sense (February 24, 1739)

26. Gentleman's Magazine 9 (March 1739):112.

27. Thomas Newcomb, A Miscellaneous Collection of Original Poems, Consisting of Epistles, Translations, etc. Written Chiefly on Political and Moral Subjucts (London, 1740), 34.

28. Marforio [pseud.], A Historical View of the Principles, characters, Persons, etc. of the Political Writers of Great Britain (London, 1740)

제2장

1. Giambattista Vico, the New Science, 3rd ed. [1744], trans. G. Bergin and Max H. Frisch (Ithaca, NY, 1944), bk. Ⅰ, axioma ⅩⅠ - ⅩⅢ, 63-64.

2. John Coats, the Claims of Common Sense: Moore, Wittgenstein, Keynes, and the Social Science (Cambridge, 1996), 17.

3. Thomas Reid, Essays on the Intellectual Powers of Man [1785], in the Works of Thomas

Reid, 7th ed., ed. William Hamilton (Edinburgh, 1872), 1:421.

4. Reid, Essays on the Intellectual Powers of Man, 1:234.

5. Reid, An Inquiry into the Human Mind, 21.

6. James Beattie, An Essay on the Nature and Immutability of Truth, in Opposition to Sophistry and Scepticism (Edinburgh, 1770).

7. Beattie, An Essay on the Nature and Immutability of Truth, ⅹⅹⅹ.

8. Ibid., 111-112 and 35.

9. National Library of Scotland(NLS), Fettercairn Papers, acc. 4796. box 100, F5 ("Professor Dugald Stewart on Beattie's Essay on Truth", n.d.).

10. "Dedication", in Reid, An Inquiry into the Principles of the Human Mind, 4.

11. Beattie, An Essay on the Nature and Immutability of Truth, 225-226.

12. Wolterstorff, "Reid on Common Sense", 77.

13. Reid, An Inquiry into the Human Mind, 39, 68.

14. Reid, Essays on the Intellectual Powers of Man, 1:415, 438.

15. Beattie to Forbes, April 19, 1769, in Forbes, An Account of the Life and Writings of James Beattie, 1:139.

16. AUL, David Skene Papers, MS 475, no. 38.

17. Reid, Essays on the Intellectual Powers of Man, 1:440.

18. Beattie to William forbes, November 20, 1770, in NLS, Fettercairn Collection, box 94.

제3장

1. René Decartes, Discourse on Method, trans. Donald A. Cress (Indianapolis, 1993[1637]), 1.

2. Ferdinando Galiani, Dialogues sur le commerce des bleds (London [Paris],1770),22.

3. Jean-Jacques Rousseau, Emile, ou De l'education [1762], in Oeuvres complè tes (Paris, 1969), 4:708.

4. Bernard de Fontenelle, "Discours sur la Nature de l'Eglogue" [1688], in Poesies pastorales (Paris, 1968), 180.

5. [Denis Diderot], "Bon sens (Métaphysique), in Encyclopédie, ou Dictionnaire raisonné des sciences, des arts et des métiers (Paris, 1751-1765), 2:328-329.

6. Denis Diderot, Salon de 1767, ed. J. Senznec and J. Adhemar (Oxford, 1963), 308.

7. Abbé de Condillac, Essai sur l'origine des connoissanced humaines [1746], in Oeuvres philosophiques, ed. Georges Le Roy (Paris, 1947-1951), 1:34.

8. Claude Favre de Vaugelas, "Préface", Remarques sur la langue françoise (Geneva, 1970[1647]).

9. Ibid.

10. Decartes, Discourse on Method, 6.

11. François de La Mothe le Vayer, Petit traité sceptique sur cette commune façon de parler "n'avoir pas le sens-commun", ed. Lionel Leforestier (Paris, 2003 [1646]), 23.

12. Jean-Baptiste de Boyer, Maruquis d'Argens, Mémoires de M. le Marquis d'Argens, 2nd ed. (London [The Hague], 1737), 308.

13. [Louis-Armand de Lom d'Arce, Baron de Lahontan], Dialogues curieux entre l'suteur et un sauvage de bon sens qui a voyagé in Suplément aux voyages du baron de Lahontan (The Hague, 1703) reproduced in Oeuvres complètes, 2:791-885.

14. L'Esprit des cours de l'Europe (June 1699), 29, cited in Aubrey Rosenberg, Nicolas Gueudeville and His Work(1652-172?) (The Hague, 1982), 8.

15. [Nicolas Gueudeville], Les Motifs de la conversion, cited in ibid., 3.

16. The third dialogue, written by Gueudeville, is reproduced in full in Lahontan, Dialogues curieux entre l'auteur et un Sauvage de bon sens qui a voyagé et Mémoires de l'Amérique Septentrionale, ed. Gilbert Chinard (Baltimore, 1931), 235-259.

17. Israel, Radical Enlightenment, 7.

18. Dumarsais [D'Holbach], Essai sur les préjugés, ou De l'influence des opinions sur les moeurs et sur le bonheur des Hommes, ed. Herbert E. Brekle (Műnster, 1990 [1770]), 50.

19. Abbé Bernier [d'Holbach], Théologie portative, ou dictionnaire abrégé de la religion chrétienne (London [Amsterdam], 1768), 32, 182.

20. [D'Holbach], Le Bon sens, preface.

21. [D'Holbach], La Politique naturelle, ou Discours sur les vrais principes du gouvernement (London [Amsterdam], 1774), 1: v .

22. [D'Holbach], La Politique naturelle, 1:63.

23. Rousseau, Le Discours sur les Sciences et les Arts [1750], in Oeuvres complètes, 3:6.

24. [Louis Petit de Bachaumont], Mémoires secrets pour servir à l'histoire de la république des lettres en France, depuis MDCCLXII jusqu'à nos jours (London, 1783-1788),

6:218 (November 3, 1772).

25. Friedrich Melchior Grimm, Correspondance Littéraire, ed. Maurice Tourneaux (Paris, 1877-1882), 10"174-176 (January 1773).

26. Jefferson's annotated copy of Le Bon Sens is in Houghton Library, Harvard University, AC7.UN33P.Zz3h.

27. Arrests de la Cour de Parlement, portant condamnation de plusieurs livres et autres ouvrages imprimés, extrait des Registres de Parlement, du 23 janvier 1759 (Paris, 1759), 2-3.

28. Louis Dutens, Appel au bon sens (London, 1777).

29. Abbé C. F. Nonnotte, Dictionnaire philosophique de la Religion, où l'on répond à toutes leurs objections, new ed. (Besançon, 1774), 1: 170-171.

30. Nonnotte, Dictionnaire philosophique, XIV, ix.

31. Dutens, Appel au bon sens, 15-16.

32. John Lough, "Chaudon's Dictionnaire anti-philosophique", in Voltaire and hIs World: Studies Presented to W H. Barber, ed. R. J. Howells, A. Mason, et al. (Oxford, 1985), 317.

33. Anon., Tableaux de Louvre, ou il n'y a pas le sens commun, histoire véritable (Paris, 1777), a conversation about variety in judgment.

제4장

1. John Adams to James Warren, April 20, 1776, in Letters of Delegates to Congress, 1774-1789, ed. Paul H. Smith, et al. (Washington, DC, 1976-1979), 3:558.

2. Samuel Adams to Samuel Cooper, April 30, 1776, in The Writings of Samuel Adams, ed. Harry Alonzo Cushing (New York, 1904-1908), 3:282.

3. The True Merits of a Late Treatise, (London, 1776), 2.

4. [John Dickenson], A Declaration by the Representatives of the United Colonies of North-America, now met in General Congress at Philadelphia, Setting forth the Causes and Necessity of their taking up Arms (Philadelphia, July 1775), 2.

5. Paine, Common Sense (New York, 1995), 21, which follows [Paine], Common Sense; Addressed to the Inhabitants of America, 2nd ed. (Philadelphia, February 1776).

6. Ibid., 51, 4, 7, 31, 34, 30.

7. Beattie, An Essay on the Nature and Immutability of Truth, 24.

8. Author of Regulus, A Defence of the Resolutions and Address of the American Congress, in reply to Taxation no Tyranny…, (London, 1775), 8, 10.

9. Ferguson, "The Commonalities of Common Sense", 472.

10. Paine, Common Sense, [x x vii], 48, 21, 23.

11. Ibid,. 24, 23.

12. Rush, "Thoughts on Common Sense", in Essays Literary, Moral and Philosophical, 150, 147.

13. Citd in Kramnick, "Introduction", in Common Sense, 29.

14. George Washington to Joseph Reed, April 1, 1776, in The Papers of George Washington, Revolutionary Series, ed. W. W. Abbot, et al. (Charlottesville, VA, 1991), 4:11.

15. "To the Author of the Pamphlet Entitled Common Sense", Conneticut Gazette [New London] (March 22, 1776): [1].

16. David Ramsay, The History of the American Revolution (Dublin, 1793), 28, 300, 301.

17. Jefferson to Henry Lee, May 8, 1825, in Writings of Thomas Jefferson, ed. Andrew Lipscomb and Albert Ellery Bergh (Washington, 1903), 16:118.

18. An American [Charles Inglis], The True Interest of American Impartially Stated, in Certain Strictures on a Pamphlet intitled Common Sense (Philadelphia, [February] 1776), v -vii.

19. Cago, "To the People of Pennsylvania. Letter VII", Pennsylvania Ledger, no. 65. (April 20, 1776):[2].

20. Inglis, The True Interest of America, 27, vi.

21. Anon., "To the Worthy Inhabitant of the Province of Pennsylvania", Pennsylvania Packet (May 20, 1776): 3.

22. Worthington Chauncey Ford, et al., eds. Journals of the Continental Congress, 1774-1789 (Washington, DC, 1904-1937), 4:342, 357-358.

23. John Adams to James Sullivan, May 26, 1776, in Papers of John Adams, ed. Robert J. Taylor (Cambridge, MA, 1977), 4:210.

24. Demophilus [George Bryan?], The Genuine Principles of the Ancient Saxon, or English Constitution (Philadelphia, 1776), in American Political Writing, ed. Hyneman and Lutz, 1:349.

25. [James Cannon], To the Several Battalions of Military Associators in the Province of

Pennsylvania (June 26, 1776).

26. [Cannon], To the Several Battalions.

27. Morgan, Inventing the People, 169.

28. "One of the People", Pennsylvania Evening Post (November 23, 1776): 585.

29. Thomas Smith to Arthur St. Clair, August 22, 1776, in The St. Clair Papers, 1:373-374.

30. Cato, "To the People of Pennsylvania", Pennsylvania Packet (March 25, 1776).

31. Rush, Lectures on the Mind, 520.

32. Philirenaeus, To the Free and Independent Electors of the City of Philadelphia (Philadelphia, 1776).

제5장

1. [Etienne-Salomon Reybaz], Défense apologétique des citoyens et bourgeois représentans, de la Ville et République de Genève. Précédée d'une adresse aux Seigneurs Syndics, remise par les citoyens et bourgeois représentans le 10 novembre 1779 (Geneva, 1779), 34.

2. [Alexandre Achard de Germane], Le Sens commun. No. 1er. Idée générale de l'état de la France (n.p., [early 1790]), 2, 1.

3. Quentin Skinner, Liberty before Liberalism (Cambridge, 1998), 105.

4. [Lacoste-Mezières], Lettre d'un viellard de bon sens, 2.

5. The Antonio Gramsci Reader, ed. David Forgacs (New York, 1988), esp. 323.

6. Anthony Crubaugh, "The 'Bon Sens Villageois': Images of the Peasantry in French Revolutionary Newpapers", Preceedings of the Western Society for French History: Selected Papers of the 2002 Annual Meeting, vol. 30, ed.

7. A. Clesse, Adresse au Gand Lama le Rome, ou le bon sens vengé (Paris, c. 1792), 5.

8. M. Marron, "Article relative de la Constitution: Fragmens d'un discours prononcé le 18 juillet 1790 dans l'oratoire des protestans, au musée de la rue Dauphine", Journal de la Société de 1789 9 (July 29, 1790): 22-35.

9. Le Greffe patriotique de la Société des amis du bon sens (Anthropolis [Paris],]c. March 1791]).

10. Annonl, Première conversation de M. Silvain, bourgeois de Paris, et.Bon-Sens, frère des

écoles chrétiennes, à l'occasion du serment sur la constitution civile du Clergé ([Paris], 1790), 8.

11. Anon., Conversation villageoise entre Pierre la Raison et Jacques la Franchise, tous deux gens de bonne foi (par un Catholique-romain) (Paris, [c. 1791]), 6.

12. [Adrien-Quentin Buée], Nouveau Dictionnaire, pour servir à l'intelligence des termes mis en vogue par la Révolution, dédié aux amis de la religion, du roi et du sens cummun (Paris, January 1792).

13. [Pierre-Louis Buée, Obstacles à ma conversion constitutionnelle, exposés confidemment aux parisiens, pour qu'ils daignent m'aider à les franchir, 2nd ed. (Paris, January 1792).

14. Fischer Ames, "Falkland. No II. To New England Men" [February 1801], in Works of Fisher Ames, ed. Seth Ames (Boston, 1854), 2: 313-336.

15. Address of the Republican General Committee of Young Men of the City and Country of New York Friendly to the Election of General andrew Jackson (New York, 1838), 38.

제6장

1. Kant, Critique of Judgement, trans. James Meredith (Oxford, 1952), sec. 40, 151.

2. Ibid, sec. 21, 84.

3. Friedrich Schiller, On the Aesthetic Education of Man in a Series of Letters, ed. and trans. Elizabeth M. Wilkinson and L. A. Willoughby (Oxford, 1967 [1795]), 27th letter, 217-218.

4. Alfred Austin, "The Revival of Common Sense", National Review (June 1886): 564-565.

5. Alexis de Tocqueville, "My Instincts, My Opinions" [c. 1841], in The Tocqueville Reader: A Life in Letters and Politics, ed. Olivier Zunz and Alan S. Kahan (Oxford, 2002), 219-220.

6. Forteau aîné, Le Bon Sens du Peuple, ou nécessité de larges économies et de l'allégement des impôts (Condom, [1849]O, 7.

7. Adolphe Baudon, Le Socialisme devant le bon sens populaire ou simples questions à M.M. les socialistes, par n'importe qui (Paris, 1849).

8. Louis-Bernard Bonjean, Socialisme et sens commun (Paris, April 1849), 4.

9. G. Braccini, Un grain de bon sens. Réflexions électorales, par un paysan (Paris, 1849), 6.

10. Emile de Girardin, Bon Sens, Bon Foi: 1848, 24 février-3 avril (Paris, 1848), v.

11. Beattie, Elements of Moral Science (1793), 26.

12, John G. Fee, a minister of the Gospel, An Anti-Slavery Mannual, (Maysville, KY. 1848), v.

13. William Lloyd Garrison, "The Declaration of American Independence", Liberator (September 5, 1835).

14. Peter G. Camden, A Common Sense, Matters-of-Fact Examination and Discussion of Negro Slavery in the United States of America: In Connection with the Questions of Emancipation and Abolition (St. Louis, 1855), 7.

15. Peter Fritzsche, Germans into Nazis (Cambridge, MA, 1998),3.

16. Tristan Tzara, "Dada Manifesto 1918", originally published in Dada 3 (Zurich, December 1918), in The Dada Reader: A Critical Anthology, ed. Dawn Ades (Chicago, 2006), 36-42.

17. Kazin, Populist Persuasion: An American History, 271.

18. Joel C. Weinsheimer, Gadamer's Hermeneutics: A Reading of Truth and Method (New Haven, CT, 1985), 79.

19. Gadamer, Truth and Method, 21, 22-23.

20. Ibid., 24.

21. Ibid., 25.

22. Gadamer, Truth and Method, 26-27.

23. Hannah Arendt, On Revolution (New York, 1963), 250.

24. Arendt, The Life of the Mind, ed. Mary McCarthy, 2 vols. (New York, 1978), 50.

25. Arendt, The Human Condition, 208.

26. Arendt to Karl Jaspers, August 29, 1957, in Hannah Arendt/Karl Jaspers Correspondence, 1926-1969, ed. Lotte Kohler and Hans Saner, trans. Robert and Rita Kimber (New York, 1992).

27. Ronald Reagan, "Farewell Speech" (January 11, 1989).

28. Arendt, Lectures on Kant's Political Philosophy, 73.

인명 찾기